COMPETÊNCIA TRIBUTÁRIA

Fundamentos para uma teoria da nulidade

CIP-BRASIL. CATALOGAÇÃO NA PUBLICAÇÃO
SINDICATO NACIONAL DOS EDITORES DE LIVROS, RJ

G178c
3. ed.

Gama, Tácio Lacerda
Competência Tributária: fundamentos para uma teoria da nulidade/ Tácio Lacerda Gama. - 3. ed., rev. e ampl. - São Paulo: Noeses, 2020.

432 p. ; 23 cm.
ISBN 978-85-8310-144-4

1. Direito Tributário – Brasil. I. Título.

19-61127 CDU: 34:351.713(81)

Vanessa Mafra Xavier Salgado - Bibliotecária CRB-7/6644

Tácio Lacerda Gama

Professor dos cursos de Graduação, Mestrado e Doutorado da PUC-SP. Presidente do Instituto de Aplicação do Tributo – IAT. Advogado.

COMPETÊNCIA TRIBUTÁRIA

Fundamentos para uma teoria da nulidade

3ª edição revista e ampliada

Prefácio de Paulo de Barros Carvalho

2020

editora e livraria
NOESES

Copyright © Editora Noeses 2020
Fundador e Editor-chefe: Paulo de Barros Carvalho
Gerente de Produção Editorial: Rosangela Santos
Arte e Diagramação: Renato Castro
Revisão: Ariene Nascimento
Designer de Capa: Aliá3 - Marcos Duarte

2020

editora e livraria
NOESES

Editora Noeses Ltda.
Tel/fax: 55 11 3666 6055
www.editoranoeses.com.br

Dedico este livro a João, Luísa e Marina
com todo o meu amor
e ao professor Paulo de Barros Carvalho
por todos os diálogos.

S.D.

Agradeço àqueles que me ajudaram a converter erros em acertos e dedicaram tempo para me testar, instigar ou, simplesmente, ouvir as inquietações típicas de quem elabora uma tese. São eles: Aline Nunes, Andréa Darzé, Denise Dearo, Elizabeth Nazar Carrazza, Lucia Paoliello Guimarães, Marina Vieira de Figueiredo, Paulo de Barros Carvalho, Raphael Wasserman, Raquel Mendes Motta, Rubem Nogueira Jr. e Thais Catib de Laurentiis.

NOTA À TERCEIRA EDIÇÃO

As ideias desenvolvidas neste livro completam seus primeiros 10 anos. Nesse período, foram submetidas a intenso debate em centenas de aulas de Graduação e Pós-Graduação, em artigos, pareceres e estudos de variadas naturezas, inclusive não tributários. Progressivamente, a estranheza que geraram no início foi substituída por ativa aceitação e por diálogos críticos e criativos. Hoje, trata-se de um livro que amadureceu e encontrou o espaço em que mais é útil: serve para apontar características estáveis de um campo do conhecimento que é, por natureza, marcado por grande complexidade e constante mutação.

Aos críticos, positivos e negativos, todos os agradecimentos. Cada pergunta, mais do que os elogios, contribuiu para revelar equívocos, evidenciar sutilezas e demonstrar utilidades que sequer haviam sido cogitadas. Daí a relevância do debate. Todo trabalho intelectual aberto é, necessariamente, antifrágil. Cresce com a adversidade, melhora sob ataque, fica maior quanto mais está submetido a pressão. Todos que dialogam criticamente com um livro são, de certa forma, seus coautores, pois melhoram e amplificam a sua mensagem. Estejam todos convidados a contribuir criticando, sugerindo, observando por meio de mensagens para o seguinte endereço: competencia@lacerdagama.com.br.

Que esta edição seja igualmente marcada pelo intercâmbio construtivo de ideias. E que, por este exercício dialético, consigamos entender que a concretização do Direito Tributário se faz pelo entrelaçamento de muitas competências, cada uma delas com interesses e racionalidades diferentes, mas igualmente relevantes. E que esta compreensão pavimente novas formas de consenso e fim de controvérsias. Acredito, cada vez mais, que o debate crítico e participativo sobre competências tributárias segue sendo o caminho mais seguro para melhorar o Sistema Tributário Nacional.

NOTA À SEGUNDA EDIÇÃO

Com grande alegria, vi a primeira edição deste livro ser esgotada em pouco mais de oito meses do seu lançamento. Este fato foi, para mim, surpreendente, pois o texto não tem pretensões didáticas e sequer oferece respostas prontas sobre temas cotidianos. O projeto consistia em desenvolver uma tese sobre a Competência Tributária – sua estrutura, sentido e função – que cumprisse os requisitos para a obtenção do título de Doutor em Direito pela Pontifícia Universidade Católica de São Paulo, com sua tradicional demanda por coerência técnica e filosófica. Foi, portanto, uma grata surpresa ver um trabalho que, não sendo pensado para esse fim, caiu no gosto de estudantes e profissionais.

Este ótimo êxito, porém, deve-se muito ao contexto em que o livro foi produzido e divulgado. O excelente ambiente acadêmico, rico de pessoas e oportunidades, é corresponsável pelos seus bons frutos. Por isso, alguns agradecimentos são mais que necessários: à Pós-Graduação da PUC-SP, em cujas turmas de Mestrado e Doutorado, semestre a semestre, pude submeter estas ideias ao teste de fogo, recebendo estímulos de variadas naturezas; ao IBET, centro de excelência no desenvolvimento de categorias tributárias e de Teoria Geral do Direito, onde tive a minha vida transformada, juntamente com a de muitos e muitos outros estudiosos; aos queridos amigos do Barros Carvalho, por tudo que construímos juntos nestes oito anos de intensa luta; à Editora Noeses, onde temos a liberdade de tentar produzir o melhor; ao meu dileto mestre, Professor Paulo de Barros Carvalho, sem cuja confiança e orientação, nenhuma das experiências anteriores seriam possíveis; aos muitos debates que participo na rede social Parasaber e aos convites que recebo, por todo o Brasil e até no exterior, para compartilhar vivências profissionais e acadêmicas.

Por fim, um agradecimento especial a todos os que confiam em mim.

PREFÁCIO

É sempre difícil falar de alguém muito próximo, em que há inegável envolvimento afetivo e profissional. Todavia, os méritos do autor são tão manifestos, que associações de ordem pessoal vão perdendo seu efeito comprometedor, para dar lugar às evidências. Trata-se aqui precisamente dessa hipótese. Tácio Lacerda Gama estuda comigo há quase dez anos, numa atividade ininterrupta, tempo que me permitiu conhecer e avaliar bem sua marcha intelectual, suas tendências, assim como o compasso e o trajeto das evoluções de seu espírito. Tais notas, principalmente as derradeiras, animaram-me a pôr entre parênteses as ligações de ordem pessoal, para oferecer, a título de preâmbulo, uma visão geral da obra que o leitor tem em mãos.

Pois bem. No quadro das perspectivas de observação e estudo do objeto "direito", haveria espaço, certamente, para vê-lo como sistema de normas competenciais, organizando-se o deôntico mediante feixes de possibilidades de condutas intersubjetivas. No relacionamento social, as pessoas físicas e jurídicas, nacionais ou estrangeiras, de direito público ou de direito privado, operariam no âmbito de autorizações, deveres e proibições, esgotando-se, dessa forma, o campo material das participações do sujeito.

Se existem várias propostas de aproximação cognoscente, o tomar o direito positivo como conjunto organizado de regras de competência passaria a ser mais uma, ao lado de outras, isto é, da visão sistêmica *stricto sensu,* normativa, institucional, histórica, relacional, empírico-pragmática, sociológica e tantas mais, como opções metodológicas para atender às expectativas do interessado.

Neste livro, que tenho o imenso prazer de prefaciar, Tácio Lacerda Gama firma-se no estribo da "Competência Tributária", não só para examiná-la como tema de alentada investigação científica e filosófica, mas, também, como suporte para atingir níveis profundos do próprio direito. Tal qual Chomsky, que parte das camadas aparentes da superfície para atingir as estruturas profundas do funcionamento da língua, tendo em vista a produção de um número infinito de orações, Tácio procura a esquematização sintática do direito, num impulso igualmente vertical, buscando compreender as proporções semânticas da mensagem legislada e suas projeções pragmáticas, com os usos da jurisprudência, das instâncias e tribunais administrativos e do setor das relações entre particulares.

Há um fenômeno jurídico subjacente ao modo pelo qual o direito escrito aparece à nossa intuição sensível. O jurista, atento à linguagem técnica empregada pelo legislador, seja ele o Parlamento, o Poder Judiciário, o Poder Executivo ou o próprio setor privado, o jurista, repito, constrói o sentido que outorga ao documento normativo. A compostura dos institutos, categorias e formas do direito posto advêm dessa relação entre o sujeito do conhecimento e o objeto do qual se aproxima. É obra do espírito humano, premido pelas circunstâncias que o tornam um ser carente e finito; é objeto cultural; é aquele espírito objetivo a que se referiu Hegel.

Com efeito, na multiplicidade enunciativa em que se manifesta o direito, na complexidade de seus elementos estruturais, Tácio monta sua estratégia e organiza os instrumentos que irão possibilitar-lhe atribuir sentido e coerência às mensagens expedidas pela autoridade que legisla. E, para fazê-lo, trouxe ao corpo de sua pesquisa instrumentos preciosos de linguística, de semiótica, de reflexões filosóficas, que imprimem austeridade, grandeza e densidade ao discurso, discurso que compôs sua tese de doutorado em Direito, avaliada com nota máxima por banca examinadora designada pelo Programa de Pós-graduação em Direito da Pontifícia Universidade Católica de São Paulo, no ano de 2008.

Para alojar o tema da competência tributária, subseção da referência maior que é o da competência em si mesma considerada, o autor explora as relações de coerência (sintaxe, na terminologia de Charles Morris ou gramática pura, para Charles Peirce), as relações de correspondência (semântica, segundo Morris ou lógica pura, para Peirce) e as relações de uso (pragmática, para Morris ou retórica pura, para Peirce). A análise dos acontecimentos semióticos comparece em toda a extensão dissertativa e o assunto da competência é revirado mediante evoluções de linguagem tecidas com recursos atualíssimos da ciência dos nossos dias. Tudo isso o estimulou a pretender atingir a plataforma ousada que designa por *"fundamentos para uma teoria da nulidade"*, subtítulo de seu trabalho.

Toda matéria, eleita como objeto de especulação científica ou filosófico-científica, como é o caso do texto que ocupa agora os meus cuidados, encerra o objetivo de compor uma unidade estabelecida linguisticamente e idônea para transmitir u'a mensagem determinada que se apresenta, nos domínios do jurídico, como tese, assentada sobre premissas suficientemente esclarecidas e, portanto, aptas para sustentar o eixo das proposições finais, onde se demoram as conclusões. Assim é o esquema noético que presidiu a obra. Eis o itinerário deste livro. Sua consistência repousa na boa articulação dos argumentos, na acuidade do raciocínio, na busca incessante da precisão semântica e, como corolário, no surgimento da estrutura que conduz o pensamento aos enunciados pretendidos pelo autor.

A contribuição de Tácio ao estudo da competência chega em momento oportuno e a Teoria Geral do Direito adquire conteúdo precioso, aplicável aos setores específicos da Dogmática, pois a todos eles interessa a configuração sintática ou lógica dessa categoria de regras, suas dimensões semânticas e o amplo espectro de suas projeções pragmáticas.

Na qualidade de orientador, coube-me acompanhar, passo a passo, a construção do texto, o que me legitima a dizer do equilíbrio e da firmeza de propósitos, bem como do padrão de aprofundamento que Tácio conseguiu imprimir à elaboração do trabalho. Muito contribuíram, para tanto, o contacto que manteve, na condição de professor assistente, com alunos da PUC/SP e da USP nos cursos de mestrado e de doutorado, além, certamente, das palestras e conferências proferidas em instituições de reconhecido prestígio no país.

Não é preciso enaltecer a importância da obra sob o ponto de vista da matéria escolhida pelo autor, porquanto a movimentação do direito em direção à concrescência da vida, dinâmica conhecida como processo de positivação, em que, de normas gerais e abstratas avançamos para a expedição de normas individuais e concretas, obriga-nos a pensar nas unidades intercalares que apontam para sujeitos específicos, credenciados à produção dessas regras, em determinadas condições de espaço e de tempo. É a presença inapelável das normas de competência, nem sempre lembradas com o entusiasmo que sua presença nobilíssima representa para o funcionamento do jurídico.

A despeito de ser jovem, Tácio Lacerda Gama tem livros e artigos publicados em revistas especializadas; é advogado bem sucedido, fazendo habilmente a conexão do saber teórico com a experiência prática, o que lhe tem proporcionado excelentes resultados profissionais e, se não bastassem tais atributos, é professor de carreira da Faculdade de Direito da Pontifícia Universidade Católica de São Paulo. Tudo isso, associado ao elevado padrão científico deste volume, deixa-me à vontade para recomendá-lo à comunidade jurídica brasileira, sobretudo porque, como advertiu Pontes de Miranda, *livro nobre é o que se fecha a cada momento, e foge o espírito com a ideia, à procura de trecho da vida que lhe corresponda* (Sabedoria dos Instintos, Rio, 1921).

São Paulo, 15 de fevereiro de 2009.

Paulo de Barros Carvalho

Professor Titular de Dir. Tributário da PUC/SP e da USP

SUMÁRIO

Primeira Parte

A ESTRUTURA

Segunda Parte

O SENTIDO

Terceira Parte

A FUNÇÃO

NO INÍCIO, A DÚVIDA

A dúvida é a gênese do conhecimento científico.[1] Ao questionar, o sujeito se põe frente ao objeto. E é na relação entre sujeito e objeto que se constrói o saber.[2] A formulação da dúvida sugere a definição do objeto. A concepção deste induz à escolha do método. O encadeamento de respostas sob o influxo de uma metodologia faz surgir a Ciência. Nesse sentido, a dúvida é o pretexto para a construção e renovação do saber científico. Ao questionar certezas vigentes, submetendo-as ao crivo da dúvida, surge espaço para encontrar novas convicções que se mostrem consistentes, precisas e úteis.

Vejamos nos próximos itens as dúvidas que instigam este trabalho a repensar as certezas vigentes sobre o tema da Competência Tributária.

---

1. A dúvida é o pretexto, i. e., o que antecede e motiva a construção do saber científico. É ela (que) nos motiva a transitar entre estados da certeza, indo de uma concepção a outra sobre o mesmo tema. Conquanto estejamos conscientes do papel metodológico da dúvida, cabe esclarecer, desde já, que a ênfase deste trabalho é dogmática e não zetética, ou seja, os conceitos definidos e oferecidos ao longo do trabalho estão a serviço da resposta, da certeza, e não da dúvida. Com efeito, evitaremos incorrer na paralisia especulativa a qual se refere Vilém Flusser ao tratar da dúvida: "Em dose moderada estimula o pensamento, mas em dose excessiva paralisa toda a atividade mental". E mais: "A dúvida, aliada à curiosidade, é o berço da pesquisa, portanto de todo o conhecimento sistemático – mas em estado dilatado mata toda a curiosidade e é o fim do conhecimento" (FLUSSER, Vilém. *A dúvida*. Rio de Janeiro: Relume Dumará, 1999. p. 17).

2. Cf. VILANOVA, Lourival. *Estruturas lógicas e o sistema de direito positivo*. São Paulo: Noeses, 2005. p. 39.

A dúvida fundamental: por que "Competência Tributária"?

A tributação é atividade exercida pela criação de normas.[3] Os fatos políticos, econômicos, religiosos, éticos, dentre outros, interessam à Ciência do Direito se – e na medida em que – forem traduzidos para a linguagem das normas que dão forma ao Sistema Tributário Nacional. Por isso, o conjunto que regula direta ou indiretamente a instituição, arrecadação e fiscalização de tributos[4] não é outra coisa senão normas. Pela mesma razão, adotamos como premissa a ideia de que todos os conceitos, institutos e categorias formados no direito tributário positivo, e que constituem o objeto de interesse da Ciência do Direito Tributário, podem ser reconduzidos à estrutura hipotético-condicional de uma norma.[5] A possibilidade de sistematizar a mensagem jurídica em juízos condicionais completos é outro pressuposto relevante para as ideias sustentadas neste trabalho.[6] O ponto de intersecção entre

---

3. Com esta afirmação, delinearemos a orientação metodológica seguida no estudo do tema da Competência Tributária. Os conceitos do direito positivo e de ciência do direito, citados ao longo do trabalho, estão definidos no pequeno glossário de instrumentos teóricos, item 7, desta Introdução.

4. Nesse ponto, Paulo de Barros Carvalho ensina que o direito tributário positivo é o "ramo didaticamente autônomo do direito, integrado pelo conjunto das proposições jurídico-normativas que correspondam, direta ou indiretamente, à instituição, arrecadação e fiscalização de tributos" (*Curso de direito tributário*. 19. ed. São Paulo: Saraiva, 2007. p. 15).

5. "Seu discurso se organiza em sistema e, ainda que as unidades exerçam papéis diferentes na composição interna do conjunto (normas de conduta e normas de estrutura), todas elas exibem idêntica arquitetura formal. Há homogeneidade, mas homogeneidade sob o ângulo puramente sintático, uma vez que no plano semântico-pragmático o que se dá é um forte grau de heterogeneidade" (CARVALHO, Paulo de Barros. O direito positivo como sistema homogêneo de enunciados deônticos. *Revista de Direito Tributário*, São Paulo: RT, ano 12, n. 45, p. 35-36, jul.-set. 1988).

6. A possibilidade de sistematizar a mensagem jurídica em juízos condicionais, com a forma "se *A*, então deve ser *B*", é pressuposto adotado para o desenvolvimento de boa parte das ideias acerca da competência, em geral, e da competência tributária de forma mais direta. Este será o fio condutor de críticas e propostas de sistematização. É este, também, o pressuposto teórico para considerar a outorga de competência como mínimo denominador comum de uma série de conceitos jurídicos. Por força desse papel de acentuada importância, cuidaremos de expor, com base em diferentes perspectivas e a partir da ideia de vários autores, as razões que nos

todas as normas que integram o sistema[7] do direito positivo é ter a sua validade como fruto da relação que mantêm com outras normas de superior hierarquia.[8] O sistema de direito tributário não é exceção: todas as normas que o integram são jurídicas porque foram editadas de acordo com o que prescrevem outras normas, e assim sucessivamente, até que todas elas tenham um único fundamento de validade. Aplicar uma norma de competência faz surgir novas disposições no sistema de direito positivo. Noutras palavras, a ela cabe determinar que específico sujeito pode, mediante a realização de um procedimento adequado, inserir novo enunciado jurídico para disciplinar coercitivamente a conduta humana em sociedade.

Vejamos um exemplo: na Constituição da República, há prescrições inaugurais sobre a competência legislativa que projetam efeitos na forma de produção de todas as demais normas. Em seu texto, encontramos enunciados que autorizam os entes federativos a instituir prestações tributárias, deveres instrumentais, critérios para constituição, suspensão, transformação e extinção do crédito tributário. Há regras que prescrevem a repartição da faculdade impositiva entre os entes federativos, discriminando-a segundo a materialidade ou a função do tributo. Outras disposições condicionam o exercício da competência ao atendimento de valores ou limites objetivos. Além disso, há a determinação para que lei complementar disponha de modo analítico sobre alguns temas que a Constituição tratou de forma sintética.

---

levaram a pensar na conduta de criar normas de conduta como outra qualquer, passível de ser regulada pela norma jurídica *stricto sensu*.

7. "Todas as normas cuja validade pode ser reconduzida a uma e mesma norma fundamental formam um sistema de normas, uma ordem normativa" (KELSEN, Hans. *Teoria pura do direito*. 6. ed. São Paulo: Martins Fontes, 1999. p. 217).

8. "Kelsen sempre chamou atenção para a circunstância de que todas as normas do sistema convergem para um único ponto, axiomaticamente concebido para dar fundamento de validade à constituição positiva. Esse aspecto confere caráter unitário ao conjunto e à multiplicidade de normas, como entidades da mesma índole, lhe outorgam o timbre da homogeneidade" (CARVALHO, Paulo de Barros. O direito positivo como sistema homogêneo de enunciados deônticos cit., p. 35-36).

Progressivamente, nos planos mais concretos da atividade normativa, cresce o número de prescrições relacionadas à tributação, aumentando proporcionalmente a complexidade do objeto de estudo. Confirma esta assertiva o fato de que uma mesma norma geral e abstrata pode servir de fundamento de validade para inúmeras outras de natureza individual e concreta ou geral e concreta. Vejamos o Imposto sobre a Renda das Pessoas Físicas. Alguns dispositivos gerais que dão forma à regra-matriz desse tributo servem de fundamento de validade para milhões de declarações do imposto que são elaboradas por contribuintes em todo o País. Em qualquer etapa da hierarquia de normas teremos, sempre, um acentuado grau de complexidade, seja em razão das informações que prescreve, seja em função do que deixa de prescrever.

Ao intérprete cabe adotar, pelo menos, duas estratégias para reduzir a complexidade de um tema qualquer e, assim, formular explicações que sirvam em situações diversas daquelas que foram observadas.

A primeira dessas estratégias, adotada com mais frequência, consiste em reduzir a amplitude semântica do objeto de estudos, promovendo sucessivas abstrações da realidade, até se identificar um pequeno número de elementos e relações. Essa escolha facilita a construção de modelos consistentes, pois organiza e concatena reduzido número de elementos. Nesses casos, o preço que se paga pela consistência é falar muito sobre quase nada. Como diz Gustavo Bernardo Krause[9], a busca pela consistência leva à improdutividade. Cria-se um discurso coerente, sintática e semanticamente rigoroso, mas enfraquecido sob o ponto de vista pragmático, pois sua utilização fica restrita a poucos.

A segunda estratégia é adotar modelos de sistematização mais abstratos, elaborados a partir de características mais gerais, presentes, de forma homogênea, em muitos objetos. Essa

9. KRAUSE, Gustavo Bernardo. *A dúvida de Flusser*: filosofia e literatura. São Paulo: Globo, 2002. p. 36.

orientação, por sua vez, enseja inconvenientes de outra natureza. Propostas abstratas, muito embora sirvam para conceituar e sistematizar amplas porções do objeto, acabam por oferecer arranjos conceituais distantes da realidade e pouco úteis. Diferente da estratégia anterior, que fala muito sobre quase nada, este modelo, mais abstrato, fala pouco sobre muito. O efeito de uma teoria generalista, que não processa especificidades, é, portanto, igualmente indesejado.

Com esses esclarecimentos, delineamos o contexto para questionar: como estudar um objeto complexo como o conjunto das normas que prescrevem como outras devem ser produzidas? Que há de comum entre todas estas normas? Como empreender estudo com essa amplitude sem ignorar circunstâncias próprias do direito positivo tributário? É possível elaborar esquemas teóricos para, a um só tempo, qualificar e organizar elementos, de um lado, e possibilitar a sua aplicação concreta, de outro? Que conceitos jurídicos são essenciais para compreender e interagir com as normas jurídicas que dispõem sobre a tributação? Que conceito pode ser tomado como forma de síntese para essas categorias?

Fixadas as dúvidas, e com elas o propósito do trabalho, vejamos, novamente, o que dissemos sobre a atividade tributária do Estado: a ação de instituir, arrecadar e fiscalizar tributos é exercida pela criação de normas. Reduzindo-se o fenômeno da tributação ao seu aspecto jurídico, nada existe no sistema de direito tributário que não seja norma, vale dizer, linguagem jurídica prescritiva. Desta forma, temos um primeiro centro de convergência para as nossas atenções: a ideia de "norma jurídica".

Outro ponto importante para este trabalho: adotamos a premissa normativista de devemos buscar no próprio direito o fundamento de validade para seus elementos. E indo mais além: percebemos que o direito não só prescreve como e sobre o que deve versar as normas jurídicas, como prescrevem as consequências que devem ser aplicadas caso uma norma seja produzida de forma ilícita. Percebemos se uma norma N1 foi ou não produzida como deveria mediante o confronto entre seu texto e o da respectiva norma de competência N2. Se as disposições de N1 e N2 são compatíveis, em todas as suas dimensões, sabemos que N1 foi criada licitamente e que, portanto, é válida, devendo ser aplicada na regulação de condutas. Pelo contrário, se N1 não for compatível com N2, cabe ao próprio sistema jurídico afirmar que N1 foi criada ilicitamente, julgando-a inválida, e impedindo sua aplicação a situações concretas. O efeito concreto de julgar N1 inválida e assegurar que a juridicidade de N2 deve prevalecer. No conflito entre o que prescreve a norma inferior N1 e a superior N2, entre norma programada e norma programante, deve prevalecer esta em detrimento daquela.

Dessa forma, conseguimos identificar uma qualidade comum a toda e qualquer norma jurídica, estando aí inseridas as tributárias, qual seja: sua validade depende outra norma e não de fatores exógenos, como a política, a economia ou a religião. Não se trata de negar a influência recíproca entre fatores jurídicos e não jurídicos. Seria descabido imaginar o direito como sistema tautológico, que independe a experiência e opera sem referência aos demais sistemas sociais. Ocorre que esta referência aos demais sistemas deve ser submetida à racionalidade jurídica, deve ser "traduzida para o direito", numa metáfora: "vista pelos olhos do direito". E são as normas de competência que estabelecem o modo como esta "tradução" deve ser feita. É por isso que o fundamento de validade de uma norma será, sempre, outra norma e não fatores externos, alheios à racionalidade jurídica.

Num esquema simplificado, proposto por Torben Spaak, está presente a ideia de competência sempre que um sujeito X, mediante a prática de um ato Y, possa inserir no sistema de direito positivo a norma Z. Vejamos as suas ideias:

> O conceito de competência encontra expressão (**D.1**), que pode ser considerada uma definição de consequência jurídica. De acordo com **D.1**, uma pessoa, **p**, tem competência para modificar uma situação jurídica, **SJ**, se e somente se tem um ato-C, **a**,

> tal que **p** tem a possibilidade, ao desempenhar **a**, de modificar a situação jurídica. É sempre uma pessoa que tem competência para alguma coisa: a pessoa, **p**, tem competência **X**, competência **Y**, etc., ou seja, competência para tratar de X, Y etc.[10]

São justamente as normas de competência que qualificam quem pode ser o sujeito X, que prescrevem o que compreende o ato Y e indicam as materialidades sobre as quais pode versar a norma Z. Ao fazer isso, programam como devem ser enunciadas e fundamentam a validade das normas criadas segundo seus preceitos.

Visto sob essa perspectiva, e retomando as estratégias metodológicas para a redução de complexidades de um objeto de estudos, podemos perceber que o tema da "competência tributária", visto assim de forma ampla, ocupa lugar de destaque no arranjo conceitual das normas que disciplinam a ação tributária do Estado. Trata-se de conceito abstrato o bastante para se relacionar com a totalidade das normas que integram o sistema jurídico tributário e concreto o suficiente para suscitar aspectos práticos da lide com questões tributárias. Por essa razão, uma vez identificada a formação sintática da norma de competência, é possível saturá-la com o sentido dos textos de direito positivo, oferecendo soluções concretas a várias situações presentes na ordem do dia.

Por força da sua grande amplitude significativa, conceito de "competência" atua como esquema aglutinante para uma série de outros conceitos. Fatos jurídicos, relações jurídicas, princípios, imunidades, materialidades, posições de sujeito ativo e passivo, obrigações, vedações, processos e procedimentos são apenas algumas das ideias que podem ser reconduzidas à ideia geral de competência.

Essa proposta de tomar a competência jurídica como conceito fundamental foi concebida por Torben Spaak em *O*

---

10. SPAAK, Torben. *The concept of legal competence*: an essay in conceptual analysis. Trad. Robert Carroll. Vermont: Dartmouth, 1994. p. 22.

conceito de competência jurídica: um ensaio de análise conceitual.[11] É esse também um dos objetivos metodológicos que buscaremos alcançar com este estudo sobre a competência tributária: entender como este conceito pode ser usado como mínimo denominador comum[12] de uma série de categorias essenciais à compreensão da atividade tributária do Estado.

Com isso, esclarecemos a primeira e mais essencial dúvida que motiva esse trabalho: a razão do tema "competência tributária". A dimensão que pretendemos imprimir a essa análise, porém, não é convencional. Daí serem necessários alguns esclarecimentos relativos à orientação de pesquisa que pretendemos desenvolver.

Generalização da dúvida e propostas de superação de alguns "fundamentos óbvios"

A Ciência do Direito Tributário realiza uma espécie de tradução[13] da mensagem prescritiva positivada nas normas tributárias. O jurista se dedica a compreender o sistema das normas que versam sobre a tributação, ou seja, conhecer os

---

11. Ibidem, passim.

12. No livro "Conceitos Jurídicos Fundamentais", Wesley Newcomb Hohfeld cuidou de analisar um amplo conjunto de decisões judiciais, de textos doutrinários e legislativos para identificar aquilo que seria o mínimo denominador comum entre os conceitos jurídicos mais utilizados na argumentação jurídica. O cuidado com a definição de conceitos e a forma de sua sistematização fez desse estudo, publicado inicialmente em 1919, uma das primeiras investigações analíticas sobre o direito de que se tem notícia. Buscando reproduzir essa iniciativa no direito positivo brasileiro, com atenção especial para o direito tributário, é possível identificar, também, alguns conceitos jurídicos fundamentais. Competência tributária, na forma que pretendemos estudar aqui, sintetiza os conceitos de: qualificação do sujeito competente, prescrição do processo devido, princípios, imunidades, enunciados complementares, entre outros (cf. *Fundamental legal conceptions as applied in judicial reasoning*. 7. ed. New Jersey: The Lawbook Exchange, 2005. passim).

13. Segundo Vilém Flusser: "A teoria do conhecimento é, fundamentalmente, uma teoria da tradução. É uma pesquisa das regras que regem as diferentes camadas linguísticas, e das relações, semelhanças e diferenças entre essas regras" (FLUSSER, Vilém. Teoria da tradução como teoria do conhecimento. *Revista Brasileira de Filosofia*, São Paulo: Instituto Brasileiro de Filosofia, v. 13, n. 49, p. 410, 1963, passim).

seus elementos (repertório) e a forma como eles se organizam (estrutura)[14]. Ao fazer isso, constrói um sistema composto por proposições descritivas (repertório) que se organizam segundo uma orientação metodológica (estrutura). O primeiro conjunto repertório/estrutura dá forma ao direito tributário positivo. O segundo é a Ciência que se constrói sobre ele.

O repertório da Ciência do Direito Tributário é composto, segundo classificação sugerida por Genaro Carrió[15], por proposições com diferentes graus de objetividade[16]. No extremo mais abstrato, todas as proposições são fragmentos de normas que permitem, obrigam ou proíbem condutas humanas. Toda e qualquer proposição jurídica pode, em última instância, ser alojada em uma dessas modalidades deônticas. Todavia, sabemos que, num plano mais objetivo de trato com a experiência jurídica, o repertório de conceitos é mais rico e diverso e, por isso mesmo, transcende, em muito, aquelas três variáveis relacionais.

Por outro lado, há conceitos próprios de um ramo específico da dogmática jurídica[17] – tributário, civil, comercial, trabalhista. No direito tributário positivo são conceitos deste tipo: lançamento, substituição tributária, suspensão da

---

14. Cf. FERRAZ JUNIOR, Tércio Sampaio. *Introdução ao estudo do direito*: técnica, decisão, dominação. 2. ed. São Paulo: Atlas, 1994. p. 43-51.

15. CARRIÓ, Genaro R. *Notas sobre derecho y lenguaje*. 4. ed. Buenos Aires: Abeledo-Perrot, 1994. p. 89.

16. Outra classificação interessante sobre os tipos de conceitos utilizados para descrever o direito é proposta por Torben Spaak, que os separa em morfológicos, dimensionais, praxeológicos e metodológicos. Optamos pela classificação oferecida por Genaro Carrió, por ser mais funcional e intuitiva. Porém, a lição do autor sueco vale ser transcrita por ser precisa e didática: "(i) morphological concepts, with the aid of which we can structure law logically and functionally; (ii) dimensional concepts, with the aid which we can indicate which phenomena the law is applicable to; (iii) praxeological concepts, with the aid as which we can speak as the relations between the law and the social reality that the law regules, and (iv) methodological concepts, with the aid of which we can describe the professional-juridical utilization of the law as well as the methods for this" (*The concept of legal competence*: an essay in conceptual analysis cit., p. 42).

17. Sobre o conceito e as funções do saber dogmático, ver FERRAZ JUNIOR, Tércio Sampaio. *Função social da dogmática jurídica*. São Paulo: Atlas, 1998.

exigibilidade do crédito, deveres instrumentais, fatos geradores, entre outros. Esses conceitos, que se referem a aspectos mais próximos da realidade, poderiam ser chamados de conceitos do tipo C; enquanto aqueles, de aplicação mais abstrata, seriam os conceitos do tipo A.

Carrió[18] sustenta, ainda, haver uma classe intermediária de termos, com abstração suficiente para serem utilizados em mais de um campo do direito positivo, porém concretos o bastante para atuar influenciando a solução de conflitos de interesse. Esse conjunto intermediário seria composto pelos do tipo B. Neste grupo estariam os "conceitos jurídicos fundamentais", na forma proposta por W. N. Hohfeld.[19] A condição de conceitos intermediários possibilita abstração suficiente para descrever vários ramos do direito positivo, sem deixar de se referir à situação dos que precisam de uma decisão para resolver conflitos reais.

Essas classes de categorias que acabamos de definir como sendo do tipo A, B e C serão chamadas, respectivamente, de conceitos "filosóficos", "fundamentais" e "dogmáticos". Com isso deixamos mais intuitiva a referida classificação.

Aplicando a classificação proposta ao objeto de nosso interesse, percebemos ser recorrente a referência à "competência tributária" como termo dogmático. Falamos em sujeito competente para criar impostos, em autoridade competente para o lançamento, em processo devido para alterar a alíquota de um tributo e em critérios para a repartição de faculdades impositivas. Tratamos, frequentemente, da espécie, porém desprezamos o gênero. Há poucos estudos voltados para a compreensão da competência como conceito fundamental – do tipo B. São ainda mais escassos os trabalhos que tratam a competência como conceito jurídico-filosófico – do tipo A –, aos quais todos os conceitos jurídicos estariam relacionados.[20]

---

18. CARRIÓ, Genaro R. *Notas sobre derecho y lenguaje* cit., p. 91.

19. Cf. HOHFELD, Wesley Newcomb. *Fundamental legal conceptions* – as applied in judicial reasoning cit..

20. Para o estudo da competência como conceito do tipo A e B, ver SPAAK, Torben. *The concept of legal competence:* an essay in conceptual analysis cit., p. 8.

Neste trabalho seguiremos caminho oposto ao que acabamos de descrever. Analisaremos a competência como categoria jurídico-filosófica, em sua dimensão lógica; como conceito fundamental, ao tratarmos do seu aspecto semântico – tendo em vista os vários sentidos que lhe podem ser atribuídos; e como termo dogmático, quando estudarmos as formas de outorga de competências, seus conflitos e utilidades. Empreenderemos, assim, análises sob diferentes perspectivas, consubstanciadas na estruturação lógica da mensagem de competência, passando pela investigação dos sentidos desta expressão nos variados contextos em que é aplicada, até estudarmos as outorgas específicas que variam segundo sua função ou hierarquia no sistema de direito positivo.

Nas duas primeiras etapas, cuidaremos de estudar a "competência tributária" sem fazer referência expressa a quaisquer das suas modalidades. Na medida em que forem fixadas algumas premissas, como a estrutura da norma de competência e a especial relação que mantém com as demais normas, promoveremos aproximações sucessivas aos textos de direito positivo. Em linhas gerais, cuidaremos de fixar acepções de base para os signos "competência"[21] e "norma de competência". Na última fase, com fundamento nas premissas fixadas em cada uma das etapas anteriores, analisaremos critérios para classificar as competências tributárias, as várias competências que foram outorgadas no sistema brasileiro e as consequências previstas para o seu descumprimento.

Caminhos possíveis – algumas considerações sobre o método

No caminho proposto por Paulo de Barros Carvalho,[22] articularemos conceitos próprios de três linguagens distintas:

---

21. Como enfatizado por Torben Spaak (*The concept of legal competence*: an essay in conceptual analysis cit., p. 44), cuidaremos de oferecer uma definição de base construída de forma estipulativa, em face da impossibilidade de conceitos fundamentais como este serem definidos com base na regra de gênero próximo e diferença específica.

22. Cf. CARVALHO, Paulo de Barros. *Direito tributário, linguagem e método*. Noeses: São Paulo, 2008 passim.

Dogmática Jurídica, Teoria Geral do Direito e Filosofia da Linguagem. O discurso que pretendemos desenvolver será, portanto, orientado por conexões sugeridas por outras duas linguagens, com vista a potencializar sua capacidade de definir, caracterizar e evidenciar a utilidade das chamadas "normas de competência tributária".

Nessa articulação de linguagens distintas, mas com propósitos convergentes, é possível afirmar que a Filosofia oferece espaço e método para a autoconsciência do saber dogmático.[23] Refletindo filosoficamente, o jurista tem contato com o aspecto cognitivo da sua atividade, mas percebe, também, a função persuasiva das suas construções. Assim, toma consciência de que, muito embora fale em nome da racionalidade e da sistematização, seu propósito subjacente é ver suas construções aplicadas à solução de casos concretos. Aprende que a verdade é fruto do consenso, que se obtém pelo convencimento.[24] E que, conquanto traga benefícios cognitivos, o diálogo estabelecido com grandes correntes filosóficas ou com

---

23. Há várias conexões possíveis entre o contexto teórico instaurado pela filosofia da linguagem e a dogmática jurídica, entendida aqui como Ciência do Direito. Nos limites deste trabalho, basta identificar duas destas conexões: *i)* o direito e a sua ciência se manifestam por meio da linguagem, por isso todo e qualquer desenvolvimento teórico sobre a linguagem e sua interpretação podem ser utilizados para desenvolver o estudo do direito; *ii)* a dogmática jurídica, como espécie do gênero "conhecimento", desenvolve-se segundo um determinado paradigma, embora nem sempre isso fique esclarecido. Assim, quando se modifica este paradigma, torna-se necessário rever os diversos conceitos da Ciência do Direito. Em qualquer dos casos, a utilização de noções pensadas na filosofia e em outras ciências da linguagem para o estudo do direito é uma opção metodológica. Trata-se de uma estratégia para o desenvolvimento conceitual da dogmática jurídica que consiste na reformulação de conceitos tradicionais, a partir de um novo contexto teórico.

24. Nesse sentido é a lição de Dardo Scavino quando afirma, jocosamente, não ter notícia de fatos que se insurgiram contra as teorias que os descrevem. A afirmação ou negação de uma tese é feita por outra tese. Por isso, a verdade não se dá pela correspondência entre a proposição e o objeto a ser interpretado, mas pelo consenso de verdade entre aqueles que lidam com a teoria. Eis o exemplo citado pelo filósofo argentino: "Y si quiero refutar una teoría, no puedo remitirme a los hechos 'tal cual son' sino emitir otros enunciados, criticar, argumentar, exponer, en fin: hablar. En síntesis, la realidad nunca refutó un discurso o una interpretación de los hechos, siempre lo hicieron otros discursos y otras interpretaciones" (*La filosofía actual*: pensar sin certezas. Santiago del Estero: Paidós Postales, 1999. p. 12).

a semiótica busca, em última análise, obter chancela para o resultado do seu esforço criativo.

As relações entre Teoria Geral do Direito e Dogmática jurídica, por sua vez, são construídas e se justificam pelas mesmas razões que acabamos de expor. O vínculo entre esses dois planos de linguagem, porém, é mais próximo e intuitivo se comparado ao estabelecido entre a Dogmática e a Filosofia. Isso se deve ao fato de serem, ambas, espécies de linguagem jurídica descritiva, sendo a Teoria Geral do Direito composta por conceitos fundamentais, enquanto na Ciência Jurídica predominam os conceitos dogmáticos. Nessa relação, os conceitos do tipo B oferecem abstração e facilitam a sistematização das proposições de direito positivo, além de outorgarem maior legitimidade às proposições da Dogmática.[25]

Retomando a pergunta relativa à orientação metodológica, propomos estudar a competência tributária sob três enfoques[26]: sintático,[27] semântico[28] e pragmático.[29] Evitaremos, porém, o uso dessas expressões. As razões de recusa podem ser

---

25. CARVALHO, Paulo de Barros. *Curso de direito tributário* cit., p. 345 e s.

26. Cabe a Charles Morris o mérito de ter estabelecido a divisão da semiótica em sintaxe, semântica e pragmática. Essa divisão decorre da análise feita por Morris do processo semiótico (cf. *Foundations of the theory of signs*. Chicago: University of Chicago Press, 1959).

27. "A sintaxe, segundo Carnap, é a parte da semiótica que, prescindindo dos usuários e das designações, estuda as relações dos signos entre si. Portanto, a sintaxe é a teoria de construção de toda a linguagem" (WARAT, Luis Alberto. *O direito e sua linguagem*. 2. ed. Porto Alegre: Fabris, 1995. p. 40). Do ponto de vista sintático, as normas jurídicas podem ser analisadas sob dois enfoques: *i)* organização lógica dos enunciados prescritivos e *ii)* análise das regras de construção dos enunciados.

28. "A semântica estuda os signos em suas relações com os objetos a que se referem" (WARAT, Luis Alberto. *O direito e sua linguagem* cit., p. 40). Do ponto de vista semântico, as normas jurídicas são analisadas sob o prisma da sua significação. É na semântica que se constrói o significado das palavras, por meio dela se pode aferir a compatibilidade entre o conteúdo das normas jurídicas.

29. "Pragmática, conforme a definição proporcionada por Carnap, é a parte da semiótica que estuda a relação dos signos com os usuários" (WARAT, Luis Alberto. *O direito e sua linguagem* cit., p. 45). Sob este ângulo, analisa-se como os usuários utilizam a linguagem. A análise pragmática é o campo adequado para serem resolvidos os problemas suscitados na análise semântica ou sintática.

resumidas na intenção de manter a pesquisa livre, não vinculada a qualquer escola semiótica específica. Nesse sentido, é sempre bom lembrar que nosso campo de interesse é o direito positivo, e é exclusivamente sobre ele que se articulam todas as categorias fundamentais de que faremos uso. Não pretendemos fazer Filosofia ou Teoria Geral do Direito. Por isso, a menos que seja imprescindível, não tomaremos partido nas disputas entre escolas, modelos ou conceitos, o que seria de esperar de um filósofo, teórico geral ou semioticista.

A ideia é, antes, adotar conceitos e classificações como instrumentos de trabalho, ou seja, com o propósito de melhor entender e explicar o direito positivo. Por força desta opção, e para imprimir maior liberdade na escolha e seleção dos instrumentos ao estudo da competência tributária, utilizaremos os termos "estrutura", "sentido" e "função" no lugar de "sintática", "semântica" e "pragmática".

O mínimo denominador comum – que é?

Ao falarmos de estrutura, sentido e função, esboçamos o plano de pesquisa sobre a categoria jurídica "competência tributária", com suas características, acepções e utilidades. Assim, podemos avançar para a segunda dúvida: que elemento constitui a essência da competência tributária?

No sentido fenomenológico, entendemos essência como o atributo fundamental presente em todo e qualquer tipo de outorga de competência. Com Lourival Vilanova[30], poderíamos chamar de método comparativo-generalizador o exercício de confrontar diferentes tipos de objeto que integrem um gênero próximo para, num plano mais abstrato, chegar ao seu denominador comum. Essas categorias, vinculadas entre si, formam, metaforicamente, uma espécie de gramática uni-

30. Teoria das formas sintáticas (anotações à margem da Teoria de Husserl). VILANOVA, Lourival. *Escritos jurídicos e filosóficos*. São Paulo: Axis Mundi/IBET, 1994. v. 2, p. 93.

versal da língua que, independente do seu conteúdo, é capaz de evidenciar as formas de composição dos seus elementos. Transportando essas ideias para o nosso tema, realizaremos uma série de comparações, de modo a formar uma gramática jurídica de segunda ordem ou, numa expressão mais técnica, um sintagma demonstrando os elementos envolvidos na outorga de competência e as relações que mantêm entre si.

Buscaremos fundamentar nossa proposta de sistematização em diversas obras que contribuíram para elucidar aspectos fundamentais da dinâmica jurídica, em especial das normas que prescrevem outorga de competência. Tomaremos como fundamento do trabalho as ideias de Hans Kelsen[31], Jeremy Bentham[32] e, no que diz respeito à individualização das normas, Joseph Raz[33], Lourival Vilanova[34] e Paulo de Barros Carvalho[35]. Nem por isso, deixaremos de examinar modelos divergentes que ofereçam ideias úteis à concepção que pretendemos desenvolver. É com esse espírito que analisaremos aspectos do pensamento de Herbert Hart[36], Alf Ross[37], Riccardo Guastini[38], Carlos Auchourrón e Eugênio Bulygin[39].

Conduziremos nossa pesquisa sobre a estrutura da competência buscando responder às seguintes questões: que

31. KELSEN, Hans. *Teoria pura do direito* cit., 1999.

32. BENTHAM, Jeremy. *Of laws in general*. Oxford: The Athlone Press, 1970.

33. RAZ, Joseph. *The concept of legal system* – an introduction to the theory of legal system. 2. ed. Oxford: Clarendon Press, 1997.

34. VILANOVA, Lourival. *Estruturas lógicas e o sistema de direito positivo* cit., p. 91.

35. CARVALHO, Paulo de Barros. *Fundamentos Jurídicos da Incidência*. 5. ed. São Paulo: Saraiva, 2007.

36. HART. Herbert. *O conceito de direito*. 3. ed. Lisboa: Fundação Calouste Gulbenkian, 2001.

37. *Direito e justiça*. Trad. Edson Bini. São Paulo: EDIPRO, 2000.

38. GUASTINI, Riccardo. *Distinguiendo*: estudios de teoría y metateoría del derecho. Barcelona: Gedisa, 1999.

39. ALCHOURRÓN, Carlos E.; BULYGIN, Eugenio.*Introducción a la metodología de las ciencias jurídicas y sociales*. Buenos Aires: Astrea, 2002.

elementos concorrem para a outorga de competência? Qual a relação entre antecedente da norma de competência, validade formal e instrumento introdutor de normas? Qual a relação entre consequente da norma de competência, validade material e norma introduzida? A norma de competência tem alguma sanção prevista para o seu descumprimento? Se positiva a resposta, qual seria o papel de uma norma sancionatória de competência? Quais são os âmbitos de vigência pessoal, espacial, temporal, comportamental e procedimental destas normas? Que vínculos podem ser estabelecidos entre essas normas e os vícios de inconstitucionalidade, ilegalidade, nulidade, erro de fato e erro de direito?

Além de formar estrutura completa de significação, as normas de competência se vinculam a outras na formação do sistema de direito positivo. Estudaremos, assim, o papel da competência neste sistema. Faremos isso, porém, sob duas perspectivas distintas. Falaremos daqueles que observam o sistema de direito positivo para descrever e dos que o interpretam para decidir, prescrevendo novas normas jurídicas. Com auxílio desta classificação demonstraremos as associações possíveis entre as ideias de competência e os atributos de unidade, coerência e completude do sistema jurídico.

Os sentidos, o sentido, o sem sentido – como é?

A segunda parte do livro é voltada ao estudo do sentido da competência tributária. Nesta parte, destacaremos alguns conceitos instrumentais da semiótica e passaremos ao direito positivo, onde investigaremos as proposições relativas à outorga de competência e a uma série de outras categorias correlatas. Estabeleceremos diálogos entre a ideia de competência e os conceitos de Estado, Federação, autonomia, capacidade civil, capacidade delitiva, princípios, imunidades, enunciados complementares e de autorização. Com esses diálogos, os conceitos envolvidos ganham novos sentidos e revelam faces não muito evidentes em seu uso habitual.

Não restaria satisfatória uma análise da competência tributária que abordasse seu sentido sem definir, classificar e propor critérios para solucionar conflitos de competência tributária. Por isso mesmo, só após estar evidenciado o diálogo mantido entre conceitos fundamentais da Teoria Geral do Estado e da Teoria Geral do Direito é que passamos a definir o conceito de competência e normas de competência tributária, com suas respectivas modalidades e atributos.

Neste ponto nos aproximaremos do precioso acervo de doutrinas construídas sobre competência tributária, tomando-a ora como conceito fundamental, ora como conceito dogmático.

Com auxílio da estrutura da norma de competência, passaremos à análise do direito positivo. Tomaremos o sintagma, construído na primeira parte do trabalho, como ponto de partida para a articulação de proposições que prescrevem como deve ser a dinâmica da tributação. Dividiremos a análise, segundo os critérios da tripartição dos poderes, em: competência legislativa, competência executiva e competência jurisdicional. Acrescentaremos a essa clássica divisão a competência privada, outorgada ao contribuinte, para aplicar as normas jurídicas tributárias ao caso concreto. Na atual conformação do Sistema Tributário Nacional, os particulares são os maiores responsáveis pela produção de normas, oferecendo, com efeito, a maior contribuição para a dinâmica da tributação. Não haveria por que excluir sua análise num estudo sobre a competência como conceito dogmático.

A conclusão desta parte será feita com suporte nas ideias de Roque Antonio Carrazza e Paulo de Barros Carvalho, relativas aos atributos da competência tributária legislativa. Confrontaremos as qualidades dessas competências com as da competência infralegislativa em matéria tributária. Com isso esperamos chegar a algumas ideias gerais relativas ao "sentido" do tema.

A finalidade – para que serve?

Outro ponto relevante: assumiremos como ponto de partida que criar norma é uma conduta. O direito só regula condutas. Normas jurídicas prescrevem condutas vinculando consequências a certos acontecimentos. Há consequências que são positivas e outras, negativas. Como bem ilustra a sugestiva metáfora de Torquato de Castro Jr.[40], o bom e o mau no Direito se chamam lícito e ilícito, legítimo e ilegítimo, válido e inválido, nulo e regular.

Essas dualidades resumem a forma por meio da qual o direito regula condutas atribuindo consequências positivas a certos fatos desejados e negativas para os acontecimentos indesejados. O gênero das consequências negativas que se podem atribuir a fatos indesejados é o que se chama de sanção.

Por força do que acabamos de dizer: também a conduta de criar normas pode ser valorada positiva ou negativamente, sujeitando-se ao juízo de licitude ou ilicitude. Normas criadas licitamente são válidas, vigentes e devem ser aplicadas ao caso concreto, sendo, pois, eficazes. Normas ilicitamente criadas, por outro lado, são indesejadas no sistema de direito positivo e, portanto, não devem, em tese, ser aplicadas. A ilicitude na produção de normas, porém, não é algo fora do direito. Como se pode intuir, o juízo de licitude ou ilicitude reclama a aplicação de consequências-sanções. Mas pode haver ilícito sem sanção ou com sanções alternativas. Aqui, duas ideias precisam ser destacadas: é o sistema que prescreve a ilicitude e suas consequências e só o sistema pode decidir prescritivamente quando há e quando não há um ilícito.

Dessa forma, defendemos que o sistema jurídico programa a criação de normas, prescrevendo o que é lícito e ilícito, assim com faz com as demais condutas. Com efeito, imputa consequências

---

40. CASTRO JR., Torquato de. *Pragmática das nulidades e a teoria do ato jurídico inexistente (reflexões sobre metáforas e paradoxos da dogmática privatista romanista).* Tese de doutorado apresentada à PUC-SP, São Paulo, 2003. p. 178 e s.

positivas, determinando a aplicação efetiva de normas criadas regularmente. Mas, pelo contrário, sanciona normas irregularmente criadas, determinando, via de regra, sua não aplicação ao caso concreto. Com isso, nos inserimos no conjunto dos que entendem que a norma é inválida no interior do sistema jurídico.

Esses breves esclarecimentos nos permitem voltar à pergunta: para que estudar a competência tributária? Que elementos essa categoria nos oferece para separar normas que devem ser aplicadas de normas que não devem ser aplicadas? Quais são os âmbitos de vigência pessoal, espacial, temporal, comportamental e procedimental dessas normas? Que relações são possíveis estabelecer entre as ideias de sanção imputada à criação irregular de normas e os conceitos de inconstitucionalidade, ilegalidade, nulidade, anulabilidade, existência, erro de fato, erro de direito, entre outros?

Essas perguntas, porém, serão respondidas com fundamento no que defendem a doutrina e a jurisprudência. Não pretendemos formular respostas que se ajustem ao plano dos conceitos filosóficos ou fundamentais. A ideia é chegar perto daqueles que interagem com a dinâmica da tributação, seja descrevendo, seja prescrevendo a solução de casos concretos. Por isso mesmo não elegemos como título do trabalho a expressão "para a teoria da (in)validade das normas jurídicas".

Demos ênfase à teoria da nulidade – conceito dogmático –, pelo fato de ser esta a expressão costumeiramente empregada na solução de conflitos de interesse em matéria tributária. Por essa razão, mesmo quando fizermos uso da locução "validade", o que pretendemos desenvolver, genericamente, são os fundamentos para uma teoria da nulidade em matéria tributária.

Pequeno glossário de instrumentos teóricos

As dúvidas instigam o desenvolvimento da ciência, como já defendemos. A construção ordenada do conhecimento, porém, pressupõe a definição de um estatuto teórico no qual as perguntas ganham sentido e relevância. Sem uma precisa definição do que se entende por direito positivo, norma jurídica, validade e invalidade, não há sequer sentido em estudar competência. Sendo assim, passemos a definir os conceitos que possibilitam avaliar o tema da competência tributária como algo relevante, verdadeiro mínimo denominador comum do próprio Sistema Tributário Nacional.

Ambiguidade – atributo da palavra que serve para significar objetos distintos e inconfundíveis.[41]

Análise diacrônica – é a análise de um objeto com o uso do tempo, os objetos são surpreendidos em tempos diferentes.

Análise sincrônica – é o estudo de um dado objeto com abstração do tempo, todos os elementos são analisados aqui e agora.

Anomia – é a ausência de normas para disciplinar uma situação concreta. Aplica-se à anomia, com as devidas alterações, o que falamos sobre as antinomias.

Antinomia – é o conflito que existe quando uma norma prescreve uma conduta X a ser cumprida na situação (a) e outra norma prescreve uma conduta diversa Y a ser cumprida na mesma situação (a), de modo que o cumprimento da norma Y implica no descumprimento da norma X. E o cumprimento desta no descumprimento daquela. As antinomias são o ponto de partida de ação normativa dos participantes que editam normas com o propósito de solucionar antinomias. Em rigor, sequer cabe falar de antinomia para os intérpretes autênticos, cujo papel é exercer a jurisdição prescrevendo que "única"

41. "Todas las palabras del léxico de un lenguaje natural están afectadas de polisemia. Este aserto puede verificarse en cualquier buen diccionario consultando las diversas "acepciones" que figuran a continuación de cada vocablo. Si el diccionario incluye nombres propios la verificación no es tan sencilla. Pero sabemos que, por ejemplo, Franklin Delano Roosevelt es también el nombre de una avenida; Tomás Moro también el de una parroquia, etcétera. Las polisemias más burdas no entrañan peligro para la ciencia porque se advierten fácilmente" (AFTALIÓN, Enrique R.; VILANOVA, José; RAFFO, Julio. *Introducción al derecho*: conocimiento y conocimiento científico, historia de las ideas jurídicas, teoría general del derecho, teoría general aplicada. 3. ed. Buenos Aires: Abeledo-Perrot, 1988. p. 91).

norma pode ser aplicada a um caso concreto. Aos observadores, contudo, é permitida ampla liberdade para identificar, classificar e propor critérios para a superação de antinomias.

Anulação – é a delimitação do âmbito de vigência temporal de uma norma, feita por procedimento distinto e por sujeito igualmente distinto do que editou a norma anulada. A anulação é fruto do exercício de uma competência condicionada.

Atividade nomogenética – ação, ou conjunto de ações, que tem como resultado a produção de normas no sistema de direito positivo.

Autonomia – é a aptidão de que uma pessoa dispõe para regular normativamente seus próprios negócios, atos e interesses.

Autonomia federativa – é a aptidão juridicamente conferida aos entes federativos de editarem normas para regular seus interesses nas áreas política, administrativa, legislativa e financeira.

Autonomia privada – aptidão de que uma pessoa dispõe para regular seus interesses na esfera privada, vinculando-se a outras na assunção de direitos e deveres.

C= E • M – fórmula lógica que sintetiza o vínculo prescrito pela Competência (C) como sendo a conjunção entre um tipo de enunciação (E) para tratar de um tipo de Matéria (M).

Ciência do Direito – metalinguagem do sistema de direito positivo.[42] Trata-se de um sistema nomoempírico de natureza descritiva, cuja função é construir o sentido do direito positivo,[43] descrevendo as normas jurídicas que o integram.

Ciência do Direito Tributário – conjunto de proposições descritivas das normas que, direta ou indiretamente,

---

42. Segundo Alf Ross, Ciência do Direito em sentido estrito é aquela que se ocupa de um ordenamento jurídico definido (cf. *Direito e justiça* cit., p. 45).

43. Lourival Vilanova explica o papel construtivo da Ciência do Direito: "tenha-se ainda em conta que na obtenção dos conceitos fundamentais e dos princípios gerais do sistema, a tarefa dogmática científica não é apenas re-construtiva do direito: é construtiva; não reprodutiva do objeto, mas produtiva" (Norma jurídica – proposição jurídica (significação semiótica). *Revista de Direito Público,* São Paulo: RT, n. 61, 1982, p. 14).

prescrevem a instituição, arrecadação ou fiscalização de tributos.[44]

Conceito – ideia formada na subjetividade do intérprete pelo contato mantido com o termo.

Conotação – é o conjunto de atributos de um conceito ou, também, de características que permitem separar um conceito de outro. A conotação de um conceito é também entendida como sua intenção.

Definição – é o ato ou ação de precisar um conceito, superando ambiguidades ou vaguidades.

Definição conotativa – é a definição que indica as qualidades ou atributos de um conceito, é também conhecida como definição intencional.

Definição denotativa – é a definição que aponta que objetos se ajustam a um determinado conceito. É também conhecida como definição extencional.

Definição estipulativa – quando se cria um novo sentido ou um sentido diferente do usual para uma expressão. Pode ser entendido como uma definição heterodoxa de um termo.

Definição lexicográfica – é a elucidação de um termo seguindo aquilo que tradicionalmente se usa para precisar o sentido do termo, na forma recomendada pelos léxicos.

Denotação – compreende o conjunto de objetos que se ajustam ao sentido de um termo, também conhecido como extensão de um conceito.

Dialogismo – circunstância ou atributo de um texto de estar em contato com outros e ter o seu sentido formado na relação com outros, com que mantenham alguma relação.

---

44. Marcelo Fortes destaca "tributo" como "conceito aglutinante", na medida em que atua como ponto de confluência, tanto para as normas jurídicas que compõem o sistema de direito positivo, quanto para as proposições descritivas que integram a Ciência do Direito Tributário (*Repetição do indébito tributário* – delineamentos de uma teoria. São Paulo: Max Limonad, 2000. p. 65).

Direito positivo – conjunto de normas jurídicas[45] criadas para disciplinar coercitivamente a conduta humana alio relativa. Trata-se de um sistema nomoempírico prescritivo, uma vez que é formado por proposições linguísticas dirigidas à regulação da conduta humana em interferência intersubjetiva.

Direito tributário positivo – conjunto de normas jurídicas que dispõem, direta ou indiretamente, sobre instituição, arrecadação e fiscalização de tributos.[46]

Enunciação – atividade psicofísica produtora de enunciados.[47] O resultado dessa atividade é o conjunto de enunciados que formam um texto.[48] Enunciação jurídica, portanto, é a atividade psicofísica de produção de enunciados jurídico-prescritivos.

Enunciado – conjunto de fonemas ou grafemas, organizados segundo certas regras, a partir dos quais se formam proposições.[49] O enunciado jurídico é, também, o ponto de partida para a construção de proposições prescritivas.

Enunciado de autorização – é o fragmento de direito positivo que qualifica um sujeito como competente para editar

---

45. Cf. CARVALHO, Paulo de Barros. *Curso de direito tributário* cit., p. 2.

46. Ibidem, p. 3.

47. Segundo José Luiz Fiorin: "o primeiro sentido de 'enunciação' é o ato produtor do enunciado". Com efeito, a *atividade de enunciação* compreende todos aqueles atos necessários à produção de um enunciado (*Repetição do indébito tributário* – delineamentos de uma teoria. São Paulo: Max Limonad, 2000. p. 31).

48. "A atividade de enunciação – entendida aqui como exclusiva atividade produtora de normas, portanto fonte do direito – exaure-se em si mesma, projetando no produto (documento normativo) as seguintes categorias: agente competente, tempo, espaço em que foi produzido o documento além do procedimento utilizado para sua confecção" (MOUSSALLEM, Tárek Moysés. *Fontes do direito tributário*. 2. ed. São Paulo: Noeses, 2006. p. 137).

49. De acordo com Paulo de Barros Carvalho, os enunciados são "um conjunto de fonemas ou de grafemas que, obedecendo a regras gramaticais de determinado idioma, consubstanciam a mensagem expedida pelo sujeito emissor para ser recebida pelo destinatário, no contexto da comunicação" (*Direito tributário*: fundamentos jurídicos da incidência. 5. ed. São Paulo: Saraiva, 2006. p. 20).

normas sobre certa materialidade ou para atender a certa finalidade ou, ainda, ambos.

Enunciado prescritivo – conjunto de fonemas ou grafemas, organizados segundo as regras do sistema de direito positivo, a partir dos quais se formulam proposições prescritivas e, por conseguinte, normas jurídicas.

Erro de direito – é o ilícito nomogenético evidenciado pela incompatibilidade entre a lei e o ato que esta lei deveria fundamentar.

Erro de fato – é o ilícito nomogenético em que o relato do fato não coincide com as provas que deveriam fundamentar este relato.

Estrutura – é o conjunto de relações entre os elementos de um dado sistema.[50]

Fato jurídico – relato linguístico protocolar que denota acontecimento previsto na hipótese de uma norma abstrata e promove a instauração, modificação ou extinção de relações jurídicas. O fato jurídico se confunde com o antecedente de normas individuais e concretas e gerais e concretas.

Função – é a utilidade atribuída a um dado objeto cultural pelos sujeitos que integram um determinado grupo.

Hipótese de incidência – antecedente abstrato de norma jurídica que descreve, conotativamente, notas de um fato de possível ocorrência.

Ilegalidade – ilícito nomogenético consistente na violação de textos de leis ou atos equiparados à lei.

Imunidades – enunciados constitucionais que integram a norma de competência tributária, restringindo a possibilidade

50. A respeito das normas que compõem o sistema de direito positivo, Paulo de Barros Carvalho esclarece que "todas elas exibem idêntica arquitetura formal. Há homogeneidade sob o ângulo puramente sintático, uma vez que nos planos semântico e pragmático o que se dá é um forte grau de heterogeneidade" (*O direito positivo como sistema homogêneo de enunciados deônticos* cit., p. 35-36).

de criar tributos. São, portanto, enunciados que prescrevem a competência negativa relativamente a certas pessoas, situações e coisas.[51] Não apresentam nenhuma distinção formal dos princípios, mas sim de conteúdo.

Inconstitucionalidade – ilícito nomogenético decorrente da violação do texto constitucional.

Intertextualidade – atributo dos textos de estar em contato com todos os demais textos produzidos a respeito de um tema. É pelo atributo da intertextualidade que se pode expressar o ponto em que a construção de sentido de um texto é condicionada por todos os demais textos que mantenham, entre si, alguma espécie de afinidade.[52] É sinônimo de dialogismo.

Linguagem – capacidade humana de emitir e receber informações pelo uso de signos.[53] Pode ser percebida de duas formas distintas. Numa delas, de feição restrita, é instrumento da comunicação, algo que medeia e propicia o vínculo entre sujeito e objeto. Noutra, a linguagem é mais que instrumento,[54] podendo ser compreendida como condição de possibili-

---

51. Paulo de Barros Carvalho, ao tratar da delimitação da competência, alude a competências positivas e negativas. Chama de "competência positiva aquela que dá poderes às pessoas políticas, de Direito Constitucional interno, de instituírem tributos" e define competência negativa como "aquela que veda para certas pessoas, situações ou coisas, a competência dessas mesmas pessoas políticas de Direito Constitucional interno legislar" (Limitações constitucionais ao poder de tributar. *Revista de Direito Tributário*. São Paulo: RT, n. 46 p. 151).

52. Como assevera Paulo de Barros Carvalho, "[...] a intertextualidade é formada pelo intenso diálogo que os textos mantêm entre si, sejam eles passados, presentes ou futuros, pouco importando as relações de dependência que houver entre eles. Na verdade, assim que inseridos no sistema, passam a conversar com outros conteúdos, intrassistêmicos e extrassistêmicos, num denso intercâmbio de comunicações" (*Direito tributário, linguagem e método* (2008) cit., p. 17).

53. Sobre isso, Hans-Georg Gadamer é enfático: "a linguagem é o meio em que se realiza o acordo dos interlocutores e o entendimento sobre a coisa" (*Verdade e método*: traços fundamentais de uma hermenêutica filosófica. 3. ed. Petrópolis: Vozes, 1999. p. 559-560).

54. Sintetizando essa proposta, Manfredo Araújo de Oliveira afirma que a linguagem "é momento necessário constitutivo de todo e qualquer saber humano, de tal modo que a formulação de conhecimentos intersubjetivamente válidos exige reflexão sobre a infraestrutura da linguagem" (*Reviravolta linguístico-pragmática na fi-*

dade de todo e qualquer conhecimento. É o meio que torna possível qualquer tipo de entendimento.

Modal alético – conectivo que vincula duas proposições descritivas, expondo, por exemplo, uma lei da natureza. Esses modais conectam uma proposição antecedente a uma proposição consequente, de forma tal que, ocorrendo o antecedente A, ocorre o consequente B. Esse vínculo entre antecedente e consequente costuma ser fundamentado pela observação.

Modal deôntico – conectivo que vincula duas proposições prescritivas, formando um juízo condicional normativo. A vinculação proporcionada pelo modal deôntico é fruto de um ato de vontade. Daí afirmar-se que sintetiza uma decisão tomada por sujeito competente, de vincular um acontecimento X a uma consequência Y.[55] Só outra decisão pode desfazer o vínculo deôntico estabelecido por duas proposições. Numa norma jurídica, é possível identificar, pelo menos, duas espécies de modais deônticos. Numa delas, chamada de *modal interproposicional*, fica estabelecido o vínculo entre a proposição antecedente de uma norma e a proposição consequente. Essa modalização é invariável, diversamente do que ocorre com o *modal intraproposicional*, que conecta os sujeitos ativo e passivo de uma relação jurídica. Essa conexão, sim, pode variar entre permitida, proibida e obrigatória. Daí falar-se em variável relacional, porquanto se trata de um modo de vincular dois sujeitos de direito.

Natureza jurídica – é o conjunto de atributos que permite separar um instituto jurídico de outro. Segregar a natureza de um instituto jurídico serve, por sua vez, para separar o

---

losofia contemporânea . São Paulo: Loyola, 1996. p. 13).

55. "[...] quando usado e não simplesmente mencionado, o 'dever-ser' denota uma região, um domínio ontológico que se contrapõe ao território do 'ser', em que as proposições implicante e implicada são postas por um ato de autoridade: D(P→q) (deve-ser que p implique q). Falamos, com isso, num operador deôntico interproposicional, ponente da implicação. Não fora ato de vontade da autoridade que legisla e a proposição-hipótese não estaria conectada à proposição-tese. Daí por que esse operador deôntico seja chamado de neutro, visto que nunca aparece modalizado" (CARVALHO, Paulo de Barros. *Direito tributário:* fundamentos jurídicos da incidência cit., p. 28).

regime jurídico que fundamenta a sua instituição e interpretação.[56] Uma coisa é a norma que poderá ser criada, instituindo um tributo, um dever instrumental, uma norma tributária qualquer. Essa norma tem uma natureza. Outra, bem distinta, é a competência para criá-la, o conjunto de proposições prescritivas que determinam os aspectos formais e materiais da sua criação. Esse é o seu regime jurídico. A natureza especifica a norma que será criada; já o regime jurídico prescreve como esta norma deve ser produzida. Separar a natureza serve para separar o regime jurídico, portanto.

Nomogênese – processo por meio do qual o sujeito competente cria, modifica ou extingue uma norma jurídica num sistema de direito positivo qualquer.

Norma jurídica em sentido amplo – compreende todas as proposições prescritivas que possam ser construídas a partir da leitura dos textos de direito positivo. É a acepção mais ampla de norma jurídica.

Norma jurídica em sentido completo – composição formada por duas normas conectadas entre si, sendo primária aquela que prescreve a conduta lícita, e secundária a que prevê o ilícito, consubstanciado no descumprimento da primária, e lhe imputa uma sanção coercitiva.[57]

---

56. Nesse sentido, Eurico de Santi, acatando a lição de Paulo de Barros Carvalho, argumenta: "dizer que o regime jurídico define a natureza específica do tributo significa incorrer na denominada *falácia de inversão do efeito pela causa*". Suas razões são postas nos seguintes termos: "A classificação de um vínculo como prestação pecuniária compulsória que não decorra de ato ilícito é condição suficiente para que este liame jurídico se subsuma ao regime jurídico próprio dos tributos, não o contrário. Os regimes jurídicos tributários específicos decorrem desta demarcação: são efeitos, não causas distintivas das várias espécies tributárias" (*Análise crítica das definições e classificações jurídicas como instrumentos para compreensão do direito.* Direito global. São Paulo: Max Limonad, 1999. p. 303).

57. "Se isolarmos o universo normativo, naquilo que ele tem de fenômeno linguístico, aparecerá diante de nós um objeto uniforme (somente normas jurídicas), todas compostas na mesma organização sintática, vale dizer, mediante um juízo hipotético em que o legislador (sentido amplo) imputa, ao acontecimento de um fato prescrito no antecedente, uma relação deôntica entre dois ou mais sujeitos, como consequência" (CARVALHO, Paulo de Barros. Sobre os princípios constitucionais

Norma jurídica em sentido estrito – juízo hipotético-condicional que vincula a realização de um fato à previsão de uma consequência, invariavelmente, consistente numa relação jurídica.

Nulidade – é expressão geral para nominar ilícitos nomogenéticos no plano dogmático. Pode ser entendida em sua acepção lata, compreendendo todas as modalidades de ilícitos nomogenéticos, assim os formais como os materiais. Mas também pode ser adotada em sua acepção estrita, como ilícito na prática de atos processuais, de forma ou conteúdo. Noutra acepção, pode ser tomado como a consequência ou efeito da ilicitude na criação de normas, daí a possibilidade de, por exemplo, ver-se reconhecida a inconstitucionalidade de uma norma, mas se discutir se haverá ou não pronúncia de nulidade.

Observador – é o intérprete do sistema de direito cujo resultado da interpretação não altera o sistema de direito positivo. Sua interpretação é do tipo preponderantemente descritivo. O observador é também conhecido como intérprete não autêntico do sistema jurídico.

Ordenamento jurídico – sinônimo de sistema jurídico, compreende o conjunto de normas jurídicas válidas, voltadas à regulação coercitiva da conduta humana. Sujeita-se à análise sincrônica, voltada à compreensão das normas válidas aqui e agora, e à análise diacrônica, que analisa as normas em diferentes marcos temporais.

Paradigma – conjunto de crenças partilhadas por uma determinada comunidade científica que condicionam a escolha de métodos e a própria aceitação de uma proposição como verdadeira.[58]

Participante – é o intérprete cujo resultado da interpretação é uma nova norma jurídica, ou seja, a sua interpretação

---

tributários. *Revista de Direito Tributário,* São Paulo: RT, n. 55, p. 147).

58. De acordo com a definição de Thomas Kuhn, "um paradigma é aquilo que os membros de uma comunidade partilham e, inversamente, uma comunidade científica consiste em homens que partilham um paradigma" (*A estrutura das revoluções científicas*. São Paulo: Perspectiva, 2000. p. 219).

é do tipo prescritiva. Tomamos o participante do sistema como sinônimo de intérprete autêntico do direito.

Poder – expressão usada como sinônimo de "competência" entre autores de tradição anglo-sanxã. Entre os autores inseridos na tradição continental europeia, há críticas ao uso da locução "poder" como sinônimo de "competência", pois a "competência" estaria mais próxima à ideia de aptidão juridicamente condicionada, ao passo que "poder" expressaria faculdades ilimitadas. Na dogmática tributária brasileira, atualmente, o uso da expressão "competência" é mais frequente do que da expressão "poder".

Polifonia – literalmente, é a existência de outras vozes no texto, além daquela mais evidente que prepondera sobre as demais. Pode ser entendida como atributo de um texto que transmite outras mensagens mais sutis além daquela posta em termos mais evidentes.

Princípios jurídicos – enunciados normativos que integram a estrutura das normas de competência, compondo-lhes o sentido, seja no antecedente, seja no consequente, veiculando valores ou limites objetivos, ampliando ou restringindo os seus âmbitos de vigência.

Proposição – é a significação provocada no usuário da linguagem pelo contato com o enunciado.[59]

Proposição prescritiva – é a significação provocada no usuário pelo contato com um enunciado prescritivo.

Regime jurídico – é o conjunto de disposições previstas na Constituição da República que determinam onde, quando e de que forma deve ser a enunciação dos textos de direito positivo, bem como as delimitações materiais relativas aos âmbitos de vigência espacial, temporal e pessoal do tributo.[60]

---

59. Como salienta Paulo de Barros Carvalho, um único enunciado pode provocar a construção de diversas proposições, da mesma forma que uma proposição pode ser construída a partir de enunciados diversos (*Direito tributário:* fundamentos jurídicos da incidência cit., p. 20).

60. De acordo com Geraldo Ataliba, "regime jurídico tributário é o conjunto de

Relação jurídica – vínculo estabelecido entre dois sujeitos de direito tendo como objeto a realização de uma conduta, juridicamente possível, modalizada como obrigatória, permitida ou proibida.

Relação jurídica de competência – relação jurídica prescrita entre o sujeito competente e os destinatários potenciais de uma prescrição, modalizada em permitido ou obrigado, conforme a competência seja, respectivamente, não condicionada ou condicionada, à criação de norma com certo e determinado conteúdo.

Revogação – é a delimitação do âmbito de vigência temporal de uma norma, feita pelos mesmos sujeito e procedimento que criaram a norma. A revogação é, via de regra, fruto do exercício de uma competência não condicionada.

Sanção – consequência negativa prescrita por uma norma como reação à prática de um fato indesejado.

Sanção coercitiva – é a reação negativa prescrita pelo sistema de direito positivo para a prática de um fato indesejado, que deve ser aplicada de forma independente da vontade do seu destinatário, com o potencial uso da força. Na sociedade contemporânea, o monopólio do uso da força está concentrado nas mãos do Estado e é exercido por meio da jurisdição. Por isso a relação sancionatória coercitiva reclama sempre a presença do Estado jurisdição. Consideramos esta modalidade de sanção a diferença específica do direito positivo em relação aos demais sistemas normativos: só o direito tem o processo para assegurar a aplicação do que prescrevem as suas normas.

Sanção nomogenética – é a reação do sistema de direito positivo contra a produção ilícita de normas jurídicas. Normas criadas sem fundamento de validade se ajustam às normas sancionatórias de competência que prescrevem a

---

princípios, normas e categorias, que informa o funcionamento do instituto jurídico do tributo" (Hermenêutica e sistema constitucional tributário. *Interpretação no direito tributário.* São Paulo: Saraiva, EDUC, 1975. p. 19).

inconstitucionalidade, ilegalidade, nulidade, erro de fato, erro de direito como vícios que impedem a aplicação da norma, limitando a sua eficácia ou vigência, de forma singular – *erga singulum* – ou plural – *erga omnes*.

Sanção primária – reação negativa, sem natureza coercitiva, pois não envolve o Estado-jurisdição, prevista pelo descumprimento de uma obrigação qualquer, por exemplo: multa pelo não pagamento de um tributo na data devida; multa pelo descumprimento de uma cláusula contratual, dentre outras.

Sanção secundária – é a previsão de que o aparato jurisdicional está a serviço da aplicação coercitiva do que prescreve a norma primária. Segundo Lourival Vilanova e Paulo de Barros Carvalho, esta seria a nota distintiva entre direito e não direito: a existência do processo posto a serviço da eficácia da norma primária. Nenhum outro sistema normativo social (i.e. moral, ético, religioso) dispõe do processo, cuja decisão é assegurada pelo uso da força.

Signo complexo – formado pela reunião de dois ou mais signos simples, ensejando outro significado mais complexo. Uma norma jurídica em sentido estrito é um signo complexo.

Signo simples – é aquele que possui um significado. Uma proposição prescritiva é um signo simples.

Sintagma – combinação de signos presentes no discurso e que dão forma a uma mensagem.

Sistema jurídico – sinônimo de ordenamento jurídico.

Sujeito ativo da competência – sujeito credenciado pelo direito para, mediante a prática de ato/processo, alterar o sistema de direito positivo inserindo novos enunciados prescritivos.

Sujeito passivo da competência – é a coletividade de sujeitos de direito submetidos ao dever geral de sujeição às normas que sejam enunciadas de forma lícita e versem sobre o conteúdo autorizado ou obrigado pela relação jurídica de competência. A *sujeição passiva* pode ainda ser classificada como forte ou fraca. Será fraca a sujeição importa a todo e qualquer sujeito de direito que deve observar o que prescreve a norma. E **forte** a sujeição imputada a certos indivíduos que têm legitimidade processual para se insurgir contra a aplicação da norma ilicitamente criada a um caso concreto, em face da sua ilicitude.

Termo – é o ponto de partida intersubjetivo da interpretação, a parte física, acessível a todos, de um signo.

Vaguidade – atributo de uma palavra, termo ou expressão cujo sentido é impreciso.[61]

Validade – é uma categoria fundamental da teoria geral do direito que guarda íntima relação com as ideias de existência, licitude e eficácia das normas jurídicas. Esta última ideia confunde os conceitos de eficácia com o de validade, para entender que é mais ou menos válida a norma conforme seja mais ou menos eficaz. Já a ideia de ilicitude pressupõe que a norma exista previamente e só então se faça o juízo de validade ou invalidade, conforme a norma tenha sido ou não produzida segundo o que prescreve o próprio sistema. Por fim, a última ideia é a deque valer é a especial forma de existir de uma norma jurídica. Se a norma está no sistema e regula condutas é porque ela existe, se não se aplica uma norma é porque ela deixou de existir. Em qualquer dos casos, só os intérpretes autênticos teriam competência para julgar se a norma foi ou não criada segundo o que prescreve a norma de superior hierarquia, afastando sua validade ou existência ou afirmando a sua validade e existência. Por isso, segundo este último ponto de vista, não seria acertada a distinção entre validade e existência de uma norma. Dialogicamente, defendemos a ideia de que todas as teses que acabamos de descrever são simultaneamente possíveis e que

61. "Casi todos los nombres o sustantivos (y os adjetivos sustantivados) y en general todas las palavras de um idioma natural adolecem de vaguedad. Ello quiere decir que existen casos en que la palabra se aplica sin duda alguna, otros en los que resulta también claro que no se aplica pero existe también una zona de penumbra en que es dudoso aplicar o no la palabra. No existe una clara línea definitoria que separe los casos de aplicación de los de no aplicación en la zona de penumbra" (AFTALIÓN, Enrique R.; VILANOVA, José; RAFFO, Julio. *Introducción al derecho*: conocimiento y conocimiento científico, historia de las ideas jurídicas, teoría general del derecho, teoría general aplicada cit., p. 90).

representam perspectivas distintas da relação entre a norma e o sistema jurídico. A equiparação entre validade e existência é típica dos participantes ao passo que a distinção é própria dos observadores. *Vigência* – é a aptidão da norma jurídica que pode regular condutas de maneira coercitiva. A Vigência subdivide-se em quatro âmbitos, podendo-se falar em vigência *pessoal*, *temporal*, *territorial* e *material*. A primeira compreende o grupo de pessoas que estão obrigado a seguir a prescrição de uma norma. A segunda, ou vigência, temporal compreende o tempo no qual a norma deve ser obedecida. A terceira, ou territorial, é o espaço no qual a prescrição de uma norma deve ser cumprida. Por fim, a vigência material diz respeito à específica conduta prescrita por uma norma.

Primeira Parte

A ESTRUTURA

Capítulo 1

EM BUSCA DE UM DENOMINADOR COMUM

Nesta parte do trabalho, vamos explorar a estrutura da competência tributária. Tomaremos como ponto de partida a noção de que criar norma é uma conduta como outra qualquer. Assim, as normas de competência são aquelas que programam a criação, em sentido amplo, de outras normas jurídicas.

Para isso construiremos os próximos cinco capítulos, tratando em cada um deles, respectivamente, das seguintes ideias: *i.* noções sobre a sintaxe da linguagem jurídica; *ii.* ideias sobre a estrutura da competência na teoria geral do direito; *iii.* aplicação dessas ideias na fundamentação de um modelo lógico-simbólico para representação de uma norma de competência, bem como para indicar um sintagma que aglutine todos os elementos necessários à sua individualização; *iv.* fazendo uso desse sintagma a que acabamos de nos referir, formularemos a norma sancionatória de competência, indicando os efeitos da criação ilícita de normas; e, por fim, *v.* demonstraremos uma série de utilidades para a noção de competência no sistema de direito positivo.

1.1 Sintática, síntese, simplificação, sistematização

Primeiro, uma justificativa: o objeto do nosso interesse é o direito positivo, em seu aspecto dinâmico, que será estudado sob a óptica do conceito de competência tributária. A referência à positividade do direito evidencia nossa opção por um modelo que explica o surgimento e a transformação do direito com fundamento em decisões, palpáveis, verificáveis, afastando qualquer elemento externo ou exotérico para fundamentar ou explicar suas transformações. De forma objetiva, esse conjunto de proposições prescritivas é um tipo de linguagem, assim como é linguagem a Ciência que o descreve. Estão, portanto, compreendidos naquela faculdade genérica de emitir e receber informações por meio do uso de signos.

Normas jurídicas são mensagens formadas por signos que expressam ordens coercitivas, proferidas por autoridades competentes. Teorias jurídicas são, por sua vez, proposições descritivas que se referem a esses signos, são metalinguagens de normas.

As ciências jurídicas voltam-se, pois, para o mesmo objeto que muitas das ciências da linguagem:[62] o texto. Noutras palavras, e sob esta perspectiva, há identidade de objetos entre a ciência jurídica e outras ciências que têm no texto o centro de suas atenções.[63]

Essa percepção de que existe campo comum de interesses, segundo o pensamento de Paulo de Barros Carvalho,[64] sugere, por si só, a possibilidade de intercâmbio metodológico, por meio do qual a Ciência do Direito possa somar ao seu arsenal teórico uma série de instrumentos conceituais, construídos para explicar o que é, como funciona e para que serve a linguagem.[65] Por mais essa razão, mostra-se legítima a exposição

---

62. Com a expressão "ciência da linguagem" pretendemos significar todas as disciplinas que elegem a linguagem como seu campo de estudos; assim, estão incluídas neste rol a semiótica, a semiologia, a linguística, a análise do discurso, enfim todas as matérias que possam oferecer conceitos que sirvam para intensificar as formas de compreensão e exposição dogmática do direito positivo.

63. Sobre semiótica da linguagem jurídica, cf. ARAUJO, Clarisse von Oertzen de. *Semiótica do direito.* São Paulo: Quartier Latin, 2005. passim.

64. CARVALHO, Paulo de Barros. *Direito tributário, linguagem e método* cit., p. 16.

65. Como afirma Gregorio Robles, a primeira consequência de colocar a interpretação da linguagem como ponto de partida para o estudo do Direito é poder agregar a

de conceitos da teoria da linguagem para compreender como se organiza a mensagem prescritiva da competência tributária.

As regras de organização e derivação dos signos numa mensagem,[66] independentemente do seu conteúdo ou da sua finalidade, são temas da sintaxe. Esclarecem Mussalim e Bentes que:

> Do grego *sintaxis* (ordem, disposição), o termo sintaxe tradicionalmente remete à parte da Gramática dedicada à descrição do modo como as palavras são combinadas para compor sentenças, sendo essa descrição organizada sob a forma de regras.[67]

Nessa análise, abstraem-se as relações dos signos com os potenciais significados (semântica), assim como os usos que recebam da comunidade do discurso (pragmática). As atenções se voltam para as formas de combinação dos signos na produção de mensagens com sentido.

Trazendo essas ideias para descrever o direito positivo, Clarisse von Oertzen de Araujo propõe: "*definimos o aspecto sintático do sistema de Direito Positivo como sendo o feixe de relações que se estabelece entre as várias unidades do sistema: as normas*"[68]. Sob o influxo destas lições, diríamos que há relações entre proposições que dão forma às normas e há relações entre normas que dão forma ao sistema jurídico.

---

esse estudo todos aqueles conceitos forjados para análise dos demais textos (*El derecho como texto*: cuatro estudios de teoría comunicacional del derecho. Madrid: Civitas, 1998. p. 17). Ana Cebeira Moro oferece entendimento semelhante quando defende que: "todo derecho es susceptible de expresarse en lenguaje y ser puesto por escrito. El lenguaje es el modo universal de presentación del derecho en la convivencia humana". Essa Autora, seguindo a linha do pensamento de Gregorio Robles, defende que o direito como sistema de comunicação é linguagem e, portanto, texto (Dogmática jurídica, sistema y norma jurídica. *Júris Poiesis – Revista do Curso de Direito da Universidade Estácio de* Sá, n. 4, 2000, p. 12).

66. "Cada termo linguístico é um pequeno membro, um *articulus* em que uma ideia se fixa num som e em que um som se torna o signo de uma ideia" (SAUSSURE, Ferdinand de. *Curso de linguística geral*, p. 192.

67. MUSSALIM, Fernanda; BENTES, Anna Christina (org.). *Introdução à linguística*: domínios e fronteiras. 6. ed. São Paulo: Cortez, 2006. p. 207.

68. ARAÚJO, Clarice von Oertzen de. *Semiótica do direito* cit., p. 25.

No rol das propriedades sintáticas podemos identificar poderosas categorias que instrumentalizam a análise do tema "competência tributária". Entre os méritos dessas investigações está o de oferecer meios para a intensa redução de complexidades dos textos de direito positivo.

Abstraindo conteúdos de significação próprios das linguagens natural, técnica ou científica, o sujeito do conhecimento concentra-se em delimitar um conjunto, perceber seus elementos e as relações que esses elementos mantêm entre si. Essa possibilidade de os signos poderem se agrupar, formando novos signos, é um dos fenômenos mais importantes da linguagem e, por conseguinte, tema preferencial dos estudos semióticos.

É esse mesmo atributo que leva Ducrot e Todorov a afirmarem que: "*Não há nenhum enunciado, numa língua, que não se apresente como a associação de várias unidades (sucessivas ou simultâneas), unidades que são susceptíveis de aparecer também noutros enunciados*".[69] Um rol limitado de signos simples, adequadamente combinados, permite a produção de variedade ilimitada de mensagens.

Apenas para ilustrar o que acabamos de expor, tenhamos presente o nosso alfabeto. Apesar de composto por apenas 23 letras, está apto a produzir um número infindável de mensagens. Desde que seja conhecedor dos seus elementos e das suas regras de formação e derivação, qualquer um pode produzir o número de mensagens que precisar. Podemos dizer o mesmo acerca da linguagem musical, que, a partir de sete notas, enseja a produção de toda a escala de sons que podemos ouvir.

Daí por que a pesquisa sintática – ou estrutural, como preferimos – possibilita traduzir o complexo e variado plexo de informações, próprio do direito positivo e da doutrina, para um conjunto de regras simples e aplicáveis em face das mais variadas modalidades de competência tributária.

---

69. DUCROT, Oswald; TODOROV, Tzvetan. *Dicionário enciclopédico das ciências da linguagem*. Lisboa: Dom Quixote, 1991. p. 135.

1.2 Unidade e identidade dos signos

Segundo Vilém Flusser, um sistema é um conjunto de elementos que se relacionam.[70] Os elementos compõem o repertório do sistema. As relações dão forma à sua estrutura. Precede a análise das relações identificar os objetos que se relacionam. Muito embora, como explica Ferdinand Saussure,[71] os signos só sejam signos por fazerem parte de um sistema, por estar em relação com outros.

Sem perder de vista a noção de sistema, fixemos nossas atenções no que permite delimitar um signo como unidade. Feito isso, passemos à análise de identidade do signo. Em seguida, demonstraremos como essas duas noções oferecem solução para o problema, denominado por Jeremy Bentham[72] de individualização das normas.

Sobre a unidade do signo, retomemos uma lição fundamental de Ferdinand Saussure: "*A entidade linguística só existe pela associação do significante e do significado; quando só retemos um destes elementos, ela desaparece*".[73] Pois bem, o que atribui existência e unidade ao signo é o fato de ele (significante) estar em relação com um objeto distinto dele (significado). Isso de tal forma que, ao tomar contato com um signo qualquer, o usuário é levado a pensar em outro objeto, distinto dele, seu significado. O "signo" é signo de algo e é essa relação signo-algo que nos permite isolar as unidades de um sistema qualquer.

70. FLUSSER, Vilém. Para uma teoria da tradução. *Revista Brasileira de Filosofia*, São Paulo, Instituto Brasileiro de Filosofia, v. 19, n. 73, 1969. p. 17.

71. "Além disso, a ideia de valor, assim determinada, mostra-nos que é uma grande ilusão considerar um termo apenas como a união de um certo som com um certo conceito. Defini-lo assim seria isolá-lo do sistema de que faz parte; seria acreditar que podemos começar pelos termos e construir o sistema a partir da sua soma; pelo contrário, é do todo solidário que temos de partir para obtermos, por análise, os elementos que ele encerra" (SAUSSURE, Ferdinand de. *Curso de linguística geral*. Lisboa: Publicações D. Quixote, 1986. p. 193).

72. BENTHAM, Jeremy. *Of laws in general* cit., p. 156-158.

73. SAUSSURE, Ferdinand de. *Curso de linguística geral* cit., p. 176.

É justamente isso o que explica Maria Naves[74] quando afirma que: "*Ao estudar as formas e as relações dos signos,* [...] *somos levados necessariamente a ter em conta os valores semânticos como critério para definir as unidades*". E não era diferente o critério apontado por Ferdinand Saussure,[75] ao sugerir como método de delimitação das unidades da língua o paralelo que deve ser estabelecido entre unidades fonéticas e conceitos.

Concluindo: a unidade do significante está ligada ao seu sentido; para saber se estamos diante de parte de um signo, um signo inteiro ou mais de um, precisamos saber o seu significado. Se aquilo que chamamos de signo está no lugar de um objeto, estamos diante de uma unidade da língua.

Algo distinto se passa com o tema da identidade. Neste campo, o que se cogita é a manutenção ou não do vínculo entre significante e significado em situações variadas. A distinção é pertinente em virtude da existência de casos de ambiguidade, em que o mesmo significante pode estar em relação com diferentes significados. E o inverso, também, pode ocorrer. É possível imaginar significantes distintos em relação com o mesmo significado.

Dessa forma, podemos identificar o juízo de unidade como algo distinto do juízo de identidade. O primeiro estuda o valor semântico atribuído ao signo. O segundo, os valores que esse signo assume em diversas situações de uso.

Pondo em ordem o que acabamos de exprimir: a unidade de um sistema (aspecto sintático) é delimitada pelo seu sentido (aspecto semântico) que, por sua vez, só é efetivamente determinado quando se identificam suas circunstâncias de uso (aspecto pragmático).

Todavia, conclusão como essa seria, aparentemente, paradoxal. Num capítulo em que nos propomos estudar exclusivamente as relações sintáticas, acabamos sendo remetidos às duas instâncias de que pretendíamos nos distanciar – a

---

74. NAVES, Maria del Carmen Bobes. *La semiología*. Madrid: Síntesis, 1989. p. 97.

75. SAUSSURE, Ferdinand de. *Curso de linguística geral* cit., p. 121.

semântica e a pragmática. Esse aparente paradoxo, contudo, longe de tumultuar a análise, apenas evidencia o caráter unitário da língua e a artificialidade da suspensão de um, ou alguns, de seus planos de análise.

Conforme esclarece Maria Naves:

> O desenvolvimento interno da investigação semiológica conduz, por conseguinte, de um modo progressivo, da sintaxe à semântica e desta à pragmática enquanto consideração totalizadora de todos os aspectos do uso do signo nos processos semiósicos.[76]

Não é por outra razão que partimos da análise estrutural da competência para a atribuição do sentido e desta para a análise da sua função.

De posse desses fundamentos, podemos perguntar: que utilidades essas ideias podem ter para o tema das normas jurídicas e, sucessivamente, das normas de competência tributária? Ora, transportando as ideias acima para o sistema de direito positivo, empreendendo uma semiótica de segunda ordem, podemos afirmar o seguinte: *i.* o sistema de direito positivo é composto por elementos (repertório) que se relacionam (estrutura); *ii.* os elementos são normas jurídicas; *iii.* a unidade das normas jurídicas é determinada pelo valor semântico que lhe é atribuído; *iv.* o sistema jurídico contém proposições que regulam a conduta humana de maneira coercitiva; *v.* para ser uma unidade do sistema a norma deve prescrever uma ordem coercitiva e indicar as circunstâncias em que essa ordem se torna devida, assim como os efeitos para o seu descumprimento; *vi.* sem que o significante norma esteja em relação com os significados necessários à regulação da conduta, não podemos falar em norma jurídica como unidade do sistema.

No que se refere à identidade das normas jurídicas, sabemos que pode variar o que se entende por "norma jurídica" e o sentido mesmo da norma, segundo as circunstâncias de uso.

76. NAVES, Maria del Carmen Bobes. *La semiologia* cit., p. 98.

Essa ordem de considerações se aplica, também, para explicar a unidade e a identidade das normas de competência tributária. Com efeito, não poderá ser chamado de norma de competência, unidade do sistema, se não reunir os elementos necessários à regulação da conduta de criar uma norma, assim como as consequências do seu descumprimento.

Assim, fixamos uma premissa importante para todo o trabalho: só podemos chamar de norma de competência tributária, entendida como unidade do sistema de direito positivo, as mensagens normativas que prescrevam, de uma só vez, os seguintes critérios: *i.* sobre o que poderá versar a norma que for criada; *ii.* quais os meios pelos quais são criadas as normas jurídicas; *iii.* quais os efeitos de se descumprirem estas disposições *i.* e *ii.* ausente qualquer destes elementos, não será possível falar de norma de competência tributária no sentido que pretendemos adotar neste trabalho.

O tema da identidade dessas normas, por sua vez, será objeto das investigações desenvolvidas nas próximas duas partes deste trabalho, nas quais estudaremos os seus sentidos e as suas funções. Noutras palavras, na segunda e terceira parte deste livro, estudaremos os vários sentidos que podem ser atribuídos a cada um dos elementos do termo "norma de competência", bem como as finalidades de cada uma destas acepções.

1.3 O signo "norma de competência tributária" e as análises sintagmática e paradigmática

Além do repertório, um sistema possui estrutura, ou seja, um conjunto de relações que evidenciam a forma pela qual os elementos se organizam no interior do sistema. Os contatos ou relações que um signo venha a estabelecer com outros podem ser divididos em duas classes distintas, duas ordens de valor ou, ainda, formas de organização, que, segundo Saussure[77],

---

77. "As relações e as diferenças entre termos linguísticos desenrolam-se em duas esferas distintas, cada uma das quais gera uma certa ordem de valores; a oposição

correspondem a dois modos de nossa atividade mental, igualmente indispensáveis à vida da língua.

A primeira dessas classes é a formada pelos signos que se sucedem na formação de uma palavra, frase ou texto. São, também, conhecidas como relações lineares, diacrônicas ou de elementos presentes no texto. Clarisse von Oertzen de Araujo, ao tratar dessa classe de relações afirma que:

> [...] no eixo horizontal, sintagmático, estariam compreendidas as operações ou ações linguísticas que encerram o conhecimento da sintaxe de uma língua, as normas de encadeamento de uma sequência de signos ou palavras, assim compreendidas, por exemplo, as noções de gramática.[78]

A formação de palavras, frases, períodos e textos, em geral, impõe a combinação de signos de forma sucessiva.[79] A expressão de uma relação sintagmática ou, simplesmente, sintagma, é fruto da composição linear ou horizontal dos signos. Todos os elementos que se sucedem estão presentes, vinculando-se uns aos outros segundo as regras de combinação dos elementos no sintagma. O aspecto fundamental dessa espécie de relação está no fato de que todos os elementos estarem presentes no texto. São, com efeito, acessíveis a todos que com ele mantenham contato.

As relações paradigmáticas, ao seu turno, são de natureza distinta.

Uma coisa é o vínculo entre termos que se associam para formar outros mais complexos, estando todos os elementos

---

entre estas duas ordens ajuda a compreender a natureza de cada uma. Correspondem a duas formas da nossa atividade mental, igualmente indispensável à vida da língua" (SAUSSURE, Ferdinand de. *Curso de linguística geral* cit., p. 207).

78. ARAUJO, Clarice von Oertzen de. *Semiótica do direito* cit., p. 27.

79. "O sintagma compõe-se sempre de duas ou mais unidades consecutivas (por exemplo: reler, contra todos, a vida humana, Deus é bom, amanhã saímos etc.). "Num sintagma, o valor de um termo surge da oposição entre ele e o que o precede, ou que se lhe segue, ou ambos" (SAUSSURE, Ferdinand de. *Curso de linguística geral* cit., p. 207-208).

presentes. Outra, bem diferente, é a relação formada[80] por associação (paradigmática), na memória do intérprete. Nesse caso, as palavras formam encadeamentos de sentidos com expressões que, embora não estejam no texto escrito, têm características que funcionam como elementos de conexão. Esse tipo de vínculo ocorre quando, por exemplo, a palavra "música" está presente num texto, ensejando associações com as palavras "melodia", "ritmo", "canção", entre outras.

Mais uma vez, acatamos as ideias de Clarice von Oertzen de Araujo, que, acerca das relações paradigmáticas, afirma:

> No eixo paradigmático estariam compreendidas operações relativas ao domínio que um usuário ou o emissor de uma mensagem possui a respeito do repertório lexical de uma língua como código: o domínio do significado, variação que compreende, por exemplo, o conhecimento dos sinônimos e também dos antônimos.[81]

O traço fundamental de um e outro tipo de relação é que os signos estão, sempre, vinculados a outros signos. Esse vínculo pode acontecer entre os elementos que estão no texto, recebendo o nome de sintagma. Mas pode, também, acontecer entre elementos que não estão propriamente no texto, mas na subjetividade do usuário, recebendo o nome de paradigma.

A diferença entre os dois tipos de relações é que um é feito entre elementos presentes no texto – o sintagmático – e o outro, entre elementos que estão fora, porém associados em virtude do sentido. A esse respeito, as palavras de Ferdinand Saussure não deixam espaço para dúvidas: "*A relação sintagmática é in praesentia; refere-se a dois ou mais termos*

---

80. "Por outro lado, fora do discurso, as palavras que têm qualquer coisa em comum associam-se na memória, e assim se formam grupos, no seio dos quais se exercem relações muito diversas. Por exemplo, a palavra ausente fará surgir diante do espírito uma série de outras palavras (ausência, ausentar, ou então presente, clemente, ou ainda distante, afastado etc.), de uma forma ou doutra, todos têm qualquer coisa de comum entre si" (SAUSSURE, Ferdinand de. *Curso de linguística geral* cit., p. 208).

81. ARAUJO, Clarice von Oertzen de. *Semiótica do direito*. São Paulo: Quartier Latin, 2005. p. 27.

igualmente presentes numa série efectiva. Pelo contrário, a relação associativa une termos in absentia numa série mnemônica virtual."[82] O sintagma reúne signos presentes no texto. O paradigma, pelo contrário, associa signos não presentes, mas vinculados a eles por associação do intérprete.

Um modelo que pretenda demonstrar as relações sintagmáticas necessárias à formação de uma norma de competência deve vincular todos os enunciados prescritivos, de forma a evidenciar um duplo juízo condicional – norma jurídica completa.

Por outro lado, cada um desses elementos, que surge vinculado a outro numa análise sintagmática, pode ensejar diversas significações. Essas relações entre signos presentes no texto e signos ausentes são associações subjetivas, feitas pelo intérprete, e que dão forma à organização paradigmática da competência.

A análise sintagmática do modo de organização dos elementos que dão forma à norma de competência será feita no capítulo dedicado à "estrutura lógica da competência tributária". Será, por sua vez, do tipo paradigmática a análise que faremos dos vários sentidos que podem ser atribuídos a cada um dos elementos que dão forma aos critérios dessa norma.

1.4 Isolamento temático, generalização e formalização

As ideias que acabamos de expor, relativas ao sistema, seus elementos e relações, ainda não são suficientes para que possamos empreender uma análise estrutural da competência tributária. E isso se deve ao fato de que, em meio à linguagem imprecisa do direito positivo, pouco adianta saber as regras de análise sintagmática e paradigmática que acabamos de descrever. Problemas semânticos de ambiguidade e vaguidade, próprios das linguagens não formalizadas, deslocam as atenções para disputas sobre o sentido deste ou daquele termo. Uma névoa de imprecisões semânticas desvia as atenções

---

82. SAUSSURE, Ferdinand de. *Curso de linguística geral* cit., p. 208.

do intérprete para temas que nada têm que ver com a estrutura do discurso.

A epistemologia preconizada por Lourival Vilanova,[83] que se volta para analisar os fundamentos do positivismo jurídico com os subsídios da fenomenologia, sugere algumas providências para pôr em destaque a estrutura do discurso jurídico. São elas: o isolamento temático, a abstração generalizadora ou generalização e a abstração formalizadora ou formalização.

A expressão "isolamento temático" é intuitiva, pois sugere o que deve ser feito pelo sujeito do conhecimento: fixar critérios para distinguir seu objeto de estudo dos demais. Numa frase: isso consiste em isolar o tema ou o objeto. Delimita-se o objeto de estudos indicando critérios de pertinencialidade. Os elementos que atendem a esses critérios integram o sistema. Por isso, todos os elementos de um sistema são homogêneos. Em sentido contrário, elementos que não se ajustem aos critérios são postos fora do sistema.

A delimitação de objeto homogêneo possibilita um segundo passo: confrontar os diversos elementos de modo a inferir o que eles têm em comum. Essa é a abstração generalizadora, a qual busca captar aquilo que todos os elementos mantêm entre si: seus traços gerais ou sua essência. Podemos chamar, também, de redução eidética esse processo de comparação entre elementos de um sistema qualquer, feito com o propósito de destacar os elementos acidentais, e reter apenas aqueles que sejam comuns a todos, que sejam essenciais à sua configuração como objeto. Com a redução eidética descartamos o acidental em nome do essencial.[84]

O resultado da abstração generalizadora é uma coleção de proposições genéricas que servem para descrever qualquer dos elementos do sistema. Uma abstração generalizadora no sistema de direito positivo possibilita a formação de conceitos fundamentais, que servem para descrever os seus mais variados

83. VILANOVA, Lourival. *Estruturas lógicas e o sistema de direito positivo* cit., p. 44.

84. Cf. VILANOVA, Lourival. *Escritos jurídicos e filosóficos* cit., p. 38.

ramos. Esse estrato de linguagem geral, contudo, ainda é composto por expressões vagas e ambíguas. E isso tanto é verdade que não há consenso sobre as acepções de termos como: norma jurídica, relação jurídica, sanção, entre muitos outros. Que fazer? A solução proposta por Lourival Vilanova é empreender uma segunda abstração, do tipo formalizadora.

Formalizar[85] é traduzir proposições construídas em linguagem natural, científica ou técnica para o plano das fórmulas lógicas. Uma fórmula lógica é uma proposição composta exclusivamente por símbolos que representam constantes – sincategoremas – e símbolos que representam variáveis – categoremas. Essa tradução possibilita elaborar de um discurso completamente livre de ambiguidades e vaguidades, pela circunstância de que todas as expressões de uma fórmula são objeto de definição, de elucidação.

Neste trabalho, a formalização da proposição jurídica serve para evidenciar a estrutura lógica da norma de competência tributária. Esse arranjo de símbolos põe, numa mesma expressão, todos os elementos que devem ser reunidos na formação de uma norma de competência em sentido completo. Uma vez precisado este sintagma, torna-se possível, também, empreender associações das mais variadas, deixando evidentes as relações paradigmáticas que podem ser estabelecidas com cada um dos elementos.

1.5 Modos de formação e transformação dos signos

Vamos retomar aqui uma peculiaridade dos sistemas sígnicos que comentamos acima: um conjunto limitado de signos dá ensejo à composição de número ilimitado de mensagens.[86]

85. Idem, p. 8.

86. "Não há nenhum enunciado, numa língua, que não se apresente como a associação de várias unidades (sucessivas ou simultâneas), unidades que são susceptíveis de aparecer também noutros enunciados" (DUCROT, Oswald; TODOROV, Tzvetan. *Dicionário enciclopédico das ciências da linguagem* cit., p. 135).

Isso graças às regras que prescrevem como deve ser sua combinação para obter mensagens com sentido.

Nada mais natural, então, que dispensar algum espaço para a compreensão das tais regras de formação e transformação. É justamente isso o que fazem Ricardo A. Guibourg, Alejandro M. Ghigliani e Ricardo V. Guarinoni,[87] para os quais a linguagem é formada por três classes de elementos: um conjunto de signos primitivos, um grupo de regras de formação e um grupo de regras de derivação. Vejamos:

> a) Un conjunto de signos primitivos. Se llama signos primitivos a las entidades significativas de un lenguaje dado que no requieren ser definidas explícitamente mediante otros signos del mismo lenguaje [...] b) Un grupo de reglas de formación. [...] las palabras de un idioma han de combinarse según ciertas reglas que determinan que ha de considerarse como expresión bien formada en ese lenguaje [...] c) Un grupo de reglas de derivación. Se trata de las reglas que permiten transformar unas expresiones en otras o obtener nuevas expresiones a partir de otras que se toman como punto de partida. (grifamos).

Desde já devemos esclarecer que, entre outras funções, as regras de formação programam o modo de se elaborar proposições complexas a partir de proposições simples. Já as regras de transformação evidenciam como e que tipos de proposição podem ser inferidos a partir das proposições de origem.

As proposições complexas, editadas segundo certas regras de formação, podem ser objeto de estudos analíticos e sintéticos. Cada um desses pontos de vista, porém, segue caminhos diferentes, mas complementares, para perceber os elementos que integram a proposição.

Na observação analítica, as proposições complexas são desdobradas em estruturas mais simples. O ponto terminal desta atividade é a identificação dos elementos ainda mais simples e indecomponíveis.

87. GUIBOURG, Ricardo A.; GHIGLIANI, Alejandro M.; GUARINONI, Ricardo V. *Introducción al conocimiento científico*. Buenos Aires: EUDEBA, 1984. p. 42-44.

Um caminho complementar é proposto pela análise sintética, cuja observação é feita tomando como ponto de partida os elementos mais simples, seguindo articulações sucessivas para a composição de proposições mais complexas.

A síntese pressupõe a análise, mas a recíproca não é verdadeira.

As duas orientações de pesquisa, embora sugiram caminhos opostos, não se excluem; antes, pelo contrário, se complementam. Nada impede, e tudo recomenda, que o início de um estudo seja analítico, identificando, definindo, sistematizando os elementos do conjunto demarcado e, em seguida, esses elementos sejam rearticulados numa estrutura mais complexa. Essa, inclusive, seria uma das formas mais simples e diretas de compor um estudo analítico-sintético. E essa é a análise que pretendemos empreender.

1.6 Síntese dos conceitos estruturais para análise da competência

A análise estrutural das normas de competência tributária pode ser feita com o auxílio de quatro dualidades fundamentais. São elas: a unidade e a identidade; a análise sintagmática e a paradigmática; a generalização e a formalização; e a identificação de regras de formação e de derivação. Com o auxílio dessas dualidades é possível afirmar que: *i.* para ser uma unidade do sistema a norma jurídica deve regular coercitivamente a conduta humana; *ii.* se não regular qualquer dos elementos da conduta, será apenas fragmento de norma; *iii.* a norma de competência, para ser entendida como norma, deve regular completamente a atividade de criar outras normas, se não o fizer, não é norma; *iv.* a identidade da norma varia segundo os usos que lhe são dados pelos usuários; *v.* por meio das análises sintagmática e paradigmática conseguimos elaborar, respectivamente, as regras de formação de uma proposição normativa e os sentidos que podem ser associados a cada um dos seus elementos; *vi.* a generalização e a formalização deixam ainda mais evidente as regras sintagmáticas de formação das proposições de competência, pois superam ambiguidades e vaguidades; por fim, *vii.* poderemos compreender como o sintagma da norma de competência possibilita, numa só estrutura, reunir proposições que, isoladamente, não chegam a ter sentido jurídico completo.

Capítulo 2

IDEIAS SOBRE A ESTRUTURA DA COMPETÊNCIA

Neste capítulo, discutiremos algumas das propostas mais difundidas sobre o tema da competência na Teoria Geral do Direito. A primeira delas analisa a competência como norma que regula a criação de outras normas de forma coercitiva, imputando consequências ao seu descumprimento. As quatro teorias seguintes fazem críticas e reparos a este modelo, porém ressaltam pontos relevantes à sua compreensão. Na primeira, teoria temos como pressuposto a possibilidade de reduzir a uma só norma jurídica os dispositivos que regulam a criação de outras normas. As demais negam esta possibilidade. O primeiro modelo – enriquecido com as observações e a censura dos modelos posteriores – oferecerá as bases do que chamaremos de norma de competência tributária.

2.1 Normas incompletas, regulação coercitiva – um diálogo com Hans Kelsen

No capítulo da *Teoria pura do direito* denominado "Dinâmica jurídica", Hans Kelsen busca responder à questão relativa ao fundamento de validade das normas.[88] A resposta

88. KELSEN, Hans. *Teoria pura do direito* cit., p. 215-306.

atende aos seus pressupostos metodológicos, pois se encontra no próprio sistema de direito positivo: "*O fundamento de validade de uma norma apenas pode ser outra norma*".[89]

O processo de fundamentação e derivação das normas jurídicas, que proporciona a unidade do sistema jurídico, é assim descrito por Kelsen:

> A sua unidade é produto da conexão de dependência que resulta do fato de a validade de uma norma, que foi produzida de acordo com outra norma, se apoiar sobre essa outra norma, cuja produção, por sua vez, é determinada por outra.[90]

Uma primeira regra sobre as formas de relação que as normas estabelecem entre si é a sua disposição hierárquica. As normas que constituem o direito não estão ordenadas no mesmo plano, situadas umas ao lado das outras. As normas jurídicas ocupam posições distintas, de acordo com o lugar em que se situa sua fonte de validade.

Esse é o fundamento para a ideia de que, na ordem jurídica, as normas se relacionam por processos de fundamentação e derivação. Assim, uma norma individual e concreta (i.e., sentença judicial) deriva daquela que lhe serve de fundamento de validade. Por outro lado, uma norma hierarquicamente superior (i.e., lei ou decreto) fundamenta a validade da norma inferior (i.e., lançamento de ofício). Daí ser possível identificar as normas integrantes do ordenamento jurídico em nexos de subordinação (norma superior – norma inferior) e derivação (norma inferior – norma superior).

Se "norma fundamenta norma", qual seria a última norma que validaria todo o sistema jurídico? Para responder a essa questão que, em última análise, delimita o objeto jurídico, Kelsen propõe a existência da "norma hipotética fundamental". Trata-se de uma pressuposição lógico-transcendente[91],

89. Ibidem, p. 213.

90. Ibidem, p. 247.

91. Segundo a lição de Hans Kelsen, este seria um pressuposto gnoseológico para o

inafastável à compreensão do sistema jurídico, cuja utilidade foi assim demonstrada:

> Dado que o fundamento de validade de uma norma somente pode ser uma outra norma, este pressuposto tem de ser uma norma: não uma norma posta por uma autoridade jurídica, mas uma norma pressuposta.[92]

A norma hipotética fundamental imprime consistência e unidade à conceituação desenvolvida por esse autor. De fato, todos os requisitos epistemológicos foram cumpridos: objeto jurídico delimitado, homogêneo e passível de estudo por uma metodologia específica. Assim, já se poderia falar em ciência do direito.

Inserido nesse contexto, Kelsen busca enfrentar o tema das normas que conferem competência.

A solução proposta, então, foi a de que essas normas são jurídicas, porém incompletas. Vejamos sua ideia:

> A definição do Direito como uma ordem coercitiva pode ainda manter-se em face daquelas normas que conferem competência ou poder para uma conduta que não tenha o caráter de um ato de coação, ou permitem positivamente tal conduta, na medida em que tais normas são normas não autônomas, por estarem em ligação essencial com normas estatuidoras de atos de coerção.[93]

Muito embora não seja conclusiva, e a despeito de não ter sido esta a interpretação dispensada pela doutrina que será exposta nos próximos itens, a assertiva citada nos autoriza concluir que a criação de normas jurídicas é uma conduta

---

estudo do direito. Se as normas jurídicas só derivam de outras normas jurídicas, o ponto de partida para o estudo do direito só poderia ser uma norma jurídica. Não seria uma norma posta, mas uma norma pressuposta: um axioma para garantir a homogeneidade e uniformidade deste objeto de estudo (KELSEN, Hans. *Teoria pura do direito* cit., p. 215-245).

92. Ibidem, p. 224.

93. Ibidem, p. 57.

idêntica às demais, passível de ser isolada tão só pelo seu resultado, que consiste na produção de mais normas.[94]

A qualificação de órgãos, a regulação de procedimentos, a indicação de locais para a sua ocorrência, o momento em que pode ser realizado o processo são, todos, elementos que precisam ser reunidos a fim de dar forma à chamada norma que confere poder, aqui denominada norma de competência. Segundo o próprio autor, seriam normas desta natureza: "[...] *as normas da Constituição que regulam o procedimento legislativo ou põem o costume como fato produtor de Direito.*"[95] Nessa linha de raciocínio, seriam também deste tipo as normas que regulam os procedimentos jurisdicional e administrativo, as quais, prescrevendo comandos gerais e abstratos, determinam como as respectivas autoridades competentes poderão produzir normas individuais e concretas ou gerais e concretas.

Ora, na medida em que qualifica as normas que conferem poder como reguladoras da conduta de criar outras normas, Hans Kelsen se mantém coerente com o seu sistema de referências. Isso porque os pressupostos de unidade, homogeneidade e consistência do seu objeto de estudos são integralmente mantidos. Com a ideia de que norma fundamenta norma, Kelsen instaurou o pressuposto de que o direito fundamenta o direito, sem nenhum recurso a fatos políticos, econômicos, religiosos ou, simplesmente, metafísicos. Dessa forma, oferece instrumentos para a superação de modelos metafísicos ou transcendentais que colocam fora do próprio direito a sua razão de ser.

E mais, ao considerar essa classe de normas como normas incompletas, acabou por responder àqueles que pudessem vir a questionar a natureza coercitiva desse tipo de proposição. Isto porque nas normas desta natureza não se vislumbra, à

---

94. "São ainda normas não autônomas aquelas normas jurídicas que conferem competência para realizar uma determinada conduta, desde que – por 'conferir competência' – entendamos conferir a um indivíduo um poder jurídico, ou seja, conferir-lhe o poder de produzir normas jurídicas" (KELSEN, Hans. *Teoria pura do direito* cit., p. 62).

95. KELSEN, Hans. *Teoria pura do direito* cit., p. 63.

primeira vista, uma sanção pelo descumprimento da outorga de poder. Seria necessário, então, buscar o complemento do comando prescritivo das normas de competência, conectando-as com as disposições que estabelecem coerção.

Nesse ponto, a habilidade verbal de Kelsen criou uma ilusória distinção que, a um só tempo, mantém o seu sistema coerente e atende às expectativas daqueles que supõem existir diferença formal entre normas que regulam a criação de outras normas e normas que prescrevem condutas.[96]

Com efeito, falar em normas incompletas sugere a existência, de outra parte, de normas completas que regulam condutas. Daí por que adotar nomes distintos como norma de conduta e norma de estrutura. Todavia, um exame mais detido sobre o tema demonstra tratar-se de distinção artificiosa, que serve apenas ao propósito de acalmar ânimos que não se conformam com a uniformidade sintática do sistema.

Vejamos com mais atenção.

O que é norma completa no sistema de direito positivo? Há alguma norma cuja formulação não exija recurso a proposições situadas noutros textos de direito positivo a lhe outorgar sentido coercitivo completo? Ora, sob certa perspectiva, toda norma é incompleta, assim como toda norma requer complemento de outras, seja na composição da hipótese, da consequência ou da sanção.

Com essa ideia de norma incompleta, a sutileza do gênio de Hans Kelsen ofereceu um instrumento hábil para que possamos atender à demanda de diferenciação – entre regulação da conduta e regulação das normas – sem, todavia, fazer qualquer separação efetiva entre ambas. Afinal, é o próprio Kelsen que defende:

> A conduta humana é ainda regulada num sentido positivo quando a um indivíduo é conferido, pelo ordenamento normativo, o poder

96. Ibidem, p. 57.

> ou competência para produzir, através de uma determinada atuação, determinadas consequências pelo mesmo ordenamento normadas, especialmente – se o ordenamento regula a sua própria criação – para produzir normas ou para intervir na produção de normas. O caso é ainda o mesmo quando o ordenamento jurídico, estatuindo atos de coerção, atribui a um indivíduo poder ou competência para estabelecer esses atos coercitivos sob as condições estatuídas pelo mesmo ordenamento jurídico.[97]

Podemos afirmar, então, que o ordenamento regula ações humanas e nada mais. Tomando o critério resultado, podemos dividir estas condutas em condutas em geral e condutas de criar outras normas. Sob esta perspectiva, a criação de criar normas é uma conduta regulada pelo próprio sistema de direito positivo.

Com suporte nas ideias de Kelsen, estamos autorizados a afirmar que as normas de competência, em última análise, regulam a conduta de criar outras normas e estabelecem efetiva sanção pelo descumprimento de seus preceitos, qual seja: a invalidade da norma criada ilicitamente. Esse pensamento foi posto de forma clara pelo mesmo Hans Kelsen,[98] com a publicação da Teoria Geral do Direito e do Estado, na qual, sem meias palavras, firmou seu entendimento no sentido de que a invalidade de atos normativos tem natureza sancionatória.

O tema da sanção pelo descumprimento das normas de competência, como será demonstrado nos itens seguintes, foi a pedra de toque da discussão relativa à natureza dessas regras ao longo de todo o século XX. Para oferecer alguma contribuição original, parte expressiva da doutrina negou a natureza coercitiva das normas de competência, afirmando, com efeito, não existir sanção imputada ao seu descumprimento.

Nessa linha, tornou-se quase um consenso entre muitos autores a íntima relação entre competência e validade das normas. A grande maioria, porém, evitou equiparar a ideia de

---

97. Ibidem, p. 17.

98. KELSEN, Hans. *Teoria geral do direito e do estado*. 3. ed. São Paulo: Martins Fontes, 2000. p. 265.

sanção à de invalidade da norma, como se fosse possível pensar em alguma reação mais danosa, mais punitiva, para um sujeito competente, que ver o produto da sua ação – a norma jurídica – sendo neutralizada pelo sistema de direito positivo por ser com ele incompatível.

Esta premissa é de singular importância para a compreensão de todas as ideias desenvolvidas ao longo deste trabalho. Por isso mesmo voltaremos a ela noutra oportunidade, trazendo novas perspectivas e oferecendo novos argumentos. Antes disso, porém, vejamos com que armas conceituais trabalham os que pensam de forma diferente.

2.2 Normas primárias, normas secundárias – um diálogo com Herbert Hart

As premissas fixadas e desenvolvidas por Hans Kelsen[99] para a construção da Ciência do Direito se assentavam num modelo sintático-semântico, com atenção especial para a precisão dos conceitos e das classificações, tendo a definição de norma jurídica um papel fundamental.

A proposta de Herbert Hart,[100] por outro lado, enfatiza o aspecto semântico-pragmático, dando enfoque aos usos que os sujeitos, na condição de observadores ou participantes, fazem das normas. Neste ponto, é muito interessante perceber que os dois autores vivenciaram momentos distintos da Filosofia da Linguagem. Como sustenta Sônia Maria Broglia Mendes,[101] Kelsen desenvolve seus conceitos antes do chamado giro linguístico. E Hart opera num contexto posterior a esse movimento, que propõe substancial modificação na forma de conceber a relação entre o estudo do direito, a linguagem e o método.

99. KELSEN, Hans. *Teoria pura do direito* cit., p. 1-60.

100. HART, Herbert *O conceito de direito*. 3. ed. Lisboa: Fundação Calouste Gulbenkian, 2001. p. 111 e s.

101. MENDES, Sônia Maria Broglia. *A validade jurídica*: pré e pós-giro linguístico. São Paulo: Noeses, 2007. passim.

Sob o influxo de outra orientação metodológica, Hart[102] formula três objeções à concepção do direito como ordem coercitiva, composta homogeneamente por normas. A primeira é a de que existe substanciosa variedade de leis, sendo possível identificar disposições que não são ordens emitidas a terceiros;[103] a segunda oposição é a de que as normas que conferem poderes não obrigam ninguém a nada, pois não atribuiriam direitos ou deveres aos agentes sociais;[104] e a terceira seria a de que o direito produzido pelo costume não seria fruto de uma decisão consciente.[105] Em reforço à sua tese, trata de relacionar aquilo que chama de exageros na chamada tese normativista, afirmando que:

> A ideia originalmente simples de ameaça de um mal ou "sanção" foi alargada até incluir a nulidade de um negócio jurídico; a noção de regra jurídica foi restringida, de forma a excluir as regras que conferem poderes, consideradas meros fragmentos de regras; dentro da pessoa naturalmente una do legislador, cujas leis têm força autovinculativa, descobriram-se duas pessoas; a noção de uma ordem foi ampliada de uma expressão verbal até uma expressão "tácita" da vontade, que consiste na interferência em ordens dadas por subordinados.[106]

Segue oferecendo argumentação contundente[107] ao afirmar que, apesar das engenhosas construções, o modelo de

102. HART, Herbert *O conceito de direito* cit., p. 58.

103. "A teoria do direito como ordens coercivas encontra à partida a objeção de que há variedades de leis em todos os sistemas que, em três aspectos principais, não se enquadram naquela descrição. Em primeiro lugar, mesmo uma lei criminal, a que mais se lhe aproxima, tem muitas vezes um âmbito de aplicação diferente do de ordens dadas aos outros" (HART, Herbert. *O conceito de direito* cit., p. 57).

104. "Em segundo lugar, outras leis são distintas de ordens na medida em que não obrigam pessoas a fazer coisas, mas podem conferir-lhes poderes, não impõem deveres, mas antes oferecem dispositivos para a livre criação de direitos e deveres jurídicos dentro da estrutura coercitiva do direito" (HART, Herbert. *O conceito de direito* cit., p. 57).

105. "Em terceiro lugar, embora a promulgação de uma lei seja em alguns aspectos análoga à emissão de uma ordem, certas regras de direito são originadas pelo costume e não devem o seu estatuto jurídico a qualquer acto consciente de criação do direito" (HART, Herbert. *O conceito de direito* cit., p. 57).

106. HART, Herbert. *O conceito de direito* cit., p. 57.

107. "Os pontos principais em que a teoria falhou são suficientemente instrutivos para

direito como sistema coercitivo obscureceria mais do que revelaria, pois o esforço de reduzir o direito a uma variedade única de leis acabaria por lhe "impor uma uniformidade espúria".[108]

Defende, ainda, que o erro da tese formulada por Kelsen "*estaria no fato de não reconhecer que uma característica distintiva do direito, se não a principal, reside na fusão de tipos diferentes de regras*".[109] Ao expor esta crítica, Hart[110] abre espaço para desenvolver proposta epistemológica que parte da ideia de heterogeneidade sintática das normas que integram o sistema jurídico.

Assim, relaciona como condição de possibilidade de um sistema jurídico o preenchimento dos seguintes requisitos: de um lado, normas de conduta que regulam comportamento dos agentes sociais e, de outro, regras que indicam como reconhecer normas jurídicas, como produzi-las validamente e como determinar sua expulsão do sistema. Nas palavras de Hart:

> Há, portanto, duas condições mínimas necessárias para a existência de um sistema jurídico. Por um lado, as regras de comportamento que são válidas segundo critérios últimos de validade do sistema devem ser geralmente obedecidas e, por outro lado, as suas regras de reconhecimento especificando os critérios de

---

merecerem um novo resumo. Em primeiro lugar, tornou-se claro que, embora uma lei criminal, que proíbe ou prescreve certas acções sob cominações de pena, se assemelhe mais, entre todas as variedades de direito, a ordens baseadas em ameaças dadas por uma pessoa a outras, tal lei mesmo assim difere de tais ordens no aspecto importante de que se aplica geralmente àqueles que a criam e não apenas aos outros. Em segundo lugar, há outras variedades de direito, nomeadamente as que conferem poderes jurídicos para julgar ou legislar (poderes públicos) ou para constituir ou alterar as relações jurídicas (poderes privados), as quais não podem, sem absurdo, conceber-se como ordens baseadas em ameaças. Em terceiro lugar, há regras jurídicas que diferem de ordens no seu modo de origem, porque nada de análogo a uma prescrição explícita lhes dá existência. Finalmente, a análise do direito em termos de soberano habitualmente obedecido e necessariamente isento de todas as limitações jurídicas foi incapaz de explicitar a continuidade da autoria legislativa característica de um sistema jurídico moderno, e a pessoa ou pessoas soberanas não puderam ser identificadas, nem com o eleitorado, nem com o órgão legislativo de um Estado moderno" (HART, Herbert. *O conceito de direito* cit., p. 89-90).

108. HART, Herbert. *O conceito de direito* cit., p. 57.

109. Idem.

110. Ibidem, p. 58.

> validade jurídica e as suas regras de alteração e de julgamento devem ser efectivamente aceites como padrões públicos e comuns de comportamento oficial de seus funcionários.[111]

Embora reconheça que a ideia não seja de fácil explicação, procura evidenciar seu ponto de vista segundo o qual seria necessário distinguir, pelo menos, dois tipos de norma, como forma de atender à complexidade do sistema jurídico. Um tipo seria o básico, ou primário, cujo papel seria estabelecer direitos e deveres aos cidadãos.[112] O outro tipo, o das regras secundárias, "asseguram que os seres humanos possam criar ou fazer ou dizer certas coisas, novas regras do tipo primário, extinguir ou modificar as regras antigas, ou determinar de diferentes modos sua incidência ou fiscalizar a sua aplicação".[113] Na forma de exemplos, indica a função concebida para cada um desses tipos:

> As regras do primeiro tipo impõem deveres, as regras do segundo tipo atribuem poderes, públicos ou privados. As regras do primeiro tipo dizem respeito a acções que envolvem movimento ou mudanças físicos; as regras do segundo tipo tornam possíveis actos que conduzem não só a movimento ou mudanças físicos, mas à criação ou alteração de deveres ou obrigações.[114]

Num resumo, seria como se as normas primárias prescrevessem as regras de relação dos cidadãos entre si e as normas secundárias disciplinassem a relação dos cidadãos com as normas.[115]

---

111. Ibidem, p. 128.

112. "Por força das regras de um tipo, que bem pode ser considerado o tipo básico ou primário, aos seres humanos é exigido que façam ou se abstenham de fazer certas acções, quer queiram ou não" (HART, Herbert. *O conceito de direito* cit., p. 91).

113. HART, Herbert. *O conceito de direito* cit., p. 91.

114. Idem.

115. Essa classificação pode ser vista como precursora daquela que viria a ser proposta por Norberto Bobbio para separar Normas de Conduta de Normas de Estrutura (cf. BOBBIO, Norberto. *Teoria do ordenamento jurídico*. 10. ed. Brasília: Editora Universidade de Brasília, 1999).

São justamente as regras dessa última classe que disciplinam quem, como e onde se podem produzir novas proposições jurídicas válidas. Normas estas que tratam de outras normas, daí por que não prescreveriam direitos e deveres a quem quer que seja. Seu papel consistiria em qualificar sujeitos, atribuindo-lhes a faculdade de editar novas normas, estas, sim, prescrevendo condutas.

Vejamos o que Hart pensa neste sentido:

> As regras jurídicas que definem os modos pelos quais se podem celebrar contratos, testamentos, ou casamentos válidos não obrigam as pessoas a actuar de determinada maneira, quer queiram, quer não. Tais leis não impõem deveres ou obrigações. Em vez disso, facultam aos indivíduos dispositivos para a realização dos seus desejos, conferindo-lhes poderes jurídicos legais para criar, através de certos procedimentos especificados e sujeitos a certas condições, estruturas de direitos e deveres dentro do quadro coercitivo do direito. [116]

Sob esse ponto de vista, as normas de competência ou secundárias, de acordo com a terminologia proposta, estabeleceriam as condições a serem observadas para que direito produzido fosse válido. Nesse ponto, aliás, as normas de competência continuariam a desempenhar as funções já apontadas por Kelsen – disciplinar as condições para produzir normas de hierarquia inferior –, sem, contudo, prescrever de forma direta ou indireta qualquer tipo de sanção.

Após delinear os contornos da sua ideia sobre as normas secundárias, Hart[117] faz críticas ao modelo formulado por Kelsen. Essas críticas, todavia, não resistem à análise mais acurada, pois são postas em termos subjetivos e imprecisos, como os que dão forma a esta afirmação:

> Os que exercem esses poderes para ditar as medidas e decisões dotadas de autoridade usam aquelas regras numa forma de

116. HART, Herbert. *O conceito de direito* cit., p. 35.

117. Ibidem, p. 50.

> actividade guiada por um propósito completamente diferente do cumprimento do dever, ou da submissão ao controlo coercitivo.[118]

Esses excertos da obra de Herbert Hart que acabamos de citar e, especialmente, o emprego de adjetivos como "obscurecedor", evidenciam a antipatia do autor britânico com o termo "coercitivo" e, mais ainda, pela proposta de explicação científica do direito apresentada por Kelsen. O que não se observa, em momento algum, é a indicação precisa de que ponto seria obscurecido pelo modelo kelseniano. Afinal, se os sujeitos competentes, ao criarem proposições jurídicas, fazem algo diferente do cumprimento de normas, que algo é este?

Hart insiste no ataque às propostas formuladas por Hans Kelsen e sentencia:

> Representar tais regras como meros aspectos ou fragmentos das regras de dever é, ainda mais na esfera privada, obscurecer as características distintivas do direito e das actividades possíveis dentro da sua estrutura. Porque a introdução na sociedade de regras de atribuição de competência aos legisladores para alterarem e acrescentarem as regras de dever, e aos juízes para determinarem quando as regras de dever foram violadas, é um passo em frente tão importante para a sociedade quanto a invenção da roda.[119]

Discordamos destas ideias. O uso da expressão "fragmento de norma" para designar as normas de competência não serviria para "fragmentar" a importância do papel desempenhado por essas normas no sistema de direito positivo. Muito pelo contrário, a própria noção de validade das normas jurídicas e, com ela, o estabelecimento dos limites entre o direito e o não direito estão indissociavelmente ligados à questão das normas que conferem poderes ou competências. Trata-se, portanto, de estratégia utilizada para oferecer tratamento diferençado a coisas que não se distinguem: normas de conduta

118. Idem.

119. Idem.

e normas de competência. Em verdade, no modelo chamado normativista, toda norma seria incompleta e deveria buscar seu complemento noutras, tanto as de conduta simplesmente, quanto as que regulam a conduta de criar normas. É dessa forma que se estabelece um objeto uno, homogêneo e uniforme, passível de se constituir num campo de estudos consistente.

A maior parte das oposições que se possam formular contra a concepção de direito positivo, como sistema homogêneo de normas jurídicas, foi proposta por Herbert Hart ou tem nele sua fonte próxima de inspiração. Demonstrados os seus termos e evidenciadas as razões pelas quais não adotamos seus pressupostos naquilo que, especificamente, diz respeito às normas de competência, vejamos outra concepção sobre o tema da competência que é difundida na doutrina.

2.3 Sobre conceitos e normas – a oposição de Alchourrón e Bulygin

Alchourrón e Bulygin criticam, na linha desenvolvida por Hart, a teoria normativista do direito, segundo a qual o sistema jurídico seria composto exclusivamente por normas.[120] Fundamentam sua crítica no fato de que as proposições que integram um sistema de direito positivo desempenham funções distintas e inconfundíveis. Falam, então, em proposições normativas e definições legais.

As proposições normativas seriam aquelas que regulam condutas proibidas, permitidas ou obrigatórias. São textos que prescrevem direitos e deveres a certos sujeitos.[121] No entanto, emitir o texto, o conjunto de signos, expressando uma ordem é algo distinto de como essa ordem será compreendida pelos seus destinatários. Como eles explicam: "*Toda norma se*

---

120. Cf. ALCHOURRÓN, Carlos E.; BULYGIN, Eugenio. *Análisis lógico y derecho.* Madrid: Centro de Estudios Constitucionales, 1991. p. 439 e s.

121. ALCHOURRÓN, Carlos E.; BULYGIN, Eugenio. *Análisis lógico y derecho* cit., 1991. p. 443.

formula ou pode ser formulada numa linguagem, porém a norma não é o conjunto de signos linguísticos; é, sim, o sentido que estes signos expressam".[122] É importante, então, distinguir o texto, composto por enunciados, do sentido que a leitura desse texto projeta na subjetividade dos seus destinatários. Por isso mesmo concluem:

> A captação do sentido do enunciado que expressa uma norma por parte dos destinatários é condição necessária para que a norma possa cumprir o papel que lhe destina o legislador: o de motivar determinadas condutas sociais.[123]

Sem que se compreenda a mensagem do texto não é possível regular condutas e se, por acaso, a conduta do destinatário da norma coincidir com o seu conteúdo, não é, propriamente, cumprimento da norma, mas mera coincidência.

Ocorre que, de acordo com esses autores, o sentido da norma varia segundo uma série de fatores relativos ao contexto de sua interpretação. O passar do tempo, a variação de lugar, a mudança do grupo social a que se destina, são fatores que projetam efeitos diretos na formulação de sentido. Daí afirmarem ser ilusório, ou ineficiente, buscar o sentido das normas com base na simples verificação das palavras que compõem a mensagem normativa. Que fazer então?

Competiria às definições legais especificar o sentido de uma série de termos contidos nas normas e, assim, orientar sua aplicação em cada circunstância concreta. Neste contexto, os autores mencionados apontam as seguintes finalidades às definições:

---

122. "Toda norma se formula o puede ser formulada en un lenguaje, pero la norma no es un conjunto de signos linguísticos, sino el sentido que esos signos expresan" (ALCHOURRÓN, Carlos E.; BULYGIN, Eugenio. *Análisis lógico y derecho* cit., 1991. p. 443).

123. "La captación del sentido del enunciado que expresa una norma por parte del destinatario es condición necesaria para que la norma pueda realisar el papel que le asigna el legislador: el de motivar determinadas conductas sociales" (ALCHOURRÓN, Carlos E.; BULYGIN, Eugenio. *Análisis lógico y derecho* cit., 1991. p. 443).

> i) Dar maior precisão a um termo, restringindo seu alcance (...); ii) Ampliar o alcance de um termo para incluir nele situações que não estão claramente cobertas por seu sentido (...); iii) Introduzir um termo novo, que não é usual na linguagem comum.[124]

Em qualquer dos casos, as definições atuariam imprimindo mais rigor ao conteúdo da mensagem normativa, sem, contudo, confundir-se com ela. Muito embora preordenadas ao desempenho de funções distintas, a diferença entre definição legal e norma é difícil e imprecisa. A razão primeira desta dificuldade, segundo nos parece e eles próprios reconhecem, é o fato de ambas – definições e normas – serem fruto de decisão. Como consequência, as duas categorias integram o sistema de direito positivo, sujeitando-se aos juízos de validade ou invalidade.[125] A forma como empregam as palavras, porém, é diferente.

A distinção lógica entre uso e menção de expressões é o critério sugerido pelos autores argentinos para separar as normas das definições. Analisando o texto de direito positivo seria possível perceber que, muito embora as normas usem certas palavras para se referir a determinadas condutas com o propósito de regulá-las (i.e., declará-las como obrigatórias, proibidas ou permitidas), as definições, pelo contrário, apenas mencionam as palavras com o propósito de definir o seu sentido. Vale dizer, mencionam-se termos com o fito de indicar o seu sentido e, assim, precisar as condições de aplicação de uma norma. As definições legais e as normas não se confundem, pois desempenham funções distintas no discurso jurídico.

Alchourrón e Bulygin partem da ideia de composição dual do sistema jurídico para explicar o que entendem por competência jurídica, atendo-se, todavia, à análise da atividade dos juízes.

---

124. Na versão original: "i) Dar mayor precisión a un término, restringiendo su alcance. [...]; ii) Ampliar el alcance de su térmo para incluir el en situaciones que no están o no están claramente cubiertas por su sentido [...]; iii) Introducir un término nuevo, que no tiene uso en el lenguaje común" (ALCHOURRÓN, Carlos E.; BULYGIN, Eugenio. *Análisis lógico y derecho* cit., 1991. p. 448).

125. ALCHOURRÓN, Carlos E.; BULYGIN, Eugenio. *Análisis lógico y derecho* cit., 1991. p. 455.

Aplicando essas categorias, propõem a distinção entre normas de competência e normas de obrigação.[126] Essas prescreveriam obrigações e proibições para os juízes, determinando como deve ser o exercício da atividade jurisdicional. Já as normas de competência seriam aquelas que estabelecem em que condições o juiz pode julgar e que sorte de questões pode resolver.

Numa proposta de definição, afirmam:

> Seguindo a terminologia tradicional chamaremos de normas de competência as que conferem aos juízes a jurisdição, quer dizer, a faculdade de julgar. Tais normas estabelecem que certas pessoas podem (são competentes para) entender em certos casos e ditar certas classes de sentenças, observando determinadas formalidades.[127]

E, para arrematar:

> As normas de competência são normas de conduta para os juízes, se se as concebe como normas permissivas que estabelecem a permissão de realizar certos atos em certas circunstâncias. Ao mesmo tempo, são constitutivas da autoridade judicial; ninguém é juiz senão em virtude de uma norma de competência e na medida e com o alcance que esta norma determine.[128]

Com esses esclarecimentos, os autores situam a competência no rol das definições, daqueles preceitos que delimitam o sentido das normas, indicando as circunstâncias de sua aplicação.

---

126. ALCHOURRÓN, Carlos E.; BULYGIN, Eugenio. *Introducción a la metodología de las ciencias jurídicas y sociales* cit., p. 208.

127. Numa tradução livre de: "Siguiendo la terminología tradicional llamaremos normas de competencia a las que confieren a los jueces la jurisdicción, es decir, la facultad de juzgar. Tales normas establecen que ciertas personas pueden (son competentes para) entender en ciertos casos y dictar ciertas clases de sentencias, observando determinadas formalidades" (ALCHOURRÓN, Carlos E.; BULYGIN, Eugenio. *Introducción a la metodología de las ciencias jurídicas y sociales* cit., p. 208).

128. No original: "Las normas de competencia son normas de conducta para los jueces, si se las concibe como normas permisivas que establecen la permisión de realizar ciertos actos en ciertas circunstancias. Al mismo tiempo, son constitutivas de la autoridad judicial; nadie es juez sino en virtud de una norma de competencia y en la medida y con el alcance que esa norma determine" (ALCHOURRÓN, Carlos E.; BULYGIN, Eugenio. *Introducción a la metodología de las ciencias jurídicas y sociales* cit., p. 209).

Desta forma, a competência seria um tipo especial de definição, integrante do sistema de direito positivo, mas que não regularia a conduta dos agentes sociais. Somente as normas de obrigação prescreveriam propriamente deveres aos juízes.

Por fim, negam que a ideia de sanção possa ser equiparada à de nulidade. Nesse ponto, adotam o modelo de Hart[129], segundo o qual nulidade e sanção seriam conceitos diferentes, seja pelo modo de operação, seja pelo efeito que projetam. Com essa classificação, mantêm a consistência do seu discurso, mas resvalam para a inconsistência de delimitar objeto de estudo heterogêneo, na medida em que preservam a distinção entre definições e normas. No pensamento destes autores, haveria sentido falar de sanção quando se percebe o descumprimento de normas que estabelecem direitos e deveres. Por outro lado, se não há dever, não se poderia falar em sanção.

A nulidade, em qualquer das suas gradações, seria fruto do não atendimento dos critérios expostos pela definição. Até porque não haveria como violar uma norma que prescreve uma faculdade, já que tanto o fazer como o não fazer estariam autorizados. De forma circular, a existência de institutos supostamente distintos – nulidade e sanção – reforçaria a ideia segundo a qual o sistema jurídico é composto por definições legais e normas.

Vejamos a ideia de Alchourrón e Bulygin neste breve fragmento:

> A presença destas duas instituições – sanção e nulidade – é um claro sintoma da existência, no direito, de dois tipos de regras radicalmente distintas: normas de conduta, de um lado, e regras conceituais ou definições, de outro.[130]

---

129. HART, Herbert L. A. *O conceito de direito* cit., p. 89.

130. No original: "La presencia de estas dos instituciones – sanción y nulidad – es un claro síntoma de la existencia en el derecho de dos tipos de reglas radicalmente distintas: normas de conducta, por un lado, y reglas conceptuales o definiciones, por el otro" (ALCHOURRÓN, Carlos E.; BULYGIN, Eugenio. *Introducción a la metodología de las ciencias jurídicas y sociales* cit., p. 463).

Não há dúvida, pois, de que a proposta dos autores argentinos, muito embora exposta com clareza e inteligência, diverge daquela que sustentamos aqui em pelo menos três aspectos fundamentais: *i.* não trabalha com modelo uniforme e homogêneo de norma jurídica; *ii.* não adota a ideia de que o sistema jurídico é composto exclusivamente por normas, pois haveria, também, as definições; por fim, *iii.* distingue sanção e nulidade, como se esta não fosse uma espécie daquela.

Há, desta forma, vários pontos de divergência entre o modelo que escolhemos para estudar a competência tributária e aquele oferecido pelos professores argentinos e por todos os que seguem as suas propostas. A despeito disso, algumas das ideias defendidas por esses autores serão utilizadas na formação dos pressupostos para a construção da norma de competência, que apresentaremos como conclusão deste capítulo.

2.4 Normas indiretamente formuladas para regular a força do Estado – ideias propostas por Ross

Na obra *Direito e Justiça*, Alf Ross acata a teoria normativista, embora proponha a distinção entre normas diretivas de conduta e normas de competência.[131] Ao fazer isso, contudo, reconhece que, direta ou indiretamente, as normas que integram um ordenamento jurídico específico se voltam para regular o exercício da força pública. Esse seria o atributo comum a todas as normas jurídicas. O critério para separar esses elementos em dois grupos seria a circunstância de que alguns deles se referem diretamente à conduta humana, enquanto os outros o fazem apenas de modo indireto.[132]

De acordo com a sua definição: "*Competência é a capacidade juridicamente estabelecida de criar normas jurídicas (ou efeitos jurídicos) por meio de e de acordo com enunciados*".[133]

131. Cf. ROSS, Alf. *Direito e justiça* cit., p. 63.

132. Cf. Ibidem, p. 76.

133. Tradução livre de: "Competencia es la capacidad juridicamente establecida de

Segundo seu ponto de vista, a competência poderia ser entendida como uma espécie de poder, cujo propósito seria a capacidade de produzir, por meio de atos, os efeitos jurídicos desejados.

À norma de competência caberia estabelecer as condições necessárias para criar normas válidas, podendo – as normas de competência – ser divididas em três grupos: *i*) aquelas que qualificam a pessoa que poderá criar a norma (competência pessoal); *ii*) as que prescrevem o procedimento que deve seguido (competência processual); e *iii*) aquel'outras que estabelecem o alcance da norma em relação ao seu sujeito, situação e tema (competência material).[134] Os três tipos de competência interagiriam na delimitação das condições para a criação de uma norma.

A atividade enunciadora de normas, aquela ação humana que resulta em novos enunciados prescritivos, para Ross,[135] é ato jurídico. A competência se exercita pela edição de atos que são juridicamente relevantes e que, também, fazem surgir, no sistema de direito positivo, novos enunciados. Esse acontecimento, fruto da ação humana, a que o direito atribui relevância, seria o especial modo de exercer a competência, fazendo surgir novas normas ou efeitos jurídicos.

Para esse autor, no entanto, uma coisa é a competência, ou poder, de uma pessoa; outra é a liberdade de um sujeito exercer a sua competência como quiser. Outra, ainda, bem distinta, é a obrigação de exercê-la dessa ou daquela forma. Haveria, sob esta óptica, o entrelaçamento entre a norma de competência e a norma diretiva de conduta. A primeira outorga poder, a segunda prescreve como deve ser o seu exercício. Vejamos:

> O poder ou competência de uma pessoa deve ser distinguido tanto da liberdade de ela exercer seus poderes como queira (mas, por

---

crear normas jurídicas (o efectos jurídicos) por medio de y de acuerdo con enunciados al efecto" (ROSS, Alf. *Lógica de las normas.* Madrid: Tecnos, 1971. p. 123).

134. Cf. ROSS, Alf. *Lógica de las normas.* Madrid: Tecnos, 1971. p. 123.

135. Idem.

> certo, somente *intra vires*), quanto do dever de exercê-los de acordo com certas diretrizes. Se existe tal dever, existe uma norma de conduta, cujo objeto é a maneira por meio da qual a pessoa competente exercerá seu poder. É importante compreender esta distinção entre a norma de competência e a norma de conduta que regula o exercício de tal competência. Ao passo que extrapolar a norma de competência gera invalidade, violar a norma de conduta não afeta a validade do ato jurídico, senão enseja uma responsabilidade, como qualquer outra violação de uma obrigação. [136]

Essa distinção entre os termos da outorga da competência e os termos do seu exercício projetaria, segundo Ross,[137] efeitos prescritivos. A norma de competência regula como deve ser a criação de outra norma e, além disso, estabelece consequências para a circunstância de suas determinações não serem atendidas. Com efeito, o exercício irregular da competência implicaria a invalidade da norma criada. Todavia, o exercício irregular de uma norma que não seja de competência projetaria, apenas e tão somente, um caso de responsabilidade para aquele que infringiu os deveres que lhe foram impostos.

Nossas premissas, entretanto, levam a conclusões opostas. A distinção entre invalidade e responsabilidade não se sustenta. As duas circunstâncias são espécies do gênero sanção, ambas representam situações em que o direito positivo prescreve consequências indesejadas. O que existe, isso sim, é variação dos efeitos dessa consequência em virtude do tipo de conduta. Não haveria como prescrever de forma eficaz consequências idênticas para condutas que têm natureza distinta.

---

136. Tradução livre de: "El poder o competencia de una persona debe ser distinguido tanto de la libertad de ejercer sus poderes como quiera (pero, desde luego, *solo intra vires*) como del deber de ejercerlos según ciertas directrices. Si existe tal deber, existe una norma de conducta, cuyo tema es la manera en que la persona competente ha de ejercer su poder. Es importante comprender esta distinción entre la norma de competencia y la norma de conducta que regula o ejercicio de tal competencia. Mientras que exceder la norma de competencia produce invalidez, violar la norma de conducta no afecta a la validez del acto jurídico, sino que encierra una responsabilidad, como cualquier otra violación de una obligación" (ROSS, Alf. *Lógica de las normas*. Madrid: Tecnos, 1971. p. 123-124).

137. ROSS, Alf. *Lógica de las normas*. Madrid: Tecnos, 1971. p. 125.

Uma conduta que tenha como resultado nova norma jurídica – conduta nomogenética –, se for praticada de forma ilícita, deve ser sancionada para recompor a situação anterior à criação da norma (*ex nunc*), evitar que ela produza efeitos a partir da decisão (*ex tunc*), ou determinar recomposição patrimonial para compensar eventuais lesões a direitos. Já outras condutas, de que não tenha resultado a criação de novas normas, são sancionadas na forma de atribuição de responsabilidades, ou seja, pela imputação de sanções restritivas de direitos ou compensatórias. Nada impede, porém, que seja fixada sanção pecuniária para situações em que fique evidenciado inegável prejuízo a sujeito de direito em face da edição de norma ilícita. Assim, somos levados a sustentar que a responsabilidade e a invalidade não são conceitos contrapostos, mas análogos, que se ajustam, na condição de subespécies, ao gênero sanção.

A competência teria, ainda, uma contraface, chamada por Ross de sujeição. Em suas palavras:

> Sujeição é o correlato do poder ou da competência. A pessoa submetida a B está determinada como qualquer outra que, de acordo com as normas que definem o alcance material do poder de A, pode ser sujeito de uma norma criada por A.[138]

Desta forma, se é verdade que A tem competência para regular a conduta de B, é verdade, também, que B tem o direito correlato de não ser obrigado em nada que transborde os estritos limites da competência outorgada a A. E afirmamos isso não só em relação à qualificação de A, mas ao modo de exercício dessa competência e aos condicionantes materiais do seu exercício. Por isso, os direitos de A e B são instaurados no bojo de uma relação jurídica, como aspectos contrapostos e complementares da delimitação da competência.

---

138. Tradução livre de: "Sujeción es el correlato de poder o competencia. La persona sometida a B está determinada como cualquier que, de acordo con las normas que definen el alcance material del poder de A, puede ser sujeto de una norma creada por A" (ROSS, Alf. *Lógica de las normas*. Madrid: Tecnos, 1971. p. 124).

Perseguindo o esforço de bem compreender a teoria das normas de competência proposta por esse autor, vejamos as distinções por ele sugeridas. De um lado, estariam as normas de competência, que criariam faculdades relacionadas à autonomia privada. Entre elas, a capacidade que os indivíduos possuem de contrair direitos e deveres, gerindo, assim, os atos da própria vida. As competências desta natureza, segundo Ross, poderiam ser qualificadas da seguinte forma:

> Por conseguinte se pode dizer que a potestade que estamos aqui considerando é a qualificada (todos têm), autônoma (mediante seu uso, a pessoa competente obriga a si mesma), discricionária (é exercida livremente) e transferível (pode ser transferida ao sucessor).[139]

De outro lado, como se pode inferir, estariam as regras da chamada autoridade pública. Essas competências só poderiam ser exercidas por pessoas qualificadas para criar normas que obrigam outras, para alcançar situações de interesse social e sem a possibilidade de ser transferidas. Seriam, portanto, competências qualificadas, heterônomas, de interesse público e não transferíveis.

Fixado esse ponto de partida, Alf Ross passa a enfrentar o porquê de uma norma ser válida. Faz isso sob o influxo do princípio da verificação, segundo o qual: "*seguindo um certo procedimento, sob certas condições, certas experiências diretas resultarão*".[140] Com isso, propõe afastar os argumentos metafísicos, sobrenaturais, intrassubjetivos, enfim, quaisquer espécies de afirmações que não sejam passíveis de confrontos com normas jurídicas.

---

139. Tradução livre de: "Por conseguiente se puede decir que la potestad que estamos aquí considerando es no calificada (todos la tienen), autónoma (mediante su uso la persona competente se obliga a si misma), discrecional (es ejercida libremente) y transferible (puede ser transferida a un sucesor)" (ROSS, Alf. Grandeza y decadencia de la doctrina de las expresiones realizativas. *El concepto de validez y otros ensayos*. México: Fontamara, 2001. p. 112).

140. ROSS, Alf. *Direito e justiça* cit., p.64.

Motivado por esses pressupostos epistemológicos, Alf Ross oferece uma primeira e genérica definição de validade: "*uma regra é direito vigente quando é aplicada na prática dos tribunais*".[141] O critério para aferição da "vigência" das normas jurídicas não seria a estrutura nem o sentido, mas a função atribuída pelos tribunais à norma. Utiliza, pois, uma via pragmática para separar as normas jurídicas das não jurídicas, fundada no uso que os tribunais fazem das normas. É esse próprio autor, porém, quem se apressa em oferecer os critérios para o refinamento dessa afirmação.

O primeiro ponto é saber o que significa ser passível de aplicação por um tribunal. Todavia, para explicar esse conceito, acaba por emitir novos juízos metafísicos do tipo:

> [...] se se instaura uma ação em relação à qual a regra jurídica particular apresenta relevância, e se nesse ínterim não houve nenhuma modificação no estado de direito (quer dizer, nas circunstâncias que condicionam nossa asserção de que a regra é direito vigente), tal regra será aplicada pelos tribunais.[142]

A partir desse critério de relevância da regra jurídica em relação à conduta chega-se à identificação das circunstâncias em que a norma pode ou não ser aplicada. E ser aplicada, por sua vez, é ser utilizada para fundamentar a decisão do tribunal. Retornaremos a este ponto no capítulo 11, em que trataremos dos conceitos de existência, validade, vigência e eficácia das normas jurídicas.

A premissa empirista com a qual lida o realismo escandinavo, que tem em Ross o seu principal representante, trabalha equiparando o conceito de validade e vigência das normas. Segundo esse ponto de vista: valer é estar apta a irradiar efeitos, ser vigente, portanto. E mais, defende existir uma variação segundo a qual as normas seriam mais ou menos válidas

141. Ibidem, p. 65.

142. Ibidem, p. 66.

conforme fosse maior ou menor a probabilidade de virem a ser aplicadas pelos tribunais:

> A asserção de que uma regra de direito é válida e vigente é altamente relativa. Pode-se também dizer que uma regra pode ser direito vigente num maior ou menor grau, o qual varia com o grau de probabilidade mediante o qual podemos predizer que será aplicada.[143]

Ora, as considerações desenvolvidas sob esse ponto de vista, sob o pretexto de construir uma teoria realista do direito, acabam por tratar conjuntamente conceitos inconfundíveis, segundo as premissas que adotamos aqui. Já afirmamos que uma coisa é a validade, o especial modo de existir da norma no sistema; outra é a vigência, entendida como aptidão para regular condutas; outra, ainda, é a eficácia que analisa o fato de as normas efetivamente serem aplicadas. Trata-se de três conceitos distintos, que possibilitam análise da norma jurídica sob três aspectos, diversos entre si.[144]

Num caso e noutro, porém, as normas de competência estabeleceriam as condições para a criação de normas jurídicas válidas. O exercício da competência por atos que transcendam os seus contornos pessoais, processuais ou materiais desencadearia a criação de norma inválida. Mais do que os anteriores, o modelo de Ross se aproxima do kelseniano, na medida em que considera as normas de competência como normas de conduta indiretas. Sua proposta de construir um modelo realista de explicação para os sistemas jurídicos, contudo, insere conceitos incompatíveis com as premissas deste trabalho.

Este é o caso, por exemplo, da equiparação entre a validade da norma e sua efetividade. Bem como a de que o juízo de validade é variável na medida em que é maior ou menor a aplicação das normas pelos tribunais, sendo possível falar em norma mais

---

143. Idem.

144. Outros pormenores relativos à definição do conceito de validade, vigência e eficácia podem ser encontrados no Capítulo 11.

ou menos válida. A despeito disso, as demais propostas sugeridas por Ross evidenciam, como nenhuma outra depois de Kelsen, o caráter normativo da competência e o vínculo existente entre esse conceito e o de validade das normas. Nesse ponto, ela vem fundamentar parte substancial das nossas premissas.

2.5 Normas de conduta e normas de produção jurídica – algumas ideias de Riccardo Guastini

A classificação dos elementos do sistema do direito positivo em normas primárias e secundárias está presente, também, no pensamento de Riccardo Guastini. De acordo com esse autor, o que separa o direito de outros subsistemas sociais é o fato de conter, além das normas de conduta, normas que prescrevem o modo de produção de outras normas. O Direito regula a sua própria criação. Segue, porém, empregando a classificação das normas em primárias e secundárias, na linha proposta por Hart. Vejamos:

> [...] o direito moderno – diferentemente de outros sistemas normativos (mais simples) – regula, também, entre outras coisas, sua própria criação e aplicação. Isto significa que o direito, junto às normas (chamadas "primárias") que regulam a conduta dos cidadãos, inclui, também, uma larga série de normas (chamadas "secundárias") que regulam a criação e aplicação do próprio direito pelos órgãos do Estado.[145]

Estariam nesse último grupo as chamadas normas de competência ou, como prefere, as normas de produção normativa. Essa classe de normas estabelece qual órgão é competente e que procedimento é o devido para criar normas.[146]

---

145. "El derecho moderno – a diferencia de otros sistemas normativos (más simples) – regula también, entre otras cosas, su propia creación y aplicación. Esto significa que el derecho, junto a las normas (llamadas 'primarias') que regulan la conducta de los ciudadanos, incluye también una larga serie de normas (llamadas 'secundarias') que regulan la creación y la aplicación del propio derecho por parte de los órganos del estado" (GUASTINI, Riccardo. *Distinguiendo*: estudios de teoría y metateoría del derecho cit., p. 319).

146. "En sentido estricto, son normas sobre la producción jurídica sólo aquellas que establecen qué órgano es competente para crear normas (por ejemplo, art. 70 const.

A introdução de novas normas no ordenamento jurídico seria um ato institucional, ou mesmo uma sequência de atos institucionais, disciplinados por normas jurídicas constitutivas. Não seria possível reconhecer as normas jurídicas se elas não pudessem ser harmonizadas, posteriormente, a outras normas de caráter secundário. Daí o porquê de se afirmar que essas normas são normas relativas à produção jurídica:

> [...] introduzir as normas formuladas no ordenamento jurídico é um ato "institucional" ou, melhor, uma sequência de atos institucionais, regidos por normas (jurídicas) constitutivas. Não haveria nenhuma "legislação" se as normas formuladas [...] não fossem, depois, "escritas" em conformidade com algumas normas secundárias ou de segundo grau. Estas últimas, conforme expressão difundida pela doutrina italiana, são "normas sobre a produção jurídica": normas constitutivas que regulam a criação de "leis".[147]

A contribuição desse autor sobressai pelo tratamento mais analítico que ele dispensou às chamadas normas secundárias, estando aí incluídas, segundo ele, as normas de competência. Dispondo sobre o tema, expõe o seguinte:

> A classe das normas sobre produção jurídica, entendida em sentido *lato*, inclui (pelo menos) cinco subclasses: 1) normas que conferem uma competência normativa; 2) normas que regulam o exercício de uma competência normativa; 3) normas que delimitam o objeto de uma competência normativa; 4) normas que

---

it.) y con qué procedimiento debe ejercer tal competencia (por ejemplo, art. 72 const. it.). En sentido amplio, sin embargo, se incluyen también entre las normas sobre la producción jurídica aquellas que predeterminan el contenido de las normas futuras [...]" (GUASTINI, Riccardo. *Distinguiendo*: estudios de teoría y metateoría del derecho cit., p. 319).

147. Numa tradução livre de: "[...] introducir las normas formuladas en el ordenamiento jurídico – es un acto 'institucional' o, más bien, una secuencia de actos institucionales, gobernados por normas (jurídicas) constitutivas. No habría ninguna 'legislación' si las normas formuladas [...] no fuesen después 'dictadas' de conformidad con algunas normas secundarias o de segundo grado. Estas últimas, según una forma de expresarse difundida en la doctrina italiana, son 'normas sobre la producción jurídica': normas constitutivas que regulan la creación de 'leyes'" (GUASTINI, Riccardo. *Distinguiendo*: estudios de teoría y metateoría del derecho cit., p. 307).

> delimitam uma competência normativa; 5) normas que limitam o conteúdo normativo possível de uma competência.[148]

Todas essas normas[149] atuariam para disciplinar a atividade produtora de normas. Muito embora atuando de forma conjunta, cada uma dessas normas sobre produção normativa desempenharia função distinta, porém complementar em relação às demais. As disposições que conferem competência, qualificando indivíduos como aptos a criar normas de um certo tipo, atuariam como se definições fossem, pois serviriam para qualificar certos sujeitos, sem lhes imputar qualquer sanção pela prática de conduta contrária às suas disposições.[150]

A forma de exercício dessa competência, segundo o pensamento de Guastini, seria regulada por outra norma de produção normativa. Na regulação do exercício da competência,[151] estariam incluídos a prescrição do processo de produção, o estabelecimento das condições de espaço, tempo e pessoa, bem como tudo mais que fosse relevante para a programação do processo de enunciação de novos textos de direito positivo.

---

148. No original: "La clase de las normas sobre la producción jurídica, entendida lato sensu, incluye (al menos) cinco subclases: 1) normas que confieren una competencia normativa; 2) normas que regulan el ejercicio de una competencia normativa; 3) normas que circunscriben el objeto de una competencia normativa; 4) normas que reservan una competencia normativa; 5) normas que limitan el posible contenido normativo de una competencia" (GUASTINI, Riccardo. *Distinguiendo*: estudios de teoría y metateoría del derecho cit., p. 324).

149. Ver o pequeno glossário de instrumentos teóricos.

150. "En general, las normas que confieren competencias normativas – 'normas de competencia' en sentido estricto – son todas aquellas que atribuyen a un determinado sujeto (un órgano del estado) un poder normativo, o sea, el poder de crear normas jurídicas. En virtud de esas normas, el sujeto en cuestión está autorizado para dictar normas jurídicas de un cierto tipo" (GUASTINI, Riccardo. *Distinguiendo*: estudios de teoría y metateoría del derecho cit., p. 324).

151. "[...] las normas que regulan el ejercicio de una determinada competencia normativa, prescribiendo procedimientos para la creación de un cierto tipo de fuente, de modo que aquella competencia no puede ser ejercida (aquel tipo de fuente no puede ser creado) si no es a través de ese procedimiento" (GUASTINI, Riccardo. *Distinguiendo*: estudios de teoría y metateoría del derecho cit., p. 326).

Ao lado dessas normas, caberia apontar, também, aquelas que delimitam o conteúdo sobre o qual poderá versar a norma inferior. A delimitação do aspecto material passa pela indicação do conjunto de relações ou supostos de fato que podem ser objeto de regulação jurídica.[152] Sem a indicação da matéria sobre a qual podem versar os sujeitos competentes, não se pode falar, propriamente, em outorga de competência. Seria o mesmo que oferecer os meios – sujeito e processo –, mas não indicar os fins – matéria. Têm a mesma natureza das normas de produção normativa que delimitam a matéria, aquelas que qualificam um sujeito específico para dispor sobre certa materialidade. Seu papel seria o de, simplesmente, transformar uma competência comum, ou concorrente, em privativa de um sujeito ou de um grupo de sujeitos. Por essa razão, não chega a constituir uma classe própria de competência, muito embora seja assim apresentada por Guastini.[153]

A classe das normas que dispõem sobre matéria teria mais uma espécie: a das normas substanciais que cumprem a função de vedar ou obrigar à emissão de normas com certo conteúdo pelos sujeitos competentes. Na primeira espécie, a norma de competência indicava a matéria; na segunda, tornava este conteúdo exclusivo de uma pessoa, enquanto nesta modalidade impõe ou proíbe um conteúdo junto a outros sujeitos.[154] Há, evidentemente, funções distintas a serem desem-

---

152. "[...] las normas que atañen el ámbito 'material' de competencia de las diversas fuentes, esto es, al conjunto de relaciones o supuestos de hecho sobre los que cada fuente está autorizada a dictar normas (una 'materia' es precisamente un conjunto de relaciones o supuestos de hecho que pueden constituir el objeto de una disciplina jurídica)" (GUASTINI, Riccardo. *Distinguiendo*: estudios de teoría y metateoría del derecho cit., p. 328).

153. "[...] las normas que reservan una determinada materia a una fuente dada, de modo que ninguna otra fuente está autorizada a regular aquella materia" (GUASTINI, Riccardo. *Distinguiendo*: estudios de teoría y metateoría del derecho cit., p. 328).

154. "[...] las normas – por así decirlo 'sustanciales'— que limitan el posible *contenido* normativo de la competencia conferida (por otras normas), *vetándole* la emisión de normas que tengan un cierto contenido, o también, más raramente, *imponiéndole* la producción de normas dotadas de un contenido concreto y no de otro" (GUASTINI, Riccardo. *Distinguiendo*: estudios de teoría y metateoría del derecho cit., p. 330).

penhadas por essas normas. Todas elas, contudo, podem ser aglutinadas pela circunstância comum de prescreverem, sob ângulos distintos, como deve ser a matéria da norma inferior.

Esta breve exposição dos tipos de normas concebidos por Guastini oferece, em boa medida, contribuição para o tema das normas de competência. Ressalvamos, porém, que funções indicadas para cada uma das normas de produção normativa são funções parciais e que, por isso, se complementam sem se excluir. Isoladamente, nenhuma delas prescreve mensagem com sentido normativo completo. Apenas com a reunião de todas as normas de produção normativa é possível saber onde, quando e a respeito do que uma norma jurídica pode ser criada. Daí o porquê de não ser possível identificar em qualquer destas normas sobre produção jurídica uma mensagem normativa que expresse "o mínimo e irredutível de manifestação do deôntico".

Se essas "normas" precisam ser reunidas a outras para ter o seu sentido jurídico determinado, não podemos falar da existência efetiva de uma norma, mas, sim, de um fragmento de norma. Por isso preferimos adotar as proposições oferecidas por Guastini, não sob o nome de norma, porém de proposição prescritiva, fragmento da mensagem normativa que precisa ser reunido a outros para regular efetivamente a conduta de criar normas.

2.6 Aspectos de uma teoria sobre a norma de competência

A exposição de todas as concepções sobre a competência, que fizemos acima, está a serviço de um só propósito: oferecer características úteis à construção de um modelo como podem ser e como podem funcionar as normas de competência tributária.

Com fundamento nas ideias que acabamos de expor, buscaremos empreender uma "reconstrução racional" do conceito de competência. Partiremos da ideia de homogeneidade sintática do sistema de direito positivo proposta por Kelsen.

Outra premissa importante é a de que a atividade enunciadora de normas – nomogenética – pode ser interpretada como uma conduta que se distingue das demais por seu resultado: novas normas jurídicas.

Adotaremos o pensamento de Hart, naquilo que diz respeito à ideia de que as normas de competência devem estabelecer a qualificação dos sujeitos competentes e as condições de produção das normas de inferior hierarquia. É, também, na sua obra que buscaremos a noção de que são as normas de competência que fornecem os critérios para separar o direito do não direito – normas de reconhecimento. Alchourrón e Bulygin reforçam o vínculo entre as normas que definem as regras do jogo da criação de normas e o conceito de validade. Em Guastini, buscamos as variações do conceito de produção jurídica, especialmente a ideia de que a produção da norma se sujeita à regulação de tempo, espaço, sujeito, procedimento, matéria, entre outros. Ross sugere, de forma enfática, o vínculo entre a norma de competência e o conceito de validade. É de sua autoria, também, a concepção de que as normas de competência podem ser reduzidas às normas de conduta, diferindo dessas apenas pelo fato de sua formulação ser indireta.

Para alcançar esse propósito, aglutinaremos numa mesma norma de competência os seguintes elementos: *i)* qualificação do sujeito que pode criar normas; *ii)* indicação do processo de criação das normas, sugerindo todos os atos que devem ser preordenados para o alcance desse fim; *iii)* indicação das coordenadas de espaço em que a ação de criar normas deve se realizar; *iv)* indicação das condições de tempo em que esta ação deve ser desempenhada; *v)* estabelecimento do vínculo que existe entre quem cria a norma e quem deve se sujeitar à sua prescrição, segundo as condições estabelecidas pelo próprio direito; *vi)* modalização da conduta de criar outra norma, se obrigatória, permitida ou proibida; e *vii)* estabelecimento da programação material da norma inferior que é feita segundo quatro variáveis – sujeito, espaço, tempo e comportamento.

Capítulo 3

DA PLURALIDADE À UNIDADE DAS NORMAS DE COMPETÊNCIA I

Nas próximas páginas, responderemos às perguntas sobre se é possível e útil construir uma norma de competência tributária.[155] Após elucidarmos as acepções adotadas para os termos "norma"[156] e "competência", ficará claro que a proposta é oferecer um modelo lógico-sintático de representação das normas[157] que prescrevem como outras normas devam ser feitas. Para definir o que deve estar contido nesta representação, retomaremos algumas premissas já expostas. A primeira delas é a de que a unidade do signo é dada pela relação entre significante e significado.[158] Com as devidas alterações, a unidade da norma

---

155. Esse tema já foi tratado por nós em outras oportunidades, quando sustentamos a possibilidade de reunir, numa única estrutura normativa, todos os elementos necessários à regulação da conduta de criar uma norma (Cf. GAMA, Tácio Lacerda. *Contribuição de intervenção no domínio econômico*. São Paulo: Quartier Latin, 2003). Não mudamos de ideia. Pelo contrário, a experiência adquirida nos últimos anos com a intensa utilização deste instrumento nos evidenciou a sua utilidade e operacionalidade.

156. Remetemos o leitor ao conceito de norma em sentido completo que expusemos no pequeno glossário de instrumentos teóricos (cf. item 1.7).

157. A possibilidade de representação formal da mensagem normativa foi preconizada, no direito tributário brasileiro, por Paulo de Barros Carvalho (*Curso de direito tributário* cit., p. 245-350), com a concepção da regra-matriz de incidência tributária.

158. Essa ideia foi exposta na parte dedicada à semiótica estrutural e seus conceitos (cf. Capítulo 1).

de competência deve disciplinar, integralmente, a conduta de criar outras normas.[159] Outra premissa relevante é a seguinte: os elementos do sistema de direito positivo são dotados de heterogeneidade semântica e pragmática, mas também de homogeneidade sintática, pois se organizam em estruturas com elementos comuns.[160] Por fim, relacionaremos sete elementos que precisam ser, direta ou indiretamente, disciplinados pela norma de competência, sob pena de essa não prescrever o mínimo e irredutível de manifestação do deôntico.

Fundados nesses pontos de partida, vejamos como construir uma estrutura lógica para a norma de competência tributária.

3.1 Enunciados, proposições, normas em sentido amplo, normas em sentido estrito e normas em sentido completo

Enunciados são porções de texto a partir das quais se formula o sentido. Como define Paulo de Barros Carvalho, os "enunciados" aparecem como "um conjunto de fonemas ou de grafemas que, obedecendo a regras gramaticais de determinado idioma, consubstanciam a mensagem expedida pelo sujeito emissor para ser recebida pelo destinatário, no contexto da comunicação".[161] Enunciados prescritivos, por sua vez, são fragmentos do direito positivo, a partir dos quais se forma o sentido das mensagens normativas.

---

159. No Capítulo 2, desenvolvemos alguns modelos relativos ao tema da competência jurídica. Na parte final desse Capítulo (cf. item 2.6), fizemos constar sete critérios que precisam ser disciplinados para que se possa falar em norma jurídica de competência. Esses sete critérios prescrevem de que forma deve ser realizada para tratar de uma matéria, além de estabelecer as consequências – sanções nomogenéticas – imputadas aos sujeitos competentes que editam normas ilícitas.

160. É precisa a lição de Paulo de Barros Carvalho no sentido de que: "Há homogeneidade, mas homogeneidade sob o ângulo puramente sintático, uma vez que nos planos semântico e pragmático o que se dá é um forte grau de heterogeneidade, único meio de que dispõe o legislador para cobrir a imensa e variável gama de situações sobre que deve incidir a regulação do direito, na pluralidade extensiva e intensiva do real-social" (O direito positivo como sistema homogêneo de enunciados deônticos cit., p. 35-36).

161. *Direito tributário:* fundamentos jurídicos da incidência cit., p. 20.

Quando deixamos a objetividade dos textos e passamos à subjetividade do intérprete que decodifica a mensagem, deixamos o plano dos enunciados e passamos a operar com proposições. Se os enunciados eram jurídicos, as proposições formuladas a partir deles serão igualmente jurídicas, prescritoras de conduta. Numa definição: as proposições prescritivas são o sentido construído a partir dos enunciados jurídicos.[162]

Nem sempre, porém, podemos equiparar "proposição prescritiva" com "norma", pois "norma" é termo polissêmico que pode ser aplicado em diversas circunstâncias, com diferentes acepções.

Fixemos, para os fins deste trabalho, três ideias fundamentais: norma em sentido amplo, norma em sentido estrito e norma em sentido completo.

"Norma jurídica em sentido amplo" é sinônimo de proposição prescritiva. A simples indicação de uma alíquota, a qualificação de um sujeito passivo ou ativo, a prescrição de uma imunidade, de um princípio são, todos, exemplos de proposições ou normas jurídicas em sentido amplo.

Muito embora esteja próxima do senso comum, essa ideia de "norma" é vaga e, por isso, gera imprecisões. Vejamos, por exemplo, uma norma em sentido amplo que estabeleça ser "a alíquota do tributo de 10%". De imediato se questionaria: que tributo está sendo referido? Esta alíquota deve ser aplicada sobre que base de cálculo? Que torna o tributo devido? Onde e quando essa circunstância pode ocorrer? Quem deve pagar e quem deve receber? Entre outras questões igualmente possíveis. Toda essa sorte de dúvidas evidencia a necessidade de um conceito mais preciso que agregue os elementos numa estrutura com sentido jurídico.

---

162. Já as "proposições" são os conteúdos, as significações, que o contato com os enunciados provoca no sujeito da comunicação. Como salienta Paulo de Barros Carvalho, um único enunciado pode provocar a construção de diversas proposições, da mesma forma que uma proposição pode ser construída a partir de enunciados diversos (*Direito tributário:* fundamentos jurídicos da incidência cit., p. 20).

É justamente a isso que se propõe a "norma jurídica em sentido estrito": aglutinar os elementos necessários à expressão do mínimo e irredutível de manifestação do deôntico. Como ensina Karl Engish, é necessário "reconduzir a um todo unitário os elementos ou partes de um pensamento jurídico-normativo completo que, por razões 'técnicas', encontram-se dispersos – para não dizer violentamente separados".[163] Com efeito, as proposições prescritivas devem ser reunidas, uma a uma, num juízo condicional vinculante de um acontecimento a uma consequência jurídica. O acontecimento é um fato. A consequência, uma relação.[164] O vínculo entre antecedente e consequente é a expressão da vontade competente para criar a norma, é o dever-ser.

O antecedente da norma jurídica pode mencionar um fato passado, sendo, nesses casos, concreta a norma.[165] Mas pode conotar atributos para um fato de futura ocorrência. Nessas situações, o antecedente da norma assume feição abstrata.[166] No antecedente abstrato, ou hipótese, descrevem-se características, notas, que possibilitam a identificação de acontecimentos juridicamente relevantes.[167] O antecedente concreto da norma,

---

163. ENGISCH, Karl. *Introdução ao pensamento jurídico*. 9. ed. Lisboa: Fundação Calouste Gulbenkian, 2004. p. 116.

164. Como explica Paulo de Barros Carvalho, a estrutura básica de uma norma seria "um juízo hipotético em que o legislador (sentido amplo) imputa, ao acontecimento de um fato prescrito no antecedente, uma relação deôntica entre dois ou mais sujeitos, como consequência" (CARVALHO, Paulo de Barros. *Sobre os princípios constitucionais tributários* cit., p. 147).

165. "Não há fato jurídico, em sentido técnico, sem norma jurídica", diz Lourival Vilanova, e, noutro ponto, mais adiante, completa: "O constituírem-se ou desconstituírem-se fatos jurídicos depende de regras de formação do sistema" (VILANOVA, Lourival. *Causalidade e relação no direito*. 4. ed. São Paulo: Revista dos Tribunais, 2000, p. 55). Noutras palavras, os fatos que não são constituídos segundo as regras do sistema não deveriam ter ingressado no sistema de direito positivo.

166. Acaso previssem fatos impossíveis ou necessários, as normas nunca ou sempre incidiriam, representando um sem sentido jurídico, daí por que Lourival Vilanova (*Causalidade e relação no direito* cit., p. 11) insiste: "Se o dever-ser do normativo não conta com o poder ser da realidade, defronta-se com o impossível-de-ser ou com o necessário-de-ser, o sistema normativo é supérfluo. Descabe querer impor uma causalidade normativa contrária à causalidade natural, ou contra a causalidade social".

167. "A abertura por onde entram os fatos são as hipóteses fácticas; e suas consequências em fatos se transformam pela realização dos efeitos" (VILANOVA,

por seu turno, volta-se para o passado, trazendo para o mundo jurídico um fato já ocorrido no espaço e no tempo.

Não é relevante para o direito positivo o acontecimento social, todo ele, mas apenas aquele conjunto de características previstas na hipótese como sendo relevantes. Explica Pontes de Miranda: "o fato jurídico provém do mundo fático, porém, nem tudo que o compunha entra, sempre, no mundo jurídico [...]". Mais adiante, conclui:

> No dizer o que é que cabe no suporte fáctico da regra jurídica, ou, melhor, no que recebe a sua impressão, a sua incidência, a regra jurídica discrimina o que há de entrar e, pois, por omissão, o que não pode entrar.[168]

Esse aspecto seletor de propriedades[169] da hipótese normativa demarca os contornos que separam o fato jurídico dos demais fatos sociais. É, justamente, esse elemento da realidade, traduzido para o mundo do direito pela linguagem competente, que Paulo de Barros Carvalho chama de "fato jurídico"[170].

Vejamos, em ordem, o que acabamos de expor: *i*) o sujeito competente prescreve uma hipótese normativa; *ii*) a hipótese veicula uma escolha por certas características de um acontecimento futuro e incerto; *iii*) esse acontecimento sucede no mundo social; *iv*) ingressa no mundo jurídico não aquilo que

---

Lourival. *Causalidade e relação no direito* cit., p. 55). Insistimos na ideia de que, diferentemente dos fatos naturais, cuja relação de causa e efeito é fundamentada pela observação, os fatos jurídicos são vinculados aos seus efeitos por atos de vontade. O efectual do processo legislativo, que é um fato jurídico complexo, é a criação da lei. A vinculação entre causa e efeito, entre realizar o processo e instituir a lei, é fruto do ato de vontade estabelecido nas regras de organização do sistema, denominadas aqui de "normas de competência".

168. MIRANDA, Francisco Cavalcanti Pontes de. *Tratado de direito privado.* Parte geral. Rio de Janeiro: Borsoi, 1954. t. 2, p. 183.

169. Segundo Paulo de Barros Carvalho, "ao conceituar o fato que dará ensejo ao nascimento da relação jurídica do tributo, o legislador também seleciona as propriedades que julgou importantes para caracterizá-lo" (*Direito tributário:* fundamentos jurídicos da incidência cit., p. 82).

170. *Direito tributário:* fundamentos jurídicos da incidência cit., p. 81.

ocorre no meio social (evento), mas a tradução de elementos deste fato social para a linguagem prescritiva das normas (fato jurídico), conforme a escolha programada normativamente pela hipótese.

Observemos, agora, o que falamos na forma de um exemplo: *i)* a União elegeu uma série de hipóteses para o Imposto sobre a Renda; *ii)* numa delas, previu circunstância de um contribuinte brasileiro, num determinado lapso de tempo, perceber renda ou provento de qualquer natureza; *iii)* Pedro, residente e domiciliado no país, percebe uma série de rendimentos no exercício financeiro de 2007; em face disso, *iv)* ele descreve os ganhos percebidos e suas respectivas origens, na forma prevista pela lei.

Essa circunstância, passada ou futura, prevista no antecedente da norma, deve ser contingente, ou seja, possível e não necessária. Fatos impossíveis não ocorrem no espaço e no tempo, por isso não se ajustam à hipótese das normas jurídicas. Fatos necessários independem da vontade e, portanto, seguem as leis da natureza e não do direito. Nos dois casos, não faria senso cogitar de regulação jurídica.[171]

O antecedente das normas jurídicas relata fato, de modo concreto ou abstrato, cuja ocorrência enseja a imputação de efeitos jurídicos individuais ou gerais. É abstrata a menção a acontecimento futuro contingente, ou seja, de ocorrência incerta, mas provável.

Vejamos mais: para regular a conduta, a norma prevê ou relata um fato e imputa efeitos que são, necessariamente, relações jurídicas. É uma relação jurídica o vínculo estabelecido entre pelo menos dois sujeitos, no qual um deles pode exigir um comportamento do outro, sendo o primeiro denominado sujeito ativo e o outro, passivo. Paulo de Barros Carvalho define relação jurídica como "vínculo abstrato segundo o qual, por força da imputação normativa, uma pessoa, chamada sujeito ativo, tem o direito subjetivo de exigir de outra, denominada

---

171. VILANOVA, Lourival. *Estruturas lógicas e o sistema de direito positivo* cit., p. 83.

de sujeito passivo, o cumprimento de uma determinada prestação".[172] No mesmo sentido são as palavras de Karl Engisch:[173] "as consequências jurídicas, que nas regras de Direito aparecem ligadas às hipóteses legais, são constituídas por direitos e deveres". É, também, ele quem ensina:

> Ser-nos-á permitido pensar aqui em direitos e deveres positivos – se bem que eventualmente possamos ainda pensar naqueles direitos e deveres que são algo negativo, um *non facere* ou omissão. Eles representam a própria substância do Direito. Em face deles as negações (slc. efeitos jurídicos) apresentam-se tão só como limitações, como algo secundário. O centro gravitacional do Direito reside nisto: em ele positivamente conferir direitos e impor deveres.[174]

O vínculo efetivo, com sujeitos individualizados e prestação igualmente determinada, chama-se relação jurídica individual. Empregaremos, também, o termo "relação jurídica" para nomear aquelas previsões normativas em que os sujeitos não estão individualizados. Nesse caso, todavia, a relação é geral.

O direito de inserir novas normas no sistema de direito positivo, bem como o dever de cumpri-las de forma coercitiva surgem no seio de vínculos jurídicos mantidos entre sujeitos de direito.[175]

Combinando os atributos do antecedente e do consequente poderemos falar em normas gerais e abstratas, individuais e concretas, gerais e concretas e individuais e abstratas. Neste capítulo, comentaremos as normas de competência gerais e abstratas. Descreveremos os elementos que integram o seu antecedente e o seu consequente, assim como a relação desses com a norma de inferior hierarquia.

Esse modelo, porém, ainda não pode ser considerado unidade do sistema jurídico. De fato, segundo a proposta que adotamos para desenvolver este trabalho, toda e qualquer

172. CARVALHO, Paulo de Barros. *Curso de direito tributário* cit., p. 278.

173. ENGISCH, Karl. *Introdução ao pensamento jurídico* cit., p. 35.

174. Idem.

175. Ibidem, p. 32-33.

norma (i.e., ética, profissional, religiosa) é formada pela estrutura condicional do tipo "se A então B". Entretanto, só a norma jurídica tem uma sanção coercitiva para assegurar uma reação ao seu descumprimento. Só ela é aplicada pelo aparato jurisdicional do Estado, mesmo contra a vontade dos seus destinatários. Daí por que as normas em sentido completo, além de um antecedente e de um consequente, devem prever seu próprio descumprimento, imputando uma consequência negativa àquele que infringir seus preceitos.[176]

Para que se possa falar numa norma jurídica em sentido completo é necessário que existam duas estruturas condicionais, sendo uma a que prescreve um fato e a ele vincula uma relação jurídica e outra a que prescreve o fato do descumprimento e imputa ao seu autor uma sanção coercitiva (aquela que é imposta pelo exercício da jurisdição). Hans Kelsen, a esse respeito, é enfático: "[...] *se se pressupõe que cada norma jurídica geral seja a ligação de duas normas, das quais uma estabelece como devida uma certa conduta e a outra põe como devida a fixação de um condicional ato de coação por parte de um órgão judicial para o caso de violação desta norma.*"[177] Eis o que expõe Lourival Vilanova a este respeito: "*Abstratamente, se ocorre o fato G (não observância do dever), então A exigirá de B a sanção pelo não cumprimento, chegando até o limite do exercício da coação judicial para o cumprimento do devido.*"[178] Nesta acepção estrita, a sanção é uma ordem para que se anule uma conduta desconforme com a determinação da norma prescritiva. Isso, por sua vez, é levado a efeito pelos órgãos que desempenham competências jurisdicionais.

---

176. Hans Kelsen, por exemplo, distingue o Direito da Moral afirmando que "a reação do Direito consiste em uma medida de coerção decretada pela ordem e socialmente organizada, ao passo que a reação moral contra a conduta imoral não é nem estabelecida pela moral, nem é, quando estabelecida, socialmente organizada" (*Teoria geral do direito e do estado* cit., p. 28).

177. KELSEN, Hans. *Teoria geral das normas*. Porto Alegre: Sergio Antonio Fabris Editor, 1986. p. 68.

178. VILANOVA, Lourival. *Causalidade e relação no direito*. 4. ed. São Paulo: RT, 2000. p. 175.

3.2 O verbo como núcleo de uma norma e seus âmbitos de vigência: pessoal, territorial, temporal e material

O núcleo de uma norma jurídica é um verbo. Com ele prevemos algo que pode acontecer (hipótese) e prescrevemos aquilo que deve acontecer (consequência). Podemos afirmar, na linha do que propõe Ulisses Schmill,[179] que todo fato ou dever previsto, seja como causa ou como efeito, tem, sempre, um verbo como núcleo.

Vejamos alguns exemplos: "auferir renda" deve ser "pagar imposto sobre a renda"; "matar alguém" deve ser "submeter-se a pena de reclusão de 6 a 20 anos"; "não votar numa eleição para vereador" deve ser "o pagamento de multa pecuniária". Com isso percebemos que há um verbo que é o núcleo do antecedente de uma norma, assim como um verbo como núcleo de seu consequente.

Toda ação prevista normativamente, cujo núcleo é um verbo, tem quatro âmbitos de vigência. Esses âmbitos correspondem aos sujeitos e predicados da ação, assim como aos condicionantes de espaço e de tempo. Daí falarmos em: âmbito subjetivo, material em sentido estrito, espacial e temporal da ação. O âmbito subjetivo é representado pelos sujeitos que realizam ou sofrem a ação. Os âmbitos espaciais e temporais têm que ver com as circunstâncias de espaço e de tempo nas quais a conduta descrita pelo verbo pode ser realizada. O critério material em sentido estrito é o comportamento mesmo (i.e., auferir, matar, pagar) previsto pela norma jurídica.

Nem sempre, porém, esses âmbitos de vigência são delimitados com precisão. Na maior parte dos casos, os limites são inferidos a partir de proposições como a promulgação da norma, a competência legislativa ou territorial do sujeito competente, e assim sucessivamente.

---

179. Cf. SCHMILL, Ulises. La derogación y la anulación como modalidades del ámbito temporal de validez de las normas jurídicas. *Doxa (Publicaciones periódicas)*, Alicante: Biblioteca Virtual Miguel de Cervantes, n. 19, p. 229-258, 1996, p. 229.

Poderíamos, inclusive, fixar uma regra segundo a qual: quanto mais geral e abstrata a norma, mais indeterminados são os seus âmbitos de vigência. Como salienta Ulises Schmill[180], positivar o direito, criando normas mais objetivas a partir de normas superiores, mais vagas, consiste, justamente, em aumentar a precisão com que se prescreve cada um dos âmbitos de validade de uma norma.[181]

Na base do ordenamento estão as normas mais objetivas e que mais de perto chegam à conduta, pela circunstância de terem seus âmbitos de vigência subjetiva, material em sentido estrito ou comportamental, espacial e temporal determinados com a máxima precisão.

3.3 Uma primeira aproximação do conceito de competência tributária e de norma de competência para os fins da análise estrutural

Antes de entrar, propriamente, no tema das normas de competência tributária, cabe retomar algumas noções relativas à definição do conceito de competência tributária e da norma que a prescreve. São elas:

180. Ibidem, p. 230.

181. Sobre o processo de positivação das normas ressalva Marcelo Neves que: "o processo concretizador não deve suscitar, de maneira nenhuma, a ilusão de plena correspondência do abstrato e do concreto, mas sim, como problema, a ser resolvido através de uma forma de não identidade integrada entre o abstrato e o concreto" (*A constitucionalização simbólica*. São Paulo: Acadêmica, 1994. p. 46). Friedrich Müller comenta o processo de criação de normas inferiores a partir da concretização das normas de superior hierarquia: "as competências *stricto sensu*, repartidas pelo ordenamento constitucional e jurídico entre os poderes Legislativo, Executivo e Judiciário não são competências para a 'explicação' [*Auslegung, Interpretation*], recapitulação [*Nachvollzug*] de textos de normas, mas competências para a concretização jurídica e a decisão do caso com caráter de obrigatoriedade" (*Métodos de trabalho do direito constitucional*. 2. ed. São Paulo: Max Limonad, 2000. p. 67). Embora não se exija identidade entre a norma produzida e a que lhe serve de fundamento, não poderá haver incompatibilidade entre ambas, sob pena de restar comprometida a validade da norma editada.

i. por competência tributária entendemos a aptidão para criar normas jurídicas que, direta ou indiretamente, disponham sobre a instituição, arrecadação ou fiscalização de tributos;

ii. norma de competência em sentido amplo engloba toda e qualquer proposição que concorra para programar essa aptidão;

iii. norma de competência em sentido estrito é o juízo hipotético condicional que prescreve, no seu antecedente, os elementos necessários ao fato enunciação válida e, no seu consequente, a relação jurídica em cujo objeto estão os condicionantes materiais para a norma de inferior hierarquia;

iv. a formação da norma de competência em sentido completo pressupõe reunir, além da norma de competência em sentido estrito, uma norma jurídica que prescreva a sanção pelo exercício ilegítimo daquela, ou seja, a sanção pela criação de norma jurídica sem fundamento de validade.

Uma pergunta, porém, persiste: como traduzir a linguagem do direito positivo, notadamente vaga e ambígua, para o plano das fórmulas lógicas? A resposta é simples: é possível chegar à estrutura da competência tributária mediante a realização dos seguintes passos: *i.* partiremos da estrutura básica prevista para toda e qualquer norma jurídica, segundo a qual (F→Rj) v (-Rj→Rj'), ou seja, dado um fato deve ser a instauração de uma relação jurídica e, não cumprida a relação jurídica, deve ser uma nova relação de cunho sancionatório coercitivo; *ii.* com fundamento nas ideias expostas sobre competência jurídica, promoveremos sucessivos enriquecimentos semânticos, saturando de sentido as variáveis da fórmula que acabamos de enunciar; *iii.* evidenciadas as peculiaridades da hipótese da norma de competência e da respectiva relação jurídica, ofereceremos nova estrutura simbólica, a qual chamaremos de norma de competência; assim, *iv.* deixaremos evidentes as relações mantidas entre os enunciados de direito positivo na regulação da conduta de criar outras normas.

Faremos isso, porém, sem perder de vista o propósito que anima a formulação deste Capítulo: identificar um ponto de partida unitário para a compreensão dos dispositivos que concorrem para a regulação das formas de produzir outras normas jurídicas.

Esse esquema representativo da estrutura lógica da norma jurídica é estratégia para uma intensa redução de complexidade. Isso porque oferece, em reescritura simplificada, aquilo que no direito positivo está posto em termos complexos e dispersos. Fazemos isso por estarmos convictos de que somente as normas completas podem ser consideradas elementos do sistema de direito positivo. Observadas isoladamente, as proposições prescritivas simples não regulam a conduta humana; não oferecem critérios para serem separadas de outros enunciados normativos próprios da religião, da ética ou da moral; não são coercitivas, pois não têm sanção ligada ao seu descumprimento; e sequer indicam critérios que definam onde e quando podem ser aplicadas. É por isso que acatamos a premissa segundo a qual só a norma completa regula condutas.[182]

Esse conjunto de ideias sobre a competência sugere um roteiro para generalizações no campo do direito tributário positivo. Em meio à diversidade de textos jurídicos, mas orientados pela estrutura lógica que será apresentada, construiremos noções gerais sobre: quem pode criar normas no direito

---

182. As constantes e variáveis dessa estrutura já foram, de certa forma, apontadas pelas obras dos autores estudados no capítulo precedente. As ideias de Hans Kelsen, Herbert Hart, Alf Ross, Ricardo Guastini, Alchourrón e Bulygin, Norberto Bobbio (BOBBIO, Norberto. *Teoria do ordenamento jurídico* cit., p. 33-34), Lourival Vilanova, Paulo de Barros Carvalho e Tércio Sampaio Ferraz Junior (FERRAZ JUNIOR, Tércio Sampaio. Competência tributária municipal. *Revista de Direito Tributário*, São Paulo: Malheiros, ano 14, n. 54, p. 158-159, out.-dez. 1990) ainda que divergentes, indicam os aspectos que devem ser regulados pelas normas que outorgam competência. A seu modo, cada um desses autores põe ênfase em aspectos distintos, mas complementares, do interessante processo de autorregulação previsto pelo direito positivo.

tributário, de que forma, em que circunstâncias de espaço e de tempo e acerca do que podem versar tais normas.

As proposições inferidas pela abstração formalizadora oferecem ideias essenciais para a compreensão do tema. Apresentam, por conseguinte, meios de imprimir intensa redução de complexidades para esta matéria – competência tributária – que já vimos ser ampla e multifacetada. Esses benefícios, porém, não afastam a circunstância de que suas proposições são elaboradas com termos vagos e ambíguos.

3.4 Descrição hipotética do fato produtor de normas (Hj)

Se adotarmos a premissa de que o direito positivo surge, expande-se, transforma-se, propaga-se e se extingue na forma de textos, somos levados à conclusão de que criar direito é criar texto.[183] O sentido primeiro da atividade criadora de enunciados é a enunciação,[184] acontecimento fugaz que ocorre e se exaure, deixando no produto da sua atividade apenas marcas de autoria, modo, tempo e espaço.[185]

Se são esses os elementos da enunciação, é de esperar que a hipótese da norma de competência prescreva, ainda que indiretamente, cada um destes critérios. É, pois, a partir da sua análise que verificaremos a programação formal da norma de competência. Façamos uma análise mais detida de cada um destes itens.

---

183. Aqui, aplicamos ao direito positivo e à ciência que o coloca como objeto de suas considerações as ideias de Vilém Flusser (*Língua e realidade*. 2. ed. São Paulo: Annablume, 2004. passim), segundo as quais a linguagem seria, formaria, criaria e propagaria a realidade.

184. "Enunciação: é a instância de mediação entre as estruturas narrativas e discursivas que, pressuposta no discurso, pode ser reconstruída a partir das pistas que nele espalha; é também mediadora entre o discurso e o contexto sócio-histórico e, nesse caso, deixa-se apreender graças às relações intertextuais. Enunciado: é o objeto-textual resultante de uma enunciação" (BARROS, Diana Luz Pessoa de. *Teoria semiótica do texto*. 4. ed. São Paulo: Ática, 2003. p. 86). No mesmo sentido, José Luiz Fiorin expõe: "O primeiro sentido de enunciação é o de ato produtor do enunciado" (FIORIN, José Luiz. *As astúcias da enunciação*: as categorias de pessoa, espaço e tempo cit., p. 31).

185. cf. notas n. 33 e 34.

3.4.1 Sobre quem pode criar normas jurídicas (s)

É competente para criar normas o sujeito S que, mediante a prática de um ato ou conjunto de atos P, introduza uma norma jurídica válida N no sistema de direito positivo SP. Para Torben Spaak, é competente o sujeito que tem possibilidade de alterar, por ato próprio, o sistema de direito positivo.[186] Jordí Ferrer Beltrán acrescenta que as normas de competência constituem esse sujeito da mesma forma que as demais normas qualificam um sujeito como capaz de realizar uma conduta qualquer.[187]

Essa função nomogenética – produtora de normas – encontra-se dividida entre vários sujeitos de direito que podem, mediante a prática de diferentes atos, inserir comandos normativos que veiculem as mais variadas mensagens.[188]

Torben Spaak,[189] com a precisão analítica que caracteriza o seu pensamento, chama atenção para a diferença entre os requisitos que alguém deve preencher para ser sujeito competente e o sentido de ser titular de alguma competência. Para

---

186. "[...] one who has competence is thus in a legal position and has as well the possibility of changing legal positions." SPAAK, Torben, *The concept of legal competence*: an essay in conceptual analysis cit., p. 77.

187. A identificação do sujeito competente é fundamental para o estudo da competência, na medida em que é este sujeito que será encarregado de desempenhar a enunciação, criando normas jurídicas. Jordi Ferrer Beltrán, destaca a identificação do sujeito pela norma de competência: "Las normas de competencia constituyen al sujeto de las mismas en competente para realizar un determinado acto jurídico sobre una determinada materia". *Las normas de competencia*: un aspecto de la dinámica jurídica. Madrid: CEPC, 2000. p. 147.

188. Lourival Vilanova (*Causalidade e relação no direito* cit., p. 265) entende que o Estado, repartido em funções para o exercício de atividades estatais (legislar, executar e julgar), divide-se em órgãos, atribuídos de competência: "Com a repartição de funções, instituição de órgãos específicos para funções específicas, cada órgão é o centro parcial de imputação, como o Estado é o centro total de imputação, de criação e de aplicação do direito. Cada órgão é um plexo de atribuições, de faculdades, de poderes e de deveres: é um feixe de competência".

189. Em suas palavras: "[...] we must distinguish between (i) the question as what the conditions are that must be fulfilled for a person to have competence and for a legal norm to be valid and (ii) the question of what it means that a person has competence and that a legal norm is valid" (SPAAK, Torben. *The concept of legal competence*: an essay in conceptual analysis cit., p. 65).

ser competente, o sujeito deve atender aos requisitos da norma.[190] A primeira análise enfatiza o que "deve ser feito para ser competente"; já a segunda, o "que se pode fazer sendo competente". É competente o sujeito que atende aos requisitos previstos pelo direito positivo para ser qualificado como tal. Só assim esse sujeito pode ser agente da enunciação de novos textos de direito positivo.

No Sistema Tributário Brasileiro há várias classes de sujeitos competentes, aptos, portanto, a criar normas com diferentes graus de abstração e generalidade, com conteúdos variados e voltadas ao cumprimento de funções igualmente diversas. Vejamos, por exemplo, alguns dos sujeitos competentes para editar normas na cadeia de positivação do Imposto sobre Serviços – ISS:

i) A Assembleia Constituinte outorgou aos Municípios e ao Distrito Federal a competência para instituir o ISS, segundo as regras da Lei Complementar (art. 156, III, da CF/88);

ii) A União, agindo em nome da Federação, editou a Lei Complementar 116/2003, que inseriu a lista de serviços e veiculou outras prescrições;

iii) O Município de Belmonte instituiu a Lei 3.227/2005, prescrevendo as regras-matrizes de incidência tributária do ISS, além de instituir uma série de deveres instrumentais;

iv) O Prefeito editou o Decreto 5.114/2005 para dispor analiticamente sobre temas que foram tratados sinteticamente pela lei.

---

190. Esse aspecto atributivo da faculdade de criar normas é destacado por Daniel Mendonca quando defende que: "[...] las normas de competencia tienen por función atribuir poder a una autoridad para ejecutar determinados actos de derecho sobre ciertas materias y de conformidad con ciertos procedimientos" (*Las claves del derecho*. Barcelona: Gedisa, 2000. p. 134).

v) O Secretário de Finanças municipal estabeleceu ato normativo prescrevendo outros pormenores para que fosse cumprida a obrigação tributária, tais como a indicação do código de recolhimento municipal, o formato do documento de arrecadação, entre outras;

vi) Mévio, prestador de serviços em caráter oneroso na circunscrição da citada municipalidade, apresentou declaração relatando ter prestado serviço e se vinculando ao pagamento do ISS no valor de R$ 6.000,00 (seis mil reais) ao citado Município. Efetuou, porém, o pagamento em dia posterior ao previsto;

vii) O agente fiscal do Município, no dia seguinte ao do pagamento, verificando a sua irregularidade, lavrou auto de infração e imposição de multa;

viii) Reconhecendo a procedência da autuação, Mévio efetuou o pagamento da quantia exigida no auto, documentando-o na guia de arrecadação municipal.

No exemplo simples que acabamos de expor, houve criação de, pelo menos, sete normas jurídicas, com seis sujeitos competentes distintos. A Assembleia Constituinte, a União, o Município de Belmonte, o Prefeito da Municipalidade, o Secretário de Finanças, Mévio e o Fiscal do Município foram os sujeitos da enunciação de cada uma das normas. Sem que eles cuidassem de promover a sua criação, nenhum novo texto teria surgido validamente.

Com efeito, na descrição abstrata do fato que enseja a produção de normas, o primeiro elemento a ser prescrito é a qualificação do sujeito que poderá criar novos textos de direito positivo.

3.4.2 Sobre como deve ser a criação de normas [p(p1.p2.p3...)]

O segundo enriquecimento semântico que realizaremos será sobre a forma de exercer a competência. Sim, pois uma coisa é ser sujeito competente. Outra, bem distinta, é exercer a competência de que se é titular. Para ser competente, é necessário ser qualificado, adjetivado pelo direito positivo como tal. Para exercer a competência, é necessário realizar ato, ou conjunto de atos, previstos pelo direito positivo para legitimar a enunciação de novos textos jurídicos. Nesse campo do exercício da competência, estão compreendidos todos os elementos envolvidos na enunciação dos textos de direito positivo.

De fato, ao prescrever a ação de criar outras normas, a hipótese da norma de competência toca no principal ponto da atividade enunciadora de textos: ela indica o verbo. Esse é o elemento central, tanto da hipótese como do consequente das normas jurídicas.

No antecedente, o verbo descreve a conduta que precisa ser realizada para a inserção de novas normas no sistema de direito positivo[191].

Já no consequente está a conduta atribuída como efeito da realização do fato hipoteticamente descrito. Vincula-se à realização da conduta prevista na hipótese normativa outra conduta, que surge como direito ou dever de um sujeito A perante um sujeito B.

No campo da competência tributária, o verbo prescrito na hipótese normativa faz referência à atividade enunciadora de textos. Assim, quando falamos no antecedente, esse verbo constitui o seu núcleo significativo. Isso porque todos os demais critérios se vinculam a este verbo.

O critério pessoal, que citamos no item anterior, se refere ao sujeito do verbo, aquele que desempenha a conduta de enunciar.

O critério espacial é o local onde o sujeito pode realizar o verbo enunciar.

O critério temporal estabelece as circunstâncias de tempo nas quais o verbo pode ser enunciado.

---

191. A enunciação seria produtora do enunciado, que consistiria, segundo Paulo de Barros Carvalho, no: "(...) produto da atividade psicofísica de enunciação. Apresenta-se como um conjunto de fonemas ou de grafemas que, obedecendo a regras gramaticais de determinado idioma, consubstancia a mensagem expedida pelo sujeito emissor para ser recebida pelo destinatário, no contexto da comunicação" (Formalização da linguagem. Proposições e fórmulas. *Revista do Programa de Pós-Graduação em Direito da PUC/SP,* São Paulo: Max Limonad, v. 1, 1995. p. 143).

E não poderíamos deixar de citar, por sua absoluta pertinência ao tema, o critério procedimental, que é a referência ao modo de realização do verbo enunciar. Essa referência, por sua vez, pode ser de duas espécies: um ato ou um procedimento, conforme prescreva o direito positivo.

Tomemos como critério o tipo de enunciação da norma. Esse tipo de enunciação a que nos referimos não é mais o acontecimento social, mas a sua versão em linguagem jurídica, aquilo que o direito positivo capta do processo de enunciação, ou seja, a enunciação-enunciada. Os elementos desse fato jurídico são positivados no antecedente dos instrumentos introdutores de normas jurídicas e podem ser classificados em: instrumentos introdutores primários e secundários.[192]

Os primários inserem normas jurídicas gerais e abstratas que podem inovar a ordem jurídica, dispondo sobre novos direitos e deveres. Já os instrumentos secundários inserem disposições destinadas a aplicar aquilo que está previsto pelos instrumentos primários. Podem fazer isso mediante a publicação de atos infralegais gerais e abstratos, como decretos, regulamentos, instruções normativas. E podem, também, inserir normas individuais e concretas. Essas, por sua vez, podem ser produzidas por sujeitos competentes.

Vejamos o que acabamos de expor com o auxílio do exemplo dado no item anterior. Nos itens *i, ii, iii, vii e viii*, temos a produção de texto constitucional, de textos de leis complementar e municipal, além da constituição de norma individual e concreta, a partir da qual se instaurou processo administrativo contra Mévio e a constituição da norma jurídica que positiva – documenta – o pagamento efetuado.

Os três primeiros itens têm a sua forma disciplinada sob o nome de processo legislativo,[193] no qual se pode perceber um iter procedimental, composto por uma série de atos dis-

---

192. Cf. CARVALHO, Paulo de Barros. *Curso de direito tributário* cit., p. 58-77.

193. Cf. FERREIRA FILHO, Manoel Gonçalves. *Do processo legislativo*. 5. ed. São Paulo: Saraiva, 2002. passim. SAMPAIO, Nelson de Sousa. *O processo legislativo*. São Paulo: Saraiva, 1968. passim.

tintos entre si. No último, há, também, atos que se encadeiam no tempo, iniciando com a intimação de Mévio, abertura de prazo para pagamento ou defesa, além de outros que se sucederão até o fim do processo administrativo. Não há razão para ignorar o ato de pagamento que, de forma idêntica aos demais, é um modo de produzir enunciados normativos. Em todos esses casos, o que se percebe é a possibilidade de realizar o verbo "enunciar" de diferentes modos, na forma de um ato isolado ou de um processo, sendo o resultado sempre o mesmo: produção de enunciados prescritivos.

Os termos "Constituição da República", "Emenda Constitucional", "Lei Complementar", "Lei Ordinária", "Lançamento de Ofício", "Norma de Pagamento" e outros tantos utilizados para denotar o "instrumento introdutor de normas", são apenas locuções diferentes para identificar a mesma conduta. São formas de legitimar a criação de normas jurídicas, atendendo às próprias escolhas positivadas pelo Sistema Constitucional Tributário.

O modo de realizar a enunciação é, pois, um elemento fundamental na compostura interna da hipótese das normas de competência tributária. Ignorado qualquer dos seus aspectos, ou seja, feita a enunciação dos textos de direito positivo sem atenção a qualquer dos elementos previstos no modo de enunciação, o texto não terá sido enunciado da forma correta. O fato enunciação não terá ocorrido de acordo com o sistema. Logo, a norma jurídica inserida por esse instrumento introdutor será inválida.

Daí a relevância de pôr em destaque os elementos essenciais da enunciação. Por isso, além do sujeito competente e do modo de se realizar a enunciação, destacaremos as referências de espaço e de tempo.

3.4.3 Sobre onde as normas devem ser produzidas (e)

Todo verbo que descreve ação ou estado objetivo[194] faz referência a circunstâncias de espaço e tempo. Isso ocorre de tal

194. Subjetivamente, podemos afirmar que ações ou estados possuem referência de tempo apenas e não de espaço. Mas estes fatos não são tratados pelo direito.

forma que seria possível e até intuitivo afirmar que os indicadores de espaço e de tempo são pressupostos à enunciação de qualquer ato. A referência de tempo delimita o lapso temporal em que a conduta pode ser realizada. Já a referência de espaço indica onde a enunciação deve ocorrer. Vejamos esse último aspecto – o espacial – para, em seguida, nos dedicarmos às referências de tempo.

Vimos que a separação de faculdades impositivas proporciona numerosa variedade de sujeitos, de procedimentos e, por conseguinte, de locais para exercício da competência.[195] Podemos, contudo, analisar o direito positivo e propor critérios para a sistematização de regras que tornem possível indicar, com alguma previsibilidade, os lugares onde normas jurídicas podem ser confeccionadas. Faremos isso de forma pormenorizada no Capítulo 8, que será dedicado a explorar os aspectos formais e materiais de algumas modalidades de competência. Em qualquer dos casos, a prática de ato fora da circunscrição enseja vícios normativos.

Os atos infralegais individuais e concretos podem ser praticados por agentes públicos (e.g., lavratura de autos de infração e lançamento de ofício) e por particulares (e.g., apresentação de declaração de ajuste anual). No caso dos agentes públicos, a competência é atribuída em razão do local ou da atividade que desenvolvem. Já os particulares podem praticar atos com maior liberdade, embora tenham que indicar um domicílio fiscal, que equivale, juridicamente, ao local de prática de todos os atos tributários do contribuinte.

3.4.4 Sobre quando as normas podem ser produzidas (t)

Já adiantamos acima que a referência de tempo serve para indicar o marco temporal, aquele lapso de tempo em que a norma deve ser produzida para ser válida no sistema de direito positivo. Neste ponto, estamos falando dos limites cronológicos da enunciação, quando ela deve ser válida para ser

---

195. Cf. IVO, Gabriel. *Norma jurídica*: produção e controle. São Paulo: Noeses, 2006. p. 71.

válida.[196] Vejamos o aspecto temporal do verbo "enunciar", previsto na hipótese de toda e qualquer norma de competência, com a ajuda de exemplos.

Na competência legislativa, o caso das medidas provisórias é bastante eloquente. Desde que foi promulgada a Constituição de 1988, o Presidente da República dispõe da prerrogativa de editar medidas provisórias com força de lei para tratar de certos temas, em casos que se configurem como urgentes e relevantes. Publicado o ato normativo, deve ser imediatamente convertido em projeto de lei para apreciação do Congresso Nacional, no prazo de sessenta dias, prorrogáveis uma única vez. Não realizada a enunciação no prazo devido, o ato perderá sua eficácia desde a publicação, ressalvadas as exceções dos §§ 11 e 12 do art. 62 da CF/88. O exercício da enunciação fora de prazo cria obstáculo intransponível à validade do ato normativo.

Muitos outros exemplos podem ser relacionados para ilustrar a relevância do aspecto temporal para enunciação das normas. Os prazos processuais em que se opera a figura da preclusão, por exemplo, são casos típicos em que a validade de um ato normativo está vinculada à sua criação num determinado espaço de tempo. Sim, pois se a norma de competência programa a criação das normas inferiores, aquilo que chamamos de critério temporal é a programação quanto ao termo final para enunciação.

Com mais esses esclarecimentos, delineamos a última das variáveis em que a ação de produzir enunciados prescritivos deve ser exercida.

3.4.5 Síntese da hipótese que descreve os fatos produtores de normas

Programar a enunciação de novos textos de direito positivo é a principal função da hipótese das normas de competência tributária. Para isso, há indicação de um verbo pessoal – enunciar

196. Ibidem, p. 73.

–, transitivo direto e indireto. Quem enuncia (**s**), enuncia algo (**t**), de certa maneira [**p(p1.p2.p3...)**], em determinado lugar (**e**), para alguém que é o destinatário da enunciação. Com isso significamos que a enunciação prevista pela norma de competência deve ser desempenhada por um sujeito competente, por meio de certo procedimento, em condições de espaço e de tempo. A positivação dessa hipótese faz surgir o fato jurídico do exercício da competência, que coincide com o que a doutrina vem chamando de antecedente do veículo introdutor de norma.

Em termos de análise do discurso, poderíamos falar de enunciação-enunciada, pois é a parte dos enunciados em que se projetam as marcas da enunciação, ou seja, as informações sobre a forma de produção dos textos de direito positivo.[197] A hipótese da norma de competência seleciona propriedades da enunciação que devem estar presentes, sob pena de não ocorrer a subsunção do fato (criador de norma) à norma (programadora de enunciação). Noutras palavras, a enunciação que não corresponde à hipótese da norma de competência conflita com o próprio sistema e enseja a invalidade formal do texto.[198]

Pois bem, o antecedente da norma de competência indica, hipoteticamente, por quem, onde, quando e como a norma deve ser produzida. Essas indicações, porém, só fazem sentido jurídico quando vinculadas a uma matéria.

3.5 O vínculo entre forma e conteúdo (→)

Uma norma jurídica em sentido estrito descreve em sua hipótese um fato a cuja ocorrência o direito positivo vincula certas consequências. Karl Engish, a esse respeito, ensina:

---

197. Como explica Tárek Moysés Moussallem (*Fontes do direito tributário* cit., p. 139): "Não podemos denominar o fato enunciação de fato jurídico, pois jurídico é aquele fato que sofreu incidência normativa, que, como dissemos, só sobrevém com o ato de aplicação do direito, transfigurado no seio de uma norma concreta".

198. A primeira vez que defendemos esta ideia foi em *A norma de competência tributária para a instituição de contribuições interventivas* (cf. nota 1), dissertação de mestrado defendida em 18 de agosto de 2002. Embora utilizando signos distintos, a ideia subjacente permanece inalterada.

> Refiro-me à questão de saber qual a relação em que se encontram entre si a hipótese legal e a consequência jurídica. Até aqui limitamo-nos a caracterizar esta relação como uma relação de condicionalidade: a hipótese legal, como elemento constitutivo abstracto da regra jurídica, define conceitualmente os pressupostos sob os quais a estatuição da consequência jurídica intervém, a consequência jurídica é desencadeada.[199]

O fato descrito pela norma de competência é a enunciação. É o antecedente da norma de competência que prescreve que fatos (sujeito, procedimento, espaço e tempo) devem concorrer para que se tenha a produção de uma norma válida. O consequente da norma de competência é a matéria sobre a qual a norma poderá versar.

Fundamentamos essas ideias afirmando que o aspecto formal de uma norma só existe em função de uma matéria. Conforme ensina Lourival Vilanova: "o que uma norma de direito positivo enuncia é que, dado um fato, seguir-se-á uma relação jurídica, entre sujeitos de direito, cabendo, a cada um, posição ativa ou passiva".[200] Não há sentido jurídico na prescrição de um tipo de ato ou processo que não seja para poder criar normas com o fito de disciplinar certos comportamentos, tratar de certa matéria.

A forma, já vimos, é descrita pela hipótese da norma de competência; a matéria, por seu turno, encontra-se delineada no objeto da relação jurídica. O vínculo entre ambas, então, só pode ser estabelecido pelo conectivo deôntico neutro (→), aquele que vincula o acontecimento A à consequência B. Destarte, o encontro entre forma e matéria é sintetizado pelo "*dever-ser*" que vincula a previsão hipotética do fato – enunciação da norma – à relação jurídica entre sujeito competente e os demais que integram a sociedade, tendo como objeto a possibilidade de inserir texto jurídico versando sobre certa matéria. E esse conectivo interproposicional sintetiza a decisão, positivada na norma de competência, de submeter determinada matéria à enunciação de certo tipo.

---

199. ENGISCH, Karl. *Introdução ao pensamento jurídico* cit., p. 58.

200. VILANOVA, Lourival. *Causalidade e relação no direito* cit., p. 102.

Pondo em destaque os elementos necessários à satisfação dos critérios da competência, na forma que acabamos de expor, teríamos:

$$\mathbf{C = E \,.\, M}$$

Onde se lê: competência (C) é o vínculo jurídico que se estabelece entre a programação de um tipo de enunciação (E) para disciplinar certa matéria (M). Livre da matéria, toda enunciação é possível.

De forma idêntica, toda matéria contingente (i.e., conduta humana que pode ser realizada ou não, sem ser necessária ou impossível) é susceptível de regulação jurídica. Os desajustes que projetam efeitos relativos à validade das normas jurídicas surgem, justamente, do descompasso entre forma e conteúdo. Isso de tal sorte que não se pode cogitar de um sem o outro. Assim, já tendo superado a exposição da forma, vejamos como se dá a programação da matéria.

3.6 Relação jurídica de competência (Rj)

É a norma de competência que vincula que sujeito, mediante que processo, pode prescrever regras sobre certos temas perante certos sujeitos. Nos tópicos anteriores, falamos da programação da enunciação. Agora, falaremos da matéria, ou do delineamento do conteúdo da norma inferior pela norma superior.

Fazendo uma simples inferência: se o antecedente da norma programa o exercício da competência – a enunciação –, o consequente define os contornos da norma que vai ser criada – os enunciados-enunciados. Vejamos esta relação no gráfico abaixo:

Hj(com)	→	**. Rj(com)**
↓		↓
Fj(instrumento introdutor)		**Rj(norma introduzida)**

Por isso, os contornos materiais da norma criada devem ser compatíveis com o conteúdo dos dispositivos que integram o consequente da norma de competência. Ocorrendo o contrário, e sendo esta incompatibilidade reconhecida por quem de direito,[201] a norma será inválida.

3.6.1 O sujeito ativo da relação de competência (s)

Na estrutura da norma de competência, o sujeito competente desempenha dois papéis fundamentais, são eles: ser o agente da enunciação e ser, também, quem pode dispor sobre certa matéria. Muito embora, numa primeira vista, haja indício de que ambos os papéis de confundem, em verdade isto não se dá. O sujeito competente ocupa a posição de sujeito ativo de uma relação jurídica e, por força disso, é o titular de um direito subjetivo: exigir certo comportamento de alguém. Acontece que o objeto desta relação é uma norma jurídica. Daí se afirmar que o sujeito competente é aquele que, também, pode exigir a constitucionalidade da norma criada.

A contraface desse direito é a responsabilidade pela norma criada. Com efeito, sempre que se pretenda obstar à produção dos efeitos prescritivos de uma norma jurídica, abre-se oportunidade ao agente enunciador – sujeito ativo da competência – para se manifestar, argumentando em favor da compatibilidade da norma com o sistema jurídico e, em especial, com a norma que lhe serve de fundamento de validade. Sempre que se argumente pela invalidade – o gênero –, o agente enunciador poderá ser chamado a se manifestar preservando o seu direito de ver mantido o texto de direito positivo por ele criado, existindo e, assim, regulando condutas.

Explicaremos melhor com auxílio de algumas das circunstâncias previstas no exemplo de Mévio, hipotético contribuinte de ISS do Município de Belmonte:

201. Neste ponto, reiteramos que a incidência da norma de competência, como ocorre com as demais, pressupõe decisão do sujeito competente de captar o fato social, traduzindo-o para a linguagem jurídica e imputando a ele a instauração de relações jurídicas. Assim, a incidência da norma confunde-se com a sua aplicação e, também, com a criação de mais normas para o sistema de direito positivo. CARVALHO, Paulo de Barros. *Direito tributário:* fundamentos jurídicos da incidência cit., p. 9.

i) Proposta ação para reconhecimento, em controle difuso, da inconstitucionalidade parcial da Lei 3.227/2005, pelo argumento de que uma das regras-matrizes descreve em sua hipótese fato que não se ajusta à definição do conceito de serviço, a Procuradoria Municipal, ou quem lhe faça as vezes, cuidará, neste caso, de oferecer defesa em nome do Município, buscando preservar a manutenção da Lei no sistema jurídico.

ii) Ocorrerá o mesmo em controle de legalidade, caso o Decreto municipal 5.114/2005, editado pelo Prefeito de Belmonte, contenha disposições contrárias aos termos da lei.

iii) É, também, a Procuradoria do Município o órgão encarregado de atuar em juízo, oferecendo razões para preservar a integralidade de atos normativos proferidos pelo Secretário de Finanças, na hipótese de a validade desses atos ser questionada na esfera judicial.

iv) Mévio, caso discorde do auto de infração lavrado pela autoridade municipal, será sujeito competente, assim como foi para editar o ato normativo da declaração, para apresentar defesa administrativa, expondo razões no sentido de ter sido correta a norma que lavrou para constituir a obrigação – declaração – e extingui-la – guia de arrecadação municipal.

Nestes exemplos, e em outros que se possam relacionar sobre a atividade criadora de normas, há alguns pontos em comum que merecem destaque:

i) há distinção entre ser qualificado como sujeito competente, exercer a competência e ter direito a ver o produto da enunciação produzindo seus efeitos prescritivos. Em regra, é o sujeito competente para editar a norma que é chamado, diretamente ou por meio de algum órgão que o represente, para sustentar a validade do texto jurídico produzido, sua compatibilidade com o sistema de direito positivo;

ii) cada tipo de instrumento introdutor de norma pode ter um foro competente para análise da sua validade;

iii) o direito do sujeito competente de realizar a enunciação e preservar a validade da norma que criou tem como contrapartida o dever dos sujeitos passivos de aceitarem o texto criado licitamente, ou seja, de acordo com os condicionantes formais e materiais do próprio sistema.

Como se pode perceber, o atributo de ser "sujeito ativo" da competência pode ser desdobrado em: ter aptidão para editar o texto; propor medida judicial para que seja reconhecida a validade do texto com eficácia *erga omnes*; e ser chamado a defender a validade/licitude do texto na hipótese de haver propositura de ação judicial voltada a configurar a sua ilicitude.

Voltemos, agora, nossas atenções para o outro termo da relação de competência, aquele ocupado pelos que devem suportar o seu exercício legítimo.

3.6.2 O sujeito passivo da relação de competência (sp)

Define-se como sujeito passivo aquele que pode ser chamado ao cumprimento de um dever.[202] Esse dever é correlato ao direito do sujeito competente de criar a norma jurídica. Desta feita, a imposição ao sujeito ativo da relação de competência é de respeitar o direito atribuído ao sujeito passivo. Há duas modalidades fundamentais para esse respeito a que acabamos de nos referir: não criar obstáculos ao exercício da

202. "Tenha-se em conta o seguinte: toda relação tem termos e tem sua relação conversa (recíproca). Se A é comprador diante de B, B é vendedor em face de A. A relação jurídica conversa de comprar é vender, e a de vender é comprar. Fundado nessa estrutura relacional é que cada termo da relação A e B tem correlativamente direito subjetivo e dever jurídico. Quando A tem dever jurídico, B tem, correlatamente, direito subjetivo. Direito subjetivo e dever jurídico são direitos correlatos: só existem na relação, não fora ou acima de relações jurídicas" (VILANOVA, Lourival. *Causalidade e relação no direito* cit., p. 186).

competência, nem exercer a competência de outrem. Realizando esses dois deveres, que se completam sob a ideia de respeito ao direito do sujeito ativo da relação de competência – sujeito competente –, aquele que ocupa a posição passiva cumpre seu dever jurídico.

O poder de criar normas projeta efeitos distintos sobre os sujeitos que as suportam. Para alguns, a criação de novos textos jurídicos é irrelevante. Sendo Mévio, por exemplo, um prestador de serviços do Município de Belmonte, pouco importam as alíquotas desse tributo vigentes no Município de Chuí. Ressalvada alguma circunstância não prevista no exemplo, como uma viagem ou um cliente que resida nesse município, Mévio não será afetado por tais prescrições. E essa sujeição fraca que pintamos com cores fortes, em benefício da didática, ocorre a todo momento, num sem número de situações em que pouco ou nada vale saber de uma norma que ingressou ou não no sistema de direito positivo.

Outros, no entanto, têm no exercício de certas competências alheias o risco de sofrer lesões ou ameaças em seus direitos. Aqui, sim, a sujeição passiva é cheia de significado jurídico, pois os sujeitos passivos são, também, agentes legitimados a questionar, via ação judicial ou defesa administrativa, eventuais lesões ou ameaças que possam vir a sofrer. Esse é, por exemplo, o caso de Mévio naquelas situações em que a legislação do Município de Belmonte – legislação em sentido amplo – é alterada pela inserção de novos enunciados prescritivos. Nesta situação, Mévio pode acionar os meios que o sistema jurídico põe à sua disposição para não sofrer qualquer lesão ou ameaça a direitos que a ordem jurídica lhe assegure.

Como, então, superar a ambiguidade na sujeição passiva da competência tributária, tendo em vista a citada diferença entre o conjunto de sujeitos passivos?

Propomos, então, dividir a classe dos sujeitos passivos em: sujeição passiva fraca e sujeição passiva forte. A sujeição passiva fraca engloba todos os que simplesmente devem "saber" da existência da norma, sujeitando-se aos seus comandos. Já a sujeição passiva forte é composta apenas por aqueles que, estando no âmbito de incidência da norma criada, têm legitimidade para acionar o Judiciário, suspendendo ou afastando a juridicidade da norma editada ilicitamente.

O critério fundamental para esta subdivisão na classe dos sujeitos passivos é a legitimidade ativa para requerer seja reconhecida a incompatibilidade da norma inferior com aquela que lhe serve de fundamento de validade ou, tão somente, a aplicação da norma sancionadora de (in)competência. Essa posição surge do fato de o exercício da competência poder causar danos a direitos. Sim, pois, nestes casos, é o próprio sistema constitucional que assegura a inafastabilidade de apreciação do Poder Judiciário de qualquer ato que possa causar lesão ou ameaça a direito (art. 5º, XXXV, da CF/88).

Com isso, a legitimidade ativa para requerer ao Judiciário a invalidade de uma norma é outorgada conforme exista, no caso concreto, lesão ou ameaça de lesão a direito. Esse é, pois, o caso dos tributos inconstitucionais, que estabelecem deveres não amparados pela ordem jurídica, lesionando desta forma, direitos dos contribuintes. Pois bem, o conjunto de indivíduos obrigados ao recolhimento do tributo compreende o que chamamos de sujeição forte.

Os demais integram a chamada sujeição fraca, pois, embora obrigados a conhecer e respeitar a norma jurídica, não têm interesse jurídico em questionar a sua validade.

3.6.2.1 Sujeição passiva e outros esclarecimentos – isomorfismos com o direito de propriedade e os direitos potestativos

Para reduzir as ambiguidades e vaguidades do termo "sujeição passiva" é importante deixar clara outra distinção: o sujeito passivo da relação jurídica de competência não se confunde com aquele que ocupa a sujeição passiva numa relação jurídica tributária, seja nas relações que veiculem deveres instrumentais, seja na própria obrigação tributária. Nessas, o sujeito passivo se obriga ao cumprimento de certas e determinadas condutas.

A sujeição passiva na relação jurídica de competência,[203] por sua vez, obriga a um dever específico, que não se confunde com os demais e está relacionado à atividade de subordinar-se ao conteúdo da norma que venha a ser criada, não impedir a sua criação e nem exercer competência própria de outrem. Como se pode notar, estruturalmente, as posições são idênticas, ambas são sujeição passiva, porém com conteúdos inconfundíveis.

Vejamos um exemplo: uma coisa é o dever de se subordinar ao que prescreve a Lei 9.718/1998. Outra, o de apurar a base de cálculo da COFINS nos termos do que prescreve o § 1º do art. 3º desta lei. Como pessoa física, não sofremos qualquer prejuízo com o alargamento da base de cálculo deste tributo. Logo, não temos interesse de agir para questionar sua ilicitude.

Para facilitar a exposição do modo como compreendemos a relação jurídica de competência, poderíamos estabelecer um paralelo com dois tipos de relação: a do direito de propriedade e a do direito potestativo.[204]

---

203. Roque Antonio Carrazza utiliza a expressão "estado genérico de sujeição" para se referir ao que se chama aqui de sujeição passiva da competência. Eis a sua lição: "a competência tributária, quando adequadamente exercida [...], faz nascer para os virtuais contribuintes, um *estado genérico de sujeição*, consistente na impossibilidade de se subtraírem à sua esfera de influência" (*Curso de direito constitucional tributário*. 11. ed. São Paulo: Malheiros, 2003. p. 307).

204. Sobre o paralelo entre norma de competência e direito potestativo: "[...] el derecho posee ciertas normas o reglas relativas a la validez de un acto para producir ciertos efectos o consecuencias jurídicas (a veces llamada vigencia) que, apreciadas desde el punto de vista de su destinatario, le otorgan una potestad (a veces llamada facultad y, con menor alcance, capacidad o competencia). [...]. Yo prefiero llamar estas reglas normas potestativas, precisamente por la función que cumplen, pues no se limitan a establecer quién es el órgano público encargado o apto para cumplir cierta actividad (concepto clásico de competencia en lenguaje jurídico) o el sujeto de derecho privado idóneo juridicamente para llevar a cabo cierta acción (concepto clásico de capacidad en lenguaje jurídico), sino que su función se extiende a disciplinar quién, cómo y hasta con qué limitaciones de contenido puede realizar una acción que produzca consecuencias jurídicas" (MAIER, Julio B. J. Reflexiones acerca de la vigencia del derecho. In: BULYGIN, Eugenio (coord.). *El lenguage del derecho*: homenaje a Genaro R. Carrió. Buenos Aires: Abeledo-Perrot, 1983. p. 241-243).

Este último caso – relação jurídica de direito potestativo – ocorre quando alguém, sujeito ativo, possui alguma prerrogativa cujo exercício deva ser suportado por todos, sem que alguém possa opor qualquer obstáculo. É justamente isso que expõe Lourival Vilanova, quando afirma:

> O titular passivo na relação de direito potestativo não tem dever a prestar, pois fica reduzido à posição de sujeição. Suporta os efeitos jurídicos do exercício de poderes do seu titular, que por ato unilateral, só por si, é capaz de provocar constituição, modificação ou desconstituição de relações jurídicas. [205]

O direito subjetivo imputado ao sujeito competente tem essa feição de alterar relações jurídicas por ato unilateral. Há, em contrapartida, o dever jurídico de respeito a essa modificação imputado a todos os demais sujeitos da sociedade.

Algo semelhante se passa com o direito de propriedade. O proprietário pode opor seu direito de uso, gozo, disposição e perseguição do bem contra todos os demais integrantes da sociedade. No entanto, especialmente no âmbito dos direitos reais, o uso e gozo de um bem devem ser exercidos segundo os limites de regras jurídicas que dispõem sobre sua função social, por exemplo. O direito de propriedade, por essa razão, é *erga omnes*, porém sujeito a condicionamentos, assim como é *erga omnes* e condicionado o direito de criar normas jurídicas. Nos dois casos – direito de propriedade e competência –, temos direitos atribuídos a um sujeito – proprietário ou sujeito competente – que podem ser exercidos perante as demais pessoas jurídicas, segundo as disposições da Lei.

As observações que desenvolvemos acima nos permitem afirmar que o traço comum entre o direito potestativo, o direito de propriedade e a competência jurídica está no fato de essas normas estabelecerem relações jurídicas *erga omnes*, ou seja, disporem sobre direitos oponíveis a toda sociedade, desde que exercidos segundo os limites prescritos pela norma

---

205. VILANOVA, Lourival. *Causalidade e relação no direito* cit., p. 231.

superior.[206] A precisa caracterização dos direitos subjetivos em absolutos e relativos foi posta nos seguintes termos por Lourival Vilanova:

> Direitos subjetivos absolutos são relacionais. Têm-se direitos subjetivos absolutos em relação a outros titulares de deveres subjetivos – os sujeitos de direitos passivos totais, ou a universalidade dos sujeitos-de-direito dos quais se exige o dever de respeito. [...] Mesmo, não há prestação a cumprir para com os titulares ativos. Há o dever jurídico negativo de abster-se de interferir na esfera de licitude do direito subjetivo absoluto.[207]

Noutras palavras, e com a mesma precisão, esse autor sintetiza a ideia que pretendemos expor: "Nos direitos subjetivos absolutos (pessoais ou reais), não tendo por correlato o dever de prestar de nenhum sujeito passivo, exercita-se o direito exigindo-se o simples omitir-se do sujeito passivo".[208] Essa omissão, que percebemos nos direitos potestativo e de propriedade, é dever comum de todo sujeito que ocupe a posição de sujeito passivo da competência.

---

206. Acerca de relações *erga omnes* ou absolutas e relativas, Hermes Lima expõe: "A relação jurídica, conforme acentuou Ferrara, é sempre relação entre pessoas, porque se ela implica um poder jurídico, aquele poder não pode dirigir-se contra matéria inerte, insensível, mas sim contra seres sensíveis, sobre os quais unicamente pode agir, visto no direito só existir um meio de proceder: ordens às pessoas e não às coisas. A dificuldade para aceitação desse ponto de vista estaria na natureza dos direitos reais. Mas o direito real, esclarece Ferrara, só é direito enquanto exprime relação do titular com outros sujeitos, a começar pelo respeito que os demais devem ao objeto da posse: 'aquilo que no direito real se considera conteúdo – a possibilidade física de dispor, gozar ou destruir a coisa – não é direito, porém simples atividade material e econômica que o direito tende a garantir. O direito protege esta esfera de poder com uma muralha, arma-se como se fora praça forte, mas a fortaleza não é o país fortificado'! Depois dessa crítica, Ferrara propõe a seguinte classificação: relações jurídicas relativas e absolutas; as primeiras só são exigíveis para determinadas pessoas, as segundas o são *erga omnes*. Relativas são as relações de família, as coorporativas, as obrigacionais; absolutas são as relações de personalidade (direito ao nome, à integridade física, à liberdade) e as relações reais" (*Introdução à ciência do direito*. 18. ed. Rio de Janeiro: Freitas Bastos, 1968. p. 56-57).

207. VILANOVA, Lourival. *Causalidade e relação no direito* cit., p. 219-220.

208. Idem.

Cabe ressalvar aqui novamente, a distinção que existe entre aqueles que estão legitimados a questionar o produto do livre exercício da competência – norma jurídica –, em face de eventuais ilícitos na criação de normas (nomogenéticos), e demais indivíduos da sociedade que se sujeitam a observar esse exercício, pura e simplesmente.

3.6.3 Permissão, faculdade ou obrigação?

Na compostura interna da norma jurídica, o conectivo deôntico desempenha, pelo menos, duas funções: liga o antecedente normativo ao consequente, de forma neutra, e vincula sujeitos de uma relação jurídica de forma modalizada em: permitido, proibido ou obrigatório.[209] No primeiro caso, atua como functor deôntico;[210] no segundo, como functor de functor,[211] determinando, na condição de variável relacional, como deve ser cumprida a obrigação que é o objeto da relação jurídica[212].

Para melhor compreensão, vejamos as duas funções dos modais num exemplo: uma coisa é o estabelecimento de que, ao prestar um serviço, em caráter oneroso, um sujeito deve se sujeitar ao pagamento de uma quantia X, ao Município de Belmonte, a título de ISS. Essa forma de vinculação entre antecedente e consequente é neutra, invariável. Trata-se de uma constante relacional. Outra coisa é a forma de vincular sujeitos perante uma obrigação determinada. Aqui já não se discute que fato enseja o dever de pagar, mas o modo de prescrição desse dever.

---

209. Numa síntese, Lourival Vilanova (*Causalidade e relação no direito*, p. 45) propõe: "A hipótese descreve um fato de possível ocorrência (fato natural ou conduta). Depois, liga uma consequência que ordinariamente tem como referente a conduta humana. A consequência é prescritiva: proíbe, permite, obriga – o que só é possível sobre a conduta".

210. Cf. Pequeno glossário de instrumentos teóricos.

211. Cf. Pequeno glossário de instrumentos teóricos.

212. "Na proposição normativa ou deôntica, o dever-ser (que se triparte nas modalidades O, P, V, obrigatório, permitido e proibido) é constitutivo da estrutura formal, é o operador específico que conduz à proposição deôntica. Faltando, desfaz-se a estrutura, como se desfaz aquela outra estrutura se suprimimos o conectivo apofântico é" (VILANOVA, Lourival. *Estruturas lógicas e o sistema de direito positivo* cit., p. 70).

Nesse particular, o que se busca responder é o seguinte: a Mévio é obrigatório, permitido ou proibido entregar ao Município a quantia em dinheiro? Sendo uma relação tributária em sentido estrito, sabemos que é obrigação. Porém, em se tratando de uma relação jurídica de competência, que tem por objeto a inserção de uma norma no sistema de direito positivo, qual deve ou pode ser a modalização da conduta?

Refletindo sobre este tema, Torben Spaak[213] sustenta que "a competência pode ser reduzida a uma obrigação ou permissão". A mesma relação jurídica, conforme o ponto de vista, poderá ser tida ora como obrigação, ora como permissão. Aquilo que é dever para o agente competente é direito dos demais sujeitos passivos; inversamente, o que for dever dos sujeitos passivos é direito dos sujeitos competentes. É como o verso e o anverso da mesma moeda.[214]

Conquanto existam dúvidas sobre a possibilidade de se formular uma norma de competência em sentido estrito, o tema da modalização da relação de competência não enseja grandes discussões.

Há praticamente consenso acerca de ser esta uma relação jurídica modalizada pelo conectivo deôntico permitido. Georg Henrik von Wright, por exemplo, pondera que, muito embora em meio às chamadas normas de primeira ordem sejam predominantes as relações modalizadas em proibido e permitido, as normas superiores são predominantemente permissivas:

> Uma permissão de ordem superior serve para que determinada autoridade possa criar normas com um determinado conteúdo. É, poderíamos dizer, uma norma que trata da competência de

213. "[...] competence can be reduced to duty or permission" (SPAAK, Torben, *The concept of legal competence*: an essay in conceptual analysis cit., p. 78).

214. "Quando A tem dever jurídico, B tem, correlatamente, direito subjetivo. Direito subjetivo e dever jurídico são direitos correlatos: só existem na relação, não fora ou acima de relações jurídicas" (VILANOVA, Lourival. *Causalidade e relação no direito* cit., p.186).

> uma determinada autoridade normativa. Chamam-se as normas permissivas de ordem superior normas de competência. [215]

No mesmo sentido, Paulo de Barros Carvalho[216] e Tércio Sampaio Ferraz Junior[217] defendem serem as normas de competência do tipo permissivas. Este último autor, porém, faz uma ressalva ao inserir a distinção entre permissão forte e fraca:

> [...] normas de competência têm a estrutura de normas permissivas, isto é, seu dever ser é expresso por meio de conjuntores do tipo: "é autorizado, é facultado, pode, cabe", que constituem as chamadas permissões fortes.[218]

Essa distinção entre espécies da modalidade "permitida" serve ao propósito de separar aquelas situações não expressamente reguladas, e por isso permitidas, daquelas em que há autorização expressa. As normas de competência, em muitos casos, estão inseridas naquelas situações em que é expressamente permitido ao sujeito realizar uma conduta.

Por outro lado, analisando diversas manifestações da norma de competência, é possível perceber casos em que o exercício é obrigatório. A competência jurisdicional, a competência administrativa para lavrar lançamentos de ofício, a competência do particular para apresentar declaração de tributos são exemplos de competência modalizada em obrigatório. Poderíamos, inclusive, afirmar que aquelas competências qualificadas como vinculadas, todas elas, têm o atributo de ser de exercício obrigatório, sempre que for necessário o

---

215. Numa tradução livre de: "Un permiso de orden superior se da para que una determinada autoridad pueda dar normas de un determinado contenido. Es, podríamos decir, una norma que concierne a la competencia de una determinada autoridad de normas. Llamará a las normas permisivas de orden superior, normas de competencia" (WRIGHT, Georg Henrik von. *Norma y acción*: una investigación lógica. Madrid: Tecnos, 1970. p.198)

216. CARVALHO, Paulo de Barros. *Curso de direito tributário* cit., p. 221.

217. FERRAZ JUNIOR, Tércio Sampaio. Competência tributária municipal cit., p. 159.

218. Idem.

preenchimento de certos requisitos. Já as competências discricionárias seriam modalizadas em facultado – permitido fazer e não fazer. O seu exercício, portanto, é a síntese de duas permissões postas à disposição do sujeito competente, pois ele pode criar ou deixar de criar uma norma, segundo o seu juízo de conveniência e oportunidade.

Como separar então as competências modalizadas em obrigatório daquelas que são simples faculdades? A resposta é dada por Ulises Schmill,[219] que afirma serem de exercício facultativo as competências não condicionadas e de exercício obrigatório as competências cujo exercício está sujeito ao preenchimento de certas condições. As competências vinculadas, ou de exercício obrigatório, são do tipo condicionadas, ou seja, há certos requisitos que, uma vez presentes, obrigam o exercício da competência. É justamente este o porquê de se obrigar um juiz a exercer a sua competência quando estejam atendidas as condições da ação ou a obrigação importa a um agente fiscal, diante da ocorrência do fato jurídico tributário.

As demais competências modalizadas em facultado, ou de exercício discricionário, como dissemos acima, não têm como pressuposto de seu exercício o preenchimento desses requisitos, por isso o sujeito competente pode exercer ou não exercer o seu direito de criar normas.

3.6.4 O aspecto material da outorga de competência m(s.e.t.c.)

Fixemos uma ideia importante: o consequente da norma de competência estabelece os condicionantes materiais da norma de inferior hierarquia.

Qual a composição daquilo que chamamos de matéria? A matéria é composta por um ou mais verbos que descrevem uma conduta. Assim, toda referência à materialidade é sempre uma referência a verbos e seus respectivos complementos. Por isso, quando falamos de condicionantes materiais,

219. La derogación y la anulación como modalidades del ámbito temporal de validez de las normas jurídicas cit., p. 237.

estamos falando de enunciados que programam – delimitam – a matéria da norma que será criada. Vejamos como pode ocorrer essa programação em casos concretos.

Retomemos o caso do ISS, já utilizado em algumas passagens. O texto constitucional optou por não especificar o verbo que expressa a conduta, apenas indicando o complemento verbal "serviço". A Lei Complementar 116/2003, em seu art. 1º, cumprindo o papel atribuído pelo art. 156, III, da Constituição da República, cuidou de especificar o verbo previsto para desencadear a incidência desse tributo:

> O Imposto sobre Serviços de Qualquer Natureza, de competência dos Municípios e do Distrito Federal, tem como fato gerador a ***prestação*** de serviços constantes na lista anexa, ainda que esses não se constituam como atividades preponderantes do prestador. (grifamos).

Com isso, as variáveis de comportamento começam a ser delineadas. Há que considerar os serviços constantes da lista e, além deles, o que dispõem princípios, imunidades e outros enunciados constitucionais que condicionam a validade da norma no espaço e no tempo.

A reunião de todos esses dispositivos, na conformação do aspecto material da competência, atua programando como deve ser a criação da norma de inferior hierarquia. Noutras palavras, esses dispositivos prescrevem a conduta, o respectivo sujeito e os correspondentes condicionantes de espaço e de tempo. Disso podemos extrair mais uma conclusão: no conteúdo da relação jurídica de competência está a disciplina da validade das normas de inferior hierarquia naquilo que diz respeito aos seus limites subjetivos (s), espaciais (e), temporais (t) e materiais em sentido estrito (c). Esses critérios são constantes na prescrição de qualquer norma de competência tributária. Retomaremos, com outros pormenores, o tema da prescrição material das normas de competência quando formos analisá-lo sob a perspectiva do sentido e da função.

3.7 Njcom = H{[s.p(p1,p2,p3...)] . (e.t)} → R [S(s.sp) . m(s.e.t.c)]

Abstraindo-se os conteúdos de significação das normas de competência, para identificar apenas os seus aspectos formais, é possível construir a seguinte estrutura lógica:

Njcom = H{[s.p(p1,p2,p3...)] . (e.t)} → R [S(s.sp) . m(s.e.t.c)]

Onde se lê: norma jurídica de competência **Njcom** é igual ao vínculo que se estabelece entre um tipo de enunciação e uma matéria. Na hipótese: **{[s.p(p1,p2,p3...)] . (e.t)}**, estão prescritos o sujeito, o procedimento, as referências de espaço e de tempo. Outro ponto relevante, o vínculo (→) entre antecedente e consequente expressa a decisão – o ato de vontade – de ligar certa matéria a determinado tipo de enunciação. A programação sobre a matéria é feita por dispositivos que determinam um sujeito e uma conduta, indicando o espaço e o tempo de sua realização. Além disso, essa programação de matéria é feita no interior de uma relação jurídica, onde dois ou mais sujeitos se unem pelo dever de editar enunciados de forma vinculada ou discricionária.

3.8 Sobre a programação do âmbito de vigência da norma inferior

Toda ordem pode ser analisada sob quatro perspectivas: quem dá e quem recebe; onde a ordem regula comportamentos; de quando a quando esta ordem deve ser cumprida e qual é a ordem propriamente dita.

Esses âmbitos de análise correspondem aos quatro âmbitos de vigência da norma, a saber: o pessoal, o espacial, o temporal e o material. Alguns desses âmbitos são determinados diretamente. Nesses casos, há indicação expressa da conduta que deve ser cumprida, além dos sujeitos ativo e passivo dessas prescrições, bem como os condicionantes de espaço e tempo.

Nem sempre, porém, a indeterminação de um ou mais dos âmbitos de vigência compromete a efetiva regulação de condutas. Essas indeterminações são próprias do grau de abstração das normas: quanto mais abstrata a norma, mais indeterminados são os seus âmbitos de vigência. Neste sentido, poderíamos imaginar o processo de positivação das normas jurídicas, o fluxo incessante de produzir novas normas com base no que estabelecem as normas superiores, como um processo de determinação dos âmbitos de vigência: positivar nada mais é do que complementar sentido da norma superior pela adoção de normas inferiores. É o que aponta Ulises Schmill, ao afirmar:

> [...] todo ordenamento normativo tende a completar a totalidade de seus âmbitos de validade e o faz por meio da positivação destes, desde a generalidade até a individualidade. A positivação do ordenamento jurídico é a complementação, até a individualidade, dos âmbitos de validade das normas que o integram. [220]

Com isso percebemos que quanto mais concreta a norma, mais determinados são os seus âmbitos de vigência.

3.9 Sobre os papéis da estrutura da norma de competência

Tudo o que fizemos ao longo deste capítulo foi sintetizar, numa estrutura lógico-simbólica de representação, os elementos que devem ser reunidos para que se tenha a regulação da conduta de criar normas jurídicas. Partimos do modelo de norma preconizado por Hans Kelsen, refinado pelas contribuições de Lourival Vilanova e Paulo de Barros Carvalho, denominado norma jurídica em sentido estrito. Esse modelo é composto por duas proposições, hipótese e consequência, articuladas em juízo condicional. Na hipótese da norma de competência primária, fica estabelecido o procedimento **[p(p1.p2.p3...)]** que deve ser desempenhado pelo sujeito competente

220. No original: "[...] todo orden normativo tiende a completar la totalidad de sus ámbitos de validez y esto lo hace por medio del establecimiento positivo de los mismos, desde la generalidad hasta la individualidad. La positividad del orden juridico es la complementación hasta la individualidad de los ámbitos de validez de las normas que lo integran" (SCHMILL, Ulises. La derogación y la anulación como modalidades del ámbito temporal de validez de las normas jurídicas cit., p. 236).

(s), no espaço **(e)** e no tempo **(t)** para, no seu consequente, a prescrição sobre como criar um texto normativo versando sobre certa matéria **[m(s.c.e.t)]**, sem que os sujeitos destinatários da norma **(sp)** possam impedir o sujeito competente de exigir esta norma como válida. Dessa forma, demonstra-se como a estrutura de uma norma jurídica pode, após sucessivas internalizações de sentido, resumir os elementos necessários à regulação da conduta de criar normas.

Noutra síntese, de ordem funcional, relacionamos os papéis da norma de competência segundo a perspectiva de quem é competente e sob a óptica daqueles que devem suportar o exercício da competência. Para esses, a estrutura lógica proposta oferece: *i)* regras para a identificação do direito válido num sistema de direito positivo qualquer; *ii)* um roteiro para a organização dos enunciados que fundamentam a validade de uma norma – regime jurídico; e *iii)* um caminho para a identificação dos enunciados que condicionam a forma de interpretar uma norma de inferior hierarquia. De forma complementar, os sujeitos competentes podem valer-se dessa estrutura para: *i)* delimitar os condicionantes formais e materiais de exercício da sua competência; *ii)* identificar como podem criar, transformar e extinguir a validade de normas jurídicas; e *iii)* perceber que sanções podem ser imputadas ao exercício indevido da sua competência.

Outro ponto fundamental: a estrutura da norma de competência tributária, na forma que propomos, evidencia o tipo de conexão que se estabelece entre os mais diversos enunciados prescritivos na regulação de como o direito deve ser produzido. Hipóteses normativas, relações jurídicas, fato jurídico, sujeição ativa e passiva, modalização de condutas, entre muitos outros enunciados e conceitos de teoria geral acabariam por ser reconduzidos à norma de competência. Por isso mesmo, sob tal perspectiva, a norma de competência pode ser entendida como mínimo denominador comum de conceitos filosóficos e de teoria geral que, num primeiro contato, se mostram soltos e dispersos, sem nenhum vínculo aparente.

Capítulo 4

DA PLURALIDADE À UNIDADE DAS NORMAS DE COMPETÊNCIA II

IDEIAS SOBRE A NATUREZA SANCIONATÓRIA DA INVALIDADE

No Capítulo anterior, vimos que a norma jurídica completa é construída pela reunião de dois juízos condicionais. No primeiro deles prescreve-se a conduta lícita, no segundo, a reação à conduta ilícita. A norma de competência primária prescreve, em sua hipótese, os critérios formais para a criação válida de outra norma. No seu consequente, está a relação jurídica entre sujeito competente e demais sujeitos de direito, tendo como objeto a validade material de um texto jurídico que verse sobre determinado tema.

Este capítulo é dedicado à norma de competência secundária ou sancionatória, àquela norma que prescreve uma reação negativa em face do exercício irregular da competência. Identificaremos, também, um antecedente e um consequente, com os mesmos critérios de forma e conteúdo que identificamos na norma de competência primária. Essas normas têm uma enunciação específica, assim como uma peculiar relação jurídica, cujo objeto é a invalidade da norma produzida por exercício ilícito ou irregular da competência. Perceberemos, também, a existência de condutas que se realizam em âmbitos de vigência pessoal, temporal, espacial e territorial.

Comentando cada um destes pontos, poderemos, ao final, estabelecer alguns paralelos entre as sanções pelo exercício irregular da competência e os conceitos de validade, vigência e eficácia das normas jurídicas.

4.1 A positivação da norma de competência tributária

A existência de uma norma de competência que qualifique o sujeito competente **(s)**, estabeleça a forma da enunciação **(p)**, as respectivas condições de espaço **(e)** e de tempo **(t)**, bem como a matéria sobre a qual poderá versar a norma **[m(s.c.e.t.)]** não faz surgir, automaticamente, novos enunciados prescritivos.[221]

Entre a programação prescrita pela norma de competência e o surgimento de direito novo, há o ato de vontade. Como explica Lourival Vilanova: "[...] a passagem da norma geral para o concreto se faz mediatamente, nos atos de poder. É preciso ato de poder, manifestação de vontade de órgão (legislativo, administrativo ou jurisdicional) para a realização da regra abstrata."[222] Esse ato de vontade materializa-se na forma de normas introdutoras e de normas introduzidas.

As normas introdutoras trazem impressas as marcas da enunciação, referindo-se ao sujeito enunciador (s), ao processo de produção (p) (i.e., processo legislativo, ato administrativo, sentença judicial e outros); assim como às condições de espaço (e) (i.e., Distrito Federal, Município de Belmonte) e de tempo (t) (i.e., 05 de junho de 1976). Em seu antecedente, prescrevem a forma de produção dos textos normativos e, por força disso, em

221. "A norma jurídica, geral e abstrata (generalidade e abstrateza que não é de todas as normas), não se realiza, i.e., não passa do nível conceptual para real social, sem o fato que corresponde, como suporte fáctico de sua hipótese fáctica" (VILANOVA, Lourival. *Causalidade e relação no direito* cit., p.144).

222. Ibidem, p. 150.

seu consequente determinam que os enunciados introduzidos devam ser aceitos como enunciados jurídico-positivos.

Segundo a ordem de considerações que desenvolvemos no capítulo anterior, podemos afirmar: o antecedente do instrumento introdutor de normas coincide com o fato jurídico da enunciação, previsto na hipótese da norma de competência.

Os enunciados introduzidos, por sua vez, devem versar sobre a matéria programada no consequente da norma de competência, não podendo ser conflitantes com suas disposições materiais **m(s.c.e.t.)**. Até porque, no processo de positivação do direito, sob o ponto de vista material, a função da norma inferior é prescrever, com maior precisão que a anterior, os âmbitos de vigência pessoal, comportamental ou material, espacial e temporal.

Portanto, é fácil inferir que a norma introduzida deve corresponder ao objeto da norma jurídica de competência tributária. Os enunciados produzidos com o exercício da competência têm como finalidade, então, prescrever condutas de forma mais concreta do que prescreve a norma superior, sem, contudo, ser incompatíveis com ela.

Em termos estruturais, são conceitos análogos: positivação, aplicação e incidência da norma jurídica. Segundo Paulo de Barros Carvalho, esses atos consistem na realização de duas operações lógicas chamadas subsunção e imputação.[223]

Na norma de competência a subsunção é o ato que afere a compatibilidade entre instrumento introdutor e seu antecedente normativo. Essa é a operação que permite aferir a compatibilidade entre fato jurídico e hipótese normativa. Tenhamos presente que essa hipótese descreve o fato de um sujeito competente (s), desempenhar o ato/processo (p), em circunstância de espaço (e) e de tempo (t). O fato (instrumento introdutor) que se ajuste aos critérios previstos pela hipótese é com ela compatível. Nesses casos, dizemos que o fato se subsome à hipótese da norma de competência.

---

223. *Direito tributário: fundamentos jurídicos da incidência* cit., p. 9.

Paulo de Barros Carvalho[224], refletindo sobre o tema da incidência das normas jurídicas, inaugurou a ideia, hoje sedimentada na doutrina, segundo a qual o ingresso de acontecimentos no mundo jurídico não se processa intrassubjetivamente, de forma automática e infalível, sem a ação de um sujeito competente.

Se adotarmos a ideia de que direito é um conjunto de normas que se objetivam em texto prescritivo, para que surjam novos fatos, antecedentes de normas, é necessário que apareçam novos textos prescritivos.

A distinção kelseniana entre sistemas estáticos e dinâmicos ilustra bem o que pretendemos significar nesta passagem. Segundo Kelsen,[225] percebe-se a modificação de um sistema estático pelo conteúdo de duas proposições. Uma simples inferência intelectual possibilita perceber se se trata de uma nova proposição ou não. Num sistema de normas éticas, por exemplo, um sujeito sabe se violou ou não uma norma qualquer pelo simples exame de sua consciência.

Já as proposições de um sistema dinâmico só se modificam se forem produzidas por alguma pessoa competente. Daí a relevância de separar as proposições descritivas das proposições prescritivas. A descrição relata a existência de normas com o significado X, Y ou Z. Porém, apenas as proposições prescritivas alteram o sistema de direito positivo, compondo novas normas.

Eis o porquê de ser o sujeito competente quem se encarrega de traduzir o acontecimento social em fato jurídico, promovendo a incidência/aplicação da norma. O simples relato, feito pela dogmática, não projeta qualquer repercussão no sistema jurídico. Assim, entre a abstração da hipótese normativa e a concretude do fato, há o sujeito competente destacando aspectos relevantes do real social e, com isso, fazendo surgir novos textos de direito positivo, nova realidade jurídica.

Pois bem, a decorrência lógica da subsunção é a imputação de consequências que, segundo o modelo que adotamos,

---

224. Idem.

225. Cf. KELSEN, Hans, *Teoria pura do direito* cit., p. 217.

será, necessariamente, uma relação jurídica. Assim, podemos afirmar que, diante do fato jurídico, invariavelmente será prescrito um vínculo entre sujeitos de direito, tendo como objeto uma prestação determinada. Se estamos falando do exercício da competência, a "prestação determinada" será o conjunto de enunciados prescritivos produzidos segundo o relato contido no antecedente do instrumento introdutor de normas.

Com isso, demonstramos que a norma de competência, na forma defendida neste trabalho, prescreve como deve ser enunciada a norma e sobre o que deve versar. A forma de elaboração da norma é positivada no instrumento introdutor. Já a matéria que é introduzida, segundo aquela forma de enunciação, é prevista pelo consequente do instrumento introdutor, ou seja, são os enunciados introduzidos (enunciados-enunciados).

Ora, se não há consequências jurídicas sem que um sujeito competente relate em linguagem um fato e lhe impute os efeitos previstos pela própria norma, também não se pode falar no surgimento de novas normas jurídicas sem que algum sujeito realize o processo de enunciação devido para tratar de uma matéria específica.

Fundamenta essas ideias o excerto extraído da obra de Herbert Hart, que, na linha preconizada por Hans Kelsen, defende não existir clara distinção entre aplicar o direito e produzir direito:

> De acordo com esta tese, não se pode traçar uma distinção nítida entre produção e aplicação do direito. Todo ato jurídico é, ao mesmo tempo, de criação de normas (gerais ou individuais, não importa) e de aplicação de normas. Assim, por exemplo, o ato de legislar é, obviamente, criação de normas (gerais), mas é, também, aplicação de normas, especialmente de normas constitucionais. A jurisdição, por sua vez, é tanto aplicação de normas (leis) quanto criação de normas individuais. [226]

226. No original: "Según esta tesis, no puede trazarse una distinción nítida entre producción y aplicación del derecho. Todo acto jurídico es, al mismo tiempo, tanto de creación de normas (generales o individuales, no importa), como de aplicación de normas.

É justamente isso que defende, também, Rafael Hernández Marín:

> [...] o sentido de uma norma jurídica de competência é: os enunciados que sejam criados pelo órgão O, em observância ao procedimento P e em referência à matéria M são válidos (isto é, são jurídicos).[227]

Vejamos um exemplo do que acabamos de afirmar. A Constituição da República outorga aos municípios a competência para, mediante lei, instituir, no seu território, as regras-matrizes do Imposto sobre Serviços de Qualquer Natureza (ISS). A Lei Orgânica do Município de Belmonte reproduz essa outorga de competência nos termos previstos pela Constituição da República. O Município, por meio dos órgãos que formam a sua vontade (Prefeitura e Câmara de Vereadores), realiza o processo legislativo e publica no Diário Oficial do Município, no dia 15 de dezembro de 1989, a Lei municipaç 1.555.

Com essa norma introdutora insere no direito positivo todos os enunciados normativos que dão forma à respectiva regra-matriz de incidência tributária do ISS. Assim prescreve quem deve pagar, quem deve receber e a forma de calcular a respectiva prestação. Por conseguinte, realizando a enunciação adequada e fazendo inserir novos enunciados, o Município de Belmonte aplicou a norma de competência, fazendo surgir novas normas no sistema de direito positivo.

Nesse exemplo, o exercício da competência foi regular, pois o instrumento introdutor fazia referência aos elementos da hipótese normativa e os enunciados-enunciados não contrariavam

---

Así, por ejemplo, la legislación es obviamente creación de normas (generales), pero es también al mismo tiempo aplicación de normas y, especialmente, de normas constitucionales. La jurisdicción, a su vez, es tanto aplicación de normas (legislativas) como creación de normas individuales" (HART, Herbert. *O conceito de direito* cit., p. 95).

227. Em tradução livre de: "[...] el sentido de una norma jurídica de competencia es: Los enunciados que procedan de un órgano O, que hayan sido creados con arreglo al procedimiento P y referentes a la materia M son válidos (esto es, son jurídicos)" (MARÍN, Rafael Hernández. *Teoría general del derecho y de la ciencia jurídica*. Barcelona: PPU, 1989. p. 162).

os dispositivos materiais previstos na Constituição da República. A ação de criar normas, porém, nem sempre é legítima. Há muitas situações em que o seu exercício produz normas incompatíveis com a sua outorga. É o que se chama de exercício ilícito da competência. Nessas situações, não há como cumprir a norma ilegítima sem violar a norma superior. Que fazer então?

4.2 Exercício regular e irregular da competência, cláusula alternativa tácita e normas sancionatórias de competência

Na *Teoria Pura do Direito*, Kelsen defende que a validade de uma norma decorre do fato de ela ter sido produzida de acordo com o que prescreve outra norma.[228] Ser válida seria o específico modo de existir da norma. De sorte que a expressão "norma inválida" encerraria uma contradição em termos e "norma válida", uma redundância.

É inegável, porém, que existem normas jurídicas no sistema de direito positivo que não foram produzidas de forma regular. Todos os casos de nulidade, entendida como gênero que inclua a inconstitucionalidade, a ilegalidade, a nulidade em sentido estrito, a anulabilidade, o erro de fato e de direito, são previstos pelo direito positivo como situações em que a norma inferior foi produzida de forma irregular, divergindo, assim, da norma de competência.

Esse fato, por si só, já evidencia a possibilidade de as normas jurídicas serem produzidas, assumirem plenas vigência e eficácia e, posteriormente, virem a ser declaradas incompatíveis com o sistema. E mais, em virtude do nosso sistema difuso de controle de constitucionalidade, não é difícil encontrar normas que, segundo um tribunal, são constitucionais e segundo outro, inconstitucionais.

---

228. Hans Kelsen, ao afirmar que: "a norma superior pode não só fixar o órgão pelo qual e o processo no qual a norma inferior é produzida, mas também determinar o conteúdo desta norma" (*Teoria pura do direito* cit., p. 261).

A existência de normas que são inseridas no sistema de direito positivo, passando a existir e, posteriormente, são tidas por inválidas, evidenciou um paradoxo no pensamento kelseniano: a ideia de norma produzida irregularmente ser válida.

Sem alterar qualquer dos seus pressupostos, Kelsen solucionou o paradoxo sugerindo a existência de uma cláusula alternativa tácita. Com essa ideia, fixou-se o seguinte: toda norma produzida se ajusta a uma norma de competência ou a uma cláusula alternativa que, embora não esteja expressa, determina a invalidade da norma criada. É como se existisse uma norma prescrevendo a validade e outra, a invalidade.[229] A primeira incide sobre as normas produzidas regularmente; a segunda, sobre as normas irregulares. Assim, toda norma jurídica se ajusta a uma norma que fundamenta a sua validade ou, se incompatível com esta, ajusta-se a outra que prescreve a sua invalidade. Norma de competência, a primeira, e cláusula alternativa tácita, a segunda.

Numa representação do que acabamos de dizer, temos:

Produção regular da norma	**ou**	**Produção irregular da norma**
↓		↓
Validade		**Invalidade**
↓		↓
Aplicação		**Não aplicação**

229. Ulises Schmil relata a circunstância que levou Kelsen a adotar a cláusula alternativa tácita: "However, there is an undeniable fact expressly granted by Kelsen: the existence of irregular norms, i.e., norms that have been issued or established with some irregularity in acts that stem from the superior norm. Despite this, the norm exists and can be the object of judicial review before a constitutional court. Facing this dilemma, Kelsen assumes a really heroic theorical position: he does not abandon any of his theses, but formulates the meaning of the empowerig norms, especially the constitution, as a set of norms that have an alternative character, that contain a tacit alternative clause" (Cf. The dynamic order of norms, empowerment and related concepts cit., p. 304).

Não é o caso de enveredarmos pelas críticas e pelos problemas que a ideia de uma cláusula alternativa tácita enseja[230]. Isso desbordaria dos objetivos dogmáticos deste trabalho. Contudo, é curioso notar nesta dualidade uma versão, aplicada ao plano das normas de competência, da dualidade lícito e ilícito, ou seja, das condutas regulares, conformes ao direito, e das condutas irregulares, que ensejam a aplicação de sanções.

De fato, defendemos a premissa segundo a qual o ato de criar norma é uma conduta como outra qualquer. Podemos diferençá-la das demais apenas pelo seu resultado, que é a produção de enunciados prescritivos a partir dos quais se podem elaborar normas jurídicas. Ao confrontar esse resultado com o que prescrevem as normas de competência, a conduta de criar normas jurídicas pode ser considerada lícita ou ilícita, conforme seja compatível ou não com a norma de competência primária.

Vejamos dois conceitos que não se confundem: a norma criada ilicitamente e a consequência desta ilicitude. Acerca da incompatibilidade, temos a invalidade. O efeito da invalidade é determinar a suspensão da vigência ou eficácia como forma de dar prevalência à norma de competência em prejuízo da que foi ilicitamente criada.

É fácil, então, relacionar a ideia de nulidade das normas jurídicas, ou invalidade, à ideia de sanção pelo exercício irregular da competência. A norma inválida é o fato ilícito, a nulidade é a consequência prevista pelo sistema de direito positivo para este tipo de ilícito. Por isso, se há sanção, não temos, propriamente, uma cláusula alternativa, mas sim uma norma que prescreve a reação do sistema jurídico à prática de uma conduta indesejada – ilícita, portanto.

Desta forma, sempre que alguém pretenda argumentar pela não aplicação de uma norma ao caso concreto, ou pela

230. Uma das mais firmes oposições à ideia de uma Cláusula Alternativa Tácita é a de Ulises Schmill. Esse autor defende que tal ideia transformaria o direito num sistema tautológico onde existe sempre uma norma fundamentando a validade ou invalidade de outra. Cf. The dynamic order of norms, empowerment and related concepts cit., p. 303.

suspensão da sua vigência no sistema de direito positivo, o que se está pedindo, em última análise, é a aplicação de uma norma sancionatória, em face do exercício irregular da competência.

4.3 A estrutura das normas sancionatórias

O exercício da competência é integralmente regulado pelo direito positivo. Como ensina Hans Kelsen[231]: "[...] *o Direito deve regular a sua própria criação*". E a forma específica de que dispõe para regular comportamentos, já vimos, é prever circunstâncias cuja ocorrência projeta relações jurídicas, para cujo descumprimento o direito estabelece reações adversas – sanções.

Numa primeira aproximação, um enunciado sancionatório nos remete à ideia de consequência gravosa, imputada àquele que realiza uma conduta valorada negativamente pelo sistema. Assim, propõe Kelsen, está presente a ideia de "sanção" sempre que se perceba a imputação de uma consequência negativa a um sujeito de direito pela prática de uma conduta juridicamente indesejada.[232]

Nessa acepção ampla, porém, o termo "sanção" é ambíguo. Aludir à imputação de um mal qualquer é atributo comum às normas éticas, religiosas e morais. Eis o motivo de serem apresentadas novas elucidações para a definição de um sentido mais técnico para o termo "sanção". E é esse mesmo autor que acrescenta, em trabalho posterior, a ideia segundo a qual:

> [...] se se pressupõe que cada norma jurídica geral seja a ligação de duas normas, das quais uma estabelece como devida uma

---

231. "Isso pode operar-se de forma a que uma norma apenas determina o processo por que outra é produzida. Mas também é possível que seja determinado ainda – em certa medida – o conteúdo da norma a produzir" (KELSEN, Hans, *Teoria pura do direito* cit., p. 246).

232. "[...] o conceito de sanção pode ser estendido a todos os atos de coerção estatuídos pela ordem jurídica, desde que com eles outra coisa não se queira exprimir se não que a ordem jurídica, através destes atos, reage contra uma situação de fato socialmente indesejável e através desta reação, define a indesejabilidade desta situação de fato" (KELSEN, Hans. *Teoria pura do direito* cit., p. 46).

> certa conduta e a outra põe como devida a fixação de um condicional ato de coação por parte de um órgão judicial para o caso de violação desta norma.[233]

Dessa forma, tomada como ato condicional de coação exercido por um órgão do Estado, a sanção assume sua porção mais técnica, passível, inclusive, de operar como critério de distinção entre o sistema jurídico e os demais sistemas normativos vigentes numa sociedade. Trilhando o caminho aberto por Kelsen, Lourival Vilanova oferece contribuição precisa sobre aquilo que se poderia chamar de estrutura completa da norma jurídica:

> Fazendo-se um corte abstrato na série de normas que compõem unitariamente o sistema do direito positivo, vemos que uma regra jurídica completa consta de duas normas. Na norma primária, tem-se o pressuposto fáctico (ou hipótese de incidência) em relação-de-implicação com a consequência: a relação jurídica. Abstratamente, se ocorre o fato F, então A ficará numa relação R com B. Na norma secundária, a hipótese fáctica é a não observância do dever da parte do sujeito passivo, a qual implica o exercício da sanção e da coação (já aqui através do órgão jurisdicional).[234]

O pensamento de Lourival Vilanova é claro no que toca à distinção entre sanções jurídicas e as demais:

> Em rigor, todas as normas sociais acompanham-se de sanções ante o seu descumprimento. O que destaca a sanção jurídica é sua previsibilidade típica e a possibilidade do uso da coação organizada (através de órgão jurisdicional) para fazer valer as obrigações principais e as obrigações acessórias.[235]

O "mal" previsto pela norma jurídica pode ser aplicado de forma objetiva, sem que para isso concorra a vontade do infrator.[236] Nesse plano abstrato de considerações, toda norma

233. KELSEN, Hans. *Teoria geral das normas* cit., p. 68.

234. VILANOVA, Lourival. *Causalidade e relação no direito* cit., p. 175.

235. Ibidem, p. 174.

236. Ibidem, p. 176.

jurídica completa dispõe de sanção coercitiva.[237] As duas normas, primária e secundária, coexistem no sistema de direito positivo, são válidas simultaneamente.[238] O fato de uma vir a ser aplicada e não a outra, portanto, é insuficiente para sustentar a existência de normas jurídicas sem sanção. Isso porque norma jurídica sem sanção deixa de ser jurídica. E a sanção sem norma não faz sentido.[239] É justamente esta a ideia que se extrai do pensamento de Lourival Vilanova.[240]

Assim, o descumprimento de toda e qualquer norma projeta efeitos. O efeito que qualifica uma norma como jurídica é, justamente, a previsão de uma consequência coercitiva para o seu descumprimento ou o fato de o aparato estatal estar preordenado à aplicação da norma primária, mesmo contra a vontade do seu destinatário.

Em síntese de tudo o que dissemos, aglutinaremos, em linguagem formalizada, os elementos que integram a sanção jurídica:

$$\mathbf{Ncom.s = H\ [s.p(\text{-}c).e.t.] \rightarrow R\ [S(s.sj)\ .\ m(s.e.t.c)]}$$

A norma sancionatória tem como hipótese o descumprimento da norma jurídica de competência tributária (-c). É a violação daquilo que dispõem os condicionantes materiais da

237. "A coercitividade é a possibilidade que o direito tem de se fazer valer, primeiramente através da incidência de uma espécie particular de sanção pelo descumprimento da norma jurídica, e posteriormente pela possibilidade de coagir o sujeito a cumpri-lo. É a possibilidade de violência legítima. Note-se que a coercitividade é essencial ao direito, mas não a coação ou a sanção, que podem ou não se efetivar. A inclusão da coercitividade como característica do direito em face das demais ordens normativas, assim como a bilateralidade, foi útil ao positivismo emergente e teve papel fundamental na configuração específica do objeto jurídico" (ADEODATO, João Maurício. *Ética e retórica: para uma teoria da dogmática jurídica*. São Paulo: Saraiva, 2002. p. 24).

238. VILANOVA, Lourival. *Estruturas lógicas e o sistema de direito positivo* cit., p. 112.

239. Cf. VILANOVA, Lourival, *Causalidade e relação no direito* cit., p. 190.

240. Norma primária (oriunda de normas civis, comerciais, administrativas) e norma secundária (oriunda de normas de direito processual objetivo) compõem a bimembridade da norma jurídica: a primária sem a secundária se desjuridiciza; a secundária sem a primária reduz-se a instrumento, meio, sem fim material, a adjetivo sem o suporte do substantivo (VILANOVA, Lourival, *Causalidade e relação no direito* cit., p. 188).

norma de competência que justifica a aplicação da norma sancionatória de competência. Em meio aos signos de sua composição, é possível ler que: violada a relação de competência – **R(S.M)** –, deve-se imputar uma relação entre o destinatário da norma e o Estado-jurisdição. O objeto dessa relação será a norma que prescreve a não aplicação da norma criada ilicitamente. Essa norma é, também, chamada de norma anulatória.

Retomando parte da discussão que desenvolvemos no Capítulo 3, poderíamos indagar: qual a natureza das normas anulatórias? Segundo Schmill:

> [...] nesta concepção, a nulidade não é uma sanção, embora seja a consequência de certas condições estabelecidas normativamente. É a determinação da data final de vigência do âmbito temporal da norma.[241]

Neste ponto, discordamos da conclusão exposta.

Fundamentamos a nossa posição com os seguintes argumentos: *i.* ficou claro que, entre os requisitos necessários à aplicação da norma sancionatória de competência, está a constatação de que uma norma foi produzida irregularmente; *ii.* essa irregularidade é evidenciada pelo conflito com a norma de superior hierarquia; *iii.* a produção irregular de normas jurídicas é um ilícito – na criação da norma – nomogenético; *iv.* a norma anulatória é uma reação negativa para quem cria normas, pois impede que essa norma criada de forma inválida seja aplicada no caso concreto, regulando condutas; *v.* a reação negativa à prática de um ilícito é, como já vimos, uma sanção. Concluímos, portanto, que a norma anulatória tem natureza de sanção nomogenética.

---

241. Numa tradução livre de: "[...] en esta concepción, la nulidad no es una sanción, aunque sí la es la consecuencia de ciertas condiciones establecidas normativamente. Es la determinación de la fecha final de vigencia del AT de la norma" (SCHMILL, Ulises. *La derogación y la anulación como modalidades del ámbito temporal de validez de las normas jurídicas* cit., p. 239) Esclarecemos que no simbolismo adotado por este autor, "AT" significa âmbito temporal.

Em face desses argumentos, mantenhamos esta ideia: a sanção pelo descumprimento da norma primária de competência é prevista pela norma secundária que prescreve a invalidade como fato e imputa sanções para evitar a aplicação de normas que são fruto do exercício irregular da competência. Utilizaremos os termos "sanção nomogenética", "norma sancionatória de competência" e "norma anulatória", indistintamente, como sinônimos. Porém, não percamos de vista essas situações: uma coisa é o fato (-c) da ilicitude, outra é a consequência (sanção) que pode ser imputada.

4.4 A hipótese das normas sancionatórias de competência H [s.p(-c).e.t.]

A aplicação da norma sancionatória de competência é do tipo condicionada, ou seja, pressupõe a presença de alguns requisitos que estão indicados na respectiva hipótese.

O primeiro deles é a competência de um sujeito **(s)** para o exercício típico ou atípico da jurisdição.[242] Sendo o direito positivo um sistema dinâmico, não basta perceber a existência de ilícitos, não é suficiente a descrição de antinomias, é necessário que um órgão competente o faça.

O segundo requisito é que essa enunciação seja feita num processo, administrativo ou judicial, em controle concentrado ou difuso, em que fique evidenciada, após o contraditório e a ampla defesa, a existência de norma fruto do exercício irregular da competência **p(-c)**. Como toda enunciação, as normas sancionatórias de competência são criadas em certas condições de espaço **(e)** e de tempo **(t)**. A depender do tipo de norma, é possível que se estabeleça lapso temporal para o exercício legítimo da competência sancionatória. Esses são os casos em que existem, por exemplo, prazos de prescrição a ser observados. Isso porque, há casos (i.e., declaração de tributos com algum vício de legalidade) em que, uma vez transcorrido

242. No capítulo 8 definimos o conceito de competência jurisdicional típica e atípica.

o prazo, torna-se legítima a norma criada indevidamente pela impossibilidade de se aplicar normas sancionatórias.

Seguindo, mais uma vez, as lições de Ulises Schmill,[243] seria possível destacar, em meio a muitos outros requisitos que podem ser estabelecidos pelo direito positivo, os seguintes: *i.* demonstração de irregularidade na criação de normas, evidenciada pela incompatibilidade entre norma superior e norma inferior, ou entre normas de igual hierarquia, quando se tratar de cláusulas pétreas; *ii.* processo regular, administrativo ou judicial, por meio do qual o Estado exerça a jurisdição criando norma que impede a aplicação de normas irregularmente criadas.

Preenchidos esses requisitos, obrigatoriamente a competência para constituir a norma anulatória deverá ser exercida.

4.5 O consequente das normas sancionatórias de competência R [S(s.sj). m(s.e.t.c.)]

O consequente das normas sancionatórias de competência, como toda e qualquer norma em sentido estrito, vincula dois ou mais sujeitos **[S(s.sj)]** perante uma prestação determinada **[M(s.e.t.c.)]**. Essa prestação, em se tratando de uma competência condicionada, é modalizada em obrigatório. Por isso, uma vez provocada a jurisdição, obrigatoriamente, deverá ser proferida decisão favorável ou contrária a quem tomou a iniciativa de provocá-la.

No que diz respeito aos sujeitos, enfrentamos o tema da legitimidade processual para provocar a jurisdição, em qualquer das suas modalidades.

O aspecto material trata das demais condições da ação: possibilidade jurídica do pedido e interesse de agir. Estando presentes tais condições, o titular da jurisdição deverá decidir. Não podemos ignorar que estas condições devem ser atendidas

243. SCHMILL, Ulises. *La derogación y la anulación como modalidades del ámbito temporal de validez de las normas jurídicas* cit., p. 239.

com vistas ao que prescrevem as normas de competência primária. Nesse ponto, é sempre bom lembrar que a sanção processual está a serviço da eficácia da norma primária.

4.5.1 Sobre a legitimidade ativa e passiva para questionar a validade de uma norma jurídica produzida ilicitamente

O sujeito passivo da relação sancionatória de competência é o Estado-jurisdição. Não distinguimos, neste caso, se se trata de jurisdição típica ou atípica. O traço relevante é a capacidade de exercer competências jurisdicionais, sejam elas difusas ou concentradas, administrativas ou judiciais. Segundo os limites previstos para a repartição de competências jurisdicionais, será possível identificar os vários sujeitos que podem editar normas afastando a aplicação de outras, criadas de forma ilegítima.

No que se refere à legitimidade ativa, ou sujeição ativa, para requerer a aplicação das normas sancionatórias de competência, temos uma regra fundamental: dever de demonstrar interesse de agir. Relativamente às normas jurídicas, só há interesse quando se configura lesão ou ameaça a direitos próprios ou de terceiros. Sem demonstrar ameaça ou efetiva violação de direitos próprios, ou de terceiros pelos quais é responsável, nenhum sujeito pode provocar a jurisdição para ver aplicada uma norma anulatória[244].

Cumprido esse requisito, justamente com a demonstração de capacidade processual, todo e qualquer sujeito pode requerer ao Poder Judiciário a aplicação de norma que dispense o cumprimento de outra, criada sem fundamento de validade.

4.5.2 Efeitos materiais da aplicação da norma anulatória

Configurada a ilicitude na criação da norma inferior, passaremos a investigar as possíveis consequências que podem ser imputadas.

---

244. Essa é uma aplicação analógica ao princípio segundo o qual não há nulidade sem prejuízo, dano ou ameaça a direito.

O objeto da relação jurídica da norma sancionatória de competência estabelece os contornos materiais **(M)** da norma anulatória, ou seja, prescreve seu alcance subjetivo **(s)**, espacial **(e)**, temporal **(t)** e material em sentido estrito **(c)** ou comportamental. Tudo isso, cabe enfatizar, refletindo o que prescreve a norma de competência primária. Portanto, a norma anulatória inferior deverá ser criada dentro desses limites, para prescrever a não aplicação da norma criada de forma irregular, nos pontos em que ela for conflitante com a norma de competência.

O âmbito material **(M)** das normas anulatórias consistirá na declaração de invalidade da norma inferior e na prescrição de restrições à aplicação da norma inválida, seja no que diz respeito à sua vigência ou à sua eficácia. Esses efeitos, conforme veremos, variam de caso a caso. Nunca é demais ter presente que a norma anulatória é produzida para restringir um ou mais dos âmbitos de vigência ou eficácia da norma ilegítima, justamente naquele ponto em que foi ilicitamente criada e que, em face desta ilicitude, provoca prejuízos aos sujeitos de direito.

Vejamos, a seguir, como cada um dos âmbitos de vigência de uma norma pode ser restringido pela prescrição de uma norma anulatória.

4.5.2.1 Eficácia material em sentido estrito ou comportamental da norma anulatória – total ou parcial

O critério material em sentido estrito ou comportamental de uma norma, já vimos, é a conduta regulada. Instituir tributo sobre serviços, regular a arrecadação desse tributo, aplicar a norma tributária a um caso concreto para qualificar sujeitos passivo, ativo e o valor da obrigação, promover o pagamento da prestação tributária, são ações previstas pelo aspecto material de normas jurídicas. Quando essas ações são prescritas em conformidade com a norma de competência, afirmamos a sua regularidade, sua validade, ou ainda, sua licitude.

Em muitas situações, porém, podemos identificar que: o tributo criado é inconstitucional; sua regulamentação é ilegal;

sua incidência foi feita de forma nula ou a norma de pagamento indica sujeito diverso do que deveria. Em todos esses casos, o que temos é a norma inferior sendo produzida ilicitamente, pois em conflito com a superior. É justamente aqui que se delimita o âmbito de vigência material das normas sancionatórias: na proposição que é divergente da norma de superior hierarquia e enseja prejuízo aos seus destinatários.

Falamos em proposição e não em enunciado, pois há muitas situações em que o sujeito competente para positivar a norma anulatória pode afastar, tão-somente, o sentido de uma norma, mantendo intacto seu texto, seus enunciados.[245]

De fato, só há ilícito na criação de normas quando se configura a divergência de sentidos entre a norma inferior e aquela que lhe serve de fundamento de validade. [246] E isso se dá de tal forma que não é possível aplicar a inferior sem violar a superior. Logo, é no ponto em que as normas são conflitantes que se torna necessária a positivação da norma anulatória, afastando a norma irregular e, com isso, preservando a consistência do sistema jurídico.

Dessa forma, e tomando como critério a amplitude da norma anulatória em relação à norma irregular, poderíamos classificar sua extensão como total ou parcial. Existem situações em que, apenas parcialmente, uma norma diverge do que prescreve a norma superior. E noutras, por sua vez, a norma irregular é completamente incompatível. Num caso e noutro teremos, respectivamente, abrangência total e parcial da norma.

4.5.2.2 Eficácia pessoal da norma anulatória – erga omnes *ou* erga singulum

Outro critério relevante diz respeito à abrangência da norma anulatória em relação aos seus destinatários, sua eficácia pessoal. Esse tema não desperta grandes interesses

---

245. Interpretação conforme a Constituição, por exemplo.

246. Sobre as divergências de sentido, ver o Capítulo 5, item 5.3.2.2.

quando tratamos de normas individuais e concretas, pois, como regra, essas normas projetam repercussão apenas entre os sujeitos vinculados entre si pela relação jurídica. Nesses casos os efeitos são sempre entre as partes – *erga singulum*.

Muito diversa é a situação quando falamos em normas gerais e abstratas, especialmente aquelas submetidas ao controle de constitucionalidade. Nesses casos, e de acordo com o nosso ordenamento jurídico, temos a possibilidade de a norma anulatória projetar efeitos entre as partes de um processo – *erga singulum* -, para todos os sujeitos destinatários da norma geral e abstrata – *erga omnes* – e, em alguns casos, os dois efeitos sucessivos. Esse é, por exemplo, o caso em que um julgado reconhece a inconstitucionalidade pelo controle difuso e o Senado Federal, no exercício de suas atribuições, publica resolução atribuindo efeito *erga omnes* à decisão do Supremo Tribunal Federal. Ou ainda, um efeito intermediário, quando se submete um julgamento ao rito da repercussão geral ou do recurso repetitivo no âmbito do STF ou do STJ, respectivamente.

Nesse âmbito de análise, em que privilegiamos o aspecto estrutural das normas anulatórias, descabe ingressar pelo processo judicial constitucional para perceber as suas várias nuanças. Por isso, deixaremos apenas registrado o que nos interessa no momento: as normas anulatórias podem prescrever efeitos que atinjam apenas os sujeitos diretamente envolvidos numa relação processual (*erga singulum*), mas podem, a depender do caso, prescrever efeitos gerais, suspendendo a própria vigência da norma criada (*erga omnes*), ou ainda, efeitos para todos que ingressaram com processos, sejam eles administrativos ou judiciais (recurso repetitivo ou repercussão geral).

4.5.2.3 Eficácia espacial da norma anulatória – total ou parcial

Há situações em que apenas a amplitude espacial prescrita pela norma viola o que prescreve a norma de competência. E isso pode acontecer quando o critério espacial da norma tributária vai além do que foi programado pela norma de competência.

Um exemplo pode ilustrar esta ideia. O Município de Belmonte edita lei para fazer incidir o Imposto Predial e Territorial Urbano – IPTU, previsto no art. 156, I, da CF/88, sobre áreas rurais. Os critérios que definem o conceito de "área urbana", para fins de incidência desse tributo, estão previstos no art. 32 do CTN, bem como na Lei 4.504/64 (Estatuto da Terra). Logo, a extensão do âmbito territorial do IPTU sobre áreas não urbanas é um típico caso de violação do âmbito espacial da norma de competência.

Esse seria um tipo de ilícito derivado da ultratividade da norma tributária. Cabe à norma anulatória incidir para afastar a aplicação da norma do IPTU sobre propriedades localizadas naquelas regiões que, de acordo com o art. 32 do CTN, em conjunto com o Estatuto da Terra, são consideradas rurais. Seu efeito, no caso, será sobre o âmbito de vigência espacial da norma ou sobre sua eficácia espacial, conforme o tipo de controle.

Podemos falar de redução indevida do âmbito de vigência espacial da norma quando esta não alcança, de forma isonômica, sujeitos que estão em igualdade de condições, diferindo entre si apenas pelo local em que estão situados. Nessas hipóteses, a norma anulatória pode prescrever a revogação do critério ilegítimo de discriminação, ampliando o âmbito espacial de incidência da norma tributária.

Em qualquer das duas situações podemos classificar esse tipo de eficácia em total ou parcial. A eficácia parcial derroga parte da norma, aquela criada em confronto com a competência, mantendo plenamente válidos, vigentes e eficazes os demais critérios. Pode haver situações, contudo, que o âmbito espacial seja completamente ilegítimo, sendo considerado inválido e, como consequência, sendo restringida sua vigência ou eficácia. Nessas situações, a eficácia da norma anulatória será total.

4.5.2.4 *Eficácia temporal da norma anulatória* – ex nunc *ou* ex tunc

As normas jurídicas ingressam no sistema de direito positivo com presunção de validade. E mantêm essa presunção até que outra norma declare sua invalidade, por ter sido criada ilicitamente. Em face desta fenomenologia que acabamos de descrever, é fácil inferir que a norma anulatória incide sempre depois de ter sido publicada a norma irregular. Até mesmo porque, antes de sua publicação, não estariam preenchidas as condições para a aplicação da norma anulatória (faltaria interesse de agir).

De imediato, podemos dizer que as normas anulatórias podem ter, fundamentalmente, dois efeitos temporais. Num deles ela prescreve que o âmbito de vigência temporal da norma irregular retroaja à data de sua publicação, como se a norma anulada nunca tivesse existido. Falamos, nesses casos, de eficácia *ex tunc*. Noutros casos, a norma anulatória prescreve que só após a sua publicação os efeitos da norma irregularmente criada devem cessar. Chamamos essas situações de eficácia *ex nunc*.

O direito positivo brasileiro prevê circunstâncias em que a autoridade jurisdicional pode prescrever a eficácia da norma anulatória de diferentes maneiras. Esse tema é tratado sob o título de modulação dos efeitos da decisão de inconstitucionalidade. Trata-se, para manter a terminologia que vimos utilizando, de modular a vigência e eficácia da norma anulatória que prescreve a invalidade de uma norma por ofensa à Constituição da República. Essa possibilidade foi inserida, expressamente, no direito positivo pelo art. 27 da Lei 9.868, ao prescrever que:

> Ao declarar a inconstitucionalidade de lei ou ato normativo, e tendo em vista as razões de segurança jurídica ou de excepcional interesse social, poderá o Supremo Tribunal Federal, por maioria de dois terços de seus membros, restringir os efeitos daquela declaração ou decidir que ela só tenha eficácia a partir de seu trânsito em julgado ou de outro momento que venha a ser fixado.

A programação de efeitos da inconstitucionalidade requer presença de: *i.* processo para controle concentrado de constitucionalidade; *ii.* decisão proferida por, pelo menos, dois terços dos juízes do tribunal, em sua composição plena; e *iii.* razões de segurança jurídica ou excepcional interesse social.

Com estes esclarecimentos, podemos afirmar que o sistema de controle de legitimidade das leis e atos normativos vigente no país prevê três tipos de efeitos temporais para as normas ilicitamente produzidas. No primeiro, a eficácia é retroativa, pois a norma anulatória reconhece a invalidade da outra norma e cassa a sua vigência desde a sua publicação – eficácia *ex tunc*. No segundo, a eficácia é apenas prospectiva, pois a norma anulatória só restringe a aplicação da norma inválida a partir da decisão. Por fim, e em algumas circunstâncias especiais, é possível a modulação dos efeitos previstos para a eficácia da norma anulatória, postecipando para datas futuras o fim da vigência da norma.

Em qualquer dos casos, não é permitido à autoridade jurisdicional alterar os efeitos próprios da aplicação das sanções de invalidade (transformar o passado em futuro e vice-versa), ressalvada naqueles casos em que o direito expressamente permite.

4.6 Ilícitos nomogenéticos e seus efeitos sobre a validade, vigência e eficácia das normas jurídicas

No Capítulo 11 deste trabalho, fixamos os sentidos de validade, vigência e eficácia com os quais trabalharíamos. Após a exposição feita acima, temos novos fundamentos para demonstrar a relação que existe entre esses conceitos e os tipos de efeitos projetados pelas normas anulatórias.

Vejamos cada uma das relações apresentadas:

i. é válida a norma produzida de acordo com os limites formais e materiais previstos pela norma de competência;

ii. é inválida a norma que, tendo sido criada de forma irregular, ajusta-se ao que prescreve a norma sancionatória de competência;

iii. a norma válida é plenamente vigente – apta para regular condutas – e eficaz – regula efetivamente as condutas;

iv. a norma inválida pode ter sua eficácia suspensa nos casos em que, sendo geral e abstrata, sua invalidade é reconhecida com efeitos entre as partes – *erga singulum*;

v. a norma inválida pode ter sua vigência encerrada quando, sendo geral e abstrata, sua invalidade é reconhecida com efeitos *erga omnes* e *ex tunc*;

vi. a norma inválida pode ter apenas o seu vigor – vigência prospectiva – limitado no tempo quando, sendo geral e abstrata, sua invalidade é reconhecida com efeitos erga *omnes* e *ex nunc*;

vii. a norma inválida pode ter vigência e eficácia completamente suspensas quando for norma individual e concreta.

Em qualquer dos casos, o ato de criar normas é uma conduta que pode ser classificada como lícita ou ilícita. Como o sistema de direito positivo segue o princípio dinâmico, essas classificações dependem de decisão, emanada de autoridades competentes, segundo procedimentos previstos pelo próprio sistema. A invalidade ou nulidade de uma norma é construída por decisão competente. Por isso mesmo, de nada vale toda a ciência do mundo sustentar a invalidade de uma norma se o sistema jurídico assim não fizer. Da mesma forma que de nada adianta a afirmação de que alguém praticou um ilícito penal, se isso não for posteriormente reconhecido num processo judicial. Noutras palavras, só o próprio sistema é capaz de criar normas jurídicas e de qualificá-las como lícitas ou ilícitas, passíveis ou não de produzir efeitos, regulando condutas.

Capítulo 5

DA UNIDADE À PLURALIDADE DAS NORMAS DE COMPETÊNCIA TRIBUTÁRIA

Neste capítulo, daremos continuidade à análise estrutural das normas de competência, desta vez, porém, investigando como tais normas se relacionam com as demais na composição do sistema jurídico.

O primeiro passo será, então, superar algumas ambiguidades no uso da expressão "sistema jurídico". Com um sentido técnico em mão, passaremos a analisar os respectivos atributos de unidade, coerência e completude.[247] Tratando de cada um desses pontos, teremos a oportunidade de demonstrar a importância

247. É sobre o sentido e a consequência desses atributos que os autores de teoria geral do direito se demoram. Neste sentido, ver: AFTALIÓN, Enrique R.; VILANOVA, José; RAFFO, Julio. *Introducción al derecho (conocimiento y conocimiento científico, historia de las ideas jurídicas, teoría general del derecho, teoría general aplicada)* cit.; ALCHOURRON, Carlos E; BULYGIN, Eugenio. *Introducción a la metodología de las ciencias juridicas y sociales* cit.; ALVES, Alaôr Caffé. *Lógica, pensamento formal e argumentação*. 2. ed. São Paulo: Quartier Latin, 2002; BOBBIO, Norberto. *Teoria do ordenamento jurídico* cit.; CANARIS, Claus-Wilhelm. *Pensamento sistemático e conceito de sistema na ciência do direito*. 2. ed. Lisboa: Fundação Calouste Gulbenkian, 1996; CARVALHO, Paulo de Barros. *Direito tributário, linguagem e método* (no prelo); DINIZ, Maria Helena. *Conflito de normas*. 5. ed. São Paulo: Saraiva, 2003; FERRAZ JUNIOR, Tércio Sampaio. *Introdução ao estudo do direito: técnica, decisão, dominação* cit.; KELSEN, Hans. *Teoria pura do direito* cit.; VILANOVA, Lourival. *Estruturas lógicas e o sistema de direito positivo* cit.

da estrutura completa da norma de competência para a compreensão dos seguintes temas: *i.* fontes do direito tributário; *ii.* hierarquia de normas; *iii.* conflito entre normas e as formas de solução para esses conflitos; *iii.* revogação de normas jurídicas; e *iv.* anulação de normas. Faremos isso, porém, dialogicamente, comentando ora sob a perspectiva de quem participa do sistema – participantes – ora como quem se põe frente ao sistema para descrever e sistematizar o seu objeto – observadores.[248]

5.1 Ordenamento, sistema e alguns problemas semânticos

Com o uso da expressão "sistema", pretendemos significar a existência de um conjunto formado por elementos que se relacionam segundo certos padrões de racionalidade. Nesse sentido, Lourival Vilanova afirmava que "onde há sistema há relações e elementos, que se articulam segundo leis".[249] Por isso, falar em "sistema" é falar na totalidade de elementos, reunidos por uma característica comum e organizados de acordo com certos padrões.

Na Ciência do Direito, o termo "sistema de direito positivo" nomeia o conjunto de normas jurídicas que se vinculam em nexos de coordenação e fundamentação. Esse termo, porém, é

---

248. A distinção entre "observadores" e "participantes" que adotamos aqui se inspira na distinção proposta por Hans Kelsen, na *Teoria pura do direito* (p. 387), entre intérprete autêntico - aquele que conhece o direito para aplicá-lo, construindo uma norma inferior a partir de norma superior - e intérprete não autêntico, que é o sujeito que se põe frente ao direito para conhecê-lo. Divergimos das críticas apontadas por Eugenio Bulygin a essa classificação (Sobre observadores y participantes. *Doxa (Publicaciones periódicas),* Alicante: Biblioteca Virtual Miguel de Cervantes, n. 21, p. 41-48, 1998). Fazemos isso por estarmos convencidos da tese contrária de J. C. Bayón (Participantes, observadores e identificação do direito. In: CAMANDUCCI, P.; GUASTINI, Riccardo. *Struttura e dinamica dei sistema giuridici, a cura di.* Torino: G. Giappichelli Editore, 1996), que defende existir a mesma base empírica para observadores e participantes, processos subjetivos de construção do sentido que não são controláveis metodologicamente, mas que o uso dado pelos participantes ou pelos observadores às suas proposições é completamente distinto: uma prescreve conduta e outra descreve as prescrições. Por isso, estão sujeitas a racionalidades completamente diferentes.

249. VILANOVA, Lourival. *Estruturas lógicas e o sistema do direito positivo* cit., p. 87.

ambíguo e, por sugerir a ideia de "racionalidade" e "consistência", acaba sendo utilizado para os mais diversos fins, servindo à legitimação das mais diferentes ideias. Todos falam em nome do sistema com a mesma facilidade com que falam em nome da lógica. Chega a ser insólita a ideia de um sujeito que declare: minha interpretação é sistemática, mas você tem razão. Isso porque todos os que falam em nome do sistema falam, em última análise, em nome da verdade, da validade de suas assertivas.

Esse uso exclusivamente retórico, sem compromisso com qualquer acepção técnica, acabou por ensejar certo desgaste semântico da expressão, tornando-a lugar comum, em meio a outras igualmente esvaziadas de sentido. Desgaste esse denunciado por Norberto Bobbio,[250] quando afirmou que o termo "sistema" é utilizado indiscriminadamente, conforme as conveniências de cada intérprete.

O fluxo contínuo da linguagem, porém, não se submete ao controle de quem quer que seja. Seu desenvolvimento se dá como uma instituição formada sob o influxo de fatores culturais diversos. Esse alerta que acabamos de formular serve, apenas e tão somente, para destacar nossa opção pelo uso técnico do termo. Falaremos de sistema da Ciência do Direito e sistema do direito positivo. Nos dois casos, porém, estaremos nos referindo a um conjunto de proposições, descritivas num caso e prescritivas noutro, que mantêm entre si certas relações. Para o uso pleno desse sentido, porém, façamos outros esclarecimentos, com os quais pretendemos deixar clara nossa posição, distinguindo-a de outras com ela inconfundíveis.

5.1.1 Ordenamento como sinônimo de sistema jurídico

Neste trabalho, tomaremos as expressões "ordenamento" e "sistema" como sinônimos perfeitos. Uma e outra servem para designar um conjunto de normas válidas em certas condições de espaço e tempo. Sendo essa nossa premissa, não podemos aceitar distinções como aquela proposta por Gregorio

250. BOBBIO, Norberto. *Teoria do ordenamento jurídico* cit., p. 76.

Robles,[251] que reserva significações distintas para as duas locuções. Defende esse autor que "el ordenamiento es el texto jurídico en bruto en su totalidad, compuesto por textos concretos, los cuales son el resultado de decisiones concretas".[252] Em relação ao sistema jurídico, sua posição é igualmente clara:

> O sistema é o resultado da elaboração doutrinária ou científica do texto bruto do ordenamento. O sistema implica a organização do material jurídico e sua interpretação. É a apresentação do direito de maneira sistemática, conceitualmente depurada, livre de contradições e ambiguidades.[253]

Vale dizer: o texto construído a partir da interpretação descritiva do direito positivo seria o "sistema"; antes, porém, desse esforço de construção racional de sentidos, existiria apenas aquilo que se chama ordenamento jurídico, texto bruto.

A despeito da sua força didática, e apesar da importância atribuída à atividade definidora e sistematizadora do cientista do direito, aquilo que propõe é incompatível com a premissa que fixamos para desenvolver este trabalho. Atribuir aos produtores do "sistema" o monopólio da racionalidade no direito é qualificar de irracionais as decisões proferidas pelos órgãos do "ordenamento".

Contra esse entendimento, sustentamos existir racionalidade e sistematicidade tanto no chamado sistema, que seria domínio da Ciência do Direito, quanto no ordenamento, que seria o direito positivo. Nessas duas hipóteses, o produto da interpretação varia, pois na Ciência se produzem proposições descritivas e no direito positivo se produzem normas. Em ambos, porém, há esquemas racionais que determinam como se

---

251. ROBLES MORCHÓN, Gregorio. *Teoría del derecho*: fundamentos de teoria comunicacional del derecho. Madrid: Civitas, 1998. v. 1, p. 111.

252. Idem.

253. No original: "El sistema es el resultado de la elaboración doctrinal o científica del texto bruto del ordenamiento. El sistema implica la ordenación del material jurídico y su interpretación. Es la presentación del derecho de una manera sistemática, conceptualmente depurada, libre de contradicciones y de ambiguedades" (ROBLES MORCHÓN, Gregorio. *Teoría del derecho*: fundamentos de teoria comunicacional del derecho cit., p. 113.)

dá a relação entre as proposições. Justificamos, assim, o porquê de não acatarmos a distinção entre ordenamento e sistema, exposta acima, a despeito de sua clareza e de seu didatismo.

5.1.2 Análise sincrônica e diacrônica do sistema jurídico

Os fenômenos de linguagem podem ser sincrônicos ou diacrônicos, segundo Oswaldo Ducrot e Tzvetan Todorov, quando, respectivamente, "os elementos e fatores que emprega pertencem a um único e mesmo momento de uma única e mesma linguagem"[254] ou "quando faz intervir elementos e fatores pertencentes a estados de desenvolvimento diferentes de uma mesma língua".[255] Como explicam esses autores, não há, propriamente, fenômenos diacrônicos ou sincrônicos, mas sim uma perspectiva distinta para estudar o mesmo fato: a linguagem.[256] Na primeira, o fenômeno é analisado sem o transcurso do tempo. Na outra, o mesmo fenômeno é analisado com o auxílio da sucessão temporal, ou com momentos distintos.[257]

Aceita a premissa de que um conjunto de normas jurídicas é, também, um conjunto de fenômenos linguísticos, podemos examiná-lo sob as perspectivas sincrônica e diacrônica. E, intuitivamente ou não, costumamos desenvolver com intensidades diferentes as duas formas de estudo. São exemplos

---

254. DUCROT, Oswald; TODOROV, Tzvetan. *Dicionário enciclopédico de ciências da linguagem* cit., p. 137.

255. Idem.

256. Ibidem, p. 138.

257. "Un enfoque sincrónico permite el estudio de una lengua en un momento dado del tiempo. Como si efectuásemos un corte temporal. Obtendremos así el código de significantes y sus correspondientes significados y las reglas para el uso de los primeros. Pero tal enfoque es insuficiente pues toda lengua está en cambio constante no solamente en los sonidos (fonemas) y correspondiente grafía de los mismos, sino también en la relación misma significante-significado. El habla es la responsable de estos cambios y su papel apenas se vislumbra en un enfoque puramente sincrónico. Por su parte el enfoque diacrónico tiene en cuenta los cambios que se producen en las palabras, fonemas y grafías como en la relación del significante con el significado" (AFTALIÓN, Enrique R.; VILANOVA, José; RAFFO, Julio. *Introducción al derecho*: conocimiento y conocimiento científico, historia de las ideas jurídicas, teoría general del derecho, teoría general aplicada cit., p. 84).

de investigação diacrônica os capítulos dedicados à "evolução histórica" de um determinado instituto jurídico. As percepções sincrônicas, por sua vez, consideram as normas jurídicas válidas num determinado momento histórico, abstraindo-se a sucessão do tempo. Em quaisquer dessas perspectivas, segundo a premissa que adotamos, o que se analisa é o único e mesmo sistema jurídico.

"Ordenamento" e "sistema" significariam, sob este ponto de vista, realidades idênticas, construídas, porém, a partir de observações dinâmicas e estáticas. Divergindo desta ideia, Carlos E. Alchourron e Eugenio Bulygin defendem que ordenamento e sistema são objetos distintos. Vejamos: "*chamaremos de ordenamento o conjunto formado por todos os enunciados válidos conforme certo critério de identificação. A unidade do ordenamento é dada pelo critério de identificação*".[258] Já o sistema jurídico é assim definido pelos citados autores: "*Neste sentido, os sistemas normativos são relativos a um dado momento cronológico: são sistemas momentâneos.*"[259] Reconhecemos que a distinção é útil e didática, especialmente quando põe no centro das atenções o fato de o conjunto das normas jurídicas poderem ser analisadas sob diferentes perspectivas.

Esses pontos de vista, por sua vez, são igualmente relevantes para compreender as duas formas fundamentais de relacionamento entre as normas. A análise sincrônica do sistema jurídico torna possível verificar a compatibilidade entre normas que se relacionam em nexos de subordinação e derivação. Mediante a abstração do tempo, é possível saber qual norma fundamenta a validade de outra e se há compatibilidade entre

258. Numa tradução livre de: "llamaremos ordenamiento al conjunto formado por todos los enunciados válidos conforme a un cierto criterio de identificación. La unidad del ordenamiento está dada por el criterio de identificación"(ALCHOURRON, Carlos E.; BULYGIN, Eugenio. *Introducción a la metodología de las ciencias jurídicas y sociales* cit., p. 121).

259. No original: "En este sentido los sistemas normativos son relativos a un momento cronológico dado: son sistemas momentáneos" (ALCHOURRON, Carlos E.; BULYGIN, Eugenio. *Introducción a la metodología de las ciencias jurídicas y sociales* cit., p. 121).

norma superior e inferior. Noutras palavras: a análise sincrônica é o que possibilita aferir se a norma inferior foi produzida de acordo com a norma superior.

Já a observação diacrônica torna possível perceber a relação entre normas que entram no sistema de direito positivo em momentos distintos, mas na mesma hierarquia. As relações de coordenação possibilitam a compreensão das normas no curso do tempo, sem variação hierárquica.

Num e noutro caso, porém, o que se analisa é o Sistema Jurídico, seus elementos e relações. Daí por que não adotamos nomes distintos para falar do mesmo objeto, visto, apenas, sob perspectivas diferentes.

5.1.3 Definição do conceito de sistema de direito positivo e seus atributos

Definir o conceito de "sistema de direito positivo" significa definir os contornos do próprio direito, daquilo que elegemos como objeto da Ciência Jurídica. Norberto Bobbio, ao tratar deste tema, acaba por oferecer quatro critérios distintos e complementares, sendo um formal, outro material e outros dois subjetivos, relacionados aos sujeitos que põem normas ou àqueles aos quais elas se destinam.[260]

Do ponto de vista formal, o sistema jurídico possui atributos estruturais que o separam dos demais conjuntos. O primeiro desses atributos está no fato de que apenas as normas jurídicas vinculam seu descumprimento a uma sanção coercitiva, que pode ser aplicada com o uso da força, mesmo contra a vontade dos seus destinatários. Além desse atributo formal, haveria a considerar o fato de que, para uma norma ser jurídica, ela deve ser criada com fundamento no que prescreve outra norma jurídica. Dessa forma, uma norma deriva sempre de outra norma. Mas não é só.

---

260. BOBBIO, Norberto. *Teoria do ordenamento jurídico* cit., p. 23.

Naquilo que se denomina critério material, uma norma é jurídica quando regula condutas sociais, intersubjetivas e contingentes. Pouco importa ao direito positivo condutas que só digam respeito a seu agente, sem projetar qualquer consequência nos seus destinatários. O caráter contingente desdobra-se em duas considerações: a conduta regulada não pode ser necessária, tampouco impossível. No primeiro caso, não poderá ser descumprida e, no segundo, ela nunca poderá ser aplicada. Por isso, sem que atenda a qualquer dos critérios materiais que acabamos de descrever, as normas não terão sentido jurídico, não farão parte do sistema de direito positivo. Mas esses atributos, como os anteriores, não se sustentam isoladamente.

Se o critério distintivo for o sujeito competente, as normas jurídicas podem ser separadas das não jurídicas em virtude da origem. Poderíamos dizer que integram o sistema de direito todas as normas produzidas por um sujeito competente.

Invertendo a perspectiva e adotando como critério o sujeito destinatário, podemos afirmar que a norma jurídica é aquela imposta mesmo contra a vontade do destinatário. Aquele a quem se destina a norma jurídica sabe que, se não a cumprir, poderá sofrer consequências impostas institucionalmente pelo Estado, ensejando, inclusive, a própria perda da liberdade.

Todos esses critérios apontam para aspectos distintos das normas jurídicas. Sua forma, seu conteúdo prescritivo, aqueles que as criam e a quem se destinam são aspectos igualmente relevantes e que concorrem para segregar as normas jurídicas das demais. Isoladamente, porém, não atendem à necessidade de destacar as normas jurídicas de outros sistemas normativos vigentes na sociedade.

Só a reunião de todos eles fundamenta a distinção entre o direito positivo e o não direito positivo. Por seu turno, todos esses critérios estão, de certa forma, sintetizados na estrutura da norma de competência tributária. O vínculo entre comando normativo e sanção, o aspecto material da conduta imposta aos destinatários, aquele que pode criar e os que têm o dever de receber as normas jurídicas são elementos de uma só norma que chamamos de completa. E mais, são atributos de uma norma jurídica, isoladamente considerada.

O ser norma jurídica, porém, não o é isoladamente. Uma proposição jurídica surge, ganha forma, sentido, função e se extingue pelo fato de existirem outras normas. Isso nos leva a afirmar que: uma norma é jurídica na relação com outras normas, também jurídicas.

Os critérios apontados acima deixam claro o fato de que uma norma é válida porque passível de ser aplicada coercitivamente. E a aplicação coercitiva pressupõe um mínimo de organização e de complexidade, porque é o sistema jurídico que constitui sujeitos competentes e prevê encadeamento de normas que se sucedem num fluxo incessante de positivação, até prescrever, com a máxima concretude, os âmbitos de vigência e eficácia da norma jurídica.

Pensar no sistema de direito positivo é pensar num conjunto de normas jurídicas, que possuem as características previstas acima e que se organizam segundo padrões de racionalidade, sintetizados nos atributos de unidade, coerência e completude. Por força desses o sistema jurídico seria um, e apenas um conjunto de normas, sem proposições conflitantes ou omissões. Esses atributos, como demonstraremos a seguir, variam segundo seja feita a observação pelos próprios órgãos do sistema – participantes – ou por outros – observadores – que se põem frente a ele com propósitos exclusivamente descritivos.

5.1.4 O sistema dos observadores e o sistema dos participantes – pontos de vista semelhantes, funções diferentes

Interpretar o sistema de direito positivo pode servir a dois propósitos fundamentais: criar novas normas jurídicas, positivando os conteúdos prescritivos das normas superiores, ou formular propostas descritivas, oferecendo informações racionais acerca dos conteúdos normativos. Essas duas formas de interação entre sujeitos e sistema jurídico têm um ponto de partida comum: os textos.

Há, também, uma esfera subjetiva pressuposta, de construção dos sentidos, que foge ao objeto das ciências sociais. Acabam, porém, aí as semelhanças. O resultado projetado pela interpretação dos observadores e dos participantes é radicalmente distinto.

Essa diferença foi posta em destaque por Hans Kelsen[261] que, ao analisar os diferentes modos de interpretação, deu nomes diferentes aos sujeitos que a realizam: intérpretes autênticos e não autênticos. Adotaremos, porém, a distinção proposta por Herbert Hart,[262] que denominou esses mesmos sujeitos participantes e observadores. Os participantes seriam órgãos do sistema de direito positivo que interpretam e aplicam normas, produzindo, assim, mais normas. Esses sujeitos positivam suas interpretações. Já os observadores, diversamente, expõem aquilo que entendem da leitura dos textos legais. Fixam conceitos, classificações e sugerem como deve ser entendida uma norma. Ao fazer isso, produzem doutrina, ciência jurídica, não direito positivo[263].

Essa distinção é crucial para a adequada compreensão do sistema jurídico e, em especial, para explicar grande parte da divergência de opiniões que existe acerca de temas como: validade das normas jurídicas; organização hierárquica das normas; antinomias e anomias. Não é difícil aceitar que são diversos os propósitos de quem simplesmente descreve, e dos que são obrigados a decidir de forma legítima. Esse sujeito

---

261. KELSEN, Hans. *Teoria pura do direito* cit., p. 387-397.

262. HART, Herbert. *O conceito de direito* cit., p. 111 e s.

263. Paulo de Barros Carvalho, na posição de quem descreve o sistema, afirma: "Quando menciono o direito posto, na condição de sistema, é para encará-lo não como sistema lógico, dotado de consistência, isento de contradições, tal qual o modelo do sistema das ciências, mas como um conjunto de proposições linguísticas que se dirigem a certa e determinada região material – a região material da conduta. O discurso de que falo, conquanto abrigue proposições contraditórias e lacunas, mesmo assim vem carregado de uma porção de racionalidade, que entendemos suficiente para outorgar-lhe fotos de sistema, não lógico, mas empírico, precisamente pelo comprometimento que mantém com o tecido social, por ele ordenado de maneira prescritiva" (O direito positivo como sistema homogêneo de enunciados deônticos cit., p. 33).

participante, por imposições operacionais do próprio sistema, não pode perceber sistemas plurais, incoerentes ou lacunosos. Tampouco pode decidir afirmando que muitas outras poderiam ser as decisões, pelo fato de o sistema ser vago, ambíguo ou, simplesmente, inconsistente. Sua função, como órgão credenciado a produzir o direito, é agir em nome da unidade, coerência e completude. Se, por algum acaso, percebem-se normas incompatíveis, essas não devem ser aplicadas ao caso concreto, devendo ser afastadas em nome da coerência do sistema.

Muito diversa é a posição de quem não está obrigado a decidir. Aquele que observa um sistema jurídico qualquer pode, por exemplo, apontar subsistemas autônomos, que não buscam seu fundamento de validade numa mesma Constituição positiva. Essa é a situação proposta por Boaventura de Souza Santos[264] para fundamentar a existência de sistemas jurídicos não oficiais em algumas regiões da cidade do Rio de Janeiro. A existência de complexos normativos coercitivos à margem do Estado ensejaria a ideia de ordenamentos jurídicos autônomos, convivendo num mesmo espaço territorial. Duas ordens jurídicas paralelas que configurariam uma pluralidade de ordenamentos, de Estados, jurisdições, em lugar de apenas um.

Pode, também, indicar disposições contraditórias que configurem, sob o ponto de vista descritivo, casos de inconstitucionalidade, ilegalidade, nulidades, erros de fato ou de direito. São dessa natureza as afirmações constantes em palestras, artigos e manuais sobre os vícios de validade de uma espécie tributária qualquer. Além disso, pode-se até afirmar existirem situações em que o direito positivo é omisso, buscando configurar lacunas no ordenamento jurídico.

O que é relevante perceber, especialmente para discernir as diferentes posições existentes sobre cada um dos atributos do sistema, é que os discursos dos observadores e dos participantes são distintos, pois cumprem funções pragmáticas que em nada se confundem.

264. SANTOS, Boaventura de Sousa. *Pelas mãos de Alice*. 3. ed. São Paulo: Cortez, 1999. passim.

É justamente esta a diferença entre princípio da imputação e princípio da causalidade. É possível, inclusive, afirmar que não se transita livremente do mundo da Ciência – dos observadores – para o mundo do direito positivo – participantes. Da mesma forma que não se transita livremente do mundo do ser para o universo do dever ser. Desta afirmação, porém, não se pode inferir a irrelevância da Ciência para o direito positivo e vice-versa, pois influenciar, ainda que psicologicamente, a decisão dos participantes é a função máxima que se pode almejar para o discurso dos observadores.

Noutra ordem de considerações, podemos sintetizar desta forma os pontos de proximidade entre observadores e participantes: *i.* a base sobre a qual operam observadores e participantes é o texto de direito positivo – o suporte físico; *ii.* desse contato, cada sujeito constrói, subjetivamente, o sentido das proposições, articulando-o em normas jurídicas. Até aqui, participantes e observadores interagem com o direito positivo da mesma forma. A divergência entre participantes e observadores surge, todavia, no momento em que decidem objetivar as ideias formadas a partir do contato com o direito positivo. Enquanto os observadores produzem textos de dogmática jurídica, segundo os padrões vigentes para a legitimidade do discurso da Ciência do Direito, os participantes produzem normas jurídicas.

Passemos, então, a analisar cada um dos atributos mencionados acima, comentando ora a posição dos observadores, ora a posição dos participantes. O confronto entre esses pontos de vista oferecerá a melhor angulação para compreender as razões oferecidas pela doutrina sobre o tema. Além disso, a cada uma das etapas buscaremos evidenciar o papel das normas de competência na configuração dos atributos do sistema de direito positivo.

5.2 Unidade do sistema de direito positivo

Nos próximos itens discutiremos algumas das soluções oferecidas pela doutrina para que seja possível imaginar o sistema jurídico como conjunto unitário, destacado dos demais sistemas normativos vigentes numa dada sociedade. Para isso discutiremos, necessariamente, a forma de produção do direito positivo, relacionando àquilo que se costumou chamar de "fontes do direito positivo". Essas fontes permitem não só identificar o direito válido, mas situar a norma numa determinada posição hierárquica no interior do sistema jurídico. Por esse caminho, o tema da unidade do sistema jurídico possibilita a compreensão dos modos pelos quais o direito se diferencia dos demais sistemas normativos sociais – moral, ética, civilidade –, produz-se e se organiza hierarquicamente, bem como do papel que as normas de competência desempenham nessa organização.

5.2.1 Norma de competência como critério de distinção entre direito e não direito

Retomemos uma premissa: as normas jurídicas são aquelas que se diferenciam das demais por terem o seu cumprimento garantido por sanção externa, institucionalizada e imposta mesmo contra a vontade dos seus destinatários. A institucionalização pressupõe um mínimo de organização, de órgãos encarregados de aplicar as normas jurídicas. Esse fato, por si só, deixa evidente que o direito positivo não pode ser definido em função de uma norma ou do atributo de uma norma. Sendo assim, percebe-se que a juridicidade não é atributo da norma, isoladamente considerada, mas sim do sistema ao qual ela pertence. Noutras palavras, a juridicidade é atributo da relação entre norma e sistema.

As normas são jurídicas porque integram um sistema jurídico. E integram um sistema por terem sido produzidas segundo o que prescreve o próprio sistema. Dessa forma, para saber se uma norma qualquer é ou não jurídica, para saber se existe ou não uma sanção coercitiva, institucionalizada, para assegurar sua aplicação, temos que saber se essa norma foi ou não produzida segundo o que prescrevem outras normas, chamadas "normas de competência".

5.2.2 Norma de competência e modos de produção do direito positivo

O tema das fontes do direito está, pois, intimamente relacionado com a definição da unidade do sistema de direito positivo. A metáfora das fontes do direito pode ser desdobrada em, pelo menos, três perguntas: quem pode produzir o direito? Como o direito pode ser produzido? Sobre que matéria o direito pode versar? Responder a essas questões é dar um passo a mais na indicação de critérios que permitam separar o direito do não direito, ou seja, é indicar critérios para o reconhecimento das normas jurídicas, separando-as daquelas que não são elementos do ordenamento jurídico.

Cabe à chamada norma de competência indicar o sujeito da enunciação. É ele que deve desempenhar o ato ou conjunto de atos necessários à produção válida de normas no sistema jurídico. É também essa norma que vincula, por meio de uma relação jurídica, o sujeito competente e os demais sujeitos de direito. No cerne desse vínculo se encontra a possibilidade de editar normas sobre uma matéria qualquer. Mais uma vez, as respostas sobre quem, como e a respeito do que devem versar as normas para serem jurídicas se encontram nas normas de competência.

5.2.3 Norma de competência e disposição hierárquica de normas jurídicas

A validade, sob essa perspectiva, não é um atributo da norma, mas sim da relação de compatibilidade entre norma criada e norma de competência. É justamente isso que Norberto Bobbio defende quando afirma que as normas que integram um sistema jurídico não estão no mesmo plano, pois há normas superiores e normas inferiores: "as inferiores dependem das superiores".[265] Essas normas, por sua vez, dependem daquelas que lhes fundamentam a validade e assim sucessivamente. Isso ocorre de tal forma que, num determinado ponto, haverá uma

---

265. BOBBIO, Norberto. *Teoria do ordenamento jurídico* cit., p. 49.

norma que fundamenta a validade de todas as demais normas, sem que nenhuma lhe sirva de fundamento de validade.[266]

Seguindo o caminho inverso ao que acabamos de descrever, poderíamos formalizar um sistema jurídico a partir de uma série de normas de competência que se conectam desde a mais abstrata até a mais concreta. Evidenciando a estrutura formal dessas normas, teríamos a seguinte composição:

1) **H → RJ (Norma hipotética fundamental)**

2) **H{[s.p(p1,p2,p3...)] . (e.t)} → R [S(s.sp) . m(s.e.t.c)] (Competência constitucional)**

3) **H{[s.p(p1,p2,p3...)] . (e.t)} → R [S(s.sp) . m(s.e.t.c)] (Competência legislativa)**

4) **H{[s.p(p1,p2,p3...)] . (e.t)} → R [S(s.sp) . m(s.e.t.c)] (Competência regulamentar)**

5) **H{[s.p(p1,p2,p3...)] . (e.t)} → R [S(s.sp) . m(s.e.t.c)] (Competência privada)**

6) **H{[s.p(p1,p2,p3...)] . (e.t)} → R [S(s.sp) . m(s.e.t.c)] (Competência jurisdicional)**

Esse encadeamento de normas, visto de cima para baixo, liga normas de competência que programam como a norma inferior deve ser criada. Sob esta perspectiva dinâmica, a norma criada se converte em norma de competência, relativamente à inferior, e assim sucessivamente. Invertendo a perspectiva, vemos uma (6) sentença que ordena o cumprimento de um (5) autolançamento; criado com fundamento em (4) decreto, editado para positivar os termos genéricos de uma (3) lei, inserida no sistema jurídico nos termos prescritos pela (2) Constituição da República que tem sua validade atribuída pela (1) Norma Hipotética Fundamental que é, por decisão do jurista, o último fundamento de validade do sistema.

266. Nesse ponto, teremos aquilo que Hans Kelsen chamou de Norma Hipotética Fundamental (*Teoria pura do direito* cit., p. 215-245).

Há relação de hierarquia entre as normas, sob o ponto de vista formal, sempre que uma busque fundamento de validade noutra, sendo esta hierarquicamente superior e aquela inferior. Essa conexão de supra-infra-ordenação entre as normas jurídicas é o que possibilita falar na unidade do sistema de direito positivo, por que, em última análise, toda norma deriva da Constituição da República. E essa, por sua vez, deriva de uma norma hipotética fundamental.[267]

Trata-se de norma que existe em função de um ato de vontade do cientista, que a toma como pressuposto gnosiológico do estudo científico do Direito, sem cuja presença não teríamos: unidade do sistema jurídico, pois cada norma jurídica encontra noutra o seu fundamento de maneira indefinida; fundamento normativo para o surgimento do próprio direito, pois não faltam aqueles, como Carl Schmit,[268] que buscam explicar o seu surgimento a partir de fatos políticos, econômicos ou religiosos. Acatamos a teoria da norma hipotética fundamental como quem acata uma premissa, um dogma não necessariamente demonstrável e não com a convicção de quem relata um fato qualquer.

5.2.4 A unidade para os observadores e a unidade para os participantes

A unidade do sistema de direito positivo não é um dado, mas sim algo construído, um pressuposto para o trabalho de sistematização das normas jurídicas. Aquele que observa, sem o compromisso de decidir ou de propor interpretações que auxiliem a tomada de decisões pode, se assim bem entender, identificar

267. É o que ressalta Norberto Bobbio: "[...] por mais numerosas que sejam as fontes do direito num ordenamento complexo, tal ordenamento constitui uma unidade pelo fato de que, direta ou indiretamente, com voltas mais ou menos tortuosas, todas as fontes do direito podem ser remontadas a uma única norma" (BOBBIO, Norberto. *Teoria do ordenamento jurídico* cit., p. 49).

268. Após discorrer sobre a controvérsia estabelecida entre Kelsen e outros autores, entre os quais estava Carl Schmit, Lourival Vilanova afirma que "justamente para colher o fato inicial ou protofato, desvinculando-o da trama complexa em que está imerso, é que se postula a norma fundamental" (*Escritos jurídicos e filosóficos* cit., v. 1, p. 340).

subsistemas autônomos ou mesmo negar a possibilidade de o direito positivo se organizar sob a forma de sistema. Numa pesquisa de caris zetético, onde se prima pela investigação em nome da investigação, tomar como hipótese de trabalho a inexistência de unidade ou a desordem é opção plenamente legítima.

Aqueles que participam do sistema jurídico, como sujeitos obrigados a decidir, porém, não podem ignorar a ideia de unidade do sistema jurídico. Esse pressuposto de organização sistemática das normas é critério indispensável à tomada de decisões juridicamente legítimas. O próprio sistema de direito positivo brasileiro prescreve uma série de disposições voltadas para a preservação da sua coerência e unidade. No campo estritamente tributário, as disposições que vedam contribuintes em situação idêntica de receber tratamento diverso são também disposições que impõem uma concepção unitária e racional das normas jurídicas. Na hipótese, sempre possível, de ser dispensado tratamento diferente a sujeitos que estão em igualdade de condições, há também enunciados prescritivos para que os órgãos encarregados de fiscalizar a regularidade e aplicar as leis promovam a unificação dos seus entendimentos. Enfim, o próprio sistema jurídico cuida de prescrever disposições voltadas para a preservação da sua unidade, sem contradições ou incoerências.

5.3 Consistência do sistema de direito positivo

Um sistema jurídico é consistente quando não tem situações cujo cumprimento de uma norma implique descumprimento de outra. Noutro falar, é coerente um sistema cujas normas não prescrevam contrárias ou contraditórias entre si.

É difundida na doutrina a ideia de que o sistema jurídico positivo não é consistente, pois há conflito de normas por toda parte. De outro lado, é inegável que a superação de conflitos na aplicação de normas é uma das principais funções do Poder Judiciário. Se assim é, qual o sentido, então, de falar da consistência do sistema? Que mecanismos esse mesmo sistema prevê para superar tais inconsistências? E o mais importante para os fins deste trabalho: as normas de competência podem prescrever a instituição de normas conflitantes? A depender da resposta anterior, essas mesmas normas de competência oferecem critérios para a superação desses conflitos? Esses são alguns dos temas de que trataremos, sob o pretexto de investigar a consistência do sistema de direito positivo.

5.3.1 Conexões entre normas no sistema jurídico

As normas que integram um sistema jurídico qualquer estão unidas pela circunstância de ter um mesmo fundamento de validade. Esse aspecto faz com que toda e qualquer norma esteja, direta ou indiretamente, vinculada às demais. Logicamente, pela *lei da transitividade* **[(ArB) . (BrC) ® (ArC)]**, onde se lê: se A está relacionado a B e B está relacionado a C então A está relacionado a C.[269] Uma coisa, porém, é estar vinculada a outra norma. Outra, bem distinta, é a conexão entre normas jurídicas ocorrer de forma harmônica. Há situações em que não se pode aplicar uma norma sem violar o que prescreve outra, integrante do mesmo sistema jurídico. Essas situações costumam ser denominadas pela doutrina *antinomia* ou conflito de normas. E essas situações de conflito, pelo fato de comprometerem a própria mensagem normativa, ocupam espaço privilegiado entre aqueles que se dedicam à conceituação e classificação das normas jurídicas.

O conflito entre normas, porém, exige vínculo efetivo entre as proposições normativas, pois a ideia de que as normas de um sistema jurídico se relacionam, todas elas, é aceitável apenas do ponto de vista conceitual e abstrato. Sob a perspectiva de quem pretende aplicar o direito positivo, ou mesmo na de quem pretende descrevê-lo objetivamente, pouco importa a incidência de normas que não possuam algum critério de conexão. Se não incidirem sobre uma mesma circunstância, buscando prescrever condutas que mantenham entre si

---

269. GUIBOURG, Ricardo A. *Pensar en las normas*. Buenos Aires: EUDEBA, 1999.

algum vínculo, não se poderá falar na conexão objetiva a que nos referimos, porque, nesses casos, não haverá possibilidade de conflito entre as normas jurídicas.

No que toca à consistência do sistema jurídico, cabe investigar os requisitos para que surja uma antinomia, assim como as regras para a superação destas antinomias. Ao final, voltaremos à questão de saber se esses conflitos são comuns ao sistema dos participantes e dos observadores, ou apenas desses últimos.

5.3.2 O conflito entre normas no sistema jurídico – as antinomias

As normas que existem no sistema jurídico têm quatro âmbitos de vigência: o pessoal, o material, o espacial e o temporal. Isso significa que as normas prescrevem:[270] os sujeitos **(s)** que devem realizar e exigir uma conduta **(m)** e em quais condições de espaço **(e)** e de tempo **(t)**. Ocorre que, em algumas circunstâncias, um ou mais dos âmbitos de vigência de uma norma coincidem com o de outra. Isso de tal forma que não seja possível pensar na incidência de uma sem imaginar a violação de outra. Vejamos a razão.

5.3.2.1 Requisitos, definição e classificação das antinomias

Hans Kelsen[271] afirma existir uma antinomia quando: "*uma norma determina uma certa conduta como devida e outra norma determina também como devida uma outra conduta, inconciliável com aquela*". A mesma conduta, sujeita a duas normas igualmente obrigatórias, faz surgir o conflito normativo.

Já Norberto Bobbio[272] exige o concurso de dois requisitos para que se possa falar numa antinomia jurídica: que as

---

270. "Las normas integrantes de un orden jurídico tienen, como es de sobra conocido, cuatro ámbitos de validez: el material, el personal, el espacial y el temporal. Esto significa que las normas que regulan la conducta humana especifican a ésta en las cuatro determinaciones mencionadas" (SCHMILL, Ulises. La derogación y la anulación como modalidades del ámbito temporal de validez de las normas jurídicas cit., p. 229).

271. KELSEN, Hans. *Teoria pura do direito* cit., p. 228.

272. BOBBIO, Norberto. *Teoria do ordenamento jurídico* cit., p. 86-87.

normas conflitantes façam parte de um mesmo ordenamento jurídico e que tenham âmbitos de vigência conflitantes. Seria, pois, descabido sustentar o conflito entre normas que integram sistemas distintos, uma vez que isso equivaleria a negar a unidade do sistema jurídico e, com isso, a própria ideia de conjunto que torna possível falar em normas conflitantes. Por outro lado, a coincidência entre os âmbitos de vigência configura aquela indesejável situação do sujeito que, para cumprir uma norma, acaba por descumprir outra.

Analisando o tema das antinomias sob tríplice perspectiva – sintática, semântica e pragmática –, Tércio Sampaio Ferraz Junior propõe existir em outros critérios para que se possa afirmar a existência de tal conflito. Segundo seu ponto de vista, seria necessário, em primeiro lugar: "normas que expressam ordens ao mesmo sujeito emanem de autoridades competentes num mesmo âmbito normativo [...]".[273]

Esse primeiro critério é semelhante ao exigido por Bobbio, quando se referia à necessidade de as normas em suposto conflito integrarem o mesmo sistema jurídico.

Um segundo requisito "*exige que as instruções dadas ao comportamento do receptor se contradigam, pois, para obedecê-las, ele deve também desobedecê-las. Essa condição é lógica*".[274] Se for possível cumprir uma norma sem descumprir a outra, logicamente não há de se falar em conflito de normas. A presença desses dois requisitos, porém, não é suficiente para configurar, definitivamente, a presença de um conflito entre proposições normativas.

Um terceiro e decisivo critério é, então, oferecido quando sustenta que: "*o sujeito tem de ficar numa posição insustentável, isto é, não terá qualquer recurso para livrar-se dela*".[275] Configurada essa terceira situação, de ordem pragmática,

273. FERRAZ JUNIOR, Tércio Sampaio. *Introdução ao estudo do direito* cit., p. 205.

274. Ibidem, p. 206.

275. Ibidem, p. 208.

juntamente com as demais, é que teríamos condições de falar numa antinomia jurídica.[276]

Essa indesejável situação de conflito pode ser compreendida por diferentes perspectivas, assim como o conjunto das antinomias se sujeita à classificações das mais diversas.[277]

Alf Ross,[278] por exemplo, propõe sejam segregadas as modalidades de antinomias segundo o critério da amplitude. Sob esse ponto de vista, haveria antinomias totais-totais, quando duas normas fossem criadas para incidir sobre uma mesma situação, com coincidência total nos respectivos âmbitos de

---

276. No mesmo sentido, Maria Helena Diniz afirma serem requisitos para configurar uma antinomia existirem, no mínimo, duas normas jurídicas; ambas terem vigência num mesmo ordenamento jurídico; e mais "emissão dessas normas por autoridade competente num mesmo âmbito normativo, prescrevendo ordens ao mesmo sujeito; existência nessas normas de operadores opostos, pois seu conteúdo deve ser a negação interna um do outro; posição insustentável do sujeito a quem se dirigem as normas inconsistentes". Enfim, conclui: "para haver antinomia real será preciso incompatibilidade, indecidibilidade e necessidade de decisão". O conflito de normas impede uma decisão num caso em que seria necessário decidir (*Conflito de normas*. 5. ed. São Paulo: Saraiva, 2003. p. 92).

277. Tércio Sampaio Ferraz Junior classifica as antinomias em: "a) Antinomia lógico-matemática. Stegmuller (1957:21) fala-nos, assim, de antinomia como um enunciado que é simultaneamente contraditório e demonstrável. Essa definição corresponde à chamada antinomia lógico-matemática e ocorre em sistemas formais. [...] b) Antinomia semântica. Esta, como a anterior, também pode ser definida como uma contradição que resulta de uma dedução correta baseada em premissas coerentes. À diferença daquela, porém, esta promana de algumas incoerências, ocultas na estrutura de níveis do pensamento e da linguagem. c) Antinomia pragmática. Temos antinomia pragmática quando as seguintes condições são preenchidas: (1) forte relação complementar entre o emissor de uma mensagem e seu receptor, isto é, relação fundada na diferença (superior-inferior, autoridade-sujeito, senhor-escravo, chefe-subordinado etc.); (2) nos quadros dessa relação é dada uma instrução que deve ser obedecida, mas que também deve ser desobedecida para ser obedecida (isto é, pressupõe-se uma contradição no sentido lógico-matemático e semântico); (3) o receptor, que ocupa posição inferior, fica numa posição insustentável, isto é, não pode agir sem ferir a complementaridade nem tem meios para sair da situação" (*Introdução ao estudo do direito* cit., p. 203-205).

278. Ross simplifica a linguagem empregando outra terminologia: "1) Inconsistência total ou incompatibilidade absoluta; *2)* Inconsistência total-parcial, ou inconsistência entre a regra geral e a particular. *As expressões* regra geral *e* regra particular *são correlativas. Uma regra é particular em relação a outra se seu fato condicionante é um caso particular do fato condicionante da outra regra.* [...] *e 3)* Inconsistência parcial, ou sobreposição de regras" (*Direito e justiça* cit., p. 158-159).

vigência. Nesse caso, não haveria possibilidade de uma das normas ser aplicada sem violar o que prescreve a outra.

Nos conflitos do tipo parcial-total, uma norma possui parte do seu âmbito de vigência coincidindo de maneira total com o de outra norma. Assim, a norma não pode ser aplicada, podendo somente incidir a outra em algumas situações, sem violar o que prescreve aquela. Por fim, o conflito do tipo parcial-parcial permite que as duas normas sejam eventualmente aplicadas, sem que ocorra, necessariamente, descumprimento de outra.[279]

Outros olhares sobre o conflito de normas ensejam novas classificações. Levando em conta o conteúdo das normas, pode-se falar em antinomia própria ou imprópria.[280] Se o âmbito de vigência das normas for o critério eleito, será possível falar em antinomia de direito nacional e internacional. Haveria, ainda, as antinomias teleológicas, identificadas naqueles casos em que uma norma que estabelece uma finalidade é conjugada com outra que estabelece meio ineficaz para se atingir o propósito da lei.

Numa outra análise, as antinomias podem ser divididas segundo a forma de sua solução, ou seja, podem-se ser superadas com o simples auxílio de métodos interpretativos ou se, pelo contrário, é necessário derrogar uma ou as duas normas conflitantes. Esse critério possibilita, segundo a lição de Norberto Bobbio,[281] segregar as antinomias reais, cuja solução pressupõe sejam "expulsas" as normas conflitantes, das aparentes, passíveis de ser solucionadas via interpretação.[282] Por isso nos

279. No mesmo sentido Cf. FERRAZ JUNIOR, Tércio Sampaio. *Introdução ao estudo do direito* cit., p. 208-211; BOBBIO, Norberto. *Teoria do ordenamento jurídico* cit., p. 49.

280. Segundo a definição de Tércio Sampaio Ferraz Junior: "Antinomias próprias e impróprias. Chamam-se antinomias próprias aquelas que ocorrem por motivos formais [...] e são impróprias as que se dão em virtude do conteúdo material das normas. Entre estas, incluem-se as antinomias de princípios [...], antinomias de valoração [...] antinomias teleológicas [...] Nesses casos, a antinomia é imprópria porque nada impede o sujeito de agir conforme as normas, ainda que, em virtude de um juízo particular de valor, ele não concorde com elas. [...]" (*Introdução ao estudo do direito* cit., p. 207).

281. BOBBIO, Norberto. *Teoria do ordenamento jurídico* cit., p. 90.

282. Em sentido diverso, Tércio Sampaio Ferraz Junior alerta que para a distinção

concentraremos em identificar, com o auxílio da ideia de competência, que critérios o sistema oferece para solucionar esses conflitos, e, com eles, as contradições entre suas ordens.

5.3.2.2 Normas de competência e regras para superação de antinomias

Vejamos algumas ideias que já expusemos sobre o papel das normas de competência:

i. as normas de competência regulam a criação de outras normas, servindo-lhes, simultaneamente, de fundamento de validade;

ii. o exercício irregular da competência, ou a própria forma de interpretação de comandos regularmente criados, possibilitam o surgimento de antinomias;

iii. a solução dessas antinomias deverá ser enunciada de forma compatível com a norma de competência.

Isso nos leva a concluir que o início e o fim das antinomias pressupõem aplicação das normas de competência. Essas ideias relativas à competência servem, também, ao propósito de legitimar juridicamente as três regras fundamentais que são enunciadas sempre que se fala em antinomias. São elas: *i.* a regra cronológica; *ii.* a regra hierárquica; e a *iii.* regra da especialidade. Essas três disposições encontram fundamento de validade em diversos artigos da ordem jurídica brasileira e sintetizam, por assim dizer, os fundamentos operacionais do sistema de direito positivo.

---

entre antinomias reais e aparentes ter sentido: "seria preciso supor, em princípio, que as regras de solução fazem parte, como normas, do ordenamento jurídico; caso contrário, todas as antinomias seriam reais, sendo necessária, para sua eliminação, a edição de uma nova norma". Em seguida, propõe nova definição de antinomia real, que deveria ser entendida como: "aquela em que a terceira condição é preenchida, ou seja, a posição do sujeito é insustentável porque não há critérios para sua solução, ou porque entre os critérios existentes há conflito, e é aparente em caso contrário. [...]". Mais adiante, apresentaremos as razões de não aderirmos a esta proposta, no tópico que evidenciarmos a diferença de perspectiva entre observadores e participantes (*Introdução ao estudo do direito* cit., p. 207).

A regra cronológica determina que, estando duas normas em conflito, deve prevalecer a que foi publicada posteriormente – *lex posterior derrogat priori*. É fácil à intuição captar a ideia segundo a qual, existindo duas expressões de vontades sobre o mesmo tema, aquela emitida posteriormente deve prevalecer. O direito positivo prescreve uma série de disposições que reforçam essas ideias da tradição e transformam em elementos do sistema jurídico aquilo que é divulgado em qualquer manual de teoria jurídica. Esse é o caso, por exemplo, da Lei Complementar 95/98, quando estabelece as regras de revogação dos textos de direito positivo. Vale o mesmo para o caso dos dispositivos da Lei de Introdução ao Código Civil, que determinam a forma pela qual se dá a derrogação de normas.

Nada impede, também, que o próprio direito positivo prescreva exceções à regra geral. Um caso onde prevalece a norma anterior em relação à posterior é o das cláusulas pétreas, previsto no art. 60, § 4º, da CF/88. Uma emenda constitucional que pretenda modificar a forma republicana de governo, alterar o sistema federativo ou, ainda, revogar direitos e garantias individuais, conflita com o dispositivo que veda proposta de emenda destinada a prescrever qualquer dessas disposições. Daí a conclusão: a regra cronológica, embora dê conta de solucionar parte substancial das antinomias, pode ser excepcionada pelo próprio direito positivo, o qual, ao estabelecer competências, pode proibir que normas posteriores revoguem o que prescrevem normas anteriores.

A segunda regra para superação de antinomias prescreve que, sendo simultâneas duas normas com diferentes âmbitos de vigência, deve a especial prevalecer sobre a geral – *lex specialis derogat generali*. A racionalidade prescrita é a de que, existindo uma norma para disciplinar um tema específico, deve prevalecer sobre a de caráter geral. Diante de expressão simultânea de duas vontades – e tenhamos sempre presente que uma norma é uma expressão da vontade competente –, deve ser aplicada ao caso concreto aquela que for mais específica. São específicas as vontades que estabelecem exceções às regras gerais, tratando situações diferentes de forma diferente.

A terceira e última regra geral e, possivelmente, a mais importante, prescreve a prevalência da norma superior em relação à inferior, no caso de conflitos – *lex superior derogat inferiori*. O sentido desta regra é o de mais simples demonstração. Vejamos: *i.* uma norma é jurídica por ter sido criada segundo o que prescreve uma norma de competência; *ii.* esta, por sua vez, prescreve a criação da norma inferior precisando seus quatro âmbitos de validade (pessoal, material, temporal e espacial); *iii.* a produção de norma inferior incompatível, em qualquer dos âmbitos, enseja inadequação entre a norma inferior e a superior, ou seja, descumprimento da norma superior; logo, *iv.* na parte em que diverge da norma superior, a norma inferior foi ilicitamente criada. Não por acaso, disposições do sistema jurídico prescrevem a prevalência das normas superiores sobre as inferiores.

Na Constituição da República, por exemplo, é prescrito sistema misto[283] de controle da constitucionalidade de leis e demais atos normativos. As leis ordinárias vedam a possibilidade de decisões judiciais que disponham de modo contrário à expressa disposição de lei.[284] Enfim, há uma série de proposições normativas que asseguram a hierarquia entre normas para, com isso, preservar a consistência do sistema jurídico, evitando situações de conflito nos quais o cumprimento de uma norma provoque o descumprimento de outra.

Esse plexo de orientações, porém, não atende a todas as situações de conflito. Há espécies de antinomia que não são dirimidas pelas três regras fundamentais que acabamos de enunciar. Nesses casos, surge aquilo que podemos chamar de

283. O sistema misto de controle da constitucionalidade dos atos administrativos reúne, num só sistema, o controle concentrado, exercido por um órgão, e o controle difuso, no qual a competência para decidir sobre a constitucionalidade das leis é atribuída aos diversos órgãos.

284. Nesse sentido o art. 966, V, do CPC/2015: "A decisão de mérito, transitada em julgado, pode ser rescindida quando: [...] V – violar manifestamente norma jurídica".

antinomia de segunda ordem, ou seja, antinomia entre as regras para a solução de antinomias.

5.3.2.3 Antinomias de segunda ordem: identificação e superação

Há antinomia de segunda ordem quando o conflito entre normas não pode ser solucionado por nenhuma das regras indicadas acima ou quando mais de uma regra pode ser aplicada. Noutras palavras, as regras enunciadas anteriormente não solucionam antinomias formadas entre normas: contemporâneas; do mesmo nível e igualmente gerais.

Combinando os critérios para solução de antinomias, é possível identificar os seguintes conflitos: o conflito entre o critério hierárquico e cronológico; o conflito entre o critério cronológico e o da especialidade; e, também, o conflito entre o critério hierárquico e o da especialidade. Essas três situações representam casos de difícil solução. Contudo, os pressupostos de unidade e consistência do sistema jurídico oferecem respostas para todo e qualquer conflito, de modo a ser possível aplicar as normas ao caso concreto sem que isso signifique violar outras normas.

Superar as antinomias de segunda ordem, porém, requer o estabelecimento de ordem de preferência entre os critérios de solução de antinomias. É o que faremos a seguir com fundamento no direito positivo e nas próprias regras que acabamos de ver.

Na primeira situação, uma norma constitucional determinando como materialidade possível de uma contribuição: o faturamento. Posteriormente, edita-se uma norma prescrevendo a equiparação do conceito de faturamento – ingressos decorrentes da venda de produtos ou serviços – ao de receita bruta – ingressos percebidos independentemente da sua classificação contábil. Essas duas disposições normativas mantêm entre si um caso claro de antinomia do tipo total-total, visto que a norma inferior é conflitante em relação aos âmbitos de validade da norma superior.

Duas soluções simultâneas podem ser oferecidas para a superação desse conflito: pelo critério hierárquico, a norma inferior deve ser derrogada pela superior e, pelo critério ontológico, a lei anterior deve ser derrogada em favor da posterior. É curioso observar que a Lei de Introdução às Normas do Direito Brasileiro – art. 2º, § 1º – estabelece prescrição dúbia a esse respeito. Percebemos, então, existir um conflito entre as formas de solução da antinomia.

Justamente em casos como esse é necessário estabelecer ordem de preferência entre os critérios de solução de conflitos. Para determinar a escolha entre os dois critérios citados, devemos ter em conta o que foi exposto na parte relativa à unidade do sistema: uma norma é jurídica porque é criada de acordo com a norma superior que lhe serve de fundamento de validade. Fosse possível norma inferior prevalecer sobre a superior, não haveria sentido falar de norma superior, tampouco caberia falar de organização hierárquica, unidade do sistema ou mesmo de validade das normas. Os pressupostos operacionais de estruturação do sistema jurídico ruiriam. Sequer um estudo sobre competência faria sentido, do ponto de vista jurídico, pois deixaria de ser possível falar em inconstitucionalidade, ilegalidade ou nulidade de qualquer espécie. Por isso podemos afirmar que o critério de superioridade prevalece sobre o critério cronológico e sobre qualquer outro.

Outra situação: uma norma jurídica prevê a possibilidade de sociedades compostas por médicos ou composta por advogados não pagar qualquer tipo de tributo. Posteriormente, uma norma jurídica, de idêntica hierarquia, estabelece o dever das sociedades uniprofissionais – conceito mais amplo que o anterior – de pagar Imposto sobre Serviços de Qualquer Natureza. O conflito entre duas normas está configurado. Duas soluções se apresentam novamente: a regra cronológica, determinando a prevalência da norma posterior e a regra da especialidade apontando a prevalência da norma mais específica. Um conflito e duas soluções, como escolher? Novamente, Norberto Bobbio ensina que: "o conflito entre critério da especialidade e o critério cronológico deve ser resolvido em favor do primeiro: a lei geral sucessiva não tira do caminho a lei especial precedente".[285] O fundamento racional dessa "norma de norma" seria o fato de, na existência de um sujeito competente que possa dispor sobre a mesma matéria, mediante o mesmo processo de enunciação, dever-se dar prevalência às normas expedidas para tratar situações específicas em face das normas gerais. Até porque essa é uma das formas que o direito dispõe para tratar diferentemente situações que não se confundem, atendendo, desta forma, ao princípio da isonomia.

O último exemplo: norma constitucional estabelece imunidade dos serviços de telecomunicação, vedando a incidência de qualquer outro tributo, ressalvadas algumas exceções que discrimina. Posteriormente, lei ordinária cria contribuição de intervenção no domínio econômico para incidir sobre esses serviços. Outra vez, temos uma regra geral superior imunizante e uma especial inferior, determinando a incidência de uma contribuição interventiva sobre serviços de telecomunicação.

Com efeito, dois critérios podem ser igualmente utilizados, ensejando, porém, respostas completamente distintas. Como escolher entre um deles? Devemos dar preferência ao critério da hierarquia sobre o da especialidade. As razões dessa escolha, contudo, já foram apontadas quando justificamos a prevalência da regra da hierarquia sobre a regra cronológica.[286]

Não poderíamos encerrar este item sem reiterar um critério comum às mais diversas formas de solução, seja nas antinomias de primeira ordem, seja nas de segunda. Independentemente do critério adotado para definir que norma deve prevalecer, o que não se admite é a escolha e aplicação de norma divergente daquela que prescreve a competência para sua criação. Seja qual for o conflito de normas, de primeira ou

---

285. BOBBIO, Norberto. *Teoria do ordenamento jurídico* cit., p. 108.

286. Em reforço a esta posição, acrescentamos o excerto de Alf Ross afirmando que: "*Lex superior* quer dizer que num conflito entre previsões legislativas de nível diferente, a lei de nível mais elevando, qualquer que seja a ordem cronológica, achar-se-á numa situação de preferência relativamente a de nível mais baixo: a Constituição prevalece sobre uma lei, uma lei sobre um decreto e assim sucessivamente" (*Direito e justiça* cit., p. 161).

de segunda ordem, a norma de competência será sempre um parâmetro que estabelece os âmbitos de vigência da norma inferior, posterior ou mais específica e que, por isso, deve ser levado em conta.

5.3.3 O sistema dos participantes: conflitos como causa de pedir

Os comentários acima sintetizam a opinião dominante sobre o tema da consistência do ordenamento jurídico. Alguns pontos, inclusive, gozam de ampla aceitação, como, por exemplo: a ideia de que o sistema jurídico não é um sistema consistente, pois há normas com disposições contrárias e contraditórias que não podem ser simultaneamente aplicadas, ou melhor, não há como aplicar uma sem violar a outra; e, em alguns casos, denominados de antinomias reais, somente com a "expulsão" de uma, ou das duas normas, seria possível pensar na superação das antinomias.

Essas ideias, porém, convivem com claras determinações jurídicas voltadas para a preservação da consistência do sistema jurídico. É o caso, por exemplo, da disposição do Código de Processo Civil que autoriza a propositura de ação rescisória de sentença proferida em franca divergência com os termos da lei.[287] O controle de constitucionalidade, por sua vez, também é mecanismo destinado a imprimir consistência ao sistema de direito positivo, pois autoriza os sujeitos competentes a negar a eficácia e a vigência de atos normativos criados de forma ilícita/inválida.

Esses dispositivos evidenciam três características: os textos de direito positivo são os mesmos; a forma intrassubjetiva de construção dos sentidos não é passível de verificação empírica, pois varia de sujeito para sujeito; e o modo como se relacionam os observadores e os participantes, acerca da consistência do sistema jurídico, é frontalmente divergente.

---

287. Art. 966, V, do CPC/2015.

Duas frases sintetizam o que pretendemos significar com essa distinção: para os observadores, as normas jurídicas podem prescrever comandos contrários ou contraditórios e, por isso, o sistema jurídico não é consistente; para os participantes, que orientam sua compreensão das normas para tomar decisões, regulando direitos e deveres nos casos concretos, o sistema não possui contradições e é, por isso, consistente.

Explicando melhor essa posição: o sujeito competente para decidir não fala em nome de conflitos, mas sim de norma que é fruto da aplicação da norma de competência para regular como sujeitos devem se comportar numa dada situação. Se no seu íntimo, no âmbito de sua subjetividade, o juiz percebe e pondera acerca das diversas possibilidades de decidir um mesmo caso, ao tomar sua decisão, faz como se a norma aplicável ao caso fosse apenas uma: aquela que deriva da lei. No máximo, a existência de conflitos é causa de agir, que justifica o exercício da jurisdição.

Quando reconhece existir uma antinomia, o sujeito competente titular da jurisdição a toma como fato motivador, de modo que essa inconsistência esteja superada após sua decisão.[288]

Quem precisa decidir fala em nome da consistência do sistema jurídico. E, sendo necessária a decisão, a mensagem normativa emitida pelo sujeito participante é produto da aplicação das normas superiores, nunca é autônomo e descompromissado juízo de confronto entre elementos do sistema jurídico.

5.3.3.1 A norma de competência e a revogação de normas jurídicas

Sujeitos que interagem com o sistema jurídico, na condição de participantes, não descrevem conflitos, mas prescrevem normas que oferecem solução para antinomias. Noutras palavras, os sujeitos participantes são os responsáveis pela dinâmica do sistema, onde normas surgem, modificam-se e

288. Voltaremos a tratar deste tema quando estudarmos as normas anulatórias emitidas pelos sujeitos participantes do sistema jurídico.

se extinguem a todo o momento. Passemos, então, a perceber que papéis desempenham os sujeitos participantes na construção de um sistema coerente e livre de contradições.

A revogação de uma norma jurídica consistiria em pôr termo à sua vigência temporal, na hipótese de indeterminação da data final de vigência, ou estabelecer novo e mais curto prazo àquelas que já possuem prazo certo. Mais uma vez, neste ponto, destacamos as seguintes palavras de Ulises Schmill:

> A derrogação de uma norma é um ato de enunciação, similar ao que originou a norma derrogada, em que se determina ou se completa a regulação sobre o âmbito temporal de validade que era indeterminado em relação à data final de vigência.[289]

E, acrescentamos, mesmo naquelas situações em que já existe determinação final de vigência da norma, tem natureza derrogatória o enunciado normativo que venha prescrever nova data, antecipando o final da vigência temporal da norma.

Com esses esclarecimentos, poderíamos fazer referência, ainda, à norma derrogante, cujo papel é prescrever o prazo final de vigência de uma norma. E à norma derrogada, cuja vigência se extingue com a determinação do seu âmbito de vigência temporal.

Fixemos a premissa exposta acima: revogar, em sua mais ampla acepção, consiste em determinar o âmbito de vigência temporal de uma norma. Buscando aproximar essa premissa da realidade do direito positivo, seria possível identificar duas modalidades revocatórias, sendo uma delas própria das normas gerais e abstratas, chamada de revogação, e outra própria das normas individuais e concretas, chamadas de anulação, muito embora estas também possam ser revogadas.

289. No original: "La derogación de una norma es un acto de estabelecimiento, similar al de la norma derogada, en que se determina o se completa la regulación sobre o ámbito temporal de validez que se había dejado indeterminado cuanto a fecha final de vigencia" (SCHMILL, Ulises. La derogación y la anulación como modalidades del ámbito temporal de validez de las normas jurídicas cit., p. 234).

Vejamos a revogação agora e deixemos para o próximo item a anulação.

No plano das normas gerais e abstratas, quem pode revogar uma norma? Que procedimento precisa ser cumprido para isso? Existe uma função prescritiva autônoma para as normas de revogação, o estabelecimento de alguma espécie de "não dever", como sustentou Kelsen? Há alguma função atípica para essas normas? Todas essas respostas podem ser construídas a partir do esquema das normas jurídicas de competência tributária, pois condicionar a possibilidade de regular certo comportamento – **m(s.e.t.c)** – a ter que realizar um tipo de enunciação – **[s.e.t.p(p.1p.2p.3...)]** – vincula sujeito, procedimento e matéria.

Não é só para instituir a lei que a enunciação deve ser desempenhada, mas também para estabelecer a sua modificação ou o fim de sua vigência. Dessa forma, fica, também, fácil perceber que não existe natureza *sui generis* na revogação. A forma de criar, modificar e extinguir o direito é uma só: aquela prescrita pela norma de competência.

O mesmo sujeito que cria uma norma pode pôr fim à sua existência no sistema de direito positivo. Basta, para isso, que siga o procedimento adequado previsto pelo direito. Há situações, porém, em que o termo final de vigência de uma norma não é estabelecido pelo mesmo sujeito que é competente para instituir essa norma. Estamos falando daqueles casos em que o termo final de vigência é estabelecido por outro sujeito, competente para aferir a validade da norma e promover a sua aplicação ao caso concreto. Quando isso acontece, estamos frente a normas que prescrevem a anulação de outras normas.

5.3.3.2 A norma de competência e a anulação de regras jurídicas

A tarefa de pôr fim à vigência temporal de uma norma só pode ser desempenhada por outra norma. Há casos em que essa determinação é prescrita pelo próprio sujeito competente para criar a norma, a qual traz em si o termo final de sua vigência. Faz isso como simples exercício da sua competência. Há situações, contudo, em que a derrogação da norma é feita por outros sujeitos encarregados de aferir a validade da norma e promover sua aplicação a casos concretos. Nessas situações, contudo, para que seja fixado o prazo final de vigência da norma, é necessário o cumprimento de certas condições. Trata-se de uma determinação condicionada do termo final de vigência de uma norma.

Temos, então, duas formas de por fim à vigência temporal de uma norma: sendo uma delas incondicional, feita pelo próprio sujeito competente e de forma devida, que chamamos de revogação; e outra condicionada, feita pelos sujeitos encarregados de aferir a validade da norma e promover a sua aplicação ao caso concreto, que, por sua vez, recebe o nome de norma anulatória ou sancionatória. Há outros pormenores relativos a esta última no capítulo anterior, no qual tratamos das normas sancionatórias da competência.

5.4 A completude do sistema jurídico

O terceiro e último dos atributos do sistema jurídico é a completude. Entende-se por completude a circunstância de o sistema disciplinar toda e qualquer conduta.[290] Inversamente, ordenamento incompleto é aquele que não dispõe de normas para regular algum caso concreto. Trata-se, pois, de atributo complementar à coerência[291].

Enquanto a coerência nega a possibilidade de existir mais de uma norma para regular – de forma contrária ou contraditória – um mesmo caso, a completude cuida para que não

290. BOBBIO, Norberto. *Teoria do ordenamento jurídico* cit., p. 115.

291. "Completude e incompletude são propriedades dos sistemas normativos em geral e dos sistemas jurídicos especialmente. Diz-se 'completo' o sistema jurídico que não tem 'lacunas'" (GUASTINI, Riccardo. *Das fontes às normas*. Trad. Edson Bini. São Paulo: Quartier Latin, 2005. p. 174).

faltem normas e todas as condutas sejam decididas com fundamento numa proposição do sistema.[292]

Dessa forma, percebemos que a coerência resolve problemas de conflito normativo, em virtude do excesso de normas. Já a completude oferece solução para os casos em que pode haver falta de normas. Dois atributos complementares, portanto, reunidos em face da unidade do sistema jurídico.

5.4.1 O sistema dos observadores: identificação, classificação e superação de lacunas

Quem admite a existência de lacunas no sistema de direito positivo o faz sob o seguinte argumento: é inconcebível a ideia de que, num mundo marcado pelo intenso crescimento das complexidades, existam normas jurídicas para resolver todo e qualquer caso. Admitindo, ainda que hipoteticamente, a existência de lacunas, o intérprete deve desenvolver instrumentos para identificar e superar a falta de normas regulando certas e determinadas situações.

Retomando um conceito já exposto: teremos uma lacuna normativa sempre que não se consiga inferir do sistema de direito positivo uma norma que estabeleça a proibição, a permissão ou a obrigação de um comportamento[293]. Esta, contudo, não é a única acepção do termo.

A doutrina aponta a existência de outras modalidades de incompletude do sistema de direito positivo. A primeira delas é a *lacuna ideológica*. Nesse caso, não se dá a ausência de norma a ser aplicada ao caso, o que existe é a ausência de uma norma justa, de uma solução ideal para o caso. Relacionando outras espécies de lacuna, de forma análoga ao que fizemos

---

292. Como defende Norberto Bobbio, "Diremos 'incoerente' um sistema no qual existem tanto a norma que proíbe um certo comportamento quanto aquela que o permite; 'incompleto', um sistema em que não existe nem a norma que proíbe um certo comportamento nem aquela que o permite" (BOBBIO, Norberto. *Teoria do ordenamento jurídico* cit., p. 115).

293. BOBBIO, Norberto. *Teoria do ordenamento jurídico* cit., p. 115.

com as antinomias, poderíamos falar, ainda, em lacunas próprias e lacunas impróprias. Essas seriam lacunas construídas pela comparação entre a norma que existe no sistema e aquela que deveria existir num sistema ideal.

Já as lacunas próprias são aquelas que descrevemos acima, fruto da ausência de normas para regular uma situação qualquer. Norberto Bobbio[294] acrescenta, ademais, a existência de lacunas objetivas e subjetivas, podendo essas serem divididas em voluntárias e involuntárias, além daquelas que seriam *praeter legem* e *intra legem*. De todas essas possibilidades, interessa ao jurista perceber e superar as lacunas jurídicas, propriamente ditas, que sugerem a inexistência de normas de um mesmo ordenamento jurídico para regular uma conduta individualmente considerada.

Essa situação, que podemos chamar de anomia, precisa ser identificada num caso concreto para, a partir daí, apontar que soluções podem ser oferecidas para resolver o problema.

A ideia mais difundida é de que o ordenamento omisso precisa ser integrado. A integração consiste na busca de soluções legítimas para disciplinar a conduta que não é claramente regulada pelo direito positivo. O art. 108 do CTN, por exemplo, oferece alternativas para os casos em que não há disposição expressa na lei. Assim, faculta à autoridade administrativa aplicar a legislação tributária utilizando os seguintes instrumentos, sucessivamente, na ordem indicada: *i.* analogia; *ii.* os princípios gerais do direito tributário; *iii.* os princípios gerais do direito público; *vi.* a equidade.

Após enumerar esses instrumentos, acrescenta que a analogia não poderá provocar a cobrança de tributos não previstos em lei (art. 108, § 1º, do CTN) e, no sentido inverso, a equidade não poderá ensejar dispensa de tributo devido (art. 108, § 2º, do CTN).

294. Ibidem, p. 145.

Assim, o sistema de direito positivo brasileiro, com destaque para a parte que nos interessa neste estudo – o Sistema Tributário Nacional – prescreve os critérios que devem ser usados para resolver situações convencionalmente chamadas de anomia nas relações entre sujeitos de direito, no geral, e entre administração tributária e contribuinte, no particular.

5.4.2 O sistema dos participantes: inexistência de lacunas e norma de competência

Os que participam do sistema jurídico não podem deixar de decidir sob o argumento de que não há norma disciplinando o caso concreto. A falta de norma não legitima a falta de decisão. E mais, as decisões devem ser proferidas com fundamento no que prescreve o direito positivo, a lei numa acepção ampla. Por isso, mesmo o recurso a princípios como aqueles que previstos pelo Código Tributário Nacional deve ser usado com parcimônia, de forma a não configurar decisão *contra a lei*. Esses argumentos nos levam a afirmar o mesmo que dissemos em relação ao conflito de normas: para o sujeito participante, aquele que detém competência para aferir a regularidade e aplicar o direito ao caso concreto, o sistema é completo e oferece normas que regulam todas as situações concretas.

Por isso, para quem julga, assim como não existe conflito de normas, não há, também, falta de norma. Ainda que tanto o conflito quanto a ausência possam ser percebidos no âmbito intrassubjetivo, ao objetivar sua interpretação do direito positivo, o sujeito participante decide com fundamento na lei. E faz isso em nome da operatividade do sistema, ou seja, faz isso em nome da sua unidade, coerência e completude.

5.5 Sobre os papéis da norma de competência no sistema

Ao longo deste capítulo, demonstramos uma série de relações entre a ideia de norma de competência e a de sistema de direito positivo. Definimos uma acepção técnica para o termo "sistema jurídico", compreendendo-o como conjunto ordenado segundo certa racionalidade. Essa, por seu turno, é construída para responder às perguntas sobre ser o sistema jurídico um conjunto dotado de unidade, coerência e completude.

No curso da exposição ficou evidente que existem duas formas nítidas e distintas para responder a essas questões. Uma é a do sujeito que observa o sistema e que tem liberdade para descrever sistemas não unitários, contraditórios e incompletos. Já os sujeitos que participam do sistema jurídico, na condição de agentes competentes para criar normas, tomam unidade, coerência e completude como pressupostos operacionais. São esses atributos, em última análise, que possibilitam a esses sujeitos atender à imposição de decidir todo e qualquer caso com fundamento na lei. Nas duas formas de compreender o sistema, a norma de competência pode ser vista como elemento aglutinador que, formal e materialmente, oferece os fundamentos positivos para afirmar ou negar a unidade, coerência e completude do sistema.

Segunda Parte

O SENTIDO

Capítulo 6

INSTRUMENTOS PARA A CONSTRUÇÃO DO SENTIDO

Esta parte do trabalho é dedicada à pesquisa do sentido, ou sentidos, usualmente atribuídos à competência tributária pela doutrina, jurisprudência e direito positivo. No desenvolvimento desta pesquisa pretendemos aproximar os conceitos estruturais da realidade dos que lidam com questões tributárias, especialmente naquilo que diz respeito à legitimidade das normas jurídicas. Para tanto, estabelecemos quatro perguntas fundamentais que sintetizam, em suas respostas, tudo o que pretendemos falar adiante: *i.* Que conceitos desenvolvidos pela semiótica podem explicar o sentido de termos e expressões? *ii.* Que elementos se articulam na formação de uma norma de competência? *iii.* Como se classificam as competências tributárias? e *iv.* Que atributos gerais caracterizam as competências? Após responder a essas perguntas, daremos por concluída a análise do sentido.

6.1 Objeto e finalidades da investigação sobre o sentido

Comecemos a análise do sentido pela exposição de algumas ideias centrais, sacadas de modelos consagrados da teoria semiótica.

O signo é uma entidade relacional.[295] Para que se forme, segundo Saussure,[296] é necessária a combinação de um significante com um significado. Tomemos o signo "competência tributária". O conjunto de caracteres a que temos acesso com o contato visual é o significante, o ponto de partida para chegar ao significado. O significado da norma de competência é a prescrição normativa de que um sujeito S pode, mediante a realização de certos atos P, editar norma jurídica versando sobre uma matéria M. Como se vê, o contato do usuário com o plano da expressão leva-o ao plano do conteúdo. Isso nos autoriza a reafirmar que: o signo é na relação.

A forma didática de explicar as relações que constituem o signo sugere a construção de uma semântica, fundada apenas em elementos passíveis de serem verificados objetivamente, também chamados de sentido e referência. Essa dualidade, sugerida por Gotlob Frege,[297] orienta a condução dos estudos semânticos por caminhos objetivos. Daí a importância de que "a referência e o sentido de um sinal devem ser distinguidos da representação associada a este sinal".[298] Essa proposta se justifica com a ideia de que tanto o "sentido" quanto a "referência" são sensorialmente perceptíveis, passíveis de verificação empírica. Ao passo que a representação subjetiva, formada por um usuário de um signo, é marcada pela subjetividade e variável, pois, de homem para homem, de cultura para cultura.

---

295. "A signal is a pertinent unit of a system that may be an expression system ordered to a content, but could also be a physical system without any semiotic purpose; as such is studied by information theory in the stricter sense of the term. A signal can be a stimulus that does not mean anything but causes or elicits something" (ECO, Umberto. *A theory of semiotics*. Bloomington: Indiana University Press, 1979. p. 17).

296. "A entidade linguística só existe pela associação do significante e do significado; quando só retemos um destes elementos, ela desaparece; em vez de um objecto concreto, temos diante de nós uma pura abstracção [...] Uma série de sons é linguística se é o suporte de uma ideia; tomada em si mesma só pode ser matéria para um estudo fisiológico" (SAUSSURE, Ferdinand de. *Curso de linguística geral* cit., p. 176).

297. FREGE, Gottlob. *Lógica e filosofia da linguagem*. Seleção, introdução, tradução e notas de Paulo Alcoforado. São Paulo: Cultrix e Ed. da Universidade de São Paulo, 1978. p. 64.

298. Idem.

A construção de uma semântica objetiva pressupunha o atendimento das seguintes regras: *i.* todo sentido sem referente seria um sem sentido; *ii.* o referente é o objeto de existência real, extralinguística; *iii.* o sentido não seria uma representação subjetiva, como vimos, mas caracterizada pelo conjunto de atributos genéricos próprios do referente à que se vincula.

Todavia, essa proposta, fundada na metáfora da referencialidade entre mundo e linguagem, não se sustenta. Segundo as premissas com as quais trabalhamos, não há como dissociar mundo e linguagem, pois é por meio da linguagem que compreendemos o mundo. E é por tornar possível a compreensão do mundo que afirmamos, na linha de Vilém Flusser[299], que a linguagem é, cria, transforma e propaga a realidade.

Ao longo das últimas décadas, várias orientações de pesquisa foram sendo construídas para explicar as relações de sentido, sem recurso à referencialidade. As escolas de semântica enunciativa[300] e cognoscitiva[301] são apenas algumas das propos-

---

299. FLUSSER, Vilém. *Língua e realidade* cit., passim.

300. Enquanto a semântica formal pensa na relação entre linguagem e objeto extralinguístico, a semântica da enunciação concebe uma função criadora absoluta para a linguagem. A ela caberia articular o pensamento e possibilitar o acesso à realidade, sendo todos esse elementos criados da linguagem, como jogos argumentativos. "Para a Semântica da Enunciação, herdeira do estruralismo, o significado é o resultado do jogo argumentativo criado na linguagem e por ela. [...] Seu significado é o somatório das suas contribuições em inúmeros fragmentos do discurso: 'comprei uma mesa', 'senta ali na mesma'" (OLIVEIRA, Roberta Pires. Semântica. In: MUSSALIM, Fernanda, BENTES, Anna Cristina (org.). *Introdução à linguística: domínios e fronteiras*. 5. ed. São Paulo: Cortez, 2006. v. 2, p. 18-19).

301. "A semântica cognitiva, assim como a enunciativa, nega a referencialidade entre linguagem e objeto extralinguístico, porém se preocupa com os processos de aquisição da linguagem. O significado seria fruto das iterações físicas e corpóreas com o mundo em que vivemos. A significação linguística emerge de nossas significações corpóreas, dos movimentos corporais em contato com o meio. Há, pois, origem física para o surgimento da linguagem, muito embora não se possa falar em referencialidade. "Para a Semântica Cognitiva, mesa é a superfície linguística de um conceito mesa, que é adquirido por meio de nossas manipulações sensoriais-motoras com o mundo. É tocando coisas que são mesas que formamos o conceito pré-linguístico como mesa. Esse conceito tem estrutura prototípica, porque se define pelo membro mais emblemático: objeto de quatro pernas" (OLIVEIRA, Roberta Pires. Semântica cit., p. 19).

tas para repensar a relação entre linguagem e conhecimento, sem a ilusão de subjetividade denunciada pelas demais escolas.

Muito embora os pressupostos de referencialidade tenham sido superados pelas novas pesquisas semióticas, a distinção entre sentido e referência continua sendo útil. É justamente essa distinção que ilustra a diferença entre concepções didáticas, vistas acima, e triádicas.

Charles Peirce, tratando deste tema, oferece um modelo triádico para a compreensão dos signos: "A parte do signo que pode tornar-se sensível denomina-se [...] SIGNIFICANTE, a parte ausente, SIGNIFICADO, e a relação mantida por ambos, SIGNIFICAÇÃO"[302]. Esse último elemento não ocorre no mundo da vida. É a representação subjetiva feita pelo usuário – a significação – que vincula o significante ao significado. E se dissermos como Saussure que, subtraído qualquer dos termos, não teremos presente a ideia de signo, seremos levados, também, a afirmar que, se for subtraído o usuário, não haverá significação. Logo, não haverá signo.

Vejamos dois exemplos para ilustrar essa forma de conceber o signo. É publicada uma lei que insere no sistema de direito positivo a regra-matriz de um novo tributo: o significante seria o conjunto de caracteres impressos; a significação seria o conjunto de ideias formadas na subjetividade de cada intérprete acerca dos conteúdos prescritivos – ordem para pagar o novo tributo – veiculados pela nova lei. E se o signo fosse um texto doutrinário produzido para descrever esta nova lei? O significante continuaria sendo o conjunto de caracteres impressos no livro ou artigo; o significado seria a opinião do autor acerca da nova lei e a significação seria a ideia que formamos sobre o texto do autor.

Outra utilidade para a distinção entre sentido e referência é demonstrar o objeto das investigações semânticas.[303] Charles

---

302. DUCROT, Oswald; TODOROV, Tzvetan. *Dicionário enciclopédico das ciências da linguagem* cit., p. 102.

303. "El pronunciamiento a favor de que *el objeto o estado de cosas a que se refeire la oración constituye su significado,* requiere aquí tan sólo una advertencia

Morris[304] deixa clara a sua posição no sentido de que o objeto das investigações semânticas é o conjunto de regras que orientam a aplicação de uma palavra a um objeto ou situação. No nosso caso, o objeto da investigação de sentido vai estabelecer as regras semânticas para atribuição do termo competência tributária a certo conjunto de enunciados prescritivos.

Como se pode perceber, estudar o sentido não é estudar o significado mesmo, mas as regras por meio das quais se pode vincular um significante a um significado, ou um termo a um sentido. Podemos relacionar algumas finalidades imediatas para estudos como esse: *i.* precisar o sentido de certas expressões; *ii.* superar problemas de ambiguidade, evitando, com isso, discussões verbais; *iii.* evitar falácias de ambiguidade e vaguidade; *iv.* compreender e manejar formas de definição dos conceitos; e *v.* identificar formas de legitimar a definição de sentido. Entre outras, essas finalidades já justificam a necessidade de descer a pormenores no tratamento do sentido da competência tributária.

6.2 Elementos do sentido I – termo e conceito

Os significantes, ou suportes físicos, podem ser classificados segundo o vínculo que mantêm com os seus significados. Falamos, então, em índice, ícone e símbolo. O primeiro sugere algum tipo de conexão física, do tipo: onde há fumaça, há fogo. No segundo, o significante reproduz aspectos essenciais do significado, faz uma espécie de escultura, fotografia ou desenho qualquer. O terceiro e último tipo de vínculo é aquele estabelecido sem que seja possível explicar a relação entre sentido

---

precautoria. Como lo muestran los ejemplos puestos (acontecimientos naturales, acciones humanas, entes matemáticos), no debe caerse en ningún *fisicalismo* reduccionista que otorgue *status* de "objeto" solamente a entidades físicas" (AFTALIÓN, Enrique R.; VILANOVA, José; RAFFO, Julio. *Introducción al derecho*: conocimiento y conocimiento científico, historia de las ideas jurídicas, teoría general del derecho, teoría general aplicada cit., p. 87).

304. "Um signo denota o quer que se conforma às condições estabelecidas na regra semântica, enquanto a própria regra estabelece as condições de designação e, desse modo, determina o *designatum*" (MORRIS, Charles. *Foundations of the theory of signs* cit., p. 16).

e referência. Neste último caso, só razões culturais podem ser apontadas para justificar o fato de alguém usar esse ou aquele símbolo para representar um significado qualquer.[305]

Essa classificação, que poderia ser refeita com fundamento em vários critérios distintos, serve para deixar claro que uma coisa é o significante e outra o significado e, embora eles possam ser vinculados, são aspectos distintos da relação de significação.

Vejamos como Eros Roberto Grau[306] articula noções de semiótica e filosofia da linguagem para explicar os conceitos jurídicos:

> *i.* a cada conceito corresponde um termo; este – o *termo* – é o *signo linguístico* do conceito; assim, o conceito, *expressado em seu termo*, é coisa (signo) que representa outra coisa (seu objeto); o conceito, na concepção aristotélica, está referido, pela mediação do termo (signo do conceito), a um objeto;
>
> *ii.* os conceitos jurídicos não são referidos a *objetos*, mas sim a *significações*; não são conceitos *essencialistas;*
>
> *iii.* o conceito – essencialista ou não – é produto da reflexão, expressando uma *suma de ideias;*
>
> *iv.* o conceito essencialista, expressado, é o signo de uma coisa; seu objeto é a coisa; está no lugar da coisa; é o *primeiro signo do objeto*;
>
> *v.* o conceito jurídico, expressado, é o *segundo* signo de um *primeiro signo*: a *significação da coisa (coisa, estado ou situação)*; está no lugar não da coisa (*coisa, estado ou situação*);
>
> *vi.* assim, os conceitos jurídicos são os *signos*, ou seja, *signos de significações* atribuíveis – ou não atribuíveis – a coisas, estados ou situações.

Nessa ordem de considerações, fica evidente serem igualmente distintos o "termo" e o "conceito". O termo é o suporte

---

305. "O símbolo nunca é completamente arbitrário; ele não é vazio; há sempre um rudimento de ligação natural entre o significante e o significado. [...] Mas que quer dizer arbitrário? Quando dizemos que o signo é arbitrário isso não deve dar a ideia de que o significante depende da livre escolha do sujeito falante; queremos dizer que ele é imotivado, isto é, arbitrário em relação ao significado, com o qual não tem, na realidade, qualquer ligação natural" (SAUSSURE, Ferdinand de. *Curso de linguística geral* cit., p. 126).

306. GRAU, Eros Roberto. *O direito posto e o direito pressuposto*. 5. ed. São Paulo: Malheiros Editores, 2003. p. 195-196.

físico, o significante, a partir do qual se constrói uma significação (conceito) acerca de um significado (objeto real ou imaginário). Essa significação é o conceito, a ideia suscitada pelo contato com o termo, e que pode, por sua vez, ser conotativa ou denotativa.

6.3 Elementos do sentido II – conotação e denotação

As conexões estabelecidas entre significante e significado – a ideia suscitada no intérprete pelo contato com o termo – podem ser percebidas de duas formas, sendo uma chamada de conotativa ou intencional e a outra, denotativa ou extensional[307]. Hjelmslev[308] fez a distinção entre uma semiótica denotativa e uma semiótica conotativa.

A primeira teria como objeto um sistema sígnico, ao passo que a segunda, no plano da expressão, um sistema semiótico. A pesquisa pela denotação de um conceito seria aquela que busca perceber que elementos se ajustam às palavras. Já aquela que põe no centro dos seus interesses as características do conceito, seriam o campo da chamada semiótica conotativa. Eis o que Oswald Ducrot e Tzvetan Todorov ensinam sobre essa matéria:

> A denotação se produz, não entre um significante e um significado, mas entre o signo e o REFERENTE, i.e., no exemplo mais fácil de imaginar, um objeto real: não é mais a sequência sonora

307. "Nas versões formais da semântica, o sentido de uma forma linguística é frequentemente formalizado como a sua intenção – isto é, como o conjunto, no sentido matemático do termo, de todas as propriedades que um objeto precisa ter para que a forma se aplique a ele de maneira apropriada. É muito comum opor o sentido à referência, que, essencialmente, é uma outra maneira de considerar o mesmo tipo de significado que se tem em vista, numa abordagem diferente, quando se fala em denotação" (TRASK, R. L. *Dicionário de linguagem e linguística*. 2. ed. Trad. Rodolfo Ilari. São Paulo: Contexto, 2006. p. 265).

308. "[...] denotative semiotic, by which we mean a semiotic none of whose planes is a semiotic. It still remains, through a final broadening of our horizon, to indicate that there are also semiotics whose expression plane is a semiotic and a semiotics whose content plane is a semiotic. The former we shall call connotation semiotics, the later metasemiotics" (HJELMSLEV, Louis. *Prolegomena to a theory of language*. Madison: The University of Wisconsin Press, 1961. p. 114).

> ou gráfica 'maçã' que se liga ao sentido maçã, mas a palavra (o próprio signo) 'maçã' às maçãs reais.[309]

Guibourg, Ghigliani e Guarinoni, ao tratarem do mesmo tema, afirmam que: "*Existem certas razões, mais ou menos uniformes, pelas quais incluímos um objeto em uma classe ou o excluímos dela.*"[310] Essas razões seriam os chamados critérios de uso da expressão, aqueles atributos segundo os quais um termo pode ou não ser utilizado.

Passando a analisar os objetos que se ajustam aos conceitos, estaremos no plano das denotações (extensão). Daí o porquê de Hjelmslev dizer que, no plano da denotação, não se tem por base, propriamente, um sistema sígnico; o que se analisa não são os signos, mas os objetos que caem sob os signos.

Num esforço de síntese, poderíamos dizer, como Irving M. Copi[311], que conotação e denotação são âmbitos de um termo que apontam para aspectos distintos, mas complementares, da relação entre significante e significado.

6.4 Elementos do sentido III – os problemas do sentido: vaguidade e ambiguidade

A linguagem natural, usada nas conversações informais, é composta por termos que suscitam ideias imprecisas. A riqueza de elementos contextuais, gestos, expressões, entonações faz com que a comunicação ocorra de forma eficiente,

---

309. DUCROT, Oswald; TODOROV, Tzvetan. *Dicionário enciclopédico das ciências da linguagem* cit., p. 103.

310. No original: "Existen ciertas razones, más o menos uniformes, por las que incluimos un objeto en una clase o lo excluimos de ella." E continuam os autores: "Estas razones forman el criterio de uso de la palabra de clase, y tal criterio es la piedra de toque del concepto. (...) El conjunto de estos requisitos o razones, es decir, el criterio de uso de una palabra de clase (determinante y demostrativo del concepto correspondiente) se llama designación de esa palabra" (GUIBOURG, Ricardo A; GHIGLIANI, Alejandro M.; GUARINONI, Ricardo V. *Introducción al conocimiento jurídico* cit., p. 59).

311. COPI, Irving Marmer. *Introdução à lógica*. 2. ed. São Paulo: Mestre Jou, 1978. p. 119.

entre pessoas que se entendem, sem recurso a expedientes que pretendam aclarar o sentido deste ou daquele termo.

Noutras circunstâncias, porém, os chamados "ruídos da comunicação" ensejam problemas das mais diversas naturezas no entendimento dos sujeitos de uma conversação qualquer. No plano das linguagens descritivas, próprias da Ciência do Direito, os "ruídos da comunicação" levam a desentendimentos, disputas verbais e incompreensões. Nas linguagens prescritivas os danos não são menores, pois problemas na transmissão de mensagens jurídicas precisas ensejam conflitos de interesse.

São dois os problemas fundamentais do sentido: num deles, há objetos de naturezas distintas na denotação do termo, tornando-o ambíguo. Noutros casos, os critérios de uso de uma expressão não são suficientemente precisos para distinguir o seu significado do significado de outras expressões. Quando isso ocorre, temos um caso de vaguidade. Esses dois problemas da linguagem são tratados por Paulo de Barros Carvalho da seguinte forma:

> Existem fatores que distorcem, dificultam ou retardam o recebimento da mensagem, tecnicamente denominados 'ruídos'. A ambiguidade e a vaguidade, por exemplo, são problemas semânticos presentes onde houver linguagem. Um termo é vago quando não existe regra que permita decidir os exatos limites para sua aplicação, havendo um campo de incerteza relativa ao quadramento de um objeto na denotação correspondente ao signo. Já a ambiguidade é caso de incerteza designativa, em virtude da coexistência de dois ou mais significados.[312]

Se ambiguidade e vaguidade são ruídos que atrapalham a comunicação, devem ser superados. Epistemologicamente, essa superação pode ser alcançada por dois meios fundamentais: substituição do termo por outro que seja unissignificativo ou definição do conceito vago ou ambíguo.

---

312. CARVALHO, Paulo de Barros. *O sobreprincípio da segurança jurídica e a revogação de normas tributárias* cit., p. 22-23.

A substituição de um termo por outro não dispensa a elucidação do significado/significação da nova palavra, tampouco a sua contextualização. Uma proposta curiosa, e bem sucedida, de substituição de signos foi proposta por Hans Kelsen ao fazer uso da expressão "modos de produção do direito" no lugar da metáfora das "fontes". Ao trocar uma expressão por outra, Kelsen reduziu e objetivou o seu significado. Noutras circunstâncias, porém, a substituição não se mostra aconselhável. Quando isso acontece, a solução é empreender definições.

6.5 Elementos do sentido IV – instrumentos para a precisão do discurso

Tudo o que dissemos acima sobre relação de significação pode ser resumido assim: a linguagem não toca a realidade, nem se confunde com ela. A linguagem traduz a realidade para um sistema de signos. Dessas premissas, podemos inferir que, por mais que demorem as elucidações, não chegaremos nunca aos significados. Os esclarecimentos relativos a uma expressão qualquer são também outros signos que precisam ser interpretados, contextualizados e compreendidos.

A despeito disso, as palavras que integram um discurso com pretensões de rigor e precisão são susceptíveis de sofrer aquilo que Carlos Alchourron e Eugenio Bulygin[313] chamam de "reconstrução racional". Esse processo consiste em explicar um conceito originalmente vago e ambíguo, transformando-o num conceito mais exato.

De acordo com esses autores, o processo de reconstrução racional seria realizado em duas etapas, sendo que na primeira:

313. "La explicación o reconstrucción racional de un concepto es el método por medio del cual un concepto inexacto y vago – que puede pertenecer al lenguaje ordinario o a una etapa preliminar en el desarollo de un lenguaje científico – es transformando en un concepto exacto o, por lo menos, más exacto que el primitivo. En lugar de la transformación sería más correcto hablar aquí de la sustitución de un concepto más o menos vago por otro más riguroso" (ALCHOURRON, Carlos E; BULYGIN, Eugenio. *Introducción a la metodología de las ciencias juridicas y sociales* cit., p. 29).

> O conceito que se quer explicar se denomina *explicandum* e o novo conceito que vai substituí-lo se chama *explicatum*. O processo de reconstrução engloba duas etapas: 1. a elucidação informal do *explicandum*, e 2. a construção do *explicatum*. A importância da primeira etapa nem sempre é suficientemente reconhecida; mas para substituir um conceito por outro, capaz de realizar de forma mais vantajosa as tarefas do primeiro, é necessário esclarecer ao máximo o alcance do *explicandum*, quer dizer, o significado do termo que se usa para designá-lo. Isso se pode conseguir mediante vários procedimentos, tais como a exemplificação e a descrição dos usos deste termo em situações comuns.[314]

Superada esta, teria início a segunda, que consiste, basicamente, na reconstrução do *explicatum*, ou seja, um conceito mais preciso que o anterior. Eis os atributos que devem estar presentes no novo conceito:

> O *explicatum* deve cumprir certos requisitos, como: a) Deve ser o mais exato possível, ou seja, as regras de seu uso devem estar formuladas expressamente de forma mais precisa possível (por exemplo, por meio de definições expressas). b) Deve ter o máximo de fecundidade, ou seja, ser útil para a formulação do maior número possível de enunciados universais (leis empíricas ou teoremas lógicos). c) O *explicatum* deve, na medida do possível, ser similar ao *explicandum*, de forma que possa ser usado na maioria das ocasiões em que se usa este último. Em outras palavras, a extensão do *explicatum* deve se aproximar o máximo possível da do *explicandum*. Certamente, no entanto, esta similitude não pode ser total: os conceitos não podem ser idênticos e, tampouco, coextensivos, já que, desta forma, o *explicatum* não seria mais preciso do que o *explicandum*. d) Por último, cabe mencionar o requisito da simplicidade, embora seu papel seja mais restrito do que o dos três anteriores.[315]

---

314. Numa tradução livre de: "El concepto que se quiere explicar se denomina *explicandum* y el nuevo concepto que lo ha de sustituir, *explicatum*. El proceso de explicación abarca dos etapas: 1. la elucidación informal del *explicandum*, y 2. la construcción del *explicatum*. La importancia de la primera etapa no siempre es apreciada suficientemente; pero para poder substituir un concepto por otro, capaz de realizar con ventajas las tareas del primero, es necesario clarificar al máximo el alcance del *explicandum*, es decir, el significado del término que se usa para designarlo. Esto puede lograrse mediante diversos procedimientos, tales como la ejemplificación y la descripción de los usos de ese término en situaciones típicas" (ALCHOURRON, Carlos E; BULYGIN, Eugenio. *Introducción a la metodología de las ciencias jurídicas y sociales* cit., p. 30).

315. No original: "El *explicatum* debe cumplir con ciertos requisitos, como: a) Debe ser lo más exacto posible, es decir, las reglas de su uso deben estar formuladas

Dito isso, podemos afirmar, também, que o conjunto de referências que dão forma ao esclarecimento e precisão do sentido de um termo pode ser dividido em duas partes. Aquele termo objeto da definição é o *definiendum*. Já o conjunto de características ou objetos que podem ser relacionados para esclarecer o seu sentido é chamado *definiens*. A variação na forma de construir *definiens* está na base da diferença entre as formas disponíveis para precisar o sentido de um termo.

6.5.1 Definição estipulativa

Há circunstâncias em que, para formar mensagens mais precisas, mostra-se conveniente a criação de novas palavras ou a utilização de termos fora do seu contexto habitual.[316] Esse é, por exemplo, o caso em que se utilizam termos filosóficos ou de semiótica como "redução eidética", "fenomenologia" e "functor de functor", para explicar, com mais precisão, certos e determinados institutos jurídicos. Termos filosóficos são utilizados, assim, para traduzir dimensões da experiência jurídica que passavam despercebidas pelas doutrinas tradicionais.

O uso desses termos, em substituição aos que ordinariamente são utilizados pela doutrina, proporciona maior precisão ao discurso, mas não dispensa a elaboração de definições.

Nos casos em que um termo é criado, ou simplesmente se modifica o contexto de sua utilização, a definição que se

explicitamente en la forma más exacta posible (por ejemplo, por medio de definiciones explícitas). b) Debe tener el máximum de fecundidad, es decir, ser útil para la formulación del mayor número posible de enunciados universales (leyes empíricas o teoremas lógicos). c) El *explicatum* debe, en lo posible, ser similar al *explicandum*, en el sentido de que se lo pueda usar en la mayoría de las ocasiones en que se usa este último. En otras palabras, la extensión del *explicatum* debe acercarse en lo posible a la del *explicandum*. Desde luego, esa similitud no puede ser total: los dos conceptos no pueden ser idénticos y ni siquiera coextensivos, ya que entonces el *explicatum* no sería más exacto que el *explicandum*. d) Por último, cabe mencionar el requisito de la simplicidad aunque su papel es más restringido que el de los tres anteriores" (ALCHOURRON, Carlos E; BULYGIN, Eugenio. *Introducción a la metodología de las ciencias juridicas y sociales* cit., p. 31).

316. COPI, Irving M.. *Introdução à lógica* cit., p. 110.

formula é do tipo estipulativa.[317] A característica fundamental dessas definições está na maior liberdade atribuída ao seu destinatário para formulá-las. Se o sujeito propõe tratar de um termo dessa ou daquela forma, é lícito que a ele caiba especificar o sentido que pretende atribuir à expressão.

É por isso que Irving Copi defende que: "*uma definição estipulativa não é verdadeira nem falsa, mas deve ser considerada uma proposta ou uma resolução de usar o definiendum de maneira que signifique o que o definiens significa*".[318] Noutras palavras, a definição é uma proposta, uma sugestão, para que o termo seja tomado nessa ou naquela acepção.

6.5.2 Definições lexicográficas

A relativa liberdade no estabelecimento do *definiens,* que vimos ser atributo das definições estipulativas, não está presente nas definições lexicográficas. Esse modo de precisar o sentido de um termo pode ser considerado verdadeiro ou falso, conforme esteja ou não de acordo com os usos vigentes numa dada comunidade do discurso.[319] No entanto, a ideia de "usos vigentes numa comunidade" é uma noção imprecisa.

Num esforço de síntese, poderíamos dizer que existem usos ortodoxos de certas palavras – aqueles indicados nos dicionários –, acatados pelos autores de primeira linha e que refletem a forma usual de emprego de uma certa expressão. Em contraposição, há os usos heterodoxos de expressões, que exercem funções diversas das comumente praticadas.

As definições lexicográficas são as que definem o sentido ortodoxo de expressões, afastando suas ambiguidades e vaguidades.[320] Por isso mesmo, tais definições sujeitam-se aos

---

317. Ibidem, p. 113.

318. Ibidem, p. 114.

319. Ibidem, p. 116.

320. Idem.

juízos de verdade e falsidade, conforme atendam ou não aos critérios indicados pelo uso comum de uma expressão.

Além das definições lexicográficas e estipulativas, é possível apontar outras, de acordo com a forma de precisar o sentido do *definiendum*. Esse é o caso, por exemplo, das definições: *i*. aclaradoras, cujo propósito consiste em eliminar vaguidades, precisando os critérios de uso da expressão; *ii*. teóricas, que são voltadas à definição teoricamente adequada dos objetos a que se aplicam; e *iii*. aquelas reputadas como persuasivas, pela circunstância de estarem mais preordenadas a conduzir o comportamento de alguém numa direção do que simplesmente elucidar o sentido de um termo.

6.5.3 Definição denotativa e definição conotativa

Outro critério válido para segregar as formas de definição é aquele que toma por base o tipo de sentido atribuído ao termo.

Precisar o sentido de um termo mediante a indicação dos seus critérios de uso é o que se chama definição conotativa ou intencional. Já a determinação de sentido feita pela indicação dos objetos significados pela palavra é uma definição do tipo extensional ou denotativa.[321]

Vejamos essa distinção num caso concreto, onde se busca precisar o sentido da palavra "tributo". Numa definição intencional – conotativa –, voltada, pois, à indicação das suas características individualizadoras, podemos, valendo-nos das prescrições do art. 3º do CTN, dizer que: "*Tributo é toda prestação pecuniária compulsória, em moeda ou cujo valor nela possa se exprimir, que não constitua sanção de ato ilícito, instituída em lei e cobrada mediante atividade administrativa plenamente vinculada.*"

---

321. Guibourg, Ghigliani e Guarinoni, adotando a lição do matemático alemão Gottlob Frege, identificam duas formas ou componentes do significado: a denotação e a conotação. Segundo ensinam, o conjunto de todos os elementos que cabem numa palavra é denominado denotação. Já os requisitos que devem ser cumpridos para que um objeto esteja incluído na classe representada por uma palavra denomina-se conotação dessa palavra (*Introdución al conocimiento científico* cit., p. 41-42).

Cada uma destas qualificações opera como critério de uso que orienta a utilização desse termo, delimitando o conjunto dos objetos que podem ser qualificados como sendo de natureza tributária ou não.

"Tributo", porém, pode ser igualmente definido por meio de exemplos, ou seja, da indicação dos objetos que se lhe ajustam. Nesse caso, temos as definições extensionais ou denotativas. Trata-se de uma enumeração dos elementos que se ajustam ao conceito. Uma definição denotativa de "tributo" é oferecida pela Constituição da República quando, em seu art. 145, prescreve:

> *A União, os Estados, o Distrito Federal e os Municípios poderão instituir os seguintes tributos:*
>
> *I – impostos;*
>
> *II – taxas, em razão do exercício do poder de polícia ou pela utilização, efetiva ou potencial, de serviços públicos específicos e divisíveis, prestados aos contribuintes ou postos à sua disposição;*
>
> *III – contribuição de melhoria, decorrente de obras públicas.*

A palavra de classe "tributo" é definida pela indicação de exemplos, enumeração de espécies que se ajustam ao conjunto representado por este termo.

Num caso e noutro, as definições intencionais e extensionais precisam o significado das palavras, delimitando as circunstâncias de uso dos termos e contribuindo para aperfeiçoar aquilo que Charles Morris[322] indicou ser o objeto da semântica: identificar as regras pelas quais uma palavra pode ser aplicada a um objeto ou circunstância.

6.6 Elementos do sentido V – o texto e o contexto

Os conceitos apresentados até aqui sugerem que as relações de significação são construídas, exclusivamente, por vínculos entre os três vértices do triângulo semiótico: significante,

322. MORRIS, Charles. *Foundations of the theory of signs* cit., p. 16.

significado e significação. Numa primeira leitura, essa relação enfatizaria a importância dos textos na elaboração do sentido.[323]

O signo, porém, é uma relação entre símbolos e objetos simbolizados, mediada pelo usuário que, ao tomar contato com um, projeta subjetivamente o outro. Um sujeito que tome contato com o termo "casa" projeta subjetivamente a ideia de prédio edificado para servir de morada ou residência. O termo é a parte presente – o significante – a habitação é a parte ausente – o significado. A projeção subjetiva, aquele aspecto incontrolável e variável de homem para homem – tão desprezado pelos pressupostos da semântica objetiva de Frege[324] – é o que se chama significação. Esta, que representa o modo de relacionar significante e significado, é condicionada pela subjetividade do usuário dos signos. Com isso fazemos referência ao conjunto de condicionantes culturais, sociais, valorativos, que o leva a formular uma significação de um modo e não de outro. Esse conjunto de fatores que operam junto à subjetividade do sujeito, condicionando a sua forma de perceber os textos, são também textos que dão forma ao chamado contexto, porque são susceptíveis, ainda que indiretamente, de interpretação. Dessa forma, podemos imaginar os textos que dão forma ao significante e aqueles outros que influenciam a significação.

A modificação do contexto proporciona, por conseguinte, modificações na forma de justificar o sentido de uma expressão.[325]

---

323. A esse respeito, ressalta Paulo de Barros Carvalho: "O texto é o ponto de partida para a formação das significações e, ao mesmo tempo, para a referência aos entes significados, perfazendo aquela estrutura triádica ou trilateral que é própria das unidades sígnicas. Nele, texto, as manifestações subjetivas ganham objetividade, tornando-se intersubjetivas. Em qualquer sistema de signos, o esforço de decodificação tomará por base o texto e o desenvolvimento hermenêutico fixará nessa instância material todo o apoio de suas construções" (CARVALHO, Paulo de Barros. *Direito tributário, linguagem e método* cit., p. 09).

324. FREGE, Gottlob. *Lógica e filosofia da linguagem*. Seleção, introdução, tradução e notas de Paulo Alcoforado cit., p. 64.

325. Atento a esse fenômeno, Paulo de Barros Carvalho chama a atenção para a dualidade entre texto e contexto na formação de sentido dos discursos prescritivos, afirmando que: "[...] não há texto sem contexto, pois a compreensão da mensagem pressupõe necessariamente uma série de associações que poderíamos referir como

Esses esclarecimentos evidenciam a circunstância de existirem dois vetores fundamentais para a construção do sentido: o texto e o contexto. No primeiro, identificamos os significantes, em relações sintagmáticas, organizados segundo o que prescreve a gramática vigente e as regras semânticas. No segundo, porém, a pesquisa é externa ao texto, e busca apreender os fatores que podem influenciar as relações de significação, marcadamente naqueles pontos que têm a ver com os valores aceitos e praticados num grupo social.

Por fim, ressaltamos que a conjugação entre texto e contexto oferece respostas úteis à construção de uma teoria sobre a legitimidade dos sentidos, ou melhor, sobre a forma de definição dos sentidos. A análise do contexto possibilita a percepção dos valores vigentes numa sociedade, do conjunto de crenças partilhadas pelos sujeitos de uma comunidade num determinado tempo histórico. Essa percepção é, por sua vez, imprescindível para que se consiga aceitar como legítima a definição de termos presentes num texto. Noutras palavras, a produção do sentido é fruto do diálogo entre texto e contexto e só a conjugação entre eles possibilita construções de sentido que sejam prevalescentes entre aqueles a que se destinam.

6.7 Elementos do sentido VI – Reenvio, hierarquias intrincadas e problemas de legitimidade

O diálogo entre textos em geral e, em particular, normas jurídicas, visto sob a perspectiva estrutural, é ordenado e claramente

---

linguística e extralinguística. Haverá, portanto, um contexto de linguagem envolvendo imediatamente o texto, como as associações do eixo paradigmático, e outro, de índole extralinguística, contornando os dois primeiros. Desse modo, podemos mencionar o texto segundo um ponto de vista interno, elegendo como foco temático a organização que faz dele uma totalidade de sentido – operando como objeto de significação no facto comunicacional que se dá entre emissor e receptor da mensagem – e outro corte metodológico que centraliza suas atenções no texto enquanto instrumento da comunicação entre dois sujeitos, tomado agora como objeto cultural e, por conseguinte, inserido no processo histórico-social, onde atuam determinadas formações ideológicas" (CARVALHO, Paulo de Barros. *Direito tributário, linguagem e método* cit., p. 10).

hierarquizado. A norma produzida pela autoridade superior prevalece sobre aquela editada pela autoridade inferior. É fácil perceber as relações de subordinação entre a Constituição e a lei, entre esta e o regulamento, e entre este e o ato terminal de aplicação da norma. Tomando como critério o sujeito competente para produzir normas, ninguém ousaria afirmar que, no sistema jurídico tributário brasileiro, o regulamento prevalece sobre a lei, ou que esta possa prevalecer sobre a Constituição.

Porém, aquilo que é unânime entre observadores e participantes, sob o ponto de vista estrutural, mostra-se controvertido quando examinado sob a perspectiva do sentido das proposições.

Abstraindo os sujeitos competentes, e tomando como objeto de estudo o sentido dos textos jurídicos, é possível estabelecer diálogos entre texto constitucional, legal, regulamentar, privado ou jurisdicional. Não é simples, porém, saber qual sentido deve prevalecer, se o da norma superior ou o da norma inferior. Como defende J. J. Gomes Canotilho: "*A concretização seria a 'densificação' ou o 'processo de densificação' de normas ou regras de grande 'abertura' – princípios, normas constitucionais, cláusulas legais indeterminadas – de forma a possibilitar a solução de um problema*".[326]

Noutras palavras: o processo de positivação do direito coincide com a concretização de sentido dos seus âmbitos de vigência. E a concretização destes âmbitos, por sua vez, enseja discursos normativos mais concretos. Isso acontece de tal forma que, se comparada a norma inferior com a superior, esta será sempre mais vaga que aquela. Ora, se a concretização de sentido é progressivamente maior, não é difícil imaginar, que para saber o que efetivamente prescreve a norma superior, seja necessário analisar a norma inferior.

No cotidiano das relações entre Fisco e contribuintes, as dúvidas relativas à incidência de normas tributárias, com

326. CANOTILHO, José Joaquim Gomes. *Constituição dirigente e vinculação do legislador*. 2. ed. Coimbra: Coimbra Editora, 2001. p. 321-322.

muita frequência, são resolvidas por atos infralegais – regulamentos, portarias, atos interpretativos – que positivam o sentido mais analítico do texto, se comparado àquele posto de forma sintética pela lei. Daí por que é intuitiva a noção de que o ato infralegal atribui sentido ao legal, da mesma forma que a lei atribui sentido à Constituição. Os aspectos negativos desse fenômeno não passaram despercebidos a J. J. Gomes Canotilho, que se refere à "lei dos regulamentos" e à "constituição das leis" para mencionar os reenvios de sentido feitos a partir das normas inferiores para precisar o significado das normas superiores. Eis a expressão do seu pensamento:

> É que a *constituição segundo leis* é o mais importante caso de "preenchimento de baixo para cima", derivando, em grande medida, do alargamento da noção de *constituição material*, com a consequência do "lançamento" da lei fundamental na "empíria", na "chama da ideologia", no "extrajurídico". [...] A via de solução do problema não está, propriamente, como reconhece LEISNER, em combater o conceito material de constituição, mas em evitar que este seja "ocupado" pelo direito infraconstitucional, pelos seus conceitos, as suas teorias e tradições. Daí que, correctamente: (1) se imponha o esgotamento das possibilidades de interpretação autônoma dos conceitos constitucionais antes de se passar para o auxílio legal; (2) se interpretem ou devam interpretar os conceitos legais no sentido constitucional (muitas vezes atécnico) e não no sentido pretensamente técnico, vazado no direito infraconstitucional; (3) se deva questionar a dimensão de garantia institucional, conducente a uma interpretação segundo a tradição, e não segundo os preceitos constitucionais.[327]

A possibilidade de chegar ao sentido das normas superiores com base no que prescrevem as inferiores põe em dúvida a própria ideia de norma superior, de organização escalonada, de diálogo entre normas nas relações de fundamentação.

A ideia de que a forma vem de cima e o conteúdo, de baixo, segundo Canotilho: "*deve merecer uma enérgica resistência dogmática: num Estado constitucional democrático a forma*

327. Ibidem, p. 409.

e o conteúdo principal vêm de cima".[328] Pois bem, a hierarquia dos sujeitos competentes deve, também, projetar efeitos na forma de produzir sentido.

O que não se admite, por ser ingênuo e ineficaz, é ignorar os diálogos mantidos entre norma superior e inferior. Apenas na situação de se configurar incompatibilidade entre esses dois planos de sentido é que deve prevalecer o produzido por autoridade superior, na linha do que defendemos no Capítulo 5 deste trabalho, quando tratamos das questões relativas à coerência do sistema de direito positivo.

6.8 Elementos do sentido VII – O sentido dos observadores e o sentido dos participantes

A forma de deduzir o sentido a partir dos textos de direito positivo é idêntica entre observadores e participantes. Como já dissemos, o texto é o ponto de partida comum a todos aqueles que querem iniciar o contato com o sistema jurídico tributário. Por isso, é útil a essas duas classes de sujeitos saber como se dão a significação, os tipos de sentido e as formas de definição dos significados.

E isso ocorre por uma razão simples: a base sobre a qual se voltam os intérpretes autênticos – participantes – e os não autênticos – observadores – é a mesma: o texto jurídico.

Como já deixamos evidente na primeira parte do trabalho, a diferença essencial entre observadores e participantes advém do resultado da sua atividade de interpretação, pois enquanto o sentido construído pelos participantes é prescritivo, consubstanciado em novos textos de direito positivo, o produzido pelos observadores é descritivo. Por isso não serve como decisão que prevaleça coercitivamente e com força de coisa julgada.

O sentido dos observadores e o sentido dos participantes, todavia, dialogam entre si. Sentenças citam doutrina e a

328. Ibidem, p. 410.

doutrina toma como referência, mediata ou imediata, os textos de direito positivo. Não há como imaginar o sentido da doutrina sem o sentido do direito positivo. Em grau menor, mas igualmente importante, é o sentido da doutrina para o direito positivo, especialmente para a fundamentação das decisões judiciais. Inclusive, segundo esclarece Niklas Luhmann[329], a função primeira das teorias dogmáticas é organizar o sentido de decisões judiciais, de modo a aplicar a experiência passada a situações futuras. A doutrina traduziria a experiência jurídica vivida para que ela possa influenciar as decisões no futuro.

O intenso diálogo entre os sentidos dos observadores e dos participantes é fácil perceber. O que nem sempre se mostra é a circunstância de esses discursos seguirem regras de legitimação completamente distintas. E isso ocorre pelo fato de um estar voltado à regulação de condutas e o outro à descrição de normas. Aquele que prescreve condutas fala em nome do sistema jurídico, prescreve em nome do que prescrevem outras normas. Seu dever consiste em ser coerente com o sistema e, em especial, com outras interpretações construídas pelo próprio sistema. Já aqueles que descrevem o direito, fazendo dogmática jurídica, falam em nome da coerência, da consistência e da precisão do seu discurso.

O sistema de referências teóricas está para o observador assim como o sistema jurídico está para os participantes. E a legitimidade de suas proposições será tanto maior quanto maior for a coerência entre suas proposições e o sistema de que faz parte. Tudo isso, não se pode esquecer, com intenso diálogo entre os dois tipos de sentido.

Em resumo, podemos falar no sentido dos participantes, que é construído e positivado por aqueles que têm o poder de prescrever condutas por meio da edição de normas. E podemos falar, também, no sentido dos observadores, formulado pelos sujeitos que fazem dogmática jurídica. A *contrario*

---

329. LUHMANN, Niklas. *Sociologia do direito II*. Rio de Janeiro: Tempo Brasileiro, 1985. p. 34 e s.

senso, e buscando evidenciar a relação dialógica entre essas duas modalidades, poderíamos falar na ciência do poder, que imprime legitimidade às decisões. E, por que não, no poder da ciência, manifestado na influência que exerce sobre as decisões dos sujeitos competentes.

Capítulo 7

VARIAÇÕES DE SENTIDO DO TERMO "COMPETÊNCIA TRIBUTÁRIA"

No Capítulo anterior, incluímos a ambiguidade entre as espécies de ruído da comunicação, responsável por discursos inconsistentes, incoerentes, falaciosos e, em muitas circunstâncias, causa primeira de divergências verbais. Não por acaso, é consensual a opinião de que um termo polissêmico, inserido num discurso com pretensões científicas, deve ser substituído por outro mais preciso ou ter seu sentido elucidado.

Estamos cientes, entretanto, de que as elucidações expressam opção por um sentido, em detrimento de outros igualmente possíveis. Por isso suspenderemos nossa decisão temporariamente. Faremos, por certo tempo, caminho inverso: usaremos a ambiguidade como recurso metodológico, para explorar sentidos variados, estabelecer diálogos e, assim, tentar perceber nuanças que seriam imediatamente colocadas de lado por uma definição ortodoxa. Empreenderemos aquilo que em teoria musical se chama "variações sobre o mesmo tema", ou seja, discorreremos sobre um mesmo conceito, porém sob variadas perspectivas.

Esse caminho pode ser dividido em três etapas, desenvolvidas segundo três eixos temáticos: *i.* competência e Estado; *ii.* modalidades de competência; e *iii.* os sentidos da norma de competência tributária. Ao final, retomaremos o cerne da proposição e definiremos os sentidos de "competência" e "norma de competência tributária".

7.1 Ideia de competência tributária na Teoria Geral do Estado

Poder, Estado, Federação e Autonomia são conceitos próprios da Teoria Geral do Estado que mantêm estreita relação com a ideia de competência tributária. Essas relações evidenciam a importância do conceito de competência para compreender o que seja o próprio Estado e os seus modos de organização. Assim, na medida em que explicarmos o que é e como funciona o Estado, teremos novos elementos para enriquecer o sentido que atribuiremos à expressão "competência tributária".

7.1.1 Competência e Poder

O texto constitucional prescreve: "*Todo poder emana do povo, que o exerce por meio de representantes eleitos ou diretamente, nos termos desta Constituição*" (art. 1º, parágrafo único). Cabe à Constituição da República, portanto, prescrever quais são os poderes, quem deve exercê-los e como devem ser exercidos no território alcançado pela soberania nacional. Há muitas referências ao termo "poder" no texto constitucional. Vejamos novos exemplos: no artigo seguinte (art. 2º) há referência expressa aos Poderes da União, entre os quais estaria o Executivo, o Legislativo e o Judiciário. Em outras várias oportunidades o texto fala em poderes, especificando agentes, matérias, formas de ação. Há, inclusive, toda uma Seção do Sistema Tributário Nacional, intitulada "Das Limitações do Poder de Tributar".

O sentido atribuído ao termo "poder", entretanto, é polêmico, ensejando animadas controvérsias. Como veremos adiante, uma simples pesquisa semântica evidencia variadas formas de usar e definir o citado vocábulo.[330] Fixando apenas

---

330. "O jurista usa a expressão poder, dando-lhe conotações diferentes, conforme a

três desses modos, teríamos aqueles que equiparam a ideia de "poder" à de "competência"; outros que vinculam um ao outro como se fossem gênero e espécie, respectivamente, e, também, aqueles que sustentam não só a diferença das acepções, como a inadequação do termo "poder" ao discurso da dogmática jurídica. Observaremos com mais atenção cada uma dessas teorias para, então, sustentar nossa posição a respeito do tema.

Na obra *Conceitos de direito tributário,* C. M. Giuliani Fonrouge explora uma série de acepções que a doutrina empresta à expressão poder. Em seguida, conclui, implicitamente, pela possibilidade de serem usados "poder" e "competência" como sinônimos:

> A expressão poder tributário significa a faculdade ou a possibilidade jurídica do estado exigir contribuições com respeito a pessoas ou bens que se achem em sua jurisdição. Este conceito – tão genericamente consignado – tem dado lugar a interpretações divergentes, que começam com a terminologia. Há quem fale de supremacia tributária (BERLIRI), de potestade impositiva (MICHELI), de poder tributário (COCIVERA, ALESSI-STAMMATTI), poder fiscal (BIELSA), poder de imposição (INGROSSO, BLUMENSTEIN), poder tributário concebido como o poder geral

necessidade teórica, sem que os sentidos diferentes possam ser trazidos a um denominador comum, por exemplo: a) no Direito Público, o poder é assinalado nos processos de formação do direito, na verdade como um elemento importante, mas que esgota sua função quando o direito surge, passando daí por diante a contrapor-se a ele nos termos de uma dicotomia entre *poder* e *direito*, como se, nascido o direito, o poder se mantivesse um fenômeno perigoso, a ser controlado sempre em sentido de poder do Estado juridicamente limitado; b) assim, poder seria, incialmente, *alguma coisa*, poder é coisa, uma substância, no homem, na natureza. Fala-se em força, em faculdade ou capacidade para agir, fazer. Algo que o homem detém, ganha, perde, limita, aumenta. Poder nessa acepção tem a ver com *império*, capacidade de produzir obediência, atributo essencial da autoridade política, judiciária, legislativa, administrativa, policial; c) para o Direito, o poder como capacidade de produzir obediência é conceito intimamente ligado ao de direito subjetivo e, às vezes, até se confunde com ele. Nesse sentido, usa-se poder como *faculdade*, faculdade de exigir contribuições pecuniárias (poder tributário), faculdade de agir e reagir protegido pela lei (poder jurídico), faculdade para exercer certa função (poder legal ou competência), faculdade de exercer livremente a autoridade segundo o seu arbítrio em certas circunstâncias (poder discricionário) etc." (FERRAZ JUNIOR, Tércio Sampaio. *Estudos de filosofia do direito:* reflexões sobre o poder, a liberdade, a justiça e o direito. São Paulo: Atlas, 2002. p. 19-20).

> do estado aplicado a determinado setor da atividade estatal, à imposição (HENSEL), porém, são variantes da ideia exposta.[331]

Na mesma linha do que acabamos de expor, Fernando Sáinz de Bujanda[332] defende ser o poder tributário um aspecto essencial do Estado. Ressalta, porém, que, no Estado moderno, esse poder deixou de ser uma força para se converter em poder jurídico que – à semelhança do que prescreve o art. 2º da CF/88, referido acima – deve ser exercido segundo os ditames da ordem jurídica. Assim, após defender a ideia de que não se pode cogitar uma organização política sem poder, define que o poder tributário é a faculdade de instituir tributos para satisfação dos seus fins.[333]

A faculdade de instituir, arrecadar e fiscalizar tributos seria, portanto, o que se chama "poder tributário", que existiria e seria aplicado nos termos do que prescrevem as normas do Sistema Tributário Nacional.[334] Entre nós, muita gente pensou e pensa assim. Bastaria relacionar Alfredo Augusto Becker,[335] Aliomar Baleeiro,[336] com seu clássico "Limitações

---

331. FONROUGE, C. M. Giuliani. *Conceitos de direito tributário.* São Paulo: Lael, 1973, p. 30.

332. BUJANDA, Fernando Sáinz de. Estructura jurídica del sistema tributario. *Revista de Derecho Financiero y de Hacienda Pública,* Madrid: Editorial de Derecho Financiero, 1964, p. 28-29.

333. Eis a expressão do seu pensamento: Como es sabido, el poder tributario constituye un atributo esencial del Estado. No es posible concebir ninguna organización política en que falte este poder, que no es, en definitiva, sino la facultad de imponer tributos que procuren al Ente público los recursos necesarios para el cumplimiento de sus fines. Ahora bien, en el moderno Estado constitucional ese poder ha dejado de ser una fuerza o poder de hecho para convertirse en un poder jurídico, que se ejercita dictando normas (BUJANDA, Fernando Sáinz de. Estructura jurídica del sistema tributário cit., p. 9).

334. No mesmo sentido: "A competência tributária (ou poder tributário) é a faculdade que tem o Estado de criar unilateralmente tributos, cujo pagamento será exigido das pessoas submetidas a sua soberania" (VILLEGAS, Héctor B. *Curso de direito tributário.* São Paulo: RT, 1980. p. 82).

335. BECKER, Aufredo Augusto. *Teoria geral do direito tributário.* São Paulo: Noeses, 2007. p. 224.

336. BALEEIRO, Aliomar. *Limitações constitucionais ao poder de tributar.* 7. ed. Atualizada por Misabel Abreu Machado Derzi. Rio de Janeiro: Forense, 1999. p. 16.

Constitucionais ao Poder de Tributar", Misabel Abreu Machado Derzi,[337] Amilcar de Araujo Falcão[338] e José Souto Maior Borges[339] para atestar o uso corrente dessa expressão entre nós.

Numa escala intermediária, estariam os que consideram o poder como gênero e a competência como espécie, ou o contrário, sendo a competência o conjunto que teria entre os seus elementos o poder. Num caso e noutro, os dois termos convivem, porém com acepções distintas.

Sacha Calmon Navarro Coêlho,[340] para relacionar poder e competência, utiliza-se, implicitamente, da relação feita pela doutrina do processo civil entre competência e jurisdição. Igualmente, o plexo de faculdades impositivas do Estado seria o poder tributário, suas divisões e subdivisões, as competências. Na expressão do seu pensamento, encontramos as seguintes ideias:

> Em primeiro lugar, verifica-se que várias são as pessoas políticas exercentes do poder de tributar e, pois, titulares de competências impositivas: a União, os Estados-Membros, o Distrito Federal e os Municípios. Entre eles será repartido o poder de tributar. Todos recebem diretamente da Constituição, expressão da vontade geral, as suas respectivas parcela de competência [...]. O poder de tributar originariamente uno por vontade do povo (Estado Democrático de Direito) é dividido entre as pessoas políticas que formam a Federação.[341]

---

337. Misabel Abreu Machado Derzi defende o seguinte ponto de vista: "Se tomada competência no sentido específico e exclusivo de atribuição do poder de criar e disciplinar tributos, dentro dos limites constitucionalmente postos, a norma de competência resulta de uma subtração, logicamente feita: norma de competência = atribuição de poder tributário – imunidades (ou supressões parciais de poder tributário" (BALEEIRO, Aliomar. *Limitações constitucionais ao poder de tributar* cit., p. 14-15).

338. FALCÃO, Amilcar de Araujo. *Sistema tributário brasileiro:* discriminação de rendas. Rio de Janeiro: Edições Financeiras, 1965. p. 14.

339. Segundo quem: "Juridicamente, o poder tributário não é algo distinto da competência tributária. Aquele só tem sentido jurídico enquanto demarcado por esta" (BORGES, José Souto Maior. Aspectos fundamentais da competência municipal para instituir o ISS. In: TORRES, Heleno Taveira (org.) *O ISS na Lei Complementar 116/2003 e na Constituição.* São Paulo: Manole, 2004. p. 9).

340. CLÈVE, Clèmerson Merlin. *Curso de direito tributário brasileiro.* 6. ed. Rio de Janeiro: Forense, 2002. p. 67.

341. Idem.

Nessa perspectiva, o gênero poder se desdobra em espécies de competência. Seria, portanto, a expressão total das possibilidades do Estado em matéria tributária, enquanto competência seria a sua outorga juridicamente delimitada. Invertendo o ponto de vista, Juan Ramallo sustenta que:

> [...] o conceito de competência tributária é mais amplo do que o de poder tributário na medida em que consideramos este apenas como competência para elaborar as normas ou legislar sobre tributos. O poder tributário é exclusivamente uma espécie das competências tributárias, muito embora seja a mais importante delas, já que, se não exercido, não poderão existir as demais [espécies]. Portanto, ao se discutir a repartição do poder entre diferentes níveis de governo, temos necessariamente que situá-lo no mais amplo quadro das competências tributárias, uma das quais é a de criar tributo, denominada poder tributário.[342]

Sob esse olhar, o poder é subespécie de competência, qualificado pela circunstância de ser exercido pelo órgão legislativo. Todos os demais casos, porém, não seriam expressão da espécie poder tributário, mas sim do seu gênero: a competência.

As propostas descritas acima, todas elas, empregam o termo "poder" como algo convergente com o termo "competência tributária". Esse uso, porém, encontra forte oposição na obra elaborada por Rubens Gomes de Sousa, Geraldo Ataliba e Paulo de Barros Carvalho, onde se lê: "*poder tributário, no Brasil, a rigor não existe. O constituinte limitou-se a repartir competências tributárias.*"[343] Atribuindo a ideia de facul-

342. No original: "[...], el concepto de competencia tributaria es más amplio que el de poder tributario en la medida en que consideremos a éste sólo como competencia para elaborar las normas o legislar sobre el tributo. El poder tributario és único y exclusivamente una especie de las competencias tributarias, si bien la más importante en cuanto que de no ejercerse no podrán lógicamente existir las demás. Por tanto, al hablar de la distribución del poder entre distintos ámbitos de gobierno, tenemos necesariamente que situarlo en el más amplio marco de las competencias tributarias, una de las cuales es la de crear tributos y a la que se llama poder tributario" (RAMALLO, Juan. El reparto de competencias tributarias entre los distintos ámbitos de gobierno. *Revista de Direito Tributário*, São Paulo: RT, n. 43, ano 12, p. 29, jan.-mar. 1988).

343. SOUSA, Rubens Gomes de; ATALIBA, Geraldo; CARVALHO, Paulo de Barros. *Comentários ao Código Tributário Nacional.* Parte geral. São Paulo: RT, 1975. p. 74.

dade ilimitada ao "poder", é consequência inarredável que a competência tributária deve ser considerada algo distinto, já que limitada por natureza.

Foi esse sentido de poder que Roque Antonio Carrazza empregou para afirmar que:

> No Brasil, por força de uma série de disposições constitucionais, não há falar em poder tributário (incontrastável, absoluto), mas, tão somente, em competência tributária (regrada, disciplinada pelo direito). De fato, entre nós, a força tributante estatal não atua livremente, mas dentro dos limites do direito positivo. Como veremos em seguida, cada uma das pessoas políticas não possui, em nosso País, poder tributário (manifestação do *ius imperium* do Estado), mas competência tributária (manifestação da autonomia da pessoa política e, assim, sujeita ao ordenamento jurídico-constitucional).[344]

Arremata suas conclusões ressaltando o fato de que as faculdades impositivas no direito brasileiro são outorgadas pela Constituição da República. Com isso, deixa clara a posição segundo a qual não se deve falar em "poder", pois, de fato, poder não existiria no Sistema Tributário Nacional. Seria possível, apenas e tão somente, pensar em competências que surgem e são exercidas segundo os estritos limites da Lei.

Diante de tantos e tão bons argumentos, caberia perguntar: a quem assiste razão? E a resposta seria, simultaneamente, a todos e a nenhum. Esse é um típico caso de conflito verbal, justificado por razões culturais, mas sem qualquer relevância conceitual. Todas as correntes concordam com o seguinte ponto: as faculdades impositivas devem ser exercidas nos termos prescritos pela ordem jurídica, em especial pela própria Constituição da República. O problema, portanto, não tem raiz ontológica, como se "poder" só pudesse ser algo incontrastável.[345]

---

344. CARRAZZA, Roque Antonio. *Curso de direito constitucional tributário*. 20. ed. São Paulo: Malheiros, 2004. p. 447-448.

345. Nesse sentido, as "Limitações Constitucionais ao Poder de Tributar" seriam um caso típico de contradição em termos, pois seria a limitação do que é ilimitado.

Torben Spaak,[346] analisando os usos correntes das citadas expressões, afirma existirem razões culturais para adoção de um termo ou de outro. Segundo ele, é perceptível a maior incidência no uso da expressão "poder" entre autores americanos e ingleses. Por outro lado, entre autores escandinavos, continentais europeus e latino-americanos, há preferência pelo uso do termo "competência". Nenhuma outra razão ontológica recomendaria a escolha por uma em detrimento da outra.

Em virtude das razões culturais apontadas por Torben Spaak, faremos uso da expressão "competência tributária" que, inclusive, dá título a todo este estudo.

7.1.2 Competência e Estado

O conceito de Estado se sujeita a inúmeras definições. Sociologicamente, é uma reunião de pessoas num dado território. Geograficamente, é um território ocupado por uma nação. Historicamente, é um grupo humano reunido ao longo de certo período de tempo. Politicamente, é uma coletividade soberana. Antropologicamente, um contrato social tácito firmado entre todos os membros de uma dada sociedade. Após analisar e refutar, sob o ponto de vista jurídico, a procedência de cada uma destas definições, R. Carré de Marberg afirma que:

> [...] a existência de uma Constituição é condição absoluta e base do Estado, no sentido de que este não pode existir se não em razão de um estado orgânico de coisas que realiza a união de todos seus membros sob o poder de vontade superior.[347]

346. "Britsh and American writers prefer the term 'power', while Scandinavian writers, and, I think, also Continental-European and Latin-American writers, speak rather 'competence'" (SPAAK, Torben, *The concept of legal competence* – an essay in conceptual analysis cit., p. 2).

347. Tradução livre de: "[...] la existencia de una Constitución es la condición absoluta y la base misma del Estado, en el sentido de que éste no puede existir si no es gracias a un estado de cosas orgánico que realiza la unión de todos sus miembros bajo la potestad de voluntad superior" (MARBERG, R. Carré de. *Teoria general del estado.* 3. ed. México: Fundo de Cultura Económica, 1998. p. 76).

A existência de uma Constituição, portanto, seria o elemento unificador que, sob o ponto de vista jurídico, faz surgir o Estado e com ele passa a se confundir.

Nesta linha de considerações, Hans Kelsen faz entender que a ideia mesma de Estado se confunde com a de competência. Diz isso ao afirmar que: "*quanto mais expandida é a competência do Estado, mais limitada é a liberdade pessoal dos seus sujeitos*".[348]

A ideia de uma única competência, ou de um único poder, que concentraria a formação de vontade do Estado, é utópica. Na atualidade, a intensa especialização das funções estatais permite falar em Estado como entidade apenas como recurso retórico. Não temos acesso ao Estado, em si, mas aos seus órgãos, os quais, mediante o exercício das respectivas competências, formam a sua vontade. Lourival Vilanova, a este respeito, não deixa dúvida quando ensina que:

> Com a repartição de funções, instituição de órgãos específicos para funções específicas, cada órgão é o centro parcial de imputação, como o Estado é o centro total de imputação, de criação e de aplicação do direito. Cada órgão é um plexo de atribuições, de faculdades, de poderes e de deveres: é um feixe de competência.[349]

Paulo de Barros Carvalho, aplicando essa ideia ao direito tributário, percebe a competência para instituição de tributos como parte do conjunto maior que forma a totalidade das competências do Estado: "*A competência tributária, em síntese, é uma das parcelas entre as prerrogativas legiferantes de que são portadoras as pessoas políticas, consubstanciada na possibilidade de legislar para a produção de normas jurídicas sobre tributos.*"[350]

No mesmo sentido, Alfredo Augusto Becker vincula a ideia de Estado aos vários órgãos que o compõem e, objetivamente,

---

348. KELSEN, Hans. *Teoria geral do direito e do estado* cit., p. 346.

349. VILANOVA, Lourival. *Causalidade e relação no direito* cit., p. 265.

350.CARVALHO, Paulo de Barros. *Curso de direito tributário* cit., p. 229.

expressam a sua vontade pela produção de atos normativos. Seguindo em direção oposta à nossa para explicar a relação entre competência, órgãos e o próprio Estado, mas chegando a conclusões idênticas, afirma o jurista gaúcho:

> Estes órgãos, com ou sem personalidade jurídica, exercem o poder – não como um direito cujo uso lhes assiste – mas como um dos elementos essenciais aos quais eles (órgãos) devem sua existência. O órgão não é titular de um "direito" ao poder. O órgão, por sua própria natureza de órgão funcional do ser social (Estado), tem, imediata e conaturalmente à sua existência, uma parcela de poder: aquela que foi delimitada pelas regras jurídicas que criaram o órgão e disciplinaram a sua função específica. Essa parcela de poder é a competência.[351]

Se uma parcela do poder é uma competência, o estudo do conjunto das competências exercidas numa dada sociedade, com fundamento numa constituição positiva, nos levará à própria definição de Estado.

7.1.3 Competência e Federação

A ideia de um poder único não se realiza em nenhuma situação concreta. Todos os Estados dividem competências entre agentes que concorrem na expressão da sua vontade. A forma dessa divisão, porém, varia intensamente. Segundo a existência de menor ou maior descentralização das funções estatais é possível afirmar a existência de um Estado unitário ou federal, respectivamente.

O Estado unitário forma sua vontade sem a ingerência de Estados e Municípios autônomos. Já nos países organizados com base no modelo federativo, como o Brasil, é possível identificar a existência de entidades autônomas que se congregam na produção da vontade central. É isso que se deve conceber ao travar contato com o *caput* do art. 1º, da CF, que prescreve: "*A República Federativa do Brasil, formada pela união indissolúvel dos Estados e Municípios e do Distrito Federal*". A esses

---

351. BECKER, Alfredo Augusto. *Teoria geral do direito tributário*, p. 224.

entes deve ser acrescentada a União, cujas competências são exercidas em nome da unidade federativa.

Pois bem, a federação brasileira é caracterizada pela presença dos seguintes atributos: *i.* coexistência da União, Estados, Distrito Federal e Municípios como entidades autônomas; *ii.* participação dessas pessoas na formação da vontade do Estado; e *iii.* personalidade internacional unitária.

A pluralidade de pessoas de direito público interno – União, Estados, Municípios e Distrito Federal – convive com a unidade de representação internacional. No direito das gentes, e nas suas relações com os demais países, a República Federativa do Brasil é apenas uma, não aparecendo como sujeitos de direitos e deveres as entidades federativas que, internamente, dão-lhe forma.

O sistema bicameral, formado pela conjugação de Câmara dos Deputados e Senado Federal, possibilita assento a representantes eleitos para falar em nome dos cidadãos e em nome dos Estados Membros e do Distrito Federal. Daí por que o número de deputados varia, em certa medida, de acordo com o número de eleitores de cada Estado. No Senado federal, pelo contrário, o número de representantes é fixo, sendo três para cada Estado ou o Distrito Federal. Essa composição dúplice assegura que as decisões centrais da República sejam tomadas em conjunto, pelos representantes diretos dos eleitores, mas também por aqueles que os representam indiretamente, falando em nome dos citados entes federativos.

Como esclarece Sampaio Dória, o conceito de Federação não é estático, cristalizado, mas "*sensível a flutuações nas estruturas políticas e econômicas de cada nação, modelando o grau das autonomias recíprocas e a extensão de suas competências segundo variáveis ocorrentes em cada etapa de sua história*".[352] Ressaltando, intuitivamente, o caráter contextual

352. DÓRIA, Antônio Roberto Sampaio. *Discriminação de rendas tributárias.* São Paulo: José Bushatsky, 1972. p. 10.

e dialógico da ideia de federação, Amilcar de Araujo Falcão expressa opinião convergente com a que acabamos de transcrever, especialmente para enfatizar que:

> [...] a evolução tem-se feito sentir na direção do engrossamento das competências da entidade central, o que leva alguns escritores a duvidar da persistência, em dias atuais, do próprio sistema ou, pelo menos, a afirmar que a fórmula do federalismo dualista se teria tornado anacrônica, substituindo-se pela do chamado neofederalismo, em que a autonomia dos entes periféricos ficaria reduzida ao que lhes permitisse a interpretação dinâmica das competências federais, feita pelo legislativo federal e pelo judiciário com fundamento, inclusive, em apreciações de oportunidade. Na verdade, essa ampliação dos poderes da federação decorreu, não de uma invasão ou usurpação das prerrogativas locais, mas da revisão dos conceitos de interesse local ou nacional, determinantes da própria distribuição das competências.[353]

Com isso, ao tempo em que destaca o crescimento das atribuições da União, mostra que a própria ideia de Federação é vaga. Quanto de autonomia deve ser atribuído à União e aos Estados para que se possa falar em Estado Federal? Incluir os municípios entre seus entes faz do Brasil uma Federação distinta das demais? Quanto da arrecadação total de tributos deve ser atribuído a cada ente federativo para que se possa falar em efetiva autonomia? São perguntas que não encontram respostas precisas. O fato a ser destacado é que, como todos os demais conceitos, o sentido de Federação varia segundo o contexto político, econômico, jurídico e cultural em que é mencionado.

E isso ocorre de tal forma que se compararmos autores que se dedicaram ao tema em momentos distintos, teremos a identificação de diversos critérios de uso para o termo "Federação".

Amilcar de Araujo Falcão, em relação ao modelo federativo, entende que "*o que o caracteriza é, exatamente, a conjugação, em um só Estado soberano, de entidades autônomas, titulares de competências próprias para autodeterminar-se, sem*

353. FALCÃO, Amilcar de Araujo. *Sistema tributário brasileiro:* discriminação de rendas cit., p. 18.

sofrerem, em princípio, a injunção do governo central".[354] Sampaio Dória, por sua vez, afirma que a Federação está presente quando os entes que a compõem forem dotados de autonomia financeira que, em última análise, é o que assegura a efetividade da autonomia política.[355]

Outros autores, igualmente autorizados, compartilham a ideia segundo a qual a Federação pressupõe coexistência de entidades autônomas coordenadas. Entretanto, divergem ao apontar requisitos sem cuja presença não se pode falar em Estado Federal. Carlos Mário Velloso entende que são requisitos caracterizadores do Estado Federal:

> a) a repartição constitucional de competências; b) a autonomia estadual, que compreende a auto-organização, o autogoverno e a autoadministração; c) a participação do estado-membro na formação da vontade federal; d) a discriminação constitucional das rendas tributárias, com a repartição da competência tributária e a distribuição da receita tributária.[356]

Requisitos algo próximos daqueles apontados por Roque Antonio Carrazza, segundo quem não seria possível falar de Federação sem que se atentasse para os seguintes atributos fundamentais:

> 1) rigidez da Constituição, que pode ser *absoluta* (imutável) ou, hipótese mais frequente, *relativa* (modificável, mas de forma

---

354. Idem.

355. "Do que até este passo ficou dito, ressaltam nítidas duas conclusões: a) a autonomia política das unidades que compõem a federação é alicerçada em correspondente autonomia financeira; b) a autonomia financeira, no que respeita ao exercício do poder tributário, se realiza pela outorga de competência impositiva aos entes federados, em caráter privativo ou concorrente. Desfaz-se, assim, a opinião comumente sustentada de ser a discriminação de rendas característica essencial do federalismo. De fato, é historicamente, não o é. A *atribuição de competência tributária*, sim, é requisito axiomático da federação, para assegurar independência política" (DÓRIA, Antônio Roberto Sampaio. *Discriminação de competência impositiva* – sua evolução na federação brasileira. São Paulo, Tese (Doutorado), Universidade de São Paulo, 1972. p. 15).

356. VELLOSO, Carlos Mário. Estado federal e estados federados na Constituição brasileira de 1988: do equilíbrio federativo. *Revista de Direito Administrativo*. Rio de Janeiro: Forense, jan.-mar. 1992, p. 7.

> mais trabalhosa do que as leis ordinárias); 2) partilha, pelo texto constitucional, das competências federal e estaduais; e 3) existência de um poder supremo – geralmente a Suprema Corte do País – para resolver, com base na Constituição Federal, as controvérsias que vierem a surgir entre os Estados federados ou entre estes e a União.[357]

Muito embora esse acatado jurista reconheça ser o atributo da autonomia centro de debates e divergências, defende que sua existência é essencial para que se possa falar em Federação. Daí por que ter o texto constitucional elevado à categoria de cláusula pétrea o chamado princípio federativo e, por meio dele, o plexo de competências que asseguram a autonomia de cada ente federativo.[358]

De fato, no que se refere à Federação brasileira, a característica mais relevante e que, de longe, mais enseja debates, é a relativa à definição do conceito de "autonomia". Amilcar de Araujo Falcão defende:

> O conceito de autonomia, como se sabe, é polêmico. As amplas explorações feitas em torno dele, especialmente pelos publicistas germânicos e italianos, não chegaram a levar a uma conclusão harmoniosa e pacífica. A nosso ver, a sua configuração depende da integração de dois momentos – o momento subjetivo e o momento objetivo. É mister que haja uma entidade autônoma, no sentido de que se trate de um ente com personalidade jurídica própria, descentralizado, destacado institucionalmente. Esse elemento, por si só, não bastaria, porque ele é comum às diferentes formas de descentralização administrativa. Necessário se torna, consequentemente, que ele se conjugue com um

357. CARRAZZA, Roque Antonio. A competência tributária dos Estados-membros diante da nova Constituição Federal. *Revista de Direito Tributário*, São Paulo: Revista dos Tribunais, n. 45, v. 187, 1988, p. 55.

358. "Apesar do assunto não ser pacífico, muitos autores consideram que o traço essencial da Federação repousa na participação direta e indireta dos Estados-membros, na formação da vontade federal, ou seja, na composição dos órgãos federais e na elaboração de suas decisões. [...]. Num Estado Federal, ao Legislativo da União é interdito anular, mutilar ou, mesmo, usurpar as competências estaduais, que, repitamos, estão perfeitamente desenhadas na Constituição da República" (CARRAZZA, Roque Antonio. A competência tributária dos Estados-membros diante da nova Constituição Federal cit., p. 55-56).

> elemento objetivo, qual seja o da titularidade de um poder de autodeterminação ou de produção de norma jurídica, independente e próprio.[359]

Essa característica pode ser definida como aptidão atribuída aos entes federativos para se autodeterminarem nas áreas política, legislativa, administrativa e financeira[360]. Tanto que a Constituição da República determina a elaboração de constituições estaduais e, algo equivalente, de leis orgânicas dos municípios. Por meio desses documentos, os assuntos próprios de cada uma das esferas de governo[361] são tratados da mesma forma que na Constituição da República: mediante a atribuição de competências a certos órgãos.

Entre essas, destacamos, por sua pertinência ao objeto de nossos interesses, as competências tributárias e orçamentárias que dão forma e substância à chamada autonomia financeira dos entes federativos. Destacamos, porém, espaço próprio para enfrentar o específico tema da autonomia financeira.

7.1.4 Competência tributária e autonomia financeira

Autonomia financeira compreende o conjunto de faculdades jurídicas que possibilita ao ente federativo adquirir os recursos necessários para o desenvolvimento das demais autonomias – política, administrativa e legislativa. Pode abranger tanto aquelas que se referem à imposição de tributos – tributárias – quanto às questões de repasse de receitas – orçamentárias.

---

359. FALCÃO, Amilcar de Araujo. *Sistema tributário brasileiro:* discriminação de rendas cit., p. 15.

360. Idem.

361. Relativamente aos critérios que orientam a forma de divisão de competências entre entes federativos, eis o que explica Amilcar de Araujo Falcão: "Ao governo central caberá toda matéria que diga respeito ao interesse geral, ficando com os poderes locais os assuntos restantes, todos eles reputados, assim, de interesse local ou considerados passíveis de determinação pelos particularismos regionais" (FALCÃO, Amilcar de Araujo. *Sistema tributário brasileiro:* discriminação de rendas cit., p. 17).

De forma unânime, a doutrina aponta a discriminação de competências como requisito para que se possa falar numa Federação. A controvérsia surge em relação à autodeterminação financeira que, para alguns, estaria assentada na competência para instituir impostos.

Segundo esta posição, cassada a competência impositiva, prejudicada está a Federação, sendo irrelevante a existência de outras fontes de receita, como repasses de outros entes federativos. Sem receita de tributo instituído por lei própria, o ente não é autônomo, sendo inconstitucional qualquer tentativa de suprimir competências legislativas, por afrontar cláusula pétrea prescrita no art. 60, § 4º, da CF/88.[362]

Numa síntese: a consequência de se vincular o conceito de autonomia financeira ao de competência tributária legislativa é que qualquer tentativa de modificá-la projetará alteração no pacto federativo.

Ora, se há possibilidade de as normas orçamentárias assegurarem autonomia financeira à parte dos entes federativos; se essas normas devem ser obedecidas como as demais; se existem municípios que integram a Federação sem exercer suas competências legislativas, seja por que razão for; se parte substancial da arrecadação de tributos municipais e estaduais é feita nos termos de lei complementar nacional – SIMPLES –, não há fundamento para identificar a ideia de autonomia financeira com a de competência tributária. Noutras palavras, é possível que entidades tenham autonomia financeira sem competências impositivas e, inversamente, tenham competências impositivas sem autonomia financeira. Dois conceitos que, apesar de manterem intenso diálogo, não se confundem.

O que vem a ser, então, a chamada autonomia financeira? Está presente a ideia de autonomia financeira sempre que o ente federativo disponha de recursos necessários à realização

362. "Art. 60. [...] § 4º. Não será objeto de deliberação a proposta de emenda tendente a abolir: I – a forma federativa de Estado; II – o voto direto, secreto, universal e periódico; III – a separação dos Poderes; IV – os direitos e garantias fundamentais."

das competências que lhe são atribuídas pela Constituição da República e, se for o caso, pela constituição estadual, distrital ou lei orgânica. O ente federativo será autônomo, do prisma financeiro, se dispuser dos recursos necessários ao desenvolvimento das demais autonomias administrativa, legislativa e, especialmente, política. Com recursos suficientes para assegurar as demais autonomias políticas, administrativas e legislativas há autonomia; sem eles, não há. A definição do que seja ou deixe de ser suficiente, todavia, transcende, em muito, o escopo traçado para este trabalho.

O elemento fundamental a ser fixado é que a autonomia financeira não depende exclusivamente da instituição e arrecadação de tributos. A repartição de receitas tributárias pode assegurar, e em muitos casos assegura, recursos necessários à autonomia do ente federativo. Por isso mesmo não se deve vincular, com exclusividade, a autonomia financeira às fontes de receita tributária.

Como já alertava Antônio Roberto de Sampaio Dória:[363]

> a discriminação de receitas tributárias pode ser feita tanto pela fonte quanto pelo produto. O primeiro caso abrange as receitas obtidas com a instituição e a arrecadação de tributos; já o segundo decorre da repartição de receitas tributárias. A relevância desse tema para o equilíbrio financeiro da Federação brasileira é de tal ordem que a Constituição da República dispensa nada menos que cinco artigos – do 157 ao 162 –, que compõem toda a seção VI, à sua disciplina.

O ponto de partida para compreender a repartição de receitas tributárias é saber se o repasse do produto da arrecadação de tributos é obrigatório ou facultativo. De acordo com Sampaio Dória, a primeira dessas possibilidades seria, ainda, dividida em duas modalidades:

> (a) *pela participação na arrecadação*, o ente federativo agraciado tem uma pretensão diretamente relacionada com o montante de

363. DÓRIA, Antônio Roberto Sampaio. *Discriminação de rendas tributárias*, p. 20-22.

> uma específica receita fiscal, e pode exigi-la; tal participação se faz através de uma porcentagem na arrecadação (*shared taxes*), a qual é coletada pelo próprio poder beneficiado ou lhe é transferida pelo titular do imposto, ou se faz através da cobrança de um adicional sobre tributo alheio, sendo tal arrecadação procedida de ordinário pelo próprio poder beneficiado.
>
> (b) *pela participação em fundos,* a entidade favorecida tem normalmente apenas uma expectativa de recebimento da quantia proveniente da arrecadação de determinado tributo; inexiste vínculo direto entre a arrecadação e o direito de dela participar, em percentagem definida, tanto que a repartição desses fundos é procedida não segundo critério de vinculação direta da cobrança tributária e órgão federativo participante (laços territoriais ou materiais), mas segundo diretrizes alheias a essa relação como grau de desenvolvimento econômico, população, superfície, nível de receitas, etc.; técnica adequada, conforme se nota, para efetuar uma redistribuição geográfica das rendas tributárias, carreando-as do local de produção para regiões delas mais necessitadas.[364]

A divisão de receitas tributárias e a participação em fundos são formas vinculadas, compulsórias, de repasse de receitas públicas. Essas formas, porém, não esgotam as possibilidades de transferência de recursos entre os entes da Federação. O texto constitucional prevê, ainda, a possibilidade de acordos, convênios ou simples repasses de verbas públicas para fazer frente à realização de atividades inerentes à sua autonomia política ou administrativa. Mais uma vez, valemo-nos das lições de Sampaio Dória para explicar como são e como funcionam essas transferências:

> A participação não vinculada é aleatória, motivada por considerações de solidariedade federativa, quer em caráter institucionalizado, atendendo às unidades incapazes de se autossustentarem e financiando projetos ou atividades específicas, quer intermitente, para socorrer a calamidade ou emergências. Comumente, assume a feição de auxílios e subvenções (*grants-in-aid*), conferidos de uma entidade federativa a outra, sendo a finalidade de utilização predeterminada ou clausulada pelo poder concedente (*block grants*). O controle das aplicações deve ser exercitado para minimizar os desvirtuamentos que o sistema possa oferecer. Mais rara,

364. Ibidem, p. 21.

> a transferência de impostos visa dotar o ente favorecido de um instrumento de atuação de maior autonomia, ainda que a transferência se faça com limitações para a cobrança do tributo. O órgão concedente poderá se reservar uma parcela da arrecadação.[365]

Por mais esta forma, vemos a possibilidade de entes federativos perceberem os recursos suficientes à sua autonomia financeira, sem, necessariamente, exercer competências impositivas. Com isso, fortalecemos nossa posição de que um ente federativo pode ser autônomo financeiramente, sem, contudo, exercer competências impositivas.

Como efeito desta premissa, poderíamos relacionar as seguintes consequências: *i.* ampliar ou restringir competências impositivas, desde que assegurada a repartição do produto da arrecadação ao ente que as perde, não compromete sua autonomia financeira, tampouco a forma federativa de Estado;[366] *ii.* nada impede, pois, que seja aumentado o grau de concentração da arrecadação de tributos à mão de um ente federativo, se for assegurada a repartição de receitas tributárias proporcionais; *iii.* a distribuição de competências impositivas, portanto, não está entre as matérias que o legislador constitucional vedou qualquer proposta de emenda modificativa – art. 60, § 4º da CF/88 – , podendo ser alterada segundo decisões políticas, na forma da lei, que estejam a serviço de interesses da República.

---

365. Ibidem, p. 22.

366. Em sentido contrário, transcrevemos palavras de Roque Antonio Carrazza, segundo quem: "A Federação brasileira é também indissolúvel. Isto de modo algum prejudica os Estados que a compõem, nem lhes retira a autonomia que a Carta Magna lhes outorgou. Antes, a preservação dos Estados e de seus peculiares interesses está tão assegurada quanto a própria indestrutibilidade do Estado Federal. [...] A indissolubilidade da Federação, afirmada no art. 1º da Carta Suprema, vem roborada no art. 60, § 4º, I, do mesmo Diploma Excelso. Neste último versículo proíbe-se, de modo expresso, qualquer proposta de emenda constitucional tendente a abolir 'a forma federativa de Estado'. Esta 'cláusula pétrea' não pode ser violada, nem por via direta, nem por via oblíqua, o que ocorreria, por hipótese, se se retirasse, mediante emenda constitucional, a competência tributária dos Estados" (A competência tributária dos Estados-membros diante da nova Constituição Federal cit., p. 57).

Pretendemos deixar clara a ideia de que a definição do conceito de Federação, com os seus atributos, varia segundo o contexto em que é enunciada. Não há conceito, ontologicamente fundado, de Federação. Com efeito, temos como propósito evidenciar que a repartição de competências pode sofrer modificações com o tempo e em determinadas circunstâncias. Quando o legislador constitucional repartiu as faculdades impositivas entre os entes federativos, os contextos político, econômico e, especialmente, o jurídico era completamente diferentes do que se mostram hoje. Por conta disso, vários fatores concorrem para se pensar numa reforma tributária que não fique amarrada a petições de princípio como aquele que vincula a pluralidade de legislações à autonomia financeira e à própria Federação brasileira.

Citamos, como exemplos, o desequilíbrio financeiro entre União, Estados e Municípios em face do vertiginoso crescimento da arrecadação de tributos federais não sujeitos à repartição de receitas; bem como o exercício arbitrário das próprias razões jurídicas naquilo que ganhou os jornais com o nome de "Guerra Fiscal". Esses casos, atualíssimos, ensejam conflitos graves, que comprometem a própria ideia de pacto federativo. E, por isso mesmo, não podem ter sua solução mitigada ou mesmo impedida por petições de princípio que em nada comprometem a efetiva autonomia dos entes federativos.

7.1.5 Discriminação de competências impositivas e sua justificação

O fato de a autonomia financeira ser algo distinto e, com o perdão da redundância, não coincidente com a repartição de tributos, não significa que, hoje, a repartição de competências tributárias seja algo desvinculado da forma federativa de Estado. Conforme argumenta a doutrina, em uníssono, é por força da circunstância de ser o Brasil uma Federação que o Sistema Tributário Nacional tratou de distribuir competências para que todos os entes federativos pudessem ter sua própria fonte de receitas tributárias. Numa síntese: a repartição de competências impositivas decorre da forma federativa, mas esta forma não impõe, necessariamente, a repartição de competências.

Por isso, conquanto não seja a única forma de assegurar a autonomia dos entes federativos, o tema da repartição de competências para instituição de tributos é uma consequência da forma federativa, segundo opinião dominante da doutrina, conforme será mais bem exposto adiante. Para explicar essa ideia, Sampaio Dória[367] afirma que, nos países de estrutura política unitária, onde um poder central absorvente coordena a atividade de órgãos parciais locais, não haveria necessidade de divisão do poder tributário:

> No regime federativo, entretanto, onde coexistem paralelamente sobre um mesmo território duas ou mais ordens de poderes autônomos, cada qual competente, portanto, para gravar integralmente fatos, atos ou negócios ocorridos dentro de sua esfera territorial comum, a discriminação de rendas atribuídas privativamente à União, Estados e Municípios é imperiosa exigência para o equilíbrio do sistema e desenvolvimento de sua economia.[368]

Noutro estudo,[369] esse mesmo autor defende a ideia segundo a qual o conceito de Federação teria como alicerce a autonomia política dos entes federativos e que esta, por sua vez, teria como fundamento a distribuição de competências entre os entes federados, tanto em caráter privativo quanto concorrente.

---

367. "Os países de estrutura política unitária, com um poder central absorvente ramificando-se em unidades administrativas locais e subordinadas, não experimentaram, de modo geral, a necessidade de repartir o poder tributário, porquanto a hegemonia do governo central lhe permitia coordenar a atividade fiscal dos entes locais e corrigir-lhes os desvios detrimentosos à economia" (DÓRIA, Antônio Roberto Sampaio. *Princípios constitucionais tributárias e a cláusula* due process of law. São Paulo, Tese (Livre-Docência), Universidade de São Paulo, 1964. p. 115).

368. Idem.

369. A autonomia política dos entes federados advém da autonomia financeira, que por sua vez é fruto da competência tributária, segundo Antônio Roberto Sampaio Dória: "(a) a autonomia política das unidades que compõem a federação é alicerçada em correspondente autonomia financeira; (b) a autonomia financeira, no que respeita ao exercício do poder tributário, se realiza pela outorga de competência impositiva aos entes federados, em caráter privativo ou concorrente" (*Discriminação de competência impositiva* cit., p. 14).

Não diverge Amilcar de Araujo Falcão quando entende que a "*discriminação de rendas constitui um dos aspectos nucleares da disciplina jurídica do Estado Federal*".[370] E, segundo seu entendimento, a relevância deste tema para a Federação decorre do fato de que, atribuindo-se fontes próprias de receita, consegue-se exaltar a autonomia das entidades periféricas, cujo equilíbrio com a unidade central se quer preservar.[371]

Dentro desta ordem de considerações, divide-se a competência para instituir tributos para assegurar a autonomia financeira dos entes federativos.[372] A efetividade dos critérios de repartição de competências impositivas, porém, exige que sua positivação seja feita por normas de hierarquia superior, imprimindo rigidez à organização do Sistema Tributário Nacional.

Como explica Geraldo Ataliba,[373] fosse deixado aos próprios interessados – os entes federativos – dispor sobre seus âmbitos de competência, os conflitos seriam muitos e infindáveis. Daí a justificativa para elevar esse tema à condição de matéria constitucional.

---

370. FALCÃO, Amilcar de Araujo. *Sistema tributário brasileiro:* discriminação de rendas cit., p. 9.

371. "A razão de ser da importância da discriminação de rendas, na federação, é evidente e se consubstancia na circunstância mesma de constituir uma exaltação, um grau superlativo das autonomias, sobretudo as periféricas, cujo convívio equilibrado com a unidade central se quer assegurar" (FALCÃO, Amilcar de Araujo. *Sistema tributário brasileiro:* discriminação de rendas cit., p. 12).

372. Mesma concepção apresenta Luís Eduardo Schoueri, embora com menção à independência e não autonomia: "A adoção, em nosso sistema constitucional, de um regime jurídico de repartição de competências tributárias foi a solução encontrada para garantir a cada pessoa jurídica de direito público o montante de ingressos necessário à manutenção de sua independência assegurada, de resto, pelo sistema federativo" (SCHOUERI, Luís Eduardo. Discriminação de competências e competência residual. In: SCHOUERI, Luís Eduardo; ZILVETI, Fernando Aurelio (coord.).. *Direito tributário:* estudos em homenagem a Brandão Machado. São Paulo: Dialética, 1998. p. 82).

373. "Ora, é intuitivo que, se aos próprios interessados ficasse a tarefa de acertarem entre si tal discriminação de campos de competência, os conflitos seriam infindáveis, o acordo jamais se realizaria e a insatisfação, concomitante e posterior ao processo, perturbaria a harmonia entre eles. Inviável seria, também, entregar a um deles a tarefa de proceder a tal distribuição, o que por diversas razões, em nada contribuiria para superar os problemas que exatamente se pretende ver resolvidos" (ATALIBA, Geraldo. *Sistema constitucional tributário brasileiro*. São Paulo: RT, 1968. p. 108).

Não é por outra razão a enfática defesa, feita por Geraldo Ataliba, do Sistema Tributário Nacional da Constituição anterior que se ajusta com perfeição ao modelo constitucional vigente:

> Note-se que as três entidades interessadas – no Brasil – são juridicamente parificadas, não estando subordinadas senão à Constituição. Na verdade, União, Estados e Municípios, no nosso regime constitucional, estão no mesmo plano de igualdade, extraindo os três, diretamente da Constituição Federal, seus poderes e suas competências. Daí a necessidade de a repartição da competência, inclusive a tributária, ser procedida pelo próprio diploma constitucional. Por razões históricas evidentes e tangido por esse imperativo da própria realidade brasileira, o constituinte decidiu estabelecer na própria Constituição, não só os princípios de discriminação de competências tributárias, como uma disciplina completa e exaustiva da matéria.[374]

Não se pode negar, todavia, que essa forma de positivar a repartição de competências e, com ela, os princípios vetores da tributação, ensejou a formação de um sistema complexo, analítico e, ainda assim, incapaz de evitar, como veremos adiante, os conflitos de competência. Acrescente-se a isso o fato de essas mesmas normas ensejarem intensa conflituosidade entre administrações públicas e contribuintes. E se, por um lado, há bastas críticas ao Sistema Tributário Nacional, por outro sua eficiência arrecadatória e a existência efetiva de uma Federação no Brasil dão mostras de suas virtudes.

No que se refere, exclusivamente, à rígida repartição de competências tributárias, Aliomar Baleeiro expõe algumas de suas vantagens:

> 1ª) preservação da autonomia dos Estados e dos Municípios garantido um campo mínimo e exclusivo a cada um deles;
>
> 2ª) segurança dos contribuintes quanto à bitributação, como tal entendida a exigência de tributos sobre o mesmo fato econômico ou jurídico por parte de governos diferentes;
>
> 3ª) tendência à simplificação, pois os tributos afins poderão ser sempre reduzidos às categorias previstas na Constituição

374. ATALIBA, Geraldo. *Sistema constitucional tributário brasileiro* cit., p. 109.

> Federal, evitando-se a perturbadora multiplicidade de impostos. A desvantagem única é a de sujeitar o legislador a uma disciplina, que lhe tolhe até certo ponto a liberdade de movimentos, tão grata aos que detêm o poder. O capricho fiscal há de conter-se dentro dos limites constitucionais no que tange à escolha das variedades de tributação.[375]

Esses seriam, numa breve análise, os argumentos manejados pela doutrina para fundamentar a distribuição de competências impositivas feita pelo texto constitucional. Voltaremos a esse tema, para tratar dos critérios que foram efetivamente utilizados para atribuição de competências, no próximo Capítulo, na parte dedicada à competência legislativa.

7.2 Competência, capacidade, imputabilidade, autonomia, heteronomia e outros

Nas cogitações próprias da Teoria Geral do Estado, estudamos, preponderantemente, aquelas competências que mais de perto estejam ligadas ao conceito de Estado, suas formas de organização e de funcionamento. Superada esta fase, mostra-se conveniente explorar outros sentidos que a expressão "competência tributária" pode assumir.

Para facilitar as considerações que faremos adiante, retomemos uma noção ampla de sujeito competente exposta por Torben Spaak: "*alguém que tenha competência é aquele que está em relação jurídica e tenha a possibilidade de mudar esta relação jurídica*".[376] O sujeito que possa modificar o sistema de direito positivo por ato próprio é o que se pode chamar de sujeito competente.

E há tantas competências quanto sejam essas formas de alterar o sistema jurídico. Eugênio Bulygin, analisando o

375. BALEEIRO, Aliomar. Estados, discriminação de rendas e reforma constitucional. *Revista de Direito Administrativo,* v. 30, out.-dez. 1952, p. 14.

376. "[...] one who has competence is thus in a legal position and has as well the possibility of changing legal positions" (SPAAK, Torben. *The concept of legal competence* – an essay in conceptual analysis cit., p. 77).

pensamento de Hans Kelsen, aponta nada menos que quatro conceitos fundamentais que mantêm íntima relação com a noção que acabamos de expor. São eles:

> *i.* a ideia de competência mesma (*Zuständigkeit*), que é o poder jurídico de criar normas, exercido por um tribunal, por um parlamento ou pelo executivo;[377]
>
> *ii.* o poder jurídico (*Rechtsmacht*) de que dispõe o sujeito que participa na criação de uma norma, inclusive na participação da feitura de normas gerais;[378]
>
> *iii.* a capacidade (*Handlungsfähigkeit*) que é a competência para criar norma jurídica que obriga a própria pessoa que a criou, ou produz certa consequência ou efeito jurídico, como, por exemplo, a elaboração de contratos ou testamentos, sendo também desta natureza a capacidade para litigar num processo (*Prozessfähigkeit*);[379]
>
> *iv.* por fim, haveria de ser incluída neste rol a imputabilidade (*Deliktsfähigkeit*), que é a capacidade de cometer ilícitos[380].

Todos esses conceitos, que costumam ser empregados de forma distinta, acabam por revelar aspectos diferentes de um mesmo fenômeno: a competência para alterar o sistema de direito positivo mediante a criação de novas normas jurídicas.

---

377. "(1) Competenza (Zuständigkeit) è il potere di creare norme giuridiche. Esempi tipici: i poteri di un tribunale, di un parlamento, o dell'esecutivo" (BULYGIN, Eugenio. *Norme, validità, sistemi normativi*. Torino: G. Giappichielli Editore, 1995. p. 214).

378. "(2) Potere giuridico (*Rechtsmacht*) è la partecipazione dei soggetti di dirtto alla creazione di norme giuridiche (generali o individuali). Esempi tipici: i diritti di soggettivi, che possono essere privati (partecipazione alla crezione di norme generali)" (BULYGIN, Eugenio. *Norme, validità, sistemi normativi* cit., p. 214).

379. "(3) Capacità (Handlungsfähigkeit) è la competenza a creare norme giuridiche che obbligano la stessa persona che le crea, o a produrre certe conseguenze o effetti giuridici mediante determinati atti. Esempi tipici: contratti, testamenti, etc. È ciò che la dottrina tedesca chiama Geschäftsfähigkeit, che include sia la competenza a compiere atti processuali (Prozessfähigkeit) sia la competenza ad adempiere i propri doveri giuridici (Fähigkeit Rechstpflichte zu Erfüllen)" (BULYGIN, Eugenio. *Norme, validità, sistemi normativi* cit., p. 214).

380. "(4) Imputabilità (Deliktsfähigkeit) è la capacità di commettere reati e altri illeciti giuridici" (BULYGIN, Eugenio, *Norme, validità, sistemi normativi* cit., p. 214).

Essa aptidão, juridicamente regulada, sujeita-se a outras classificações. Tomando como critério o alcance da norma criada, é possível falar em competências autônomas e heterônomas. Segundo Torben Spaak,[381] o critério fundamental para separar as duas modalidades de competência é que a primeira, também chamada de autonomia, é a capacidade que o sujeito tem de emitir normas que obrigam a si mesmo; já a heteronomia é a faculdade para editar normas que obriguem a terceiros, independente da vontade desse terceiro. São exemplos da primeira competência os atos da vida privada, como os contratos e as promessas. Já a possibilidade de obrigar terceiros costuma estar associada às questões de ordem pública, nas quais os sujeitos são obrigados, independente de sua vontade.

Essa conhecida distinção entre competências autonômicas e heteronômicas, segundo nos relata Tércio Sampaio Ferraz Junior, foi desenvolvida por Alf Ross:

> Assim, de um lado, podemos falar em normas de competência, cujo conteúdo é o estabelecimento de um poder que chamamos de autonomia privada e cuja função é capacitar o sujeito a dar forma a suas relações jurídicas de acordo com seus próprios interesses no marco da ordem jurídica. Por definição, portanto, este poder é *não qualificado* (qualquer pessoa o tem), é *autônomo* (é usado para obrigar a própria pessoa competente: capacidade passiva), é *discricionário* (exerce-se livremente) e é *transferível* (pode ser transmitido a outro). O poder mesmo não é um direito mas parte de um direito transferível (Ross, ob. cit.).
>
> De outro lado, temos as normas de competência que criam o que se costuma chamar de autoridade pública. Estas normas possuem caracteres opostos e correlatos aos das anteriores. Isto porque, sendo seu conteúdo o estabelecimento da autoridade pública, sua função é capacitar um agente para dar forma às relações jurídicas de terceiros. (grifamos)[382]

---

381. "It is, in my opinion, evident that the distinction between autonomous and heteronomous competent captures something essential. It is inescapable that there is a significant difference between the competence to obligate one-self, e.g., by making an offer or acceptance, and the competence to obligate other without their consent, e.g., by passing laws, pronouncing sentences, or making decisions. However, the distinction is not entirely without problems" (SPAAK, Torben. *The concept of legal competence:* an essay in conceptual analysis cit., p. 132).

382. FERRAZ JUNIOR, Tércio Sampaio. Competência tributária municipal cit., p. 159.

Em consequência do que acaba de ser dito, as competências que fundamentam a criação de normas emanadas de autoridade pública são caracterizadas pelos seguintes atributos: qualificadas, heterônomas, vinculadas e intransferíveis. Conforme será evidenciado em itens subsequentes, nem sempre essas quatro características surgem simultaneamente, como atributo de uma mesma competência.

Por fim, não poderíamos deixar de comentar uma classificação das competências já exposta na primeira parte do trabalho e de grande importância para a compreensão do seu sentido, que é saber se é obrigatório ou permitido o seu exercício.

No Capítulo dedicado à estrutura da norma de competência afirmamos, sobre este tema, que a competência pode ser reduzida a uma obrigação ou a uma permissão.[383] O tema relevante, aí, será saber se se trata de competência de exercício condicional ou não. As competências condicionadas são de exercício obrigatório, pois têm natureza vinculada. A prolação de uma sentença, a lavratura de um auto de infração ou de um lançamento de ofício são casos em que existem condições prévias que foram cumpridas – um processo, um procedimento de fiscalização.

Já as competências não condicionadas são aquelas em que o sujeito produz nova norma se quiser. A criação de normas gerais e abstratas, via de regra, está entre esses atos não condicionados, em que o sujeito edita a norma jurídica se quiser, quando quiser, não sofrendo qualquer consequência negativa nos casos de inação.

7.2.1 Competência e normas dirigidas ao legislador

As chamadas "Limitações Constitucionais ao Poder de Tributar" estão entre aqueles dispositivos que condicionam a ação legislativa do Estado. Eis porque alguns afirmam tratar-se de normas dirigidas ao legislador. A força retórica da expressão "normas dirigidas ao legislador" é inegável. Sua mensagem,

383. "[...] competence can be reduced to duty or permission" (SPAAK, Torben, *The concept of legal competence:* an essay in conceptual analysis cit., p. 78).

porém, encerra um equívoco. As normas são, sempre, intersubjetivas – alio-relativas. Estão, pois, preordenadas à regulação do comportamento humano social, do ser humano em relação a outros. Sendo intersubjetivo, o dever imposto ao legislador é um direito do administrado. Assim como é direito do Estado aquilo que se impõe como obrigação do contribuinte.

Oferece outros elementos de consistência para esta crítica o desenho estrutural da norma de competência. Neste, fica patente que os condicionantes para a criação de normas jurídicas integram a relação jurídica de competência, estabelecida entre aquele que pode criar a norma tributária e os demais que têm o dever de se sujeitar às suas prescrições. E é justamente nesta relação que se evidenciam os direitos e deveres, tanto do legislador como da gama de sujeitos reunidos na condição de sujeitos passivos da norma. Por força deste arranjo é que se pode, com clareza, afirmar que toda norma dirigida ao legislador, ou a qualquer outra autoridade competente, é, também, dirigida aos demais agentes sociais, administrados, que estarão subordinados aos comandos da lei criada nos termos da outorga de competência.

Este ponto é relevante e merece ser reiterado: no direito tributário há uma correlação de direitos e deveres entre sujeitos competentes e administrados: o que é dever de um é direito do outro e vice-versa. Por força disso, neste âmbito, não há como pensar em normas se dirigindo a um legislador sem a correlativa contrapartida ao outro administrado.

7.2.2 Competência e jurisdição

A relação entre competência e jurisdição é tema recorrente nos manuais de processo civil. Cândido Rangel Dinamarco define:

> Competência é o conjunto das atribuições jurisdicionais de cada órgão ou grupo de órgãos, estabelecidas pela Constituição e pela lei. Ela é também conceituada como medida da jurisdição

> (definição tradicional) ou quantidade de jurisdição cujo exercício é atribuído a um órgão.[384]

A função jurisdicional do Estado seria aquela de "dizer" o direito nas circunstâncias de conflito, solucionando problemas de aplicação das normas às situações concretas. Competência, por sua vez, seria a medida da jurisdição.

Classifica-se a função jurisdicional do Estado segundo critérios de repartição da competência. São inúmeros os critérios de divisão da competência: segundo o valor da causa – valor de alçada –, segundo a matéria, segundo a instância recursal, o local onde esteja situado o bem jurídico objeto do conflito de interesses e assim sucessivamente. Cada uma dessas divisões faz surgir uma esfera de competência, onde se pode exercer uma parcela da jurisdição. Tenhamos sempre presente que o exercício da jurisdição é ato que tem como resultado a criação de norma jurídica.

Façamos, agora, o exercício de pensar no Poder Tributário do Estado como sendo a aptidão total que o Estado possui para editar normas jurídicas que prescrevam, direta ou indiretamente, a instituição, arrecadação ou fiscalização de tributos. Cada uma das divisões desta aptidão genérica daria ensejo ao surgimento de competências distintas, segregadas entre si pela matéria, pelo sujeito, pelo território em que vigoram ou por sua finalidade.

Neste sentido, da mesma forma que ocorre na relação entre competência e jurisdição, a competência seria a medida do poder de tributar do Estado. Este poder poderia ser exercido por diferentes processos, repartido com base nos mais variados critérios e posto a serviço das mais diversas finalidades. Cada uma das suas manifestações, porém, teria o atributo fundamental de ser manifestação do Poder Tributário do Estado.

---

384. DINAMARCO, Cândido Rangel. *Instituições de direito processual civil.* 3 ed. São Paulo: Malheiros, 2003. v. 1, p. 411.

7.2.3 Competência, personalidade e capacidade jurídica – o tema da vontade

Personalidade é, segundo Kelsen,[385] um centro de imputação de direitos e deveres. Para o direito positivo não é o ser humano, entidade biológica ou social, que figura nas extremidades de relações jurídicas. Tampouco seria uma coletividade de seres humanos reunidos sob a ficção de uma sociedade empresária, de uma fundação, instituto ou até de um ente da Federação. A pessoa, sob a perspectiva do direito, é um centro para onde convergem direitos e deveres.

Todo ser humano possui personalidade jurídica, mas nem todos são juridicamente capazes. A capacidade é imputada àqueles que preenchem certos e determinados requisitos, como ter certa idade, estar em pleno gozo das suas faculdades mentais, entre outros. Pessoas que não atendam a esses requisitos estão impedidas de cuidar, plenamente, dos seus direitos e deveres. São, pois, incapazes.

A incapacidade pode ser classificada como absoluta e relativa. As variações entre o sujeito que é plenamente capaz ou relativamente ou, ainda, absolutamente incapaz levam em conta critérios estabelecidos pelo direito positivo. Critérios esses fixados, em regra, com base na maturidade média dos sujeitos de direito e na capacidade que tenham de gerir sua vida. Tudo, é bom que se diga, na forma e segundo os limites previstos pelo direito positivo.

É capaz, por sua vez, todo aquele que tem discernimento para compreender os atos da vida civil e se comportar de acordo com esse discernimento. Nesse sentido, vontade e capacidade são conceitos complementares.

Com as devidas alterações, isso que acabamos de expor sobre a capacidade jurídica de pessoas físicas se aplica, também, às pessoas jurídicas. Neste caso, porém, o início da personalidade se dá com o registro dos atos constitutivos nos

---

385. KELSEN, Hans. *Teoria pura do direito* cit., p. 188.

órgãos competentes. As variações ou limites da capacidade jurídica, por sua vez, são prescritos pelos estatutos sociais que estabelecem o propósito da personalidade jurídica. Indo além deles, como se dá com as pessoas físicas, os atos jurídicos editados estarão sujeitos à sanção da invalidade.

Em qualquer das modalidades, seja pessoa física ou jurídica, a capacidade delimita a ação das pessoas no sistema de direito positivo, que é percebida como um ato jurídico. O ato, por sua vez, é aquilo que instaura, modifica ou transforma uma relação jurídica. O ato e seu efeito são, pois, antecedente e consequente de norma jurídica. Por isso, falar de capacidade jurídica é falar em conjunto de aptidões para praticar os atos da vida civil, mas, também, para figurar num dos polos da relação jurídica.

A obrigação tributária não depende da vontade. Deriva da lei, compulsoriamente.[386] Daí ser irrelevante pesquisar a legitimidade do querer expresso pelo sujeito ao praticar o fato jurídico tributário. O seu dever de pagar tributo não deriva da sua vontade, tampouco pode ser oposto ao Fisco qualquer ajuste de vontades entre as partes com o propósito de ilidir a percussão tributária.

Noutras palavras, a vontade não importa para a incidência de normas que prescrevem o dever de pagar tributo. Apenas na aplicação de normas sancionatórias se cogita da intenção do agente de se evadir da percussão tributária como forma de agravar ou não a aplicação de sanções. Com esses fundamentos podemos concluir que a realização do fato jurídico tributário, sendo fato que deriva da lei e independe da vontade, pode ser praticado por qualquer sujeito, maior ou menor, capaz ou incapaz, de posse ou não de suas plenas faculdades mentais. Figurar, porém, como sujeito de relação jurídica, assumindo o dever de cumprir obrigações ou o direito de exigir prestações tributárias, só pode ser atribuído aos plenamente capazes. Daí a circunstância, não rara, de que os sujeitos que realizam o fato tributário sejam diferentes daqueles que são chamados a figurar na condição de sujeitos passivos ou ativos de relações jurídicas tributárias.

386. CARVALHO, Paulo de Barros. *Curso de direito tributário* cit., p. 309.

7.3 Pluralidade de acepções para o termo "competência tributária"

Tudo o que dissemos até aqui evidencia a natureza ambígua do termo "competência tributária". Em sua denotação cabem muitos e variados objetos. Se isso já não bastasse, há um conjunto de termos com sentidos que se interseccionam com o de competência tributária, tais como os de capacidade, imputabilidade, responsabilidade, entre outros.

O diálogo entre essas expressões abre espaço para novas pesquisas, nas quais se desvelam aspectos sutilmente distintos que não se mostram num primeiro olhar. Esse amplo quadro de conceitos que se relacionam dialogicamente, condicionando um o sentido do outro, forma, ainda que parcialmente, o contexto adequado para que se perceba quão vasta e variada é a significação que se pode atribuir à expressão.

Reforçam essa evidência duas interessantes e distintas pesquisas semânticas feitas acerca do termo. Numa delas, Tárek Moysés Moussallem, sem levar em consideração outros significados, identifica nada menos que seis acepções, concatenadas da seguinte forma:

> (1) indicativo de uma norma jurídica; (2) qualidade jurídica de um determinado sujeito; (3) relação jurídica (legislativa) modalizada pelo functor permitido entre o órgão competente (direito subjetivo) e os demais sujeitos da comunidade (dever jurídico de se absterem); (4) hipótese da norma de estrutura que prescreve no seu consequente o procedimento para a produção normativa [...]; (5) previsão do exercício da competência que, aliada ao procedimento para a produção normativa, resulta na criação de enunciados prescritivos que a todos obrigam, e a que denominaremos norma sobre a produção jurídica; e (6) veículo introdutor que tem no seu antecedente a atuação da competência e do procedimento previstos na norma sobre a produção jurídica, dando por resultado uma norma específica, que também a todos obriga.[387]

Curiosamente, Cristiane Mendonça, após coletar acepções na doutrina e no direito positivo, acaba por identificar

387. MOUSSALLEM, Tárek Moysés. *Fontes do direito tributário* cit., p. 82.

dez acepções, sendo, em sua maioria, distintas das que acabamos de citar:

> (i) aptidão para criar tributos *in abstracto*; (ii) parcela do poder tributário de que são dotadas as pessoas políticas para instituir seus próprios tributos; (iii) poder de instituir e de exonerar tributos; (iv) poder para instituir, exigir e arrecadar tributos; (v) competência legislativa plena de que são dotadas as pessoas políticas para instituírem os seus tributos; (iv) competência para legislar sobre matéria tributária; (vii) poder para legislar sobre tributos, administrar tributos e julgar litígios tributários. Poderíamos empregar, ainda, competência tributária com (viii) aptidão para criar tributos *in concreto*; (ix) norma jurídica que autoriza a criação e a alteração dos enunciados prescritivos veiculadores de tributos (normas gerais e abstratas ou individuais e concretas) ou (x) autorização jurídico-positiva para a criação e a alteração dos enunciados prescritivos veiculadores de tributos (normas gerais e abstratas ou individuais e concretas).[388]

Por força das premissas que adotamos, das associações que formulamos e dos sinônimos que coletamos junto à doutrina, poderíamos empreender esforços no sentido de identificar ainda outros sentidos para o termo. As transcrições que acabamos de fazer, porém, satisfazem essa pesquisa de acepções e sentidos. Passaremos, então, a precisar os sentidos de "competência tributária" e "norma de competência" com os quais analisaremos algumas das suas subespécies.

7.3.1 Uma definição do conceito de "competência tributária"

O termo "competência tributária" será aqui definido como a aptidão, juridicamente modalizada como permitida ou obrigatória, que alguém detém, em face de outrem, para alterar o sistema de direito positivo, mediante a introdução de novas normas jurídicas que, direta ou indiretamente, disponham sobre a instituição, arrecadação e fiscalização de tributos.

---

388. MENDONÇA, Cristhiane. *Competência tributária*. São Paulo: Quartier Latin, 2004. p. 37-38.

7.3.2 Uma definição do conceito de "norma de competência tributária"

A locução "norma de competência tributária" pode ser entendida como o signo, formado com base nos textos de direito positivo, a partir do qual se constrói um juízo condicional que contempla em sua hipótese as condições formais de criação de uma norma e, no seu consequente, os limites materiais da competência tributária.

Capítulo 8

ELEMENTOS DE SENTIDO NA COMPETÊNCIA TRIBUTÁRIA

Na primeira parte do trabalho, vimos teorias fundadas na premissa de uniformidade sintática do sistema jurídico, por força da qual todos os elementos do sistema são normas. Mas vimos, também, a existência de modelos não normativistas, que trabalham com a ideia de heterogeneidade formal do sistema jurídico, o qual seria composto por normas e proposições não normativas.

De acordo com os pressupostos da primeira, que foi a adotada para o desenvolvimento deste estudo, criar norma é uma conduta, regulada por norma e, portanto, todas as proposições que concorrem para a programação dessa conduta devem ser reunidas num único juízo condicional. Em linguagem formalizada, já vimos, essa norma pode ser representada pela conjugação dos seguintes elementos:

$$\mathbf{Njcom} = \mathbf{Hj}\ [s.e.t.p\ (p1.p2.p3...)] \rightarrow \mathbf{Rj}\ [S(s.sp) \cdot m(s.e.t.c)]$$

Este sintagma ilustra como os elementos do sistema jurídico devem ser reunidos na formação da norma que programa a criação lícita de outras normas. Três ideias podem ser inferidas a partir do simples contato com seus elementos.

A primeira delas é a de que cabe à norma de competência prescrever que o tipo de formalidade deve ser atendido para que se possa criar uma norma com um dado conteúdo. Entende-se por forma o ato ou conjunto de atos (procedimento) necessários à produção de outra norma. Pragmaticamente, a forma é a indicação da União, como sujeito que, mediante o processo legal, em Brasília, pode editar, por exemplo, que fato desencadeia o dever de pagar Imposto de Renda ou Imposto Territorial Rural. A matéria de uma norma jurídica, por sua vez, é a regulação de um comportamento. No caso da norma de competência, o comportamento a ser regulado é a matéria sobre a qual a norma poderá versar.

Segunda ideia: programa-se a enunciação qualificando um sujeito como competente, indicando as circunstâncias de espaço e de tempo para que ele possa exercer validamente o seu poder, bem como o modo de fazer, consubstanciado no ato ou conjunto de atos que devem ser realizados para produzir um texto de forma legítima.

Terceira: a matéria é um comportamento. O comportamento é prescrito por um verbo, que pode ser delimitado quanto ao sujeito que o realiza, as condicionantes de espaço, de tempo e a matéria propriamente dita. Com isso, especifica-se não só o comportamento (auferir, prestar, ser, enunciar), mas os sujeitos que devem realizá-lo e os condicionantes de espaço (onde deve ser realizado) e de tempo (quando pode ser realizado). Com esses pressupostos, é fácil perceber que a matéria da norma de competência nada mais é do que prescrição de comportamento, sujeito, espaço e tempo, acerca dos quais as pessoas competentes podem criar normas jurídicas válidas.

Por fim, tomando como critério a clássica divisão dos Poderes do Estado, positivada no art. 2º da CF/88, podemos falar em três gêneros fundamentais de competência: o executivo, o legislativo e o judiciário, exercidos, preferencialmente, por órgãos dos poderes Executivo, Legislativo e Judiciário.[389] A estes

389. "Trata-se de uma classificação tradicional, estritamente associada ao clássico

gêneros acrescentaríamos a competência privada, exercida diretamente pelos contribuintes, em virtude de serem eles os maiores responsáveis pela dinâmica do Sistema Tributário Nacional.

Com esses fundamentos, vamos ao direito positivo.

8.1 Competência tributária legislativa

Competência legislativa tributária é a aptidão jurídica, modalizada como permitida, imputada aos entes federativos para criar normas relativas à instituição, arrecadação ou fiscalização de tributos, por meio de processo legislativo. Para Paulo de Barros Carvalho: "*Competência legislativa é a aptidão de que são dotadas as pessoas políticas para expedir regras jurídicas, inovando o ordenamento positivo.*"[390] Numa síntese: é a competência para criar leis em sentido amplo.[391]

Essas competências são formadas por enunciados constitucionais, complementares e ordinários. Da mesma forma, o seu exercício pode inserir desde novas disposições na Constituição da República, dos Estados e Distrito Federal ou na lei orgânica dos Municípios, até a instituição de leis complementares, ordinárias e decretos legislativos.[392]

---

princípio da separação dos poderes. Sob o ângulo das regras de competência, o princípio da separação de *competências legislativa, executiva e judicial* pressupõe apenas a existência de órgãos do poder político aos quais são atribuídas competências destinadas à prossecução das tarefas de legislar, governar/administrar e julgar" (CANOTILHO, José Joaquim Gomes. *Direito constitucional e teoria da constituição.* 4. ed. Coimbra: Almedina, 2000. p. 532).

390. CARVALHO, Paulo de Barros. *Curso de direito tributário* cit., p. 227.

391. Noutro estudo, Paulo de Barros Carvalho e outros definem o conceito de competência (legislativa) tributária: "Se nós reconhecemos que nenhuma pessoa jurídica tem 'poder' tributário no Brasil, mas cada qual tem simples competência tributária – que consiste na faculdade de descrever legislativamente, as hipóteses de incidência de tributos e se reconhecermos que a competência tributária reside no Legislativo e se traduz na edição de leis instituidoras de tributos, vemos que competências tributárias juridicamente iguais, têm a União, os Estados e os Municípios e que essas normas gerais de direito tributário não fazem senão completar a Constituição" (SOUSA, Rubens Gomes de; ATALIBA, Geraldo; CARVALHO, Paulo de Barros. *Comentários ao Código Tributário Nacional.* Parte geral. São Paulo: RT, 1975. p. 73).

392. Roque Antonio Carrazza, por sua vez define o conceito de competência

Seu âmbito de vigência compreende a criação e revogação de novas materialidades, novos princípios ou imunidades, mas também a instituição de novos tributos, isenções, deveres instrumentais, regras de constituição, suspensão e extinção da obrigação tributária. Por isso, são os dispositivos da competência legislativa que dão forma ao Sistema Tributário Nacional.

Também por isso podemos classificar essas competências como sendo heterônomas, qualificadas, vinculadas e intransferíveis. Noutras palavras, são competências cujo exercício vincula terceiros, os sujeitos competentes são qualificados e definidos, e deverão ser exercidas nos estritos limites da lei, vedada sua transferência para outras pessoas.

8.1.1 A programação da forma de exercício

Está compreendida na ideia de autonomia legislativa dos entes federados a disciplina do respectivo processo de criação de leis, segundo os termos da Constituição da República. Por isso mesmo as constituições estaduais e a do Distrito Federal, assim como as leis orgânicas dos Municípios, trazem capítulos próprios destinados a esse tema.[393]

Por evidentes razões, só os entes federados podem exercer a competência legislativa. Nenhuma outra pessoa de

---

legislativa da seguinte forma [...] a possibilidade de criar, *in abstracto*, tributos, descrevendo, legislativamente, suas hipóteses de incidência, seus sujeitos ativos, seus sujeitos passivos, suas bases de cálculo e suas alíquotas. Como corolário disso, exercitar a competência tributária é dar nascimento, no plano abstrato, a tributos" (*Curso de direito constitucional tributário* cit., p. 302).

393. "Há, na Constituição, dois tipos de processos de geração de normas. Um processo dedicado às normas constitucionais, e outro disciplinando a construção de leis ordinárias e outras normas. Se há um iter procedimental, isso importa dizer que há suportes fácticos – os atos de legislar – que devem revestir a forma procedimental: o processo (seja ele meramente procedimental, seja, ainda o processual – judicial) é uma série ordenada de atos jurídicos tipificados. Desviantes dos tipos, são abertos à invalidação. Assim, a norma constitucional pode incorrer em invalidade por infringência procedimental (convocatória do órgão em função revisora de constituinte de segundo grau, *quorum*, quebra da série ordenada de atos). Dá-se, então, a inconstitucionalidade formal, por desvio da forma-tipo" (VILANOVA, Lourival. *Causalidade e relação no direito* cit., p. 311).

direito público interno pode falar em nome da soberania popular, que não os representantes eleitos pelo povo.[394] E esses, por sua vez, só se reúnem nos órgãos de representação parlamentar. Assim, só pode exercer a competência legislativa aquele que for titular do respectivo poder.

Os condicionantes de espaço e de tempo da enunciação, pelo fato de serem essas normas as mais gerais e abstratas do sistema de direito positivo, nem sempre vêm positivados de forma expressa, muito embora a inferência desses dêiticos seja simples. O critério espacial, por exemplo, aponta o preciso lugar onde a competência deve ser exercida. Normalmente, são exercidas nas respectivas capitais da República, dos Estados e no Distrito Federal ou na sede dos Municípios. Assim, ressalvadas as situações em que há modificação do local de exercício da competência por ato normativo, ou também, em que é delegada a terceira pessoa a competência para realizar parte da enunciação de normas gerais em tratados ou convênios, o exercício da competência legislativa coincide com os locais onde estão situados os órgãos de representação do Legislativo e do Executivo.

O tempo, por sua vez, tem que ver com o momento em que é possível o exercício da competência, a partir de quando e até quando ela pode ser realizada. Como regra, as competências legislativas não têm prazo para serem exercidas.

Há, todavia, situações, como a da Emenda Constitucional 3/93, que inseriu nova competência tributária para instituir o Imposto Provisório sobre Movimentação Financeira – IPMF, com prazo de exercício limitado no tempo, bem como limite para a vigência da norma criada sob seu fundamento. Muito embora tenha sido declarada inconstitucional neste

---

394. "A competência tributária que os entes políticos recebem diretamente da Lei Maior, consiste, propriamente, no poder – expressão aqui usada em sentido lato – de criar tributos, que se traduz na atividade legislativa de instituí-los. É, então, a própria atividade criadora do tributo. É a aptidão para inovar a ordem jurídica" (CARRAZZA, Elizabeth Nazar. Sistema constitucional tributário brasileiro. *Revista de Direito Público*, São Paulo: RT, ano 6, n. 25, p. 210, jul.-set. 1973).

particular, outras emendas foram promulgadas para autorizar a criação de uma Contribuição Provisória sobre Movimentação Financeira – CPMF, prevendo situação idêntica. Essas situações, porém, estão longe de constituir a regra nas competências legislativas.

Mesmo assim, é sempre útil a referência de tempo para edição de normas. Ainda que não sirva para limitar sua criação no tempo, esta referência aparece positivada em todo e qualquer instrumento introdutor e, vincula a norma criada ao regime jurídico vigente. Sem o marco temporal da enunciação não se pode saber se uma norma foi produzida sob a vigência de um ou de outro regime jurídico, sucessivos no tempo.

Pois bem: e no âmbito da competência legislativa, que significa regime jurídico? É o conjunto formado pela união de enunciados de autorização – que qualificam sujeitos competentes – com princípios, imunidades e enunciados complementares. Noutro dizer, regime jurídico coincide com a norma de competência ou as proposições que se reúnem sob o nome "norma de competência".[395]

8.1.2 A programação da matéria

A delimitação da competência legislativa, a exemplo do que ocorre com as demais normas, é feita em quatro âmbitos: o do sujeito que realiza a conduta; os de espaço e tempo para a realização desta conduta; bem como o tipo de conduta propriamente dita, ou seja, aquilo que pode ou deve ser feito pelo sujeito. Neste caso, porém, as vigências são prescritas em termos gerais, de difícil precisão. Há quatro elementos fundamentais que integram a competência legislativa para instituir normas

395. Para cada natureza, por sua vez, há um regime jurídico correspondente. No curso desse trabalho, entende-se por "regime jurídico": o conjunto de enunciados de autorização, princípios, imunidades e dispositivos complementares que regulam a instituição e a interpretação de normas. Assim, investigar regime jurídico de certa norma tributária é o mesmo que investigar a competência para a sua criação. E mais. Cada uma das proposições que delimitam a competência serve, simultaneamente, como critério para aferição de validade.

relativas à tributação. São eles: os enunciados de autorização, os princípios, as imunidades e os enunciados complementares.

8.1.2.1 Enunciados de autorização – conceito e finalidade

Denominamos enunciados de autorização a classe das proposições, enunciadas a partir do direito positivo, que qualificam sujeitos como competentes para instituir tributos sobre certas materialidades ou, diversamente, para criar normas voltadas à consecução de certas finalidades ou, ainda, para gravar materialidades e atingir finalidades. São exemplos da primeira classe os dispositivos que qualificam sujeitos para a instituição de impostos; da segunda classe, os que qualificam para a criação de empréstimos compulsórios e contribuições; e, da última os que preveem competência para criação de contribuições para a seguridade social, em que se indica o fim e a matéria. São também dessa classe as proposições que qualificam sujeitos para instituir normas relativas a deveres instrumentais, assim como à constituição, alteração, suspensão da exigibilidade e extinção de obrigações tributárias.

8.1.2.1.1 Enunciados de autorização – técnicas de atribuição da competência legislativa

Na Constituição da República, o art. 153 qualifica a União como sujeito competente para instituir impostos sobre: *i.* importação de produtos estrangeiros; *ii.* exportação de produtos nacionais ou nacionalizados; *iii.* renda e proventos de qualquer natureza; *iv.* produtos industrializados; *v.* operações de crédito, câmbio e seguro, ou relativas a títulos ou valores mobiliários; *vi.* propriedade territorial rural; e *vii.* grandes fortunas, nos termos de lei complementar.

Já o art. 155 do texto constitucional estabelece que os Estados e o Distrito Federal poderão instituir impostos sobre: *i.* transmissão *causa mortis* e doação, de quaisquer bens ou direitos; *ii.* operações relativas à circulação de mercadorias e sobre prestações de serviços de transporte interestadual e intermunicipal e de comunicação, ainda que as operações e as prestações se iniciem no exterior; e *iii*. propriedade de veículos automotores.

Por fim, de acordo com o art. 156 da CF/88, os Municípios são qualificados como competentes para gravar as seguintes materialidades por meio da instituição de impostos: *i*. propriedade predial e territorial urbana; *ii*. transmissão *inter vivos*, a qualquer título, por ato oneroso, de bens imóveis, por natureza ou acessão física, e de direitos reais sobre imóveis, exceto os de garantia, bem como cessão de direitos à sua aquisição; e *iii*. serviços de qualquer natureza, não compreendidos no art. 155, II, definidos em lei complementar.

A prescrição do aspecto material das competências legislativas passa pela indicação de complementos verbais. Esses complementos verbais formam núcleos semânticos que não podem ser desconsiderados por normas inferiores. Nesse sentido, Humberto Ávila afirma que:

> A Constituição Federal de 1988 (adiante CF/88) atribuiu poder de tributar aos entes federados por meio de regras de competência. Estas regras descrevem fatos tributáveis, de modo que só há poder de tributar sobre fatos cujos conceitos se enquadrem nos conceitos previstos nessas regras e, inversamente, não há poder algum de tributar sobre fatos cujos conceitos não se emoldurem nos conceitos previstos nessas regras. Daí serem intransponíveis os limites conceituais previstos nas regras de competência. Fora deles não há poder de tributar. A respeito das regras de competência já decidiu o Supremo Tribunal Federal, ao asseverar que o intérprete "... não deve ir além dos limites semânticos, que são intransponíveis".[396]

Assim, à materialidade "renda", por exemplo, o Código Tributário Nacional vincula o verbo auferir, bem como o verbo "pagar", nos casos de retenção do imposto sobre a renda

396. ÁVILA, Humberto. Imposto sobre a Prestação de Serviços de Qualquer Natureza – ISS. Normas constitucionais aplicáveis. Precedentes do Supremo Tribunal Federal, hipótese de incidência, base de cálculo e local da prestação. *Leasing* financeiro: análise da incidência. *Revista Dialética de Direito Tributário*, São Paulo: Dialética, n. 122, 2005, p. 121.

na fonte. No caso do Imposto sobre Produtos Industrializados – IPI, Paulo de Barros Carvalho[397] esclarece ser possível acrescentar nada menos que os seguintes verbos: importar, arrematar e realizar operações com produtos industrializados. Roque Antonio Carrazza, por sua vez, ao analisar o regime jurídico do Imposto sobre Circulação de Mercadorias e Serviços, comenta a circunstância de que, sob essa materialidade, podem ser criadas, pelo menos, cinco regras-matrizes de incidência tributária diferentes[398]. Assim, o ponto de partida, seguramente mais importante para a inteligência dos enunciados de autorização, está em compreender as materialidades sobre as quais impostos podem incidir.

A outorga de competências para a criação de tributos que incidam sobre certos conteúdos é feita em termos de sentido vago e, não raramente, ambíguo. Que se pode entender por "renda", "serviço" ou "faturamento" é tema de acirrados debates, estando, em muitos casos, na raiz de controvérsias relativas à constitucionalidade ou à inconstitucionalidade de impostos e contribuições.

Essa técnica de qualificar sujeitos competentes pela indicação de materialidades está presente, também, quando o art. 145 da CF/88 qualifica a União, Estados, Distrito Federal e Municípios para instituir: taxas, em razão do exercício do poder de polícia ou pela utilização, efetiva ou potencial, de serviços públicos específicos e divisíveis, prestados ao contribuinte ou postos a sua disposição e contribuição de melhoria, decorrente de obras públicas. Nesses casos, porém, a discriminação de materialidades é indireta, pois feita em razão da competência administrativa para prestar o serviço, exercer o poder de polícia ou realizar a obra pública que enseja a valorização da propriedade particular. Por isso, existirá a atribuição de competência tributária na medida em que

397. Isenções tributárias do IPI em face do princípio da não cumulatividade. *Revista Dialética de Direito Tributário, n. 33*, 1998, p. 152.

398. CARRAZZA, Roque Antonio. *ICMS* cit., p. 35.

existir a respectiva competência para desempenho da obra ou do serviço público.

Outra técnica atributiva de competência é empregada quando se vincula o sujeito competente a uma finalidade.

É dessa espécie o art. 149 da CF/88, onde se lê: "*Compete exclusivamente à União instituir contribuições sociais, de intervenção no domínio econômico e de interesse das categorias profissionais ou econômicas, como instrumento de sua atuação nas respectivas áreas,* [...]". E mais, seguem essa técnica de vincular sujeito à finalidade os seguintes dispositivos: *i.* art. 149, § 1º, quando estende aos Estados, Distrito Federal e Municípios a possibilidade de instituir contribuições para o custeio do respectivo regime previdenciário; *ii.* art. 149-A – que prescreve a Contribuição para Custeio do Serviço de Iluminação Pública – COSIP; *iii.* art. 148, que faculta à União instituir empréstimos compulsórios – em casos de calamidade pública, de guerra ou na sua iminência, bem como investimento público de caráter urgente e relevante interesse nacional –, devendo o valor desses tributos ser vinculado à despesa que fundamentou sua instituição; *iv.* art. 212, § 5º, que permite à União instituir contribuições para o financiamento da educação.

Poderíamos relacionar, ainda, uma terceira técnica de atribuição de competências que vincula a qualificação do sujeito tanto a uma materialidade quanto à consecução de um fim.

Esse é o caso, por exemplo, do art. 195 da CF/88, o qual estabelece que, para o financiamento da seguridade social (finalidade), a União poderá criar contribuições: *i.* do empregador, da empresa e da entidade a ela equiparada na forma da lei, incidentes sobre: a) a folha de salários e demais rendimentos do trabalho pagos ou creditados, a qualquer título, à pessoa física que lhe preste serviço, mesmo sem vínculo empregatício; b) a receita ou o faturamento; c) o lucro; *ii.* do trabalhador e dos demais segurados da previdência social, não incidindo contribuição sobre aposentadoria e pensão concedidas pelo regime geral de previdência social de que trata o art. 201; *iii.* sobre a receita de concursos de prognósticos; *iv.* do importador de bens ou serviços do exterior, ou de quem a lei a ele equiparar.

Além dessas hipóteses, cabe relacionar, ainda, a competência da União prevista no art. 177, § 4º, para criar contribuições sobre: "as atividades de importação ou comercialização de petróleo e seus derivados, gás natural e seus derivados e álcool combustível" para atender aos seguintes fins: a) pagamento de subsídios a preços ou transporte de álcool combustível, gás natural e seus derivados e derivados de petróleo; b) financiamento de projetos ambientais relacionados com a indústria do petróleo e do gás; c) financiamento de programas de infraestrutura de transportes. Neste caso, a exemplo do que dissemos no parágrafo anterior, a qualificação da União para instituir contribuições sobre certa materialidade é vinculada ao atendimento das finalidades que acabamos de relacionar. O não atendimento da finalidade ou da matéria faz com que a norma criada não seja instrumento da União na respectiva área, descumprindo, assim, a norma superior e sujeitando-se à decretação de sua invalidade.

A exemplificação foi longa, mas necessária. Em algumas páginas conseguimos ilustrar o que são e como atuam os enunciados de autorização. Suas três modalidades podem ser vistas, também, como três técnicas de atribuição de competências que servem para, simultaneamente, qualificar o sujeito competente, estabelecer a matéria/finalidade e, assim, circunscrever o regime jurídico aplicável à espécie normativa.

8.1.2.1.1.1 Síntese dos critérios para atribuição de competências impositivas

No tópico acima, acabamos de demonstrar como algumas características, muito próprias do Sistema Tributário Brasileiro, exigem a conjugação de uma série de critérios para repartir competências impositivas.[399] Quase todos esses

399. Segundo Amilcar de Araujo Falcão: "Em sentido amplo, por discriminação de rendas entende-se a distribuição, nos termos indicados, da competência em matéria financeira, isto é, relativamente a todas as receitas e mesmo às entradas ou ingressos públicos em geral" (*Sistema tributário brasileiro: discriminação de rendas*

critérios, por sua vez, sujeitam-se a exceções decorrentes da previsão de competências residuais (arts. 154, I, e 195, § 4º) e extraordinárias (art. 154, II).

Outro elemento que intensifica a complexidade do sistema é a sucessiva criação de figuras impositivas que não se ajustam a qualquer das espécies tributárias conhecidas.

Vejamos como exemplo a Contribuição sobre Iluminação Pública – COSIP, que prevê hipótese vinculada à atuação estatal, base de cálculo própria de imposto e tem destinação específica (art. 149-A); ou a chamada CIDE-combustíveis, que incide sobre a comercialização de petróleo, derivados e outros combustíveis, mas é destinada a finalidades que não são intervenção do Estado no domínio econômico (art. 174, § 4º).

Se isso já não bastasse, por força das prescrições do art. 149, o ideal financeiro de evitar a dupla incidência de tributos distintos sobre o mesmo fato econômico foi praticamente abolido como regra que norteia a distribuição de competências.

Com essa ordem de considerações em vista, poderíamos apresentar os seguintes critérios para a segregação de competências adotadas pela Constituição da República:

i. As competências privativas são distribuídas levando em consideração o fato de o tributo ter ou não hipótese de incidência vinculada à atuação estatal.

ii. Os tributos não vinculados têm a sua materialidade prevista e distribuída entre os entes federativos[400]

---

cit., p. 19); para Aliomar Baleeiro: 'Entendo por 'discriminação de rendas' um critério pelo qual se atribuam, rigidamente, a várias competências do mesmo Estado, fontes de receita, a fim de lhes garantir autonomia política" (Estados, discriminação de rendas e reforma constitucional cit., p. 10).

400. "Efetivamente, a ordenação constitucional brasileira se caracteriza por enumerar quase exaustivamente os tipo – jurídicos – de impostos, reparti-los por grupos e atribuí-los privativamente à União, ou aos Estados, ou aos Municípios – formando um conjunto sistemático de disposições que se costuma denominar discriminação de rendas" (ATALIBA, Geraldo. *Sistema constitucional tributário brasileiro* cit., p. 143-144).

(arts. 153, 155 e 156), cabendo a União a competência residual (art. 154, I).

iii. Os tributos vinculados são instituídos por quem pode prestar o serviço público, exercer o poder de polícia (art. 145, II) ou realizar a obra que enseja a valorização do imóvel[401] (art. 145, III). Nesse caso, existindo norma administrativa[402] que impute ao Estado ou ao Município a competência residual para o serviço ou obra, a eles caberão, respectivamente, as competências para instituir os respectivos tributos vinculados.[403]

401. "Não poderá ser exigida qualquer destas exações, se não pela pessoa pública que exerça a ação que lhe constitui o fato gerador, a hipótese de incidência. Logo, se conflitos houver – dado que, se lógica e juridicamente não são possíveis, de fato são ocorríveis – a discussão que precederá logicamente qualquer indagação de direito tributário, ficará no campo constitucional ou administrativo da disputa sobre a competência para o exercício da ação justificadora da exação. [...] Quer dizer, nesta hipótese, discutir-se-á, não sobre a competência tributária, mas se se verificam os pressupostos jurídicos de seu exercício, isto é, se a pessoa tributante era titular da competência para desempenhar-se do ato que deu causa à exação. Vige aqui o princípio segundo o qual 'a exclusividade do serviço determina a exclusividade da taxa'" (ATALIBA, Geraldo. *Sistema constitucional tributário brasileiro* cit., p. 145).

402. Por esta razão Paulo Roberto Lyrio Pimenta defende que a validade dos tributos vinculados depende de existir norma administrativa que atribua ao ente instituidor do tributo a competência para prestar o serviço ou realizar a obra, é uma análise conjunta, nas suas palavras: "o controle da validade da norma tributária também envolve o da norma administrativa, ambos realizados pelo mesmo órgão controlador, com base, obviamente, em parâmetros distintos. Desse modo, a invalidade da norma administrativa contamina a da norma impositiva" (Normas de competência e o controle de validade da norma impositiva tributária. In: SANTI, Eurico Marcos Diniz de (org.). *Segurança jurídica na tributação e estado de direito.* São Paulo: Noeses, 2005. p. 843-844).

403. Comentando as formas de repartição entre os entes da federação, Carlos Mário Velloso explica que "a Constituição de 1988 não ficou apenas na técnica clássica de distribuição de competências. Inspirando-se no constitucionalismo alemão, combinou a técnica acima descrita, com possibilidades de delegação (art. 22, parágrafo único), áreas comuns em que se preveem atuações paralelas da União e Estados em que a competência para estabelecer políticas gerais, diretrizes gerais ou normas gerais cabe à União (arts. 21, XIX, XX, XXI, 22, IX, XXI, XXIV, e 24, § 1º), enquanto se defere aos estados e até aos municípios a competência suplementar (art. 24, §§ 2º e 3º, e art. 30, II)" (Estado federal e Estados federados na Constituição brasileira de 1988: do equilíbrio federativo. *Revista de Direito Administrativo,* Rio de Janeiro: Fundação Getúlio Vargas, n. 187, 1992, p. 11).

iv. As competências exclusivas são distribuídas com base na existência ou não de finalidade específica, pouco importando o fato de a hipótese do tributo ser ou não vinculada à atividade estatal, ou de ter sido prevista para a incidência de impostos ou taxas. É com base na finalidade que se autoriza a sua arrecadação. Por isso, atribui-se exclusivamente aos Municípios a competência para instituir a Contribuição Sobre Iluminação Pública – COSIP (art. 149); à União a competência para instituir empréstimos compulsórios (art. 148) e as contribuições especiais (arts. 149, 174, § 4º, 195, 212, § 5º, 239, entre outros).

v. Por fim, nos casos de guerra ou de sua iminência, é conferida à União competência concorrente para instituir impostos não incluídos em sua competência[404], enquanto durarem as circunstâncias que justificam a sua instituição (art. 154, II).

O texto constitucional, fazendo uso dos critérios que acabamos de expor, identifica e classifica espécies tributárias, i.e., impostos, taxas, contribuições de melhoria, empréstimos compulsórios e contribuições especiais. Faz isso de modo a que todos os entes federativos tenham faixa de competência sobre a qual possam exercer suas faculdades impositivas, estando aí incluídos não só os tributos em si, mas todas as demais normas jurídicas necessárias à sua arrecadação e fiscalização. Não é difícil imaginar que, em meio a mais de cinco mil entes tributantes, e com critérios tão variados para a segregação das espécies tributárias, surjam conflitos entre as normas produzidas. Genericamente, a doutrina tem chamado

404. A esse respeito, Paulo Roberto Lyrio Pimenta desenvolve interessante raciocínio relativo às competências que exigem contrapartida fáctica para o seu exercício: "Excepcionalmente, condicionou-se o exercício da competência à existência de uma situação empírica. É o caso da competência dada à União para instituir impostos extraordinários (art. 154, II). Sem a existência, no plano dos fatos, do motivo previsto constitucionalmente, a competência não pode ser exercitada, sendo possível falar, neste caso, numa competência tributária condicionada e provisória" (Normas de competência e o controle de validade da norma impositiva tributária cit., p. 842-843).

essas circunstâncias de "conflito de competência em matéria tributária".[405]

8.1.2.1.1.2 Instauração e superação de conflitos de incidência tributária

Rigorosamente, conflitos de competência não existem e, se existirem, não ensejarão conflitos de interesse em matéria tributária[406]. Explicamos essa afirmação com o argumento de que as competências para a instituição de tributos são discriminadas de forma a que seu exercício não projete antinomias. E mais, a competência, pura e simples, é um momento anterior à instituição da norma que prevê a incidência do tributo e que, por sua vez, antecede aquela que determina o dever de pagar a prestação tributária. No plano das competências legislativas, o tributo não foi criado, o dever de pagar não foi instaurado e, portanto, não há conflito de interesse em sentido estrito.

Mesmo assim, a temática deste tópico não é de todo inútil. Muito pelo contrário. Não são poucas as circunstâncias concretas em que o contribuinte se vê na iminência de arcar, pela

405. Segundo Amilcar de Araujo Falcão: "Sendo rígida a nossa discriminação de rendas, daí resulta que cada uma das unidades federadas somente pode decretar os tributos incluídos na sua competência. Se porventura unidade federada de determinado nível decretar tributo de competência de unidades de nível ou gradação diversa, haverá invasão de competência, inquinando-se, pois, de inconstitucionalidade tal receita. Em verdade, o conceito de invasão de competência se relaciona com os impostos de competência privativa e, em um aspecto marginal, com os impostos de competência concorrente" (*Sistema tributário brasileiro: discriminação de rendas* cit., p. 48-49).

406. Roque Antonio Carrazza deixa clara a impossibilidade de conflito de competência tributária no plano lógico-jurídico, apenas na prática, como a recauchutagem de pneumáticos, considerada pela lei complementar uma prestação de serviços (Decreto-lei 406/68, item 71 da Lista de Serviços anexa à norma), competentes os Municípios para exigi-la: "Se a Constituição da República outorgou à União, por exemplo, a competência exclusiva para tributar a propriedade territorial rural, não podem fazê-lo nem os Estados, nem os Municípios, nem o Distrito Federal. Do mesmo modo, se a Constituição conferiu aos Estados (e, em seu território, ao Distrito Federal) a competência, também exclusiva, para tributar as operações mercantis, não podem fazê-lo nem a União, nem os Municípios. Ainda se, sempre a Constituição, concedeu aos Municípios (e, em seu território, ao Distrito Federal) a competência exclusiva para tributar as prestações de serviços, não podem fazê-lo nem a União, nem os Estados" (*Curso de direito constitucional tributário* cit., p. 884).

prática do mesmo fato social, com mais de um tributo, instituídos pelo exercício de competências exclusivas ou privativas. Tema relevante e de grande importância concreta, pode ser facilmente elucidado por meio das premissas que identificamos nos tópicos anteriores. Por isso, antes de definirmos e propormos soluções para o problema, retomemos algumas noções relativas aos âmbitos de vigência das normas jurídicas.

Para isso vejamos algumas noções de teoria geral do direito, expostas na primeira parte do trabalho: *i.* as normas jurídicas, todas elas, regulam condutas humanas; *ii.* criar norma jurídica que determina a instituição, arrecadação ou fiscalização de um tributo é uma conduta humana realizada individual ou coletivamente; *iii.* a prescrição de comportamentos é feita, direta ou indiretamente, em quatro âmbitos; *iii.1.* o material, que é relativo ao comportamento propriamente dito; *iii.2.* o subjetivo, que se refere à pessoa que poderá realizar a conduta, *iii.3.* o espacial, que tem que ver com o local onde a conduta pode ser realizada; e *iii.4.* o temporal, relativo ao tempo de cumprimento das normas. Essas premissas valem para toda e qualquer norma e as tributárias não são exceção.

A Constituição da República se vale dos critérios indicados no tópico 8.1.2.1.1.1 para atribuir a sujeitos, entes federativos, a competência para instituir tributos de forma privativa ou exclusiva. Aquilo que é chamado pela doutrina de "conflito de competência" surge quando dois entes federativos, seja por qualquer razão, se arrogam no direito de tributar o mesmo fato, previsto como objeto de uma competência privativa ou exclusiva. E isso ocorre de tal forma que o exercício das duas competências projeta bitributação vedada pelo texto constitucional.

Numa frase: denomina-se conflito de competência a circunstância de dois sujeitos se julgarem competentes para gravar um mesmo fato qualificado numa competência privativa ou exclusiva, de tal forma que, no exercício simultâneo das duas competências, uma das prestações será indevida. Para exprimir esta circunstância, melhor seria falar em "conflito de incidências tributárias" ou "conflito de competência arrecadatória", mas nunca legislativa.

A grande questão que se põe sob o nome "critérios para a solução de conflitos" é como fundamentar a escolha pelo tributo de um ente federativo em detrimento de outro.

Antecede à solução do "conflito", portanto, saber de que modo ele surge e, com isso, delimitar os casos em que não existe, ou seja, identificar circunstâncias em que a dupla incidência de tributos é permitida.

Os tributos de competência exclusiva, por exemplo, cuja instituição visa a atingir certas e determinadas finalidades previstas pela Constituição, pelo fato de não terem natureza de impostos, podem ser instituídos para incidir sobre as mesmas materialidades reservadas a esses.

Assim, por exemplo, a contribuição instituída pela Lei 9.998/98, chamada contribuição ao Fundo para Universalização dos Serviços de Telecomunicações – FUST, a despeito de ser inconstitucional por ter sido criada em frontal contrariedade ao § 3º do art. 155 da CF/88, incide sobre a mesma materialidade do ICMS, sem violar, por essa razão, qualquer preceito constitucional.

Pela circunstância de serem tributos com natureza distinta, não há que se falar em "conflito".

Também em relação aos tributos privativos, há casos de dupla incidência legítima. Na importação de um produto industrializado, por exemplo, há incidência de três tributos de competência privativa. Percutem os Impostos sobre Importação – II, Produtos Industrializados – IPI e Circulação de Mercadorias e Serviços – ICMS. Todos incidem de forma legítima porque, ao importar um produto industrializado, o comportamento previsto nas referidas hipóteses normativas foi simultaneamente realizado. Houve importação de um produto, negócios jurídicos com produtos industrializados e circulação de mercadoria. Um único ato se ajustou a três hipóteses de incidência, projetando o dever legítimo de pagar três tributos distintos.

Noutras situações, porém, a materialidade prevista não permite, sob pena de flagrante violação do texto constitucional, que se fale em dupla incidência de tributos. É justamente nessas situações que surge a figura do conflito de incidências tributárias.

No caso dos tributos vinculados, por exemplo, fala-se em conflito quando duas entidades pretendem fazer incidir taxa pela prestação do mesmo serviço ou do mesmo exercício do poder de polícia.

É como se União e Estados pretendessem cobrar taxa pela emissão do mesmo passaporte ou algo do gênero.

Em relação às contribuições de melhoria, surge conflito quando dois ou mais entes federativos pretendem exigir esse tributo pela valorização de obra realizada por apenas um deles. Nesses dois casos, a forma de resolver o conflito é relativamente simples.

Como vimos, pode instituir tributos vinculados quem tem competência para prestar o serviço, exercer o poder de polícia ou realizar a obra. Identificando a titularidade da competência administrativa, define-se, simultaneamente, a competência tributária.[407]

A instauração de conflito de incidência envolvendo tributos de competência privativa, por sua vez, exige mais atenção. Basicamente, esses conflitos decorrem da forma como se interpretam os critérios material e espacial das normas tributárias:[408] *i.* quando o conflito é de natureza material, surgem

---

407. "Sobre a possibilidade de invasão de competência no caso de taxas e contribuições de melhoria: "O aspecto em exame não tem que ver com a decretação da taxa, mas com um antecendente ou pressuposto do seu fato gerador. Por outras palavras, a taxa é devida quando ocorrer um fato gerador específico, consistente na utilização efetiva ou potencial de um serviço público de prestação divisível e mensurável. Se tal utilização se verificar e for por lei qualificada como fato gerador de determinada taxa, devido será o tributo. O problema da competência se equaciona, portanto, em outro plano, tendo em vista a criação do serviço público. Exclui-se desse modo a ideia de invasão de competência, no caso da taxa. Outro tanto ocorre com a contribuição de melhoria, cujo fato gerador é a valorização imobiliária decorrente de obra pública. Se houver valorização imobiliária, se tal *plus valia* tiver por causa eficiente uma obra pública, poderá quem realizar esta última exigir o *special assessment*" (FALCÃO, Amilcar de Araujo. *Sistema tributário brasileiro:* discriminação de rendas, p. 49).

408. "Sendo rígida a nossa discriminação de rendas, daí resulta que cada uma das unidades federadas somente pode decretar os tributos incluídos na sua competência.

dúvidas sobre o tipo de comportamento que desencadeia a incidência do tributo; e *ii.* quando o conflito é sobre o critério espacial, não se sabe ao certo onde se reputa ocorrido o fato tributário, ou, sabendo onde este ocorre, não se sabe se o fato tributário está sujeito à norma 1 ou à norma 2.

Em ambos os casos, os enunciados inseridos por lei complementar desempenham papel fundamental, pois oferecem critérios definitórios para os conceitos vagos que ensejam conflitos de incidência em matéria tributária. Entre esses dispositivos, há destaque para os textos criados com fundamento nos arts. 146, I, 155, § 2º, XII, e 156, § 3º, da CF/88. A conjugação dos critérios previstos nesses dispositivos oferece solução para tais conflitos entre normas tributárias.

8.1.2.1.2 Enunciados de autorização: natureza e regime jurídico

Ao qualificar sujeito, matéria e finalidade, os enunciados de autorização delimitam a natureza jurídica da norma que será criada. Natureza jurídica é sinônimo de conceito jurídico.[409] Logo, definir um conceito, apontando critérios que permita separá-lo de outros, é o mesmo que definir a natureza jurídica.[410] Distinguir normas – institutos jurídicos – serve, também, para separar as respectivas normas de competência.

Se porventura unidade federada de determinado nível decretar tributo de competência de unidades de nível ou gradação diversa, haverá invasão de competência, inquinando-se, pois, de inconstitucionalidade tal receita. Em verdade, o conceito de invasão de competência se relaciona com os impostos de competência privativa e, em um aspecto marginal, com os impostos de competência concorrente" (FALCÃO, Amilcar de Araujo. *Sistema tributário brasileiro: discriminação de rendas* cit., p. 48-49).

409. Essa equiparação foi analisada com muita acuidade por Joseph Raz no artigo: *Puede haver una teoría del derecho? Una discusión sobre la teoría del derecho.* Marcial Pons: Madrid, 2007. p. 46 e s.

410. Cf. GAMA, Tácio Lacerda. *Contribuição de intervenção no domínio econômico cit.*, p 136, onde defendemos que: "A realidade do Direito é construída na linguagem e pela linguagem; por isso, não há espaço para investigações ontológicas ou para busca de essências. Quando há referência à natureza jurídica de um tributo, o que se deve ter em mente é o seu conceito. Por isso, no âmbito deste trabalho, confunde-se o conceito de um tributo com sua natureza jurídica. Por outro lado, a

No âmbito das competências legislativas, podemos denominar regime jurídico, na linha do que preconizava Geraldo Ataliba,[411] o conjunto de proposições prescritivas (i.e., princípios, imunidades, enunciados complementares) que dão sentido à competência para criar normas de certa natureza. Enquanto a natureza indica o tipo de norma que deve ser criada, o regime jurídico agrega as proposições, tanto formais como materiais, que fundamentam a validade da norma a ser criada.

Vejamos o exemplo das contribuições de intervenção no domínio econômico, previstas no art. 149 da CF/88.

Nessa forma de outorgar competência legislativa, a União – sujeito competente – poderá instituir um tributo para empregar os valores arrecadados como instrumento de sua atuação na respectiva área – o domínio econômico. Tal é a sua natureza.

Regime jurídico, por sua vez, é o conjunto de disposições previstas na Constituição da República que determina onde, quando e de que forma deve dar-se a enunciação dos textos de direito positivo, bem como as delimitações materiais relativas aos âmbitos de vigência espacial, temporal e pessoal das contribuições.

Em última análise, para que se possa falar na instituição válida de um tributo dessa natureza, deve-se atender às finalidades de financiar a ação do Estado no domínio econômico (art. 149, *caput*), todos os princípios (i.e. igualdade, proporcionalidade, vedação de confisco), imunidades [i.e. sobre receitas de exportação (art. 149, § 2º), ouro definido como ativo financeiro (art. 153, § 5º)] e disposições complementares, especialmente aquelas previstas no Código Tributário Nacional.

---

importância de se fixar a natureza jurídica de um tributo está justamente nas consequências jurídicas que isso implica para regulação do instituto. Quando uma dada prestação pecuniária se ajusta ao conceito de tributo, sabe-se, de imediato, que o regime que lhe será prescrito será o tributário".

411. Geraldo Ataliba formula resposta segundo a qual "regime jurídico tributário é o conjunto de princípios, normas e categorias, que informam o funcionamento do instituto jurídico do tributo" (*Hermenêutica e sistema constitucional tributário* cit., p. 19).

Por isso que, variando a natureza, varia, igualmente, o regime jurídico que programa a criação do tributo. Mas não é só. O regime jurídico, aquilo que fundamenta a sua validade, também condiciona a forma de interpretar a norma inferior. Entre muitas possibilidades de sentido, deve ser escolhido aquele que se ajuste ao que prescreve a norma superior.

8.1.2.2 Princípios tributários

Princípios[412] tributários são proposições prescritivas que integram a norma de competência, condicionando a forma e a matéria das normas que prescrevem, direta ou indiretamente, a instituição, a arrecadação e a fiscalização de tributos.

Referimo-nos à proposição, e não a enunciado, para destacar o fato de que os princípios podem ser formados a partir da atribuição de sentido a um enunciado ou a vários[413]. Isso ocorre de forma tal que, como esclarece Humberto Ávila[414], não há como estabelecer correspondência biunívoca entre enunciados constitucionais e princípios tributários. Há enunciados que ensejam mais de um princípio, assim como a formação de um único, como a proporcionalidade ou a referencialidade, demanda a reunião de alguns enunciados.

---

412. Paulo de Barros Carvalho comenta a amplitude semântica do vocábulo princípio: "no campo das significações, o uso do signo "princípio" oferece farta variedade conotativa, de tal sorte que alcança todas as circunscrições de objetos, atuando nas quatro regiões ônticas. É uma palavra que frequenta com intensidade o discurso filosófico, expressando o 'início', o 'ponto de origem', o 'ponto de partida', a 'hipótese-limite' escolhida como proposta de trabalho" (*Sobre os princípios constitucionais tributários* cit., p. 143).

413. José Souto Maior Borges explica que o "*princípio implícito não difere senão formalmente do expresso*". Não se pode afirmar que um tributo seja mais eficaz ou mais válido do que outro pelo fato de ser implícito ou explícito, até porque nada impede que um princípio implícito seja mais aplicado, alcançando maior eficácia jurídica, do que um princípio expresso (*O princípio da segurança jurídica na criação e aplicação do tributo,* p. 25).

414. ÁVILA, Humberto. Imposto sobre a Prestação de Serviços de Qualquer Natureza - ISS. Normas constitucionais aplicáveis. Precedentes do Supremo Tribunal Federal, hipótese de incidência, base de cálculo e local da prestação. *leasing* financeiro: análise da incidência cit., p. 123.

Os princípios estão postos, em sua maioria, no corpo da Constituição, compondo, assim, as normas de competência mais gerais e abstratas que fundamentam todas as demais normas do sistema jurídico tributário. Por isso mesmo projetam sua mensagem prescritiva por largas porções do sistema jurídico. Não é sem motivo, pois, a atenção que a doutrina especializada dispensa ao tema.

Pois bem, sendo relevante, vago e ambíguo, o tema dos princípios se sujeita a diversas construções teóricas, desenvolvidas segundo os mais variados pontos de vista. É o que nos demonstram as lições de Paulo Ayres Barreto quando tratam de princípios como limites objetivos e valores, e também princípios e regras.[415]

No que se refere a maior ou menor generalidade, os princípios podem ser específicos ou gerais. Entre estes, há os princípios gerais de direito ou sobreprincípios da ordem jurídica, como os previstos nos cinco primeiros artigos da Constituição da República, relativos ao Estado, seus poderes, forma de organização e direitos individuais e coletivos.

Há, também, os princípios específicos do Sistema Tributário Nacional. Refinando esta classificação, com olhos voltados para a ordem tributária, poderíamos identificar princípios previstos para todo e qualquer tributo [i.e., legalidade (art. 150, I), isonomia, (art. 150, II), irretroatividade (art. 150, III, *a*), anterioridade (art. 150, III, *b*), anterioridade nonagesimal (art. 150, III, *c*), vedação de confisco (art. 150, IV) e impossibilidade de estabelecer limitações de tráfego por meio de tributo (art. 150, V)]. Nesses casos, a referência é ao gênero "tributo" ou "contribuinte", sem a discriminação de qualquer de suas espécies.

Poderíamos relacionar, ademais, os princípios que são específicos de uma determinada exação. A mensagem prescritiva dessa modalidade é restrita: fala-se na espécie tributária

---

415. BARRETO, Paulo Ayres. *Contribuições*: regime jurídico, destinação e controle. São Paulo: Noeses, 2006, p. 16.

e, em alguns casos, num tributo específico. Esse é o caso dos princípios que prescrevem a não cumulatividade do IPI (art. 153, § 3º, II), do ICMS (art. 155, § 2º, I), da contribuição para o PIS e da COFINS (art. 195, § 12). Apenas esses tributos, e os que virem a ser criados pela competência residual, estão submetidos aos comandos constitucionais.

Outra classificação difundida pela doutrina é a que separa princípios de regras[416]. O critério que autoriza a distinção é a maior ou menor abstração da mensagem normativa. Se objetiva, a proposição expressa uma regra, cuja violação pode ser aferida de plano. A anterioridade, irretroatividade e anterioridade nonagesimal seriam os exemplos, por excelência, dessas proposições. Noutro extremo, estariam as proposições mais abstratas, de significação vaga, cuja violação não seria objeto de fácil comprovação. Esse seria o campo próprio dos princípios.

Entre princípios e regras existiria uma espécie de cooperação intertextual fundada nos seguintes termos: a regra positiva o princípio, imprimindo-lhe objetividade e sentido e, na contrapartida, os princípios legitimam as regras, colocando-as como se estivessem a serviço dos mais prestigiosos valores do Sistema de Direito Positivo.

Essa classificação, porém, não atenta para o fato de que os princípios, como os demais enunciados, são vagos e ambíguos. De forma que um dispositivo como aquele que exige lei para a instituição e majoração de tributo (legalidade, art. 150, I) pode ser tanto uma regra quanto um princípio.

Essa possibilidade de um princípio ser visto, simultaneamente, como um valor e um limite objetivo, em alguns contextos, foi demonstrado por Alysson Leandro Mascaro[417], com seu "Crítica da legalidade e do direito brasileiro", onde demonstra que o uso do princípio da legalidade pode servir para legitimar interesses que em nada se confundem com a

416. Ibidem, p. 13-18.

417. São Paulo: Quartier Latin, 2003. passim.

simples preservação da legitimidade e segurança da atividade tributária do Estado.

Por essa razão, preferimos a classificação proposta por Paulo de Barros Carvalho,[418] que segrega o gênero princípio entre aqueles que veiculam valores e outros que estabelecem limites objetivos. O critério para essa classificação é idêntico ao eleito para separar princípios de regras. Porém, não há contraposição de gêneros distintos (princípios e regras), mas sim de espécies de um mesmo gênero (princípios que veiculam valores e princípios que veiculam limites objetivos). Por essa classificação, feita a partir das proposições, e não dos enunciados, é possível entender que um mesmo princípio possa ser entendido como valor ou limite objetivo, variando segundo o contexto de sua enunciação.

8.1.2.3 Princípios imunizantes ou imunidades tributárias

Imunidades tributárias são proposições que compõem a norma de competência tributária restringindo um ou mais aspectos da sua materialidade[419]. Essa definição do conceito de imunidade autoriza a conclusão de que as imunidades nada mais representam que princípios[420]. Noutro dizer: não há diferença objetiva entre princípios e imunidades.

---

418. CARVALHO, Paulo de Barros. *Curso de direito tributário* cit., p. 158.

419. José Souto Maior Borges afirma também que a competência já nasce limitada. Isto porque, argumenta, a competência "*é como um perfil resultante de um desenho constitucional, não só de normas autorizativas que definem positivamente o exercício do poder fiscal, mas também como normas limitativas, quer dizer, as normas que determinam os limites em que esse poder poderá ser exercido*" (*Limitações constitucionais à tributação*, p. 378), no mesmo sentido Misabel Derzi afirma que "*a imunidade é, portanto, regra de exceção, somente inteligível se conjugada à outra, que concede o poder tributário, limitando-lhe a extensão, de forma lógica e não sucessiva no tempo*" (BALEEIRO, Aliomar. *Limitações constitucionais ao poder de tributar* cit., p. 14).

420. Sobre esse tópico, Paulo de Barros Carvalho ensina que "*a imunidade não exclui nem suprime competências tributárias, uma vez que estas representam o resultado de uma conjunção de normas constitucionais*" e acrescenta que "*a competência constitucional, quando surge, já vem com as demarcações que os preceitos constitucionais fixam*" (*Curso de direito tributário* cit., p. 169).

Outro fato curioso: em todo o texto constitucional não há sequer uma referência à expressão imunidade[421]. Não é possível identificar qualquer menção a uma materialidade, pessoa ou coisa que seja "imune à incidência de tributos". Por mais essa razão mostra-se procedente a aproximação feita acima entre os conceitos de imunidade e princípio.

Sendo a mesma coisa (proposições de competência), podemos aproveitar para o estudo das imunidades algumas das classificações que fizemos acima sobre o tema dos princípios.

Entendendo a imunidade como um princípio que veicula um limite objetivo[422], podemos falar, também, das imunidades gerais e específicas.

As imunidades que programam a criação de apenas uma espécie de tributo estão previstas, por exemplo, no art. 150, VI, que veda a instituição de impostos sobre:

> a) patrimônio, renda ou serviços, uns dos outros; b) templos de qualquer culto; c) patrimônio, renda ou serviços dos partidos políticos, inclusive suas fundações, das entidades sindicais dos trabalhadores, das instituições de educação e de assistência social, sem fins lucrativos, atendidos os requisitos da lei; d) livros, jornais, periódicos e o papel destinado a sua impressão.

Nesses casos, apenas a instituição de impostos é vedada pelo texto constitucional. Têm a mesma natureza as proposições que prescrevem a não incidência de contribuições sociais e interventivas sobre receitas decorrentes de exportação (art. 149, § 2º, I). Ao lado dessas vedações estariam aquelas de

---

421. Doutrinariamente as imunidades podem ser definidas como: "Classe finita e imediatamente determinável de normas, contidas no texto da Constituição Federal, e que estabelecem, de modo expresso, a incompetência das pessoas políticas de direito constitucional interno que alcancem situações específicas e suficientemente caracterizadas" (CARVALHO, Paulo de Barros. *Curso de direito tributário* cit., p. 178).

422. Essa forma de compreender as imunidades foi assim preconizada por Eurico Marcos Diniz de Santi, segundo quem é claro que "*a imunidade* [...] *não é um valor, mas sim um limite objetivo. Isso não nega que por detrás da regra de imunidade há valores que ela visa a atingir" (Imunidade como limite objetivo e as diferenças entre "livro" e "livro eletrônico"*, p. 59).

caráter mais genérico, que, embora escassas, vedam a incidência de todo e qualquer tributo sobre as materialidades que prescrevem. Esse é o caso do enunciado constitucional que proíbe a instituição de qualquer outro tributo, que não o Imposto sobre Operações Financeiras – IOF, para incidir sobre o ouro, quando definido como ativo financeiro[423].

Os dispositivos que acabamos de mencionar são passíveis de recondução à estrutura condicional de uma norma jurídica. A definição dos princípios (valores, limites objetivos e imunidades) que fazem parte ou não do regime jurídico está vinculada, diretamente, à relação entre natureza e regime jurídico. Quando esses dispositivos são gerais, sua mensagem prescritiva alcança maior porção do sistema. Por outro lado, sendo específicos, é necessário pesquisar a especial natureza do tributo, ou da norma que estabeleça obrigação acessória, para saber se a proposição integra ou não o seu regime jurídico.

8.1.2.4 Enunciados complementares em matéria tributária

Enunciados complementares são as proposições, inseridas por lei complementar, que, por expressa disposição constitucional, devem ser consideradas na formação da competência tributária legislativa[424].

De início, cabe separar duas modalidades inconfundíveis de enunciados complementares: a primeira delas é a que

423. O texto constitucional contém enunciado expresso, em seu art. 153, § 5º, com a seguinte mensagem prescritiva: "*o ouro, quando definido em lei como ativo financeiro ou instrumento cambial, sujeita-se exclusivamente à incidência do imposto de que trata o inciso V do caput deste artigo, devido na operação de origem*". O imposto referido é o IOF – Imposto sobre Operações Financeiras – previsto no art. 153, V, incidente sobre câmbio ou sobre títulos.

424. Sacha Calmon Navarro Coêlho mostra que a lei complementar, inclusive a tributária, é reconhecível formal e materialmente. Sob o ponto de vista formal, é aquela votada com *quorum* qualificado de maioria absoluta. Sob o ponto de vista material, "*é a que tem por objetivo a complementação da Constituição, quer ajuntando-lhe normatividade, quer operacionalizando-lhe os comandos*". Neste sentido, a função da lei complementar é introduzir no sistema de direito positivo enunciados que concretizem os previstos de forma genérica pela Constituição (*Comentários à Constituição de 1988:* sistema tributário. 8. ed. Rio de Janeiro: Forense, 1999. p. 64).

acabamos de mencionar, que dispõe sobre a competência tributária; a segunda, diversamente, é veículo de instituição do tributo, de exercício da competência, portanto.

A ressalva é procedente pelo fato de uma série de tributos que devem ser instituídos por lei complementar. Os empréstimos compulsórios (art. 148, I e II) e os tributos extraordinários frutos do exercício da competência residual para instituir impostos (art. 154, I) e para instituir novas fontes de custeio para a seguridade social (art. 195, § 4º) são exemplos desses casos em que a instituição do próprio tributo deve ser feita por meio de lei complementar.

Exceção feita a esses casos, a lei complementar deverá ser editada para atender a uma e apenas uma função: dispor sobre a competência tributária. Sua função será a de prescrever analiticamente aquilo que o texto constitucional estabeleceu de forma sintética. Em todas as prescrições constitucionais é patente a determinação para que a lei complementar introduza, de forma subordinada e complementar, enunciados para (art. 146, CF/88):

> I – dispor sobre conflitos de competência, em matéria tributária, entre a União, os Estados, o Distrito Federal e os Municípios;
>
> II – regular as limitações constitucionais ao poder de tributar;
>
> III – estabelecer normas gerais em matéria de legislação tributária, especialmente sobre:
>
> a) definição de tributos e de suas espécies, bem como, em relação aos impostos discriminados nesta Constituição, a dos respectivos fatos geradores, bases de cálculo e contribuintes;
>
> b) obrigação, lançamento, crédito, prescrição e decadência tributários;
>
> c) adequado tratamento tributário ao ato cooperativo praticado pelas sociedades cooperativas;
>
> d) definição de tratamento diferenciado e favorecido para as microempresas e para as empresas de pequeno porte, inclusive regimes especiais ou simplificados no caso do imposto previsto no art. 155, II, das contribuições previstas no art. 195, I e §§ 12 e 13, e da contribuição a que se refere o art. 239.

> Parágrafo único. A lei complementar de que trata o inciso III, d, também poderá instituir um regime único de arrecadação dos impostos e contribuições da União, dos Estados, do Distrito Federal e dos Municípios, observado que:
>
> I – será opcional para o contribuinte;
>
> II – poderão ser estabelecidas condições de enquadramento diferenciadas por Estado;
>
> III – o recolhimento será unificado e centralizado e a distribuição da parcela de recursos pertencentes aos respectivos entes federados será imediata, vedada qualquer retenção ou condicionamento;
>
> IV – a arrecadação, a fiscalização e a cobrança poderão ser compartilhadas pelos entes federados, adotado cadastro nacional único de contribuintes.

Todos, absolutamente todos, os dispositivos previstos pelo art. 146 da CF/88 – que acabamos de transcrever – versam sobre o papel da lei complementar como instrumento de produção de enunciados de competência em matéria tributária. A simples leitura do excerto transcrito permite essa conclusão. O texto fala em disciplinar conflito de competências; regular limitações constitucionais ao poder de tributar; e dispor sobre regras gerais de tributação. Três matérias que gravitam na órbita de uma só temática: a concretização dos dispositivos constitucionais relativos à competência para instituir normas tributárias.

O mesmo vale para dois outros usos que a Constituição previu para a Lei Complementar, quais sejam delimitar a possibilidade de criação do Imposto sobre a Circulação de Mercadorias e Serviços – ICMS (art. 155, § 2º, XII[425]) e prescrever

---

425. Art. 155, § 2º, da CF/88: "XII – cabe à lei complementar: a) definir seus contribuintes; b) dispor sobre substituição tributária; c) disciplinar o regime de compensação do imposto; d) fixar, para efeito de sua cobrança e definição do estabelecimento responsável, o local das operações relativas à circulação de mercadorias e das prestações de serviços; e) excluir da incidência do imposto, nas exportações para o exterior, serviços e outros produtos além dos mencionados no inciso X, "a"; f) prever casos de manutenção de crédito, relativamente à remessa para outro Estado e exportação para o exterior, de serviços e de mercadorias; g) regular a forma

analiticamente a lista de serviço sobre a qual poderá ser instituído o Imposto sobre Serviços – ISS (art. 156, III[426] e § 3º).[427]

Nessas situações, os enunciados complementares se diferenciam, progressivamente, pela específica função que desempenham, mas se aproximam pela circunstância comum de que todos eles servem de fundamento de validade para as normas que serão criadas. Noutras palavras, esses enunciados se aglutinam na conformação da norma de competência tributária.

8.2 Competência tributária administrativa

Competência administrativa é a aptidão, juridicamente modalizada em obrigatória ou permitida, imputada aos órgãos do Poder Executivo, para editar atos infralegais, voltados à aplicação das normas tributárias. Explicamos: se as competências legislativas programam a criação de leis, a competência administrativa programa a edição de atos voltados à aplicação das leis aos casos concretos.

Vários dispositivos constitucionais fundamentam e, simultaneamente, delimitam essas competências. O primeiro deles é o art. 2º que prescreve a tripartição dos poderes. Outro, de acentuada relevância, é o art. 5º, II, que assegura a todos o direito de não ser obrigado a nada, senão em virtude da lei. Deste

como, mediante deliberação dos Estados e do Distrito Federal, isenções, incentivos e benefícios fiscais serão concedidos e revogados; h) definir os combustíveis e lubrificantes sobre os quais o imposto incidirá uma única vez, qualquer que seja a sua finalidade, hipótese em que não se aplicará o disposto no inciso X, *b*; i) fixar a base de cálculo, de modo que o montante do imposto a integre, também na importação do exterior de bem, mercadoria ou serviço."

426. "Art. 156. Compete aos Municípios instituir impostos sobre: [...] III – serviços de qualquer natureza, não compreendidos no art. 155, II, *definidos em lei complementar*" (Grifamos).

427. "Art. 156. [...] § 3º Em relação ao imposto previsto no inciso III do *caput* deste artigo, cabe à lei complementar: I – fixar as suas alíquotas máximas e mínimas; II – excluir da sua incidência exportações de serviços para o exterior; III – regular a forma e as condições como isenções, incentivos e benefícios fiscais serão concedidos e revogados".

princípio se infere a impossibilidade de delegação de competências legislativas para que o executivo as exerça por meio de decretos ou regulamentos e, também, a impossibilidade de atos infralegais autônomos – sem fundamento legal.

Entre as competências do Presidente da República está a prevista pelo art. 84, IV, que consiste em: "sancionar, promulgar e fazer publicar as leis, bem como *expedir decretos e regulamentos para a sua fiel execução*" (grifamos). Compete, pois, à Administração Pública editar os atos normativos necessários à positivação das normas previstas em lei.

O conceito de aplicação da lei, por seu turno, pode ser entendido em duas acepções, ensejando duas modalidades de competência administrativa que, em matéria tributária, são efetivamente atribuídas aos órgãos da Administração Pública: a competência para editar instrumentos introdutores secundários, infralegais, voltados a prescrever, em termos analíticos, aquilo que a lei prescreve em termos sintéticos, e as competências cujo exercício enseja normas individuais e concretas, consubstanciadas em lançamentos de ofício ou em autos de infração. Duas espécies de competência distintas entre si, reunidas sob o mesmo nome de competência administrativa.

Uma terceira espécie, por sua vez, poderia ser igualmente relacionada. Trata-se da competência jurisdicional atípica, por meio da qual os órgãos da administração pública assumem o encargo de aferir a regularidade da legislação e "dizer o direito em conflito" que deve prevalecer no caso concreto. Trata-se de clara função jurisdicional, onde são assegurados: ampla defesa, duplo grau de jurisdição e formação de coisa julgada, nas situações em que favorável ao contribuinte.

É, porém, atividade atípica, por ser exercida por outro poder que não o Judiciário.

Entre as três espécies de competência desempenhadas pela administração pública, poderíamos relacionar como atributo comum: serem heterônomas, vinculadas, qualificadas e intransferíveis. Quanto à modalização, são de exercício obrigatório as competências condicionadas – aplicação de normas gerais e abstratas ao caso concreto e regulamentação de dispositivos legais não autoaplicáveis – e de exercício permitido, apenas, aquelas que não são condicionadas – consubstanciadas na regulamentação de disposições autoaplicáveis.

8.2.1 A programação da forma de exercício

Cabe aos órgãos da administração pública exercer a competência administrativa em matéria tributária. Desse exercício resulta a inserção de enunciados gerais e abstratos ou individuais e concretos, conforme o tipo de competência administrativa. Denominamos essa aptidão para instituir enunciados gerais e abstratos competência regulamentar. A outra, relativa à incidência da norma tributária ao caso concreto, denominamos competência para aplicação da norma tributária. Essa, por sua vez, desdobra-se na competência para aplicação da norma tributária e na competência jurisdicional administrativa.

8.2.1.1 Competência regulamentar e outras

É atribuída aos chefes do Poder Executivo da União, Estados, Distrito Federal e Municípios competência para editar regulamentos, por meio dos quais inserem no direito positivo proposições normativas gerais e abstratas, voltadas à aplicação da lei ao caso concreto. O sujeito competente é o chefe do Poder Executivo, que exerce a competência inserindo disposições gerais no sistema de direito positivo com um instrumento introdutor denominado "regulamento". As proposições prescritivas produzidas pelo exercício desta competência são, pois, proposições regulamentares.

O exercício dessas competências, salvo disposição em contrário, deve ser feito na sede do Poder Executivo.

No que diz respeito ao tempo, a competência regulamentar tem como termo inicial do seu exercício a publicação da lei. Fora esse marco temporal, o efetivo exercício desta competência se sujeita a juízos de conveniência e oportunidade próprios do Poder Executivo, de modo que não há como estabelecer critérios precisos para delimitar no tempo, a data de exercício dessas competências. O que se pode afirmar, com segurança, é que a competência regulamentar deve ser exercida para o fim de operacionalizar a aplicação das normas inseridas por lei.

Vale insistir, o exercício da competência regulamentar é condicionado no tempo por dois marcos fundamentais: o termo inicial é a publicação da lei e o final, a necessidade de editar os atos que assegurem a incidência das disposições legais ao caso concreto. Vale, também, a regra geral: a omissão do Poder Executivo não pode levar à ineficácia das disposições legais.

Esses atributos caracterizam o aspecto formal da competência regulamentar – sujeitos, procedimento, espaço e tempo. Isso, todavia, serve para explicar outras competências gerais e abstratas, exercidas por órgãos do Poder Executivo. Aquilo que Paulo de Barros Carvalho[428] chama de instrumentos introdutores secundários compreende os decretos, resoluções, instruções normativas, entre outros. Todos esses atos são frutos do exercício de competências administrativas, distribuídas entre órgãos que se vinculam em nexos de subordinação na estrutura hierarquizada da administração pública.

8.2.1.2 Competência para promover a incidência da norma tributária

Exercida a competência legislativa, teremos leis que estabelecem normas gerais e abstratas. Com o exercício da competência regulamentar, em sua plenitude, teremos condições de aplicar a norma, promovendo sua incidência no caso concreto. Essa competência é atribuída a agentes públicos que assumem a prerrogativa de, na hipótese, traduzir para a linguagem do direito positivo os acontecimentos que estejam de acordo com o que prevê a hipótese das normas e, também, imputar os efeitos juridicamente previstos.

---

428. CARVALHO, Paulo de Barros. *Curso de direito tributário* cit., p. 75.

O Código Tributário Nacional prevê duas modalidades fundamentais de instrumentos introdutores para promover a incidência de normas tributárias: o lançamento de ofício[429] e o auto de infração.

Esses instrumentos introdutores, que podem vir num único documento, servem para relatar a ocorrência de um fato e lhe imputar uma consequência, que é a relação jurídica tributária relativa ao pagamento de tributo.[430] Já o auto de infração serve ao propósito de relatar a prática de infrações e imputar ao contribuinte, ou quem lhe faça as vezes, o dever de cumprir sanções.

Promover a incidência da norma tributária, porém, é competência que não se esgota com o lançamento de ofício ou com o auto de infração. Além dessas funções, o Código Tributário Nacional, também, fala em atos voltados à suspensão da exigibilidade do crédito, assim como a sua transformação e extinção.

A competência legislativa estabelece os critérios, cabendo aos agentes públicos editar os atos individuais e concretos que, respectivamente, promovam a suspensão da exigibilidade ou a transformação dos créditos ou ainda sua exclusão.

---

429. Sobre a definição do conceito de lançamento, José Souto Maior Borges esclarece: "A polivalência de significados do termo 'lançamento' revela-se, ainda, na distinção entre dois sentidos geralmente confundidos pela doutrina tradicional. Deve-se distinguir, no lançamento, (a) o ato ou procedimento de criação normativa, ato e procedimento pelos quais é posta numa norma individual e concreta, inovando o ordenamento jurídico, e (b) a própria norma instituída por esse ato ou procedimento. O termo significa não só um ato ou procedimento determinado, mas também o produto jurídico desse ato ou procedimento, ou seja, a consequência imputada pelo ordenamento jurídico tributário, particularmente o art. 142 do CTN, norma de graduação superior ao lançamento, considerado como seu suporte jurídico. A produção de efeitos jurídicos pelo lançamento consiste, pois, numa norma ou em norma criadas de acordo com o respectivo procedimento administrativo" *(Lançamento tributário.* 2. ed. São Paulo: Malheiros, 1999. p. 122-123).

430. Sobre o ato de lançamento, dispõe o art. 142 do CTN: "Art. 142. Compete privativamente à autoridade administrativa constituir o crédito tributário pelo lançamento, assim entendido o procedimento administrativo tendente a verificar a ocorrência do fato gerador da obrigação correspondente, determinar a matéria tributável, calcular o montante do tributo devido, identificar o sujeito passivo e, sendo caso, propor a aplicação da penalidade cabível.
Parágrafo único. A atividade administrativa de lançamento é vinculada e obrigatória, sob pena de responsabilidade funcional."

Em todos esses atos os agentes da administração pública intervirão, seja para exercer a competência prevista na Lei, criando a norma tributária individual e concreta, seja para cumprir uma norma que tenha sido expedida pelo Poder Judiciário.

8.2.1.3 Competência jurisdicional atípica

Ao Poder Executivo cabe ainda dizer que norma deve prevalecer nas situações de conflito entre a Administração Pública e o contribuinte. O ingresso de normas individuais e concretas, produzidas pela Fazenda para constituir obrigações tributárias em sentido amplo, só ocorre com a notificação do sujeito passivo – o contribuinte. Esse, por sua vez, pode simplesmente cumprir o dever prescrito, produzindo a norma de pagamento. Ou, se discordar da imposição, impugnar a exigência, suspendendo sua exigibilidade e dando início ao processo administrativo fiscal.

O início, meio e fim do processo administrativo é disciplinado por lei,[431] assim como os órgãos julgadores de primeira e segunda instância, bem como as situações em que o julgamento poderá ser levado a uma instância especial. Os atos processuais devem estar previstos em lei, ou ato a ela equiparado, bem como os vícios de forma e de matéria que podem comprometer a legitimidade destes atos. Os princípios da legalidade, ampla defesa e duplo grau de jurisdição determinam, por sua vez, a publicidade dos atos processuais e a oportunidade para dilação probatória, além da existência de, pelo menos, mais de uma instância de julgamento para processar decisões produzidas por autoridades inferiores.

Há, pois, função jurisdicional voltada à solução de conflitos entre agentes públicos e contribuintes. Trata-se, porém, de função atípica da administração, pois não é exercida pelo Poder Judiciário e, mais importante, só faz coisa julgada para a Administração Pública naqueles julgamentos em que a pretensão do contribuinte é assegurada.[432] Nos demais,

431. A Lei 9.784/99 regula o processo administrativo no âmbito Federal.

432. Sobre o tema já se pronunciou o Supremo Tribunal Federal: "Coisa julgada

em face da garantia constitucional de que a lei não excluirá a apreciação do Poder Judiciário qualquer lesão ou ameaça a direitos, não há falar em coisa julgada administrativa e em exercício de função jurisdicional, nos mesmos termos previstos para o Poder Judiciário.

8.2.2 A programação da matéria

A competência administrativa, em todas as suas variantes, deve ser exercida nos limites da lei. Se não bastassem as referências à divisão constitucional dos poderes do Estado, à legalidade geral (art. 5º, II), à legalidade da Administração Pública (art. 37) e à legalidade tributária (art. 150, I) feitas pela Constituição, o Código Tributário Nacional é expresso ao prescrever (art. 99) que: "O conteúdo e o alcance dos decretos restringem-se aos das leis em função das quais sejam expedidos [...]." Não só os decretos, acrescentaríamos, mas todas as normas complementares à legislação tributária têm o seu sentido condicionado pela lei, em sentido amplo.

Os condicionantes de sujeito, espaço, tempo e matéria sobre as quais podem versar as normas administrativas estão previstos nas leis que instituem a regra-matriz de incidência tributária, assim como as demais normas acessórias à tributação (i.e., deveres instrumentais, atualizações monetárias, sanções pecuniárias, juros moratórios e compensatórios). Cabe relembrar que a teoria da regra-matriz de incidência, preconizada por Paulo de Barros Carvalho,[433] oferece um modelo

fiscal e direito subjetivo. A decisão proferida pela autoridade fiscal, embora de instância administrativa, tem, em relação ao fisco, força vinculatória, equivalente a da coisa julgada, principalmente quando gerou aquela decisão direito subjetivo para o contribuinte. Recurso extraordinário conhecido e provido" (RE 68.253/PR, Rel. Min. Barros Monteiro, Primeira Turma, julgado em 02.12.1969, *DJ* 08.05.1970)

433. Esse autor assevera que a norma geral e abstrata que prescreve o tributo deverá conter os seguintes critérios: "Haverá um critério material (comportamento de alguma pessoa), condicionado no tempo (critério temporal) e no espaço (critério espacial). Já na consequência (prescritor), toparemos com um critério pessoal (sujeito ativo e sujeito passivo) e um critério quantitativo (base de cálculo e alíquota)" (CARVALHO, Paulo de Barros. *Fundamentos jurídicos da incidência* cit., p. 81).

lógico de representação que agrega todos os elementos necessários à percussão tributária.

Com auxílio desse modelo, o intérprete vai ao direito positivo buscar resposta para as seguintes indagações: *i.* que conduta torna um tributo devido? *ii.* onde deve ser praticada essa conduta, para que o tributo se torne devido? *iii.* quando se considera devido o tributo? *iv.* quem deve pagar o tributo? *v.* quem deve receber o tributo? *vi.* como se calcula o valor a ser pago? As três primeiras indagações dizem respeito à hipótese de incidência tributária. Já as três subsequentes definem a relação jurídica tributária.

Os quatro âmbitos nos quais se desdobra a materialidade do tributo **m(s.e.t.c.)** – sujeito, espaço, tempo e matéria – se dividem nessas seis perguntas, compondo a norma tributária em sentido estrito. É justamente esse o arranjo de proposições prescritivas que dão forma ao aspecto material da competência tributária.

Com pequenas alterações, o modelo preconizado por Paulo de Barros Carvalho oferece os instrumentos necessários para a compreensão das demais normas que fundamentam o exercício das competências administrativas. Todas as proposições sancionatórias e os chamados deveres instrumentais devem ser criados por lei. As proposições que dão forma a esses deveres, por sua vez, podem ser reconduzidas a estruturas do tipo "se A então B". Nestas, encontram-se as proposições que disciplinam condutas, referindo-se ao sujeito, espaço, tempo e comportamento. Por isso, uma vez aceita a possibilidade de uso da regra-matriz de incidência tributária para explicar a norma tributária em sentido estrito, estará, automaticamente, aceita a possibilidade de se valer deste modelo para explicar as demais normas tributárias gerais e abstratas que fundamentam o aspecto material da competência administrativa.

8.3 Competência tributária jurisdicional

Competência jurisdicional[434] em matéria tributária é a aptidão, modalizada como obrigatória, imputada de forma típica aos órgãos do Poder Judiciário – e atipicamente aos órgãos da administração pública – para aferir a validade, aplicando ou não, normas tributárias ligadas, direta ou indiretamente, à instituição, arrecadação ou fiscalização de tributos[435].

Na acepção empregada por Lourival Vilanova[436] e por Paulo de Barros Carvalho[437], esta é a competência para assegurar a aplicação coercitiva das normas jurídicas. Trata-se, em tudo e por tudo, de uma parcela da jurisdição do Estado.

Apesar de a competência tributária jurisdicional, para a produção de normas individuais e concretas, ser exercida pela própria administração tributária, como vimos acima, ainda é possível afirmar que a competência jurisdicional é a mais ampla das quatro competências tributárias que identificamos. Fundamenta essa afirmação o art. 5º, XXXV, da Constituição,

---

434. "Tanto en el ámbito del Derecho procesal [...]como en el del administrativo el concepto de competencia hace referencia a las posibilidades de actuación de cada tribunal, ente u órgano administrativo en relación con los demás. Es una idea de relación y limitación recíproca entre entes u órganos que ejercitan el poder estatal" (FERREIRO LAPATZA, José Juan. *Curso de derecho financiero español*. 19. ed. Madrid: Marcial Pons, 1997. p. 96).

435. Vejamos o esclarecimento de Tárek Moysés Moussallem a esse respeito: "os juízes (órgão singular ou colegial), quando provocados, exercem uma atividade jurisdicional que denominamos enunciação. Esse procedimento cria um documento normativo (sentença e acórdão, respectivamente). Nesse documento normativo, distinguimos um veículo introdutor, norma individual e concreta, que denominamos 'enunciação-enunciada' (infelizmente denominada pelos teóricos de 'sentença' e 'acórdão'), no qual consta a incidência de uma norma de produção jurídica" (*Fontes do direito tributário* cit., p. 152).

436. "Norma primária (oriunda de normas civis, comerciais, administrativas) e norma secundária (oriunda de normas de direito processual objetivo) compõe a bimembridade da norma jurídica: a primária sem a secundária desjuridiciza-se; a secundária sem a primária reduz-se a instrumento, meio, sem fim material, a adjetivo sem o suporte do substantivo" (VILANOVA, Lourival. *Causalidade e relação no direito* cit., p. 190).

437. CARVALHO, Paulo de Barros. *Fundamentos jurídicos da incidência* cit., p. 34.

que prescreve: "*a lei não excluirá da apreciação do Poder Judiciário lesão ou ameaça a direito*". Ora, sempre que o exercício de qualquer das demais competências tributárias possa ensejar lesão ou ameaça a direitos, a jurisdição poderá ser chamada a se manifestar.

Podemos apontar os seguintes atributos para a competência jurisdicional tributária: heterônoma, qualificada, vinculada e intransferível.

8.3.1 A programação da forma de exercício

Já dissemos antes que a competência, no direito processual civil, é a medida da jurisdição. Assim, a porção de jurisdição voltada à solução de conflitos relacionados à tributação é o que se poderia chamar de jurisdição tributária, ou competência jurisdicional tributária. Podem exercer essa competência os órgãos do Poder Judiciário que, segundo as leis e regimentos internos desse Poder, possam dispor sobre a matéria.

Essas regras de repartição de competências segregam a jurisdição tributária em função de critérios como: local da prestação, tipo de tributo, tipo de ação judicial, valor da causa, entre outros. É por esse motivo que, respectivamente, existem comarcas de diferentes jurisdições; justiça tributária federal e estadual, vara de execuções fiscais e varas tributárias comuns, juizados federais especiais, para mencionar apenas alguns exemplos.

A respeito de quem exerce a jurisdição, Lourival Vilanova ensina:

> O órgão jurisdicional é um complexo de facultamentos, de direitos, de deveres, de obrigações: é um plexo de competência. Apresenta-se, nas relações jurídico-processuais, como um sujeito de direito. A ele acodem tanto os indivíduos e coletividades personificadas de direito privado quanto os entes de direito público.[438]

438. VILANOVA, Lourival. *Causalidade e relação no direito* cit., p. 279.

O que não se admite, por força do princípio constitucional do juiz natural, é que sejam alteradas regras de competência jurisdicional para atender a este ou aquele caso. O texto constitucional não deixa dúvida ao prescrever (art. 5º, XXXVII) que "não haverá juízo ou tribunal de exceção".

Outros pormenores desta competência requerem incursão no processo civil, transcendendo o específico objeto deste estudo.

8.3.1.1 Função legislativa atípica

Estamos com Athos Gusmão Carneiro quando afirma que:

> *Em duas hipóteses, todavia, a Constituição Federal atribui ao Poder Judiciário, mais especificamente ao Supremo Tribunal Federal e aos Tribunais de Justiça, o exercício, embora sob vestes jurisdicionais, de uma atividade legislativa, porque não vinculada à aplicação do direito a um caso concreto.*[439]

De fato, as competências jurisdicionais para controle concentrado de constitucionalidade são, em verdade, exercício de função legislativa. Sendo desempenhadas por outro poder, porém, trata-se de função atípica. Há, efetivamente, pontos de aproximação e de distanciamento entre o exercício da jurisdição com efeitos *erga omnes* e o exercício da função legislativa.

Entre as semelhanças, podemos relacionar o fato de tanto a competência legislativa quanto a jurisdicional emitirem normas gerais e abstratas voltadas para o futuro; a norma de controle concentrado revoga, estabelecendo termo para a invalidade temporal da norma anterior, assim como faria uma norma de revogação qualquer. Mas as identidades ficam por aí.

As diferenças, pelo seu lado, são mais abundantes: a competência jurisdicional é condicionada e a competência legislativa não é; por isso a competência jurisdicional é de exercício obrigatório e a legislativa não; essas normas emanam de poderes distintos, segundo processos de produção igualmente

---

439. CARNEIRO, Athos Gusmão. *Jurisdição e competência.* 13. ed. São Paulo: Saraiva, 2004. p. 21.

diversos; a competência legislativa é fruto do exercício da norma de competência primária e a decisão de uma Ação Direta de Inconstitucionalidade, por exemplo, tem fundamento na norma de competência secundária ou sancionatória.

Apesar das diferenças, o paralelo é útil para evidenciar semelhanças e distinções entre as duas espécies de competência.

8.3.2 A programação da matéria

Se a lei não poderá excluir da apreciação do Poder Judiciário nenhuma lesão ou ameaça a direito, não há por que supor que qualquer dos temas envolvidos na competência tributária possa estar fora da jurisdição tributária, em sua mais ampla acepção.

O que pode ser apontado não é propriamente uma restrição de matéria, mas sim a restrição de exercício simultâneo das competências administrativas e jurisdicionais, pois a competência jurisdicional é condicionada ao preenchimento de certos requisitos, entre os quais está a existência de pretensão resistida e de uma causa de pedir. Por força destes, a jurisdição é acionada não para constituir obrigação tributária em sentido amplo, mas para aferir sua regularidade, impedindo que lei irregular produza efeitos, ou para impedir que o poder público venha a constituir uma obrigação ou inscrevê-la em dívida ativa.

As liminares concedidas em ações judiciais são expressamente previstas como causa de suspensão da exigibilidade de obrigações tributárias.

O que não se concebe é acionar a jurisdição para constituir créditos tributários. Salvo nas exceções em que a justiça do trabalho pode apurar obrigações para o INSS, não faz sentido pensar no Poder Judiciário senão para desconstituir normas individuais e concretas produzidas irregularmente ou para impedir que essas normas venham a ser criadas, em prejuízo do contribuinte.

8.4 Competência tributária privada

Definimos competência tributária privada como a aptidão jurídica, modalizada como obrigatória, imputada aos contribuintes para fazer incidir normas, direta ou indiretamente, relacionadas à instituição, arrecadação ou fiscalização de tributos. Numa frase: é a competência atribuída ao contribuinte para aplicar a norma tributária ao caso concreto[440]. E com isso não falamos, apenas, das normas que determinam o dever de pagar o tributo, mas sim de todas as demais, relativas aos deveres instrumentais, sanções, confissões de dívidas, adesões a programas especiais de parcelamento, entre outro.

É isso que demonstra Paulo de Barros Carvalho quando ensina:

> A experiência da realidade jurídica brasileira é farta em exemplos de normas jurídicas, individuais e concretas, produzidas pelo administrado, no campo dos tributos. Ninguém ousaria ignorar que legislações de impostos como o IPI e o ICMS, importantes fontes de receita para a União e para os Estados federados, respectivamente, registram muitos disciplinadores da atividade do sujeito passivo na construção dessas regras. Cabem-lhe individualizar o evento tributário, constituindo-o como fato jurídico, e estruturar, denotativamente, todos os elementos integrantes da relação jurídica do tributo. Em outras palavras, a lei dá competência ao contribuinte para constituir o fato jurídico e a obrigação tributária que dele decorre, pelo fenômeno da *causalidade jurídica*.[441]

É bem verdade que a ideia de particulares produzindo normas tributárias não é antiga. Até há bem pouco tempo, por influência da doutrina de Norberto Bobbio[442], preservava-se a locução "norma jurídica" para atos gerais e abstratos. Os individuais e concretos, voltados à positivação das gerais e abstratas, seriam meros atos de cumprimento, sem se ajustar ao conceito de norma.

440. CARVALHO, Paulo de Barros. *Curso de direito tributário* cit., p. 374.

441. Ibidem, p. 434-435.

442. Cf. BOBBIO, Norberto. *Teoria do ordenamento jurídico* cit., p. 51.

Coube a Paulo de Barros Carvalho,[443] por meio da aplicação firme de seu modelo teórico, evidenciar a natureza normativa de todo e qualquer ato que promova modificação do sistema jurídico, pelo relato de novos fatos tributários e imputação de novas relações jurídicas. Com isso, as declarações de tributos, as guias de pagamento, as informações prestadas são documentos que inserem normas jurídicas individuais e concretas, promovendo alterações no Sistema Tributário Nacional.

Em verdade, o exercício dessas competências privadas é o principal responsável pela produção de normas relativas à tributação. Em nenhuma das outras modalidades, identificadas entre os Poderes do Estado, produzem-se tantas normas relativas à tributação quanto nessa forma de competência exercida pelos particulares.

Uma coisa, porém, é digna de nota: a competência tributária privada é a mais limitada entre as competências que indicamos acima. Por isso mesmo podemos afirmar que a competência tributária privada é autônoma, vinculada, qualificada e intransferível.

8.4.1 A programação da forma de exercício

A transferência de competências tributárias do Estado para os particulares justifica esse tema. Numa análise diacrônica do ordenamento jurídico, é possível observar o crescimento de deveres instrumentais atribuídos ao contribuinte.

---

443. Norma geral é, segundo Paulo de Barros Carvalho, "aquela que se dirige a um conjunto de sujeitos indeterminados quanto ao número; individual, a que se volta a certo indivíduo ou a grupo especificado de pessoas". Já a respeito do fato, "a tipificação de um conjunto de fatos realiza uma previsão abstrata, ao passo que a conduta especificada no espaço e no tempo dá caráter concreto ao comando normativo" (*Direito tributário – fundamentos jurídicos da incidência* cit., p. 33). Seria possível falar, ainda, em normas gerais e concretas e em normas individuais e abstratas. As gerais e concretas serão objeto de análise em tópico separado, quando for analisado o conceito de "instrumento introdutor de normas". Já as normas individuais e abstratas, segundo Eurico de Santi, estão presentes nos contratos firmados entre pessoas determinadas, visando ao cumprimento de prestações hipotéticas (futuras) (*Prescrição e decadência no direito tributário,* p. 52, nota 44). A análise desse tipo de norma, porém, não é relevante para o desenvolvimento deste trabalho.

Declarações de tributos, dever de emitir notas fiscais, cadastrar-se nos sistemas de controle da atividade comercial dos contribuintes, manter banco de dados com informações fiscais são deveres prescritos para a arrecadação da quase totalidade dos tributos.

Com exceções que se contam nos dedos, todos os tributos cobrados no País, hoje, contam com o particular para fazer incidir a norma tributária, produzindo o relato de sua incidência, assim como as informações relativas à quitação do tributo. Como se fosse pouco, há, também, alguns deveres de transmitir dados bancários e comerciais à administração tributária para que se possa, mediante o confronto de dados, manter rígido controle das declarações apresentadas pelos contribuintes.

Apesar de sua intensa participação como sujeito competente que atua imprimindo dinâmica à ordem tributária, os particulares não dispõem de qualquer para editar os preceitos normativos previstos na sua competência.

Pelo fato de atuarem no ponto terminal de positivação do sistema jurídico, os âmbitos de vigência pessoal, espacial, temporal e comportamental da norma jurídica estão precisamente delimitados. Por isso mesmo essas competências são de exercício estritamente vinculado. E mais, pelo fato de terem como condição a ocorrência de certas circunstâncias sociais – fatos –, essa é uma competência de exercício compulsório. Não sendo desempenhada pelo particular, esse será sancionado pelos agentes da administração pública.

Assim, o contribuinte, a forma de positivar a norma promovendo sua incidência a um caso concreto, o lugar e o tempo em que deve se dar de forma lícita a aplicação da norma, são previstos de forma precisa. Não há espaço para negociações ou prorrogações, salvo disposição contrária em lei.

8.4.2 A programação da matéria

A programação da matéria das competências privadas não difere daquela que indicamos para as competências administrativas que aplicam norma a um caso concreto. A diferença entre um tipo e outro de competência não está, pois, na matéria, mas sim no momento em que a competência deve ser exercida. Enquanto a condição para exercício da competência privada é a afirmação de que ocorreu o fato tributário, o termo inicial para o exercício da competência administrativa, consubstanciada na realização do lançamento de ofício, é a inércia do contribuinte que não entrega a declaração no período em que estava obrigado.

Quanto aos demais elementos relativos à matéria, é, em tudo e por tudo, o que falamos no tópico relativo à competência administrativa.

8.5 O mínimo denominador comum entre as várias competências tributárias

Seria possível classificar a competência, ainda, segundo o tipo de instrumento introdutor que documenta sua positivação, o local de exercício, o tempo em que podem ser exercidas entre outros critérios igualmente hábeis. Decidimos, porém, utilizar a clássica tripartição dos Poderes do Estado, acrescentando a competência atribuída aos particulares para positivar a competência tributária num caso concreto. O que há de relevante a ser destacado aqui é o fato de ter a estrutura lógica da norma de competência servido como instrumento que orientou o modo de interpretar o direito positivo.

Em cada um dos tópicos, de modo uniforme, percorremos, sutilmente, os aspectos formais e materiais importantes para a outorga de competência. Falamos de quem pode criar cada uma das normas, da forma como essas normas podem ser criadas, estando aí incluídas as referências de espaço e de tempo. Além do mais, tocamos os aspectos fundamentais da matéria, comentando quem pode ser obrigado a realizar que tipo de conduta e em que condições de espaço e de tempo. Partindo do modelo apresentado no Capítulo 3 e confrontando-o com o direito positivo, conseguimos analisar e sintetizar aspectos fundamentais das competências executiva, legislativa, jurisdicional e privada em matéria tributária.

Capítulo 9

CARACTERÍSTICAS DA COMPETÊNCIA TRIBUTÁRIA

A análise do sentido da competência tributária não estaria concluída sem a identificação e a atribuição de características gerais que sirvam para qualificá-la em suas múltiplas manifestações. Alguns esclarecimentos, porém, devem anteceder essa qualificação. O primeiro deles diz respeito à necessidade de identificar características a partir de conceitos dogmáticos, porque toda a primeira parte deste trabalho foi dedicada à estrutura da competência, ou seja, aos respectivos atributos gerais e universais. A ideia, então, é apontar atributos que sirvam, também, para oferecer novas perspectivas para a compreensão do objeto. Por isso, o que faremos é tomar, como fonte de inspiração, o profícuo diálogo mantido entre Roque Antonio Carrazza e Paulo de Barros Carvalho acerca da competência tributária legislativa, estendendo, a partir dele, nossas considerações para as demais espécies de competência.

9.1 Algumas notas sobre a caracterização das competências tributárias

Sob a análise semântica, as competências tributárias não se sujeitam a uma caracterização uniforme, aplicável a toda e qualquer das suas manifestações. Se são diferentes os sentidos, é de esperar que sejam igualmente diversas as suas qualidades. E será tanto mais diferente o número de atributos quanto maior for a variação de sentido. Por isso, dividiremos o conjunto das competências em dois grandes blocos: o das competências legislativas, compreendendo a criação de leis ou atos normativos, e o das competências infralegislativas, abrangendo as competências administrativa, jurisdicional e privada. Com isso nos manteremos num ponto equidistante entre a generalidade da forma e o casuísmo de se analisar uma a uma as múltiplas espécies de competência tributária.

Dividir assim o conjunto das competências, porém, exige alguns ajustes em relação à classificação originalmente proposta por Roque Antonio Carrazza.[444] Em sua feição original, a competência tributária legislativa seria caracterizada pelos atributos de: *privatividade, indelegabilidade, incaducabilidade, inalterabilidade, irrenunciabilidade e facultatividade de exercício*.[445] Após o diálogo estabelecido por Paulo de Barros Carvalho,[446] três dos seis atributos iniciais sofreram rigorosas ressalvas, de modo que a privatividade e a facultatividade[447]

444. CARRAZZA, Roque Antonio. *Curso de direito constitucional tributário* cit., p. 451 e s.

445. Idem.

446. CARVALHO, Paulo de Barros. *Curso de direito tributário* cit., p. 239 e s.

447. "Por sem dúvida que é regra geral [a facultatividade do exercício das competências tributárias]. A União tem a faculdade ou permissão bilateral de criar o imposto sobre grandes fortunas, na forma do que estatui o inciso VII do art. 153 da CF. Até agora não o fez, exatamente porque tem a faculdade de instituir ou não o gravame. E o mesmo se dá com os municípios, que, em sua maioria, não produziram a legislação do imposto sobre serviços de qualquer natureza, conquanto não lhes falte, para isso, aptidão legislativa. Todavia, a exceção vem aí para solapar o caráter de universalidade da proposição: refiro-me ao ICMS. Por sua índole eminentemente nacional, não é dado a qualquer Estado-membro ou ao Distrito Federal operar por omissão, deixando de legislar sobre esse gravame. Caso houvesse uma só unidade da federação que empreendesse tal procedimento e o sistema do ICMS perderia consistência, abrindo-se ao acaso das manipulações episódicas, tentadas com tanta frequência naquele clima que conhecemos por 'guerra fiscal'. Seria efetivamente um desastre para a sistemática impositiva da exação que mais recursos carreia para o erário do País. O ICMS deixaria, paulatinamente, de existir" (CARVALHO, Paulo de Barros. *Curso de direito tributário* cit., p. 223-224).

de exercício deixaram de ser vistas como características de toda e qualquer espécie de competência legislativa. Ademais, em virtude das modificações do texto constitucional que possibilitaram a criação da Contribuição sobre Movimentação Financeira – CPMF, a própria ideia de incaducabilidade perdeu sua condição de atributo geral.

Para analisar as competências na forma proposta, confrontaremos os atributos que acabamos de relacionar, aferindo se eles estão ou não presentes. Cuidaremos de analisar as duas modalidades indicadas acima com base nos seguintes critérios: a privatividade é qualidade relacionada à exclusividade do sujeito que a exerce; a indelegabilidade tem a ver com ser possível ou não atribuir a outrem a aptidão de criar normas; a incaducabilidade se refere à possibilidade de existir ou não limite de tempo para o exercício da competência; a inalterabilidade leva em conta se o sujeito competente pode alterar os termos em que a competência lhe foi atribuída; e o fato de ser ou não obrigatória a criação de normas está relacionado à facultatividade de exercício. Com efeito, no lugar das referências à privatividade, indelegabilidade, incaducabilidade, inalterabilidade, irrenunciabilidade e faculdade de exercício, falaremos nos critérios aos quais essas normas fazem referência.

Assim, nos próximos itens, estudaremos as competências tributárias, divididas em legais e infralegais, conforme tenham titulares privativos ou concorrentes; sejam passíveis ou não de delegação; possam ser ou não alteradas; possa o seu titular renunciar ou não às suas prerrogativas e esteja ou não obrigado a legislar.

9.2 Quanto à exclusividade

As competências tributárias legislativas seriam privativas, pois o legislador constituinte cuidou de apontar critérios precisos para a sua repartição.[448] Fundado em forte

448. CARRAZZA, Roque Antonio. *Curso de direito constitucional tributário* cit., p. 454.

argumento de Amilcar de Araujo Falcão, esclarece Roque Antonio Carrazza que as normas constitucionais que atribuem competência em matéria tributária encerram duplo comando: "1) habilitam a pessoa contemplada – e somente ela – a criar, querendo, um dado tributo; e 2) proíbem as demais de virem a instituí-lo".[449] Sendo competente uma pessoa, todas as demais seriam incompetentes.

A esse argumento, Paulo de Barros Carvalho[450] opõe a crítica segundo a qual os impostos extraordinários poderiam ser editados, com idênticas hipóteses de incidência e base de cálculo, para vigorar na mesma área territorial de tributos criados pelos Estados, Municípios e Distrito Federal. Neste caso, haveria verdadeira superposição de competências. As regras-matrizes criadas nessas circunstâncias incidiriam, conjuntamente, sobre a mesma realidade, num caso de bitributação constitucionalmente regulada. O caráter excepcional dessas circunstâncias, para Roque Antonio Carrazza[451] seria suficiente para, por si só, afirmar a característica privativa da competência. Já para Paulo de Barros Carvalho,[452] não se tratando de atributo absoluto, não seria possível tornar a privatividade característica dessas competências.

No plano infralegislativo, a privatividade não é, seguramente, atributo das normas de competência tributária. Aqui,

---

449. Ibidem, p. 453.

450. "Tenho para mim que a privatividade é insustentável, levando em conta disposição expressa da Lei das Leis que, bem ou mal, é o padrão empírico para a emissão de proposições descritivas sobre o direito posto. A União está credenciada a legislar sobre seus impostos e, na iminência ou no caso de guerra externa, sobre impostos ditos 'extraordinários', compreendidos ou não em sua competência tributária, consoante o que prescreve o art. 154, II. Dir-se-á que se trata de exceção, mas é o que basta para derrubar proposição afirmativa colocada em termos universais, de tal sorte que impostos privativos, no Brasil, somente os outorgados à União. A privatividade fica reduzida, assim, à faixa de competência do Poder Público Federal" (CARVALHO, Paulo de Barros. *Curso de direito tributário* cit., p. 223).

451. CARRAZZA, Roque Antonio. *Curso de direito constitucional tributário* cit., p. 451, nota n. 21.

452. Cf. CARVALHO, Paulo de Barros. *Curso de direito tributário* cit., p 241.

a característica adequada é a concorrência. Tomemos como exemplo a competência para efetuar o autolançamento, consubstanciado na entrega da declaração de Imposto sobre a Renda das Pessoas Físicas. Em geral, compete ao próprio sujeito passivo da obrigação tributária promover a incidência da regra-matriz. É a ele que compete traduzir o evento ocorrido em fato jurídico tributário, que denote o acontecimento previsto abstratamente na norma jurídica tributária. Transcorrido o prazo de entrega da declaração de IRPF, sem que o sujeito passivo tenha editado a norma individual e concreta que lhe competia, sua competência privativa se torna concorrente, porque ele poderá apresentar uma declaração extemporânea sanando sua omissão e, simultaneamente, o agente público competente poderá, ao se defrontar com provas que atestem terem ocorrido eventos tributários não declarados, lavrar lançamento de ofício para exigir o que deixou de ser declarado.

Um e outro podem editar normas, constituindo o mesmo fato jurídico tributário de maneira igualmente legítima.

Dessa forma, inexiste consenso quanto ao atributo de privatividade das competências legislativas, em virtude das circunstâncias excepcionais que autorizam a criação de impostos extraordinários. Todavia, não há dúvida quanto à concorrência entre diversos sujeitos competentes para editar normas relativas à mesma matéria no plano infralegal.

9.3 Quanto à possibilidade de delegação

A disposição hierárquica dos sujeitos competentes evidencia a existência de um sistema rígido de repartição de competências.[453] Isso de forma tal que não se pode tratar deste

453. "Por certo, se admitirmos a tese de que nossa Constituição é rígida e que o constituinte repartiu, incisivamente, as possibilidades legiferantes entre as entidades dotadas de personalidade política, cuidando para que não houvesse conflitos entre as subordens jurídicas estabelecidas no Estado Federal, a ilação imediata é reconhecer a vedação da delegabilidade, bem como a impossibilidade de renúncia. Que sentido haveria numa discriminação rigorosa de competências, quando se permitisse que uma

ou daquele tema sem se sujeitar ao que estabelecem as normas de competência. Uma série de consequências podem ser inferidas desse modo de organização do sistema constitucional tributário brasileiro. A primeira delas é a impossibilidade de o sujeito que recebe a competência delegá-la a outros.[454] Fosse isso possível, não seria rígido o sistema e de nada valeriam as atribuições de competência. Eis a razão de ser esta uma característica sobre a qual não persistem maiores divergências.

A indelegabilidade da competência legislativa pode ser percebida em duas dimensões: a primeira, de sentido mais amplo, é a que veda a delegação de toda e qualquer faixa de competência de uma pessoa política para outra, ainda que se faça isso por meio de lei. A segunda diz respeito à impossibilidade de ato normativo delegar ao poder executivo, ou este ao legislativo, a competência que deverá ser exercida pelo ente federativo.

No plano infralegislativo, como é de imaginar, a indelegabilidade não configurar atributo absoluto. A possibilidade de cessão de créditos tributários é exemplo de delegação de capacidade para exigir o crédito. No plano dos julgamentos administrativos, a possibilidade de o juiz se declarar suspeito ou, ainda, de o Ministro da Fazenda avocar o julgamento de determinados processos, são exemplos de que a competência tributária é delegáveis a terceiros. O próprio direito positivo, orientado à realização de valores de interesse público, cuida de atribuir ao titular da competência a faculdade de transferi-la a outrem.

---

pessoa delegasse a outra as habilitações recebidas? Em pouco tempo, no manejo das utilizações concretas, quando se manifestasse o direito no dinamismo de seu estilo peculiar, o desenho das atribuições competenciais passaria por diferentes e imprevisíveis configurações, dissipando a rigidez e a estabilidade pretendidas pelo legislador constituinte. Advém daí o entendimento perante o qual a indelegabilidade e a irrenunciabilidade seriam prerrogativas inafastáveis do exercício competência, no sistema brasileiro" (CARVALHO, Paulo de Barros. *Curso de direito tributário* cit., p. 222).

454. CARRAZZA, Roque Antonio. *Curso de direito constitucional tributário* cit., p. 578.

9.4 Quanto ao limite de tempo

O texto constitucional, até há bem pouco tempo, não prescrevia qualquer limitação de tempo para o exercício da competência tributária legislativa. Eis o porquê de, nas primeiras versões do diálogo estabelecido entre Paulo de Barros Carvalho[455] e Roque Antonio Carrazza,[456] existir plena concordância quanto ao fato de ser incaducável[457] o seu exercício. Servia de exemplo dessa incaducabilidade o chamado imposto sobre grandes fortunas (art. 153, VII), previsto desde o início da vigência do texto constitucional sem nunca ter sido efetivamente criado. Há casos, todavia, em que a competência deve ser exercida dentro de certo limite de tempo, sob pena de não mais ser exercida. O já citado exemplo da CPMF é um caso paradigmático que afasta a possibilidade de ser mantido o atributo da incaducabilidade para as competências legislativas.

No plano inferior ao da Constituição e, com mais frequência, na introdução de normas individuais e concretas que compõem a obrigação tributária, a fixação de prazo para o exercício da competência é uma constante. Por expressa disposição constitucional, prescrita pelo art. 146, III, *b*, compete à lei complementar disciplinar os prazos de prescrição e decadência para a elaboração de normas que documentem a incidência. Sob essa perspectiva, tais prazos nada mais são do que condicionantes temporais do exercício da competência consubstanciada em editar norma individual e concreta e exigir o objeto da norma constituída via judicial, respectivamente. Assim, reafirmando a nossa premissa de que a competência deve ser compreendida

455. CARVALHO, Paulo de Barros. *Curso de direito tributário* cit., p. 243.

456. CARRAZZA, Roque Antonio. *Curso de direito constitucional tributário* cit., p. 578.

457. "Diga-se outro tanto sobre a incaducabilidade. A Constituição existe para durar no tempo. Se o não uso da faixa de atribuições fosse perecível, o próprio Texto Supremo ficaria comprometido, posto na contingência de ir perdendo parcelas de seu vulto, à medida que o tempo fluísse e os poderes recebidos pelas pessoas políticas não viessem a ser acionados, por qualquer razão histórica que se queira imaginar. Impõe-se, portanto, a perenidade das competências, que não poderiam ficar submetidas ao jogo instável dos interesses e dos problemas por que passa determinada sociedade" (CARVALHO, Paulo de Barros, *Curso de direito tributário* cit., p. 222).

com base no direito positivo, o atributo da incaducabilidade estará ou não presente conforme o que prescreve o direito positivo, não sendo, pois, um atributo universal.

9.5 Quanto à possibilidade de alteração

A inalterabilidade é outro atributo da competência tributária legislativa sobre o qual não existem dúvidas.[458] A rigidez dos comandos constitucionais não abre espaço para outra conclusão. Eis a razão de Roque Antonio Carrazza afirmar ser a "competência tributária improrrogável, vale dizer, não pode ter as suas dimensões ampliadas pela própria pessoa política que a detém".[459] Fosse possível ao sujeito competente modificar sua competência, não caberia falar de norma que prescreve a competência, mas do próprio sujeito que outorga a si mesmo a aptidão de criar tributos, algo inconciliável com a atual forma de organização do Estado brasileiro, que se funda, essencialmente, na repartição das faculdades de criar normas jurídicas relativas à tributação.

A inalterabilidade pode ser enfocada, no mínimo, sob duas perspectivas: uma é a inalterabilidade pelo próprio sujeito competente, outra é a impossibilidade de emenda à Constituição promover qualquer alteração no arranjo de competências previsto no seu texto original. A primeira perspectiva já foi exposta acima, no que toca à competência legislativa. A segunda, relativa à modificação por emenda à Constituição ou mesmo por edição de lei complementar, costuma ser mais polêmica. Vejamos cada qual de per si.

---

458. "[...] a alterabilidade está ínsita no quadro das prerrogativas de reforma constitucional e a experiência brasileira tem sido rica em exemplos dessa natureza. Se aprouver ao legislador, investido do chamado poder constituinte derivado, promover modificações no esquema discriminativo das competências, somente outros limites constitucionais poderão ser levantados e, mesmo assim, dentro do binômio 'federação e autonomia dos municípios'. A prática de inserir alterações no painel das competências tributárias, no Brasil, tem sido efetivada reiteradamente, sem que seu exercício haja suscitado oposições mais graves" (CARVALHO, Paulo de Barros. *Curso de direito tributário* cit., p. 223). No mesmo sentido: CARRAZZA, Roque Antonio. *Curso de direito constitucional tributário* cit., p. 590.

459. CARRAZZA, Roque Antonio. *Curso de direito constitucional tributário* cit., p. 590.

A possibilidade de modificar a Constituição por emenda consta autorizada pelo próprio texto constitucional. Cumpridas as formalidades necessárias, é possível inserir modificações no sistema constitucional tributário. Conquanto não estejam sujeitas às mesmas vedações prescritas para toda modificação legislativa do capítulo relativo ao Sistema Tributário, estão sujeitas aos condicionantes materiais das chamadas cláusulas pétreas. Neste sentido, é vedado alterar a Constituição para restringir princípios, imunidades e enunciados de autorização que possuam natureza de direitos e garantias do contribuinte. Da mesma forma, importam violações, ao que dispõe o art. 60, § 4º, as propostas de emenda tendentes a modificar a forma federativa de Estado.

O atributo da inalterabilidade das competências já foi, inclusive, objeto da Ação Direta de Inconstitucionalidade 939/DF, que reconheceu a impossibilidade de, mediante emenda, inserir alterações que revoguem os direitos e garantias individuais. Como proclamou o voto do Min. Sepúlveda Pertence, os direitos e garantias individuais espalham-se por todo o texto da Constitucional, indo muito além dos previstos no art. 5º da Carta. Daí afirmar-se, com razão, existirem direitos e garantias individuais relativos ao Sistema Constitucional Tributário. Em vários casos, pode-se mesmo identificar a vinculação direta entre direitos previstos genericamente no art. 5º e outros relativos à tributação.

No que diz respeito à lei complementar, a situação é sensivelmente distinta. Esse veículo introdutor de normas pode inserir enunciados prescritivos para desempenhar uma série ampla de finalidades, quase todas relativas à composição da competência. O art. 146, em seus incisos I, II e III, por exemplo, outorga à lei complementar o papel de regular limitações constitucionais ao poder de tributar, estabelecer critérios para solucionar conflitos de competência e veicular normas gerais de direito tributário. Em outros lugares, a lei complementar surge como veículo dos enunciados que disciplinam a forma como deve se dar o princípio da não cumulatividade no ICMS ou definem as materialidades que podem ser consideradas serviço para o fim de sofrerem a incidência do ISS.

Buscando uma referência comum para todas essas funções, observa-se que a lei complementar desempenha o papel de situar em termos analíticos aquilo que a própria Constituição dispôs de forma sintética. Noutras palavras, os enunciados inseridos em lei complementar mantêm com a Constituição um vínculo de complementação e subordinação. Esses enunciados complementares prescrevem o que os de natureza constitucional não estatuem, mas dentro dos limites fixados por estes. Por isso a lei complementar, a pretexto de desempenhar qualquer das funções referidas acima, não pode modificar os termos da mensagem constitucional tributária.

Assim, no plano infraconstitucional, seja ele o legislativo, o administrativo ou o do particular, o que acabamos de afirmar continua a ser aplicável: o sujeito competente não pode modificar os termos da sua competência, embora possa ela ser alterada por outros sujeitos competentes, na forma prescrita pelo sistema de direito positivo.

9.6 Quanto à possibilidade de renunciar

Renunciar à competência é forma por meio da qual se modifica a competência. Não sendo possível sua modificação, não será igualmente possível a sua renúncia. Neste ponto, uma primeira elucidação é necessária: não se confundem a renúncia e o não exercício da competência tributária. Uma coisa é, por decisão própria, alterar os termos da competência, abrindo mão da faculdade de, posteriormente, editar normas. Outra, bem distinta, é, simplesmente, exercer o direito de não exercitar a tal competência, não criando norma.

Esse atributo é, inclusive, reconhecido, tanto por Paulo de Barros Carvalho[460] quanto por Roque Antonio Carrazza.[461] Uma crítica, porém, formulada por aquele jurista e, de logo, acatada por este, levantou o tema de ser o ICMS tributo sobre

---

460. CARVALHO, Paulo de Barros. *Curso de direito tributário* cit., p. 224-227.

461. CARRAZZA, Roque Antonio. *Curso de direito constitucional tributário* cit., p. 593-603.

o qual não existiria a tal facultatividade, sendo compulsória a sua instituição.[462]

9.7 Quanto à modalização do exercício

Exercer a competência tributária é criar norma jurídica[463]. O sujeito competente exercita o ato/processo de enunciação que, realizado de forma adequada, autoriza a inserção, no sistema jurídico, de normas para versar sobre essa ou aquela matéria[464]. O que se analisa no tema relativo à modalização do exercício da competência é se este "dever-ser" de criar norma versando sobre instituição, arrecadação ou fiscalização de tributos é permitido, proibido ou obrigatório. Genericamente, poderiam ser enunciadas duas regras, segundo as quais a competência legislativa é condicionada ou não condicionada. Essa modalidade é de exercício livre, não demanda o atendimento de requisitos além daqueles necessários à forma e à matéria. Já a competência condicionada, exige o preenchimento de certos requisitos para que a competência possa ser

462. CARVALHO, Paulo de Barros. *Curso de direito tributário* cit., p. 244; e CARRAZZA, Roque Antonio. *Curso de direito constitucional tributário* cit., p. 98.

463. "Manifesta-se, de fato, a competência tributária, ao desencadearem-se os mecanismos jurídicos do processo legislativo, acionado, respectivamente, nos planos federal, estadual e municipal. Por esse iter, rigidamente seguido em obediência às proposições prescritivas existentes, a União, os Estados, o Distrito Federal e os Municípios elaboram as leis (acepção larga), que são promulgadas e, logo depois, expostas ao conhecimento geral pelo ato de publicação. Vencidas as dificuldades desse curso formativo, ingressam os textos legislados no ordenamento em vigor, surgindo a disciplina jurídica de novas situações tributárias, no quadro do relacionamento da comunidade social. Foi exercida a competência, enriquecendo-se o direito positivo com o acréscimo de outras unidades normativas sobre tributos" (CARVALHO, Paulo de Barros. *Curso de direito tributário* cit., p. 244).

464. "Enquanto a competência tributária são as normas de produção normativa ou metanormas vistas sob o prisma estático do direito, o exercício da competência são essas normas vistas pela dinâmica da positivação do direito, i.e., a aplicação das normas gerais e abstratas de produção através da expedição de normas gerais e concretas veiculadoras de normas materiais de conduta, gerais e abstratas (leis, decretos, regulamentos) ou individuais e concretas (lançamento, auto de infração)" (CARVALHO, Cristiano. *Teoria do sistema jurídico: direito, economia, tributação.* São Paulo: Quartier Latin, 2005. p. 322).

validamente exercida. Vejamos como compatibilizar essas regras com o direito positivo tributário.

No plano legislativo, a regra geral é de exercício facultativo da competência. Há permissão tanto para criar quanto para não criar a norma jurídica[465]. Paulo de Barros Carvalho,[466] nesse sentido, defende ser fora de dúvida que a faculdade de exercício é a regra geral das competências legislativas, exemplificando com o próprio Imposto sobre Grandes Fortunas, cuja competência foi atribuída à União pelo art. 153, inciso VII, da CF/88, sem, contudo, jamais ter sido instituído.

José Souto Maior Borges, tratando do mesmo tema, equipara os conceitos de competência e faculdade impositiva, ao afirmar que: "Competência tributária significa, na lição de Hensel, a faculdade de exercer o poder tributário, do ponto de vista material, sobre um setor determinado".[467] A distribuição constitucional de competências tributárias consistiria, segundo ele, na faculdade de vincular aspectos formal e material da criação de um tributo, sem obrigar, como regra geral, os entes competentes a fazê-lo.[468]

---

465. Delia Teresa Echave, María Eugenia Urquijo e Ricardo A. Guibourg diferenciam permissão e faculdade, na medida em que a primeira em termos lógicos significa apenas a permissão ao cumprimento da ação, enquanto a permissão de cumprir ou omitir a ação é a faculdade: "[...] las acciones que están 'permitidas' en ese sentido bidireccional de la permisión se llamarán facultativas. Pero hay que aclarar que cuando decimos de una acción que está permitida (Pp), sólo queremos afirmar que está permitido cumplirla [...] Estas precisiones nos permiten introducir el operador 'F' [...] Su definición pude simbolizarse así: Fp ° (Pp . P-p)Es decir que una acción es facultativa si (y solo si) está permitido cumplirla y también está permitido omitirla" (ECHAVE, Delia Teresa; URQUIJO, Maria Eugenia; GUIBOURG, Ricardo. A. *Lógica, proposición y norma*. 6. reimp. Buenos Aires: Depalma, 2002. p. 134-135).

466. CARVALHO, Paulo de Barros. *Curso de direito tributário* cit., p. 223.

467. BORGES, José Souto Maior. *Teoria geral da isenção tributária*. 3. ed., 2. tir. São Paulo: Malheiros, 2007. p. 30.

468. Não é divergente a opinião de Héctor B. Villegas, segundo quem a competência não exercida é uma faculdade outorgada pelo direito aos seus titulares "[...] quando o Estado se converte no titular de um direito subjetivo tributário, terá, diante dele, obrigados a dar, a fazer ou a não fazer alguma coisa. Enquanto isto não acontece e a competência tributária se mantém no plano abstrato como mera faculdade, o Estado encontrará diante de si a comunidade em seu conjunto, importa dizer, um conglomerado

Se é difundida a ideia de faculdade das competências legislativas, é igualmente reconhecido ser obrigatório que o exercício das competências infralegais em quase todas as suas modalidades. Celso Antônio Bandeira de Mello, por exemplo, estudando as características da competência administrativa,[469] assevera:

> [...] As competências são: a) de exercício obrigatório para os órgãos e agentes públicos. Vale dizer: exercitá-las não é questão entregue à livre decisão de quem as titularize. Não está em pauta o problema pessoal do sujeito, ao qual ele possa dar a solução que mais lhe apraz. Está sotoposto ao dever jurídico de atender à finalidade legal e, pois, de deflagrar os poderes requeridos para tanto *sempre que presentes os pressupostos de seu desencadeamento;*[470] (grifamos)

Assim, observamos que, em regra, as competências legislativas são facultativas e as infralegais, obrigatórias. O direito positivo, no entanto, prescreve algumas exceções. No que se refere às competências infralegais, devemos distinguir as que possuem natureza condicionada das demais. No direito tributário positivo, são condicionadas as competências legislativas infralegais, jurisdicionais, privadas e, em alguns casos, as administrativas.

Dissemos "em alguns casos", pois é preciso separar as competências regulamentares daquelas que se voltam à aplicação de normas ao caso concreto, produzindo lançamentos de ofício e autos de infração. Estas últimas são condicionadas,

---

de sujeitos indeterminados, obrigados a suportar o exercício concreto da competência tributária" (VILLEGAS, Héctor B. *Curso de direito tributário* cit., p. 82).

469. Em relação aos demais atributos da competência administrativa, diferentes da modalização do exercício, afirma: b) irrenunciáveis, significando isto que seu titular não pode abrir mão delas enquanto as titularizar; c) intransferíveis, vale dizer, não podem ser objeto de transação, de tal sorte que descaberia repassá-las a outrem, cabendo, tão somente, nos casos previstos em lei, delegação de seu exercício, sem que o delegante, portanto, perca, com isto, a possibilidade de retomar-lhes o exercício, retirando-o do delegado; d) imodificáveis pela vontade do próprio titular, o qual, pois, não pode dilatá-las ou restringi-las, pois sua compostura é a que decorre de lei. [...]; c) imprescritíveis, isto é, inocorrendo hipóteses de sua utilização, não importa por quanto tempo, nem por isto deixarão de persistir existindo" (MELLO, Celso Antônio Bandeira de. *Curso de direito administrativo*. 17. ed. São Paulo: Malheiros, 2004. p. 134).

470. MELLO, Celso Antônio Bandeira de. *Curso de direito administrativo* cit., p. 135.

pois exigem a identificação de circunstâncias concretas como pressuposto de seu exercício – esse o caso da competência estabelecida pelo art. 142 do CTN. Sempre que as competências sejam condicionadas, o seu exercício será obrigatório. Por isso, ao agente administrativo não é permitido apurar a ocorrência do fato tributário e não lavrar o auto de infração; da mesma forma que, ao juiz, não é facultado se recusar a decidir um caso submetido à sua jurisdição; ou, ao particular, não se permite deixar de apresentar sua declaração de imposto sobre a renda, segundo a forma, data e local exigidos. Todos esses casos evidenciam o que Celso Antônio Bandeira de Mello[471] chamou de "pressupostos do seu desencadeamento", cuja presença impõe o dever de exercício da competência.

No caso da competência administrativa regulamentar, não existem requisitos de desencadeamento. Tampouco se exige que todo o conteúdo da norma seja regulamentado. Muito menos é indicado como deve ser o seu exercício ou quanto tempo depois de publicada a norma deve-se editar o regulamento. O exercício dessa competência é fruto de juízo de conveniência e oportunidade, formado pelo sujeito titular da competência infralegislativa regulamentar. Noutras palavras, o exercício da competência regulamentar é facultativo, comprometendo, assim, a regra geral que formulamos acima sobre as competências infralegais.

Mas não é só. Também as competências legais não são, em sua totalidade, previstas como faculdades dependentes do juízo de oportunidade do sujeito passivo. Paulo de Barros Carvalho[472] e, num segundo momento, Roque Antonio Carrazza[473] convergem no sentido de que a competência para a instituição do Imposto sobre a Circulação de Mercadorias e Serviços – ICMS seria de exercício obrigatório. Um excerto do texto de Paulo de Barros Carvalho sobre o tema confirma o que acabamos de expor:

---

471. Ibidem, p. 137.

472. CARVALHO, Paulo de Barros. *Curso de direito tributário* cit., p. 244.

473. CARRAZZA, Roque Antonio. *Curso de direito constitucional tributário* cit., p. 593.

> Por sua índole eminentemente nacional, não é dado a qualquer Estado-membro ou ao Distrito Federal operar por omissão, deixando de legislar sobre esse gravame. Caso houvesse uma só unidade da federação que empreendesse tal procedimento e o sistema do ICMS perderia consistência, abrindo-se ao acaso das manipulações episódicas, tentadas com tanta frequência naquele clima que conhecemos por guerra fiscal. Seria efetivamente um desastre para a sistemática impositiva da exação que mais recursos carreia para o erário do País. O ICMS deixaria, paulatinamente, de existir.[474]

Essa observação não merece retoques se a competência para instituir o ICMS como competência convencional, outorgada a apenas um sujeito, no caso os Estados e o Distrito Federal. Sob tal perspectiva, o Estado que queira reduzir ou afastar a incidência do ICMS, sobre certas pessoas ou determinadas situações, deve ter autorização expressa do CONFAZ. Sem ela, ao Estado só resta uma opção: instituir e cobrar o tributo em sua integralidade. Por outro lado, se o CONFAZ, mediante deliberação dos Estados e Distrito Federal, dispuser sobre a possibilidade de ser concedida redução de alíquota ou concessão de isenções, os Estados poderão ratificar o convênio e alterar a forma de incidência do imposto.

Se o CONFAZ pode deliberar sobre a forma de exercício da competência do ICMS, inclusive para regular as situações em que pode não ser criada a norma do ICMS, surge uma pergunta: de quem é a competência do ICMS para conceder isenções e benefícios fiscais, dos Estados ou do CONFAZ? Por expressa determinação constitucional, a competência para legislar sobre o ICMS, a cerca da outorga de benefícios fiscais, é do CONFAZ e não dos entes federativos. Trata-se de uma outorga de competência complexa, onde a faculdade para permitir ou não a instituição da norma tributária é dada ao CONFAZ e não aos Estados. Para esses, a competência é condicional, pois, na ausência de autorização do órgão competente, positivada num Convênio, só lhe resta instituir o tributo obrigatoriamente.

---

474. CARVALHO, Paulo de Barros. *Curso de direito tributário* cit., p. 244.

Terceira Parte

A FUNÇÃO

Capítulo 10

PROPRIEDADES FUNCIONAIS DOS SIGNOS

A última parte deste trabalho é inspirada pela pergunta: para que serve a competência tributária? Ao apresentar respostas para essa indagação, buscaremos evidenciar a utilidade das ideias desenvolvidas nas pesquisas sobre a estrutura e o sentido das normas que programam a criação de outras normas.

Dividiremos nossas considerações em três capítulos que tratam, respectivamente, dos instrumentos teóricos de análise funcional dos signos, dos principais usos dados ao conceito de competência pelos participantes do sistema de direito positivo e pela ciência do direito e, por fim, dos elementos de uma teoria da (in)validade das normas jurídicas.

À última parte reconduziremos os principais conceitos, ideias e categorias expostos nos capítulos anteriores, com o propósito de fundamentar nossa principal tese: a de que o conceito de competência está, direta ou indiretamente, relacionado a qualquer conflito de interesse em matéria tributária. Sob essa perspectiva, não há vício de inconstitucionalidade, ilegalidade, nulidade, anulabilidade, erro de fato, erro de direito ou, simplesmente, improcedência da pretensão impositiva, que não possa ser traduzido como sanção ao exercício ilegítimo da competência tributária.

10.1 Instrumentos para análise funcional

A análise funcional da competência tributária será feita com o auxílio de quatro instrumentos teóricos fundamentais, a saber: ideias sobre língua e fala; teoria dos atos de fala; regras para a legitimação das proposições; e intertextualidade como estratégia de legitimação. Como se pode perceber, está fora dos nossos objetivos empreender uma análise pragmática do tema, na forma sugerida por Charles Pierce[475] ou por Tércio Sampaio Ferraz Junior.[476] Faremos uso, apenas, de algumas noções para fundamentar nossa proposta de análise funcional da competência tributária.

10.2 Competência e desempenho da linguagem

A linguagem[477] é composta por um conjunto de signos que se organizam segundo regras de formação e derivação, bem como pelo uso que os sujeitos fazem deles para enviar e receber informações. Essa parte estática pode ser chamada de língua, sistema ou competência linguística. A parte dinâmica, por sua vez, é sinônimo de fala, uso ou desempenho da linguagem.

O conjunto de signos que forma a parte estática da linguagem, segundo Roland Barthes, pode ser compreendido, simultaneamente, como uma instituição social e como um sistema de valores:

> A *Língua* [...] é, ao mesmo tempo, uma instituição social e um sistema de valores. Como instituição social, ela não é absolutamente um ato, escapa a qualquer premeditação; é a parte social da linguagem; o indivíduo não pode, sozinho, nem criá-la nem modificá-la. Trata-se essencialmente de um contrato coletivo ao

---

475. PEIRCE, Charles S. *Semiótica*. 3. ed. São Paulo: Perspectiva, 2000. passim.

476. FERRAZ JUNIOR, Tércio Sampaio. *Teoria da norma jurídica*: ensaio de pragmática da comunicação normativa. 3. ed. Rio de Janeiro: Forense, 1997. passim.

477. Utilizamos o termo "linguagem" para significar a capacidade de trocar informações como o uso de signos, na forma proposta por Paulo de Barros Carvalho em *Direito tributário, linguagem e método cit.*, p. 41.

> qual temos de submeter-nos em bloco se quisermos comunicar; além disso, este produto social é autônomo, à maneira de um jogo com as suas regras, pois só se pode manejá-lo depois de uma aprendizagem. Como sistema de valores, a Língua é constituída por um pequeno número de elementos de que cada um é, ao mesmo tempo, um *vale-por* e o termo de uma função mais ampla onde se colocam, diferencialmente, outros valores correlativos; sob o ponto de vista da língua, o signo é como uma moeda: esta vale por certo bem que permite comprar, mas vale também com relação a outras moedas, de valor mais forte ou mais fraco.[478]

Ser instituição social e, simultaneamente, sistema de valores são aspectos distintos de um mesmo objeto. No primeiro caso, destaca-se o caráter objetivo e socialmente condicionado da língua. No segundo, o fato de a língua ser um conjunto de signos. As duas perspectivas, porém, enfatizam a circunstância de a língua ser percebida como um conjunto de elementos postos à disposição da fala.

Temos a fala, por sua vez, quando os usuários escolhem signos e articulam mensagens com sentido. É a língua posta em movimento. Mais uma vez, Roland Barthes expõe:

> [...] a *Fala* é essencialmente um ato individual de seleção e atualização; constituem-na, primeiro, as "*combinações graças às quais o falante pode utilizar o código da língua com vistas a exprimir o pensamento pessoal*" (poder-se-ia chamar de *discurso* esta fala desdobrada), e depois os "*mecanismos psicofísicos que lhe permitem exteriorizar estas combinações*".[479]

Outra forma de significar os aspectos estáticos e dinâmicos da língua é oferecida pela distinção entre competência e desempenho. As habilidades linguísticas adquiridas por um sujeito qualquer seriam a sua competência. O uso dessas competências, para transmissão de informações, é o seu aspecto dinâmico. Noutras palavras: o desempenho é a competência em uso.

478. BARTHES, Roland. *Elementos de semiologia*. 16. ed. São Paulo: Cultrix, 2006. p. 18.

479. Ibidem, p. 17-18.

A ideia de língua, competência ou sistema se ajusta, com as devidas alterações, a tudo o que expusemos até agora acerca da estrutura e do sentido da competência. Trata-se do conjunto de proposições que indicam a forma e o conteúdo a serem observados nos atos de produção do direito. Esse sistema não só indica quem deve produzir o direito, como estabelece as regras de organização e derivação dos elementos para que, a partir de poucos elementos primitivos, os usuários possam produzir um número indefinido de normas jurídicas.

O que nos interessa na análise funcional da competência, contudo, não é o seu aspecto sistemático. Já dedicamos as duas primeiras partes do trabalho a esse fim. Nesta, nossas atenções se voltam para os atos individuais de seleção e atualização do sistema. Noutro dizer, para investigar a função das expressões "competência" e "norma de competência tributária" é indispensável atentar para os usos que a comunidade jurídica – observadores e participantes – da ao tema. É imprescindível, pois, deslocar as atenções da língua para a fala.

É esse tipo de análise, feita a partir dos atos individuais de seleção e atualização dos citados termos, que possibilita responder a questões do tipo: para que serve a norma de competência tributária? Que usos essa norma pode receber dos sujeitos que participam do ordenamento jurídico? E dos sujeitos que descrevem o ordenamento? Responder a essas perguntas pressupõe ênfase na aplicação da norma, no estabelecimento de relações entre textos.

10.3 Exercício de competências tributárias, requisitos e aspectos locucionários, ilocucionários e perlocucionários

A teoria dos atos de fala, na forma proposta por John Austin[480], oferece alguns instrumentos conceituais para a análise

480. AUSTIN, John L. Performative utterances. *Philosophical papers*. 2. ed. Oxford: Clarendon Press, 1970. p. 233-252, passim.

funcional das proposições linguísticas em geral. De certa forma, suas ideias contribuem para evidenciar em que consiste a produção de enunciados, quais seus requisitos de sucesso e os efeitos que projeta, tanto no agente emissor dos atos de fala, quanto naqueles que os recebem. Por essa razão evidenciaremos alguns dos seus pressupostos teóricos, exemplificando, sempre que possível, com as normas de competência tributária.

Segundo Austin[481], haveria duas modalidades fundamentais de atos de fala: os constatativos e os performativos. Os constatativos exprimem descrições; os performativos, ações, alterando as circunstâncias. Aqueles se sujeitam ao juízo de verdade ou falsidade. Estes, ao juízo de validade ou invalidade.

Essa distinção entre atos constatativos e performativos, porém, ao contrário do que se pensar à primeira vista, não é clara e fácil de ser operacionalizada, porque constatar algo consiste, também, numa ação. O próprio Austin reconhece o aspecto ambíguo e vago dessa dualidade, afirmando: "*Nós percebemos que declarar algo é realizar algo tanto quanto dar uma ordem ou um aviso* [...]. *Bem, isso parece significar que em sua versão original nossa distinção entre atos constatativos e performativos é consideravelmente frágil.*"[482]

Ao "realizar esta constatação", Austin[483] passa a se referir ao ato locucionário, que pode ser percebido pelos aspectos ilocucionário e perlocucionário.

Cuidando do pensamento de Austin, Manfredo Araújo de Oliveira[484] define como ato locucionário a totalidade da ação

---

481. Ibidem, p. 36.

482. Tradução livre de: "We see that stating something is performing an act just as much as giving an order or a warning... Well, this seems to mean that in its original form our distinction between the performative and the constative acts is considerably weakened, and indeed beaks down" (AUSTIN, J. L. Performative utterances cit., p. 39).

483. Idem.

484. "Austin denomina ato 'locucionário' à totalidade da ação linguística em todas as suas dimensões, e a teoria que trata desses atos sob essa perspectiva de 'pesquisa das locuções': cada procedimento linguístico é, pois, um tipo de ação humana, isto

linguística, em todas as suas dimensões. Assim, cada ação linguística é um ato locucionário. No exemplo que demos, é o ato de produzir uma norma jurídica.

As ações linguísticas, por sua vez, podem desempenhar diferentes funções. A dimensão ilocucionária do ato é a expressão de uma função definida, em meio a várias possíveis. Uma mesma expressão linguística pode ser usada para alcançar diferentes funções, cada uma delas representando um tipo de força ilocucionária do ato, um uso. De forma idêntica, uma mesma norma pode desempenhar papéis distintos, ser percebida sob diferentes perspectivas. Com efeito, é possível afirmar que existe íntima relação entre a função específica de um enunciado – seu uso – e a sua forma ilocucionária.

Por fim, analisando uma terceira dimensão do ato de fala, estaria o chamado ato perlocucionário. Nessa dimensão, cogitamos o real efeito projetado pelo ato de fala nos sentimentos, pensamentos e ações das pessoas. Não se cuida do ato de linguagem – ato locucionário –, nem da função que ele desempenha – ato ilocucionário –, mas do efetivo resultado que provoca. É aquilo que, no nosso exemplo, equivaleria à eficácia da norma jurídica, a circunstância de seus destinatários efetivamente cumprirem suas prescrições.

Se nos valermos esses conceitos para compreender o ato de criar uma norma, teremos como aspecto locucionário o ato de aplicar a norma de competência, produzindo novas normas relativas à tributação. O aspecto ilocucionário desse ato seria a conduta realizada, no caso, a ordem para que alguém pague uma prestação tributária ou realize um comportamento de natureza X ou Y. Por fim, o aspecto perlocucionário seria o fato de essa ordem motivar, efetivamente, o comportamento dos seus destinatários, ser eficaz.

é, um ato locucionário" (OLIVEIRA, Manfredo Araújo de. *Reviravolta linguístico-pragmática na filosofia contemporânea* cit., p. 157).

As três dimensões dos atos de fala são, em verdade, modos de observar uma mesma ação linguística, sem que a opção por uma das dimensões impossibilite a análise das demais.

É justamente isso que demonstra o seguinte exemplo: o fato de Tício dizer a Mévio que "há íntima relação entre filosofia da linguagem e o estudo do direito" é um ato locucionário; que esta mesma frase seja enunciada como sugestão de Tício para Mévio é a força ilocucionária do ato; porém, o fato de Mévio efetivamente vir a estudar filosofia para melhor compreender o direito é o aspecto perlocucionário do mesmo ato. Deve-se observar que um único enunciado tem, simultaneamente, três aspectos. Há, pois, três formas de observar uma ação linguística.

A realização de atos de fala, porém, pressupõe o cumprimento de seis requisitos: *i.* existir um procedimento, convencional, em que certas pessoas devem pronunciar palavras específicas, cujo efeito é igualmente aceito; *ii.* a invocação do procedimento específico deve ser feita por pessoas que cumpram requisitos; *iii.* todos os integrantes devem cumprir o procedimento adequadamente; *iv.* este cumprimento deve ser completo; *v.* nos procedimentos em que se exige que a pessoa tenha certos pensamentos, sentimentos ou expectativas, a ação deve ser praticada de acordo com esses sentimentos, pensamentos ou expectativas; e *vi.* mesmo após o procedimento, os agentes devem agir de acordo com ele.

Esses requisitos para realização do ato de fala integram aquilo que chamamos, no último tópico, de competência. No plano das normas jurídicas, a proposta apresentada no Capítulo 3 serve ao propósito de sintetizar todos esses elementos numa única estrutura normativa condicional.

A ausência de qualquer deles compromete a emissão dos atos de fala. Vale dizer, a ausência de qualquer desses elementos representa a produção de um ato de fala que não atende aos padrões de sentido previstos pelo sistema do qual faz parte.

Austin chama de insucessos ou infelicidades os atos de fala defeituosos ou que não se realizam pela ausência de um dos seus elementos. Os casos de insucesso variam segundo o tipo de requisito descumprido. Caso a enunciação seja feita, por exemplo, sem atender a qualquer dos quatro primeiros requisitos, diz-se que o ato é falho. Se, porém, houver descumprimento dos dois últimos, haverá abuso.

Em qualquer dessas hipóteses, emitir um ato de fala é uma forma de ação, cuja ocorrência feliz está condicionada ao cumprimento de requisitos convencionalmente estabelecidos.

No direito positivo, analogamente, podemos pensar em proposições cuja simples existência poderia ser vista como ato locucionário. São as normas jurídicas. Toda e qualquer norma, porém, é posta no sistema de direito positivo para desempenhar função prescritiva, regrando comportamentos humanos intersubjetivos. Esta seria a sua força ilocucionária. Por fim, analisando a sua força perlocucionária deslocaríamos as atenções para o plano da eficácia normativa, ou seja, para a circunstância de os sujeitos estarem ou não cumprindo os comandos.

Ainda segundo o paralelo que acabamos de estabelecer, os "atos de fala deônticos", na expressão de Tárek Moysés Moussallem,[485] devem observar certos requisitos, cujo conjunto recebe o nome de competência. Atendendo ou não à competência que regula a pronúncia dos atos de fala jurídicos, será possível afirmar a existência de exercício feliz ou infeliz que, segundo a doutrina jurídica, pode ser tido como ato válido ou inválido.

O aparato conceitual da teoria dos atos de fala teria muito mais a oferecer no que diz respeito à compreensão dos processos de edição de normas jurídicas, sua estrutura, sentido e função. No entanto, buscamos reproduzir apenas alguns dos seus conceitos fundamentais para deixar evidente um ponto relevante para a construção deste trabalho e, de forma acentuada, desta parte do estudo. Trata-se da relação entre os requisitos do ato de fala e a felicidade da sua enunciação.

---

485. MOUSSALLEM, Tárek Moysés. *Revogação em matéria tributária*. 2. ed. São Paulo: Noeses, 2011. p. 68.

Ao transportar essa teoria para o plano do direito positivo, com todas as modificações e cuidados que esse tipo de operação exige, deixamos ainda mais evidentes os vínculos que unem competência – conceito que agrega os enunciados que programam a criação de outras normas –, felicidade do ato – noção análoga à de validade dos atos jurídicos, e – sua força perlocucionária – o fato de os sujeitos se ajustarem ou não aos termos da lei.

A teoria dos atos de fala[486], posta assim, em termos breves, abre espaço para análises impensáveis sob a perspectiva do sentido e da estrutura. Porém, essa mesma teoria faz com que pensemos que o simples cumprimento dos requisitos da fala seja condição suficiente para que se tenha um ato feliz. Sabemos, contudo, que no sistema de direito positivo, assim como na Ciência do Direito, a felicidade ou infelicidade de um ato normativo depende não apenas do cumprimento de requisitos postos de forma abstrata, absoluta e universalmente válidos. Depende, sim, dos usos que se dispense ao tema. E esses usos, por sua vez, estão diretamente vinculados às estratégias de legitimação dos atos de fala.

10.4 O problema da legitimação das proposições prescritivas e descritivas

Quem pode decidir sobre terem sido ou não atendidos os requisitos para a felicidade de um ato de fala? E, sendo atendidos esses requisitos de sucesso, quem pode prever a força perlocucionária que ele vai desempenhar? Fosse possível estabelecer critérios absolutos e universais para responder a essas perguntas, teríamos por superados os conflitos de interesse em matéria tributária.

E isso ocorre em virtude da premissa que expusemos na primeira parte do trabalho, segundo a qual: uma norma jurídica é válida porque foi produzida de acordo com outra

486. Essas ideias refletem apenas a posição de John Austin acerca dos atos de fala.

norma jurídica, ou seja, a mensagem prescritiva de uma norma é compatível com a outra que lhe fundamenta a validade. O problema surge, justamente, em se identificar que norma é compatível com a norma superior e mais, que sentidos podem ser imputados tanto à norma superior quanto à norma inferior. Isso é o que Marcelo Neves explica, ao expor:

> No entanto, embora seja inegável que da complexidade da sociedade moderna resulta uma enorme plurivocidade e vagueza do texto constitucional, condicionada pragmaticamente pelos valores, interesses e expectativas presentes na esfera pública pluralista, não se pode afirmar que a linguagem jurídica seja arbitrária. É verdade que os sentidos objetivos são construídos em cada contexto específico de uso, mas os sentidos construídos socialmente passam a ter uma força que ultrapassa a vontade ou a disposição subjetiva do eventual intérprete ou utente. Portanto, na interpretação jurídica, não se trata de extrair arbitrariamente de uma infinidade de sentidos dos textos normativos a decisão concretizadora, nos termos de um contextualismo decisionista, mas também é insustentável a concepção ilusória de que só há uma solução correta para cada caso, conforme os critérios de um juiz hipotético racionalmente justo.[487]

Não é difícil perceber que o modo de precisar o sentido dos conceitos presentes nos dois discursos é de fundamental importância para se afirmar ou negar a compatibilidade entre eles. O efeito imediato de ser reconhecida ou não a compatibilidade entre os sentidos é identificar a validade ou invalidade da norma criada. E, de forma mais concreta, a concordância ou não com os termos de uma definição está diretamente ligada ao dever de cumprir ou não uma norma jurídica, de realizar ou não uma conduta, de pagar ou não um tributo.

Em tais circunstâncias, fica evidente que o problema não se resume a conhecer as relações de significação, os tipos de sentido ou as técnicas de definição. A questão central para a solução de conflitos de interesse relacionados à significação dos termos está na forma de se atribuir legitimidade a este

---

487. NEVES, Marcelo. *Entre Têmis e Leviatã: uma relação difícil.* São Paulo: Martins Fontes, 2006. p. 206.

ou àquele sentido, em detrimento de outros igualmente possíveis. Cuidando desse tema, sob a perspectiva da teoria dos sistemas, Marcelo Neves defende que:

> A possibilidade de mais de uma decisão justificável à luz de princípios e regras constitucionais parece-me evidente. O problema está exatamente em delimitar as fronteiras entre as interpretações justificáveis e as que não são "atribuíveis" aos textos constitucionais e legais no Estado Democrático de Direito. Como veremos, não se trata de limites estáticos, uma vez que metamorfoses normativas sem alteração textual podem conduzir à mudança das fronteiras entre os campos das interpretações legítimas e ilegítimas.[488]

Com isso o autor mostra que o problema não está na produção da mensagem normativa ou de se "descobrir o sentido" deste ou daquele termo. Eventuais conflitos no modo de atribuir sentido a uma norma não são, propriamente, conflito entre interpretações. Há, sim, um embate entre formas de legitimar uma interpretação em detrimento de outra, igualmente justificável. E mais, o modo de legitimar construções de sentido não segue fórmula estática, universalmente válida. Antes ocorre o contrário, pois com as circunstâncias sociais mudam os valores, as crenças e com elas a forma de construir o sentido dos textos.

10.5 Dialogismo e intertextualidade – o diálogo entre textos como forma de legitimação

Retomemos a ideia segundo a qual o sentido é construído pela relação entre texto e contexto. O primeiro, já vimos, é o conjunto de significantes. O segundo é composto pelos demais textos percebidos pelo intérprete e que condicionam a própria formação do sentido.

Esse destaque para a relação entre texto e contexto afasta a ideia de que o sentido é elaborado monologicamente, a partir de uma única perspectiva. O sentido é fruto da conjugação de textos, que se articulam criando e condicionando relações de significação.

---

488. Ibidem, p. 207.

A referência genérica a um contexto acaba por ser uma metáfora de inúmeras circunstâncias que, embora influenciem a produção de sentido, não podem ser identificadas, definidas e classificadas.

Mikhail M. Bakhtin[489] propôs uma distinção fundamental entre "unidades potenciais da língua" e "unidades reais da comunicação". As primeiras são elementos percebidos fora das circunstâncias de uso, como palavras, frases ou normas jurídicas que podem ser inseridas numa comunicação qualquer. Tomados como elementos isolados, sem um contexto comunicativo, permitem a construção de definições, bem como o estudo da estrutura e do sentido das proposições. Esse é o caso das normas de competência tributária completas que definimos como unidades potenciais da mensagem jurídica, formuladas por meio de abstrações metodologicamente orientadas, sem coincidir, em absoluto, com as mensagens normativas ordinariamente referidas na comunicação jurídica.

Já as unidades reais da comunicação, denominadas enunciados[490], são entidades dialógicas, pois seu sentido é formado pelo contato que mantêm com os enunciados produzidos pelo mesmo ou por outros sujeitos. Este é, propriamente, o núcleo da ideia de Bakhtin, na forma exposta por José Luiz Fiorin:

> Um objeto qualquer do mundo interior ou exterior mostra-se sempre perpassado por ideias gerais, por pontos de vista, por apreciações dos outros; dá-se a conhecer para nós desacreditado, contestado, avaliado, exaltado, categorizado, iluminado pelo discurso alheio. Não há nenhum objeto que não pareça cercado, envolto, embebido em discurso alheio. Por isso, todo discurso que fale de qualquer objeto não está voltado para a realidade em si, mas para os discursos que a circundam. Por conseguinte, toda palavra dialoga com outras palavras, constitui-se a partir de outras palavras, está rodeada de outras palavras.[491]

---

489. BAKHTIN, Mikhail. *Estética da criação verbal*. 4. ed. São Paulo: Martins Fontes, 2003. p. 102.

490. Destacamos que o sentido imputado à expressão enunciado, nesta parte do trabalho, é diverso daquele definido no Pequeno glossário de instrumentos teóricos.

491. FIORIN, José Luiz. *Introdução ao pensamento de Bakhtin*. São Paulo: Ática, 2006. p. 19.

Uma primeira ideia sobre o dialogismo sugere que o enunciado, visto como unidade real de comunicação, constitui-se a partir da relação com outros enunciados. Esse contato entre enunciados, porém, não é, necessariamente, harmonioso ou conflituoso, benéfico ou maléfico, afirmativo ou negativo, convergente ou divergente. O aspecto essencial a ser destacado é que, numa perspectiva dialógica, o sentido de um enunciado é uma forma de atender à provocação de outro enunciado.

A Ciência do Direito responde, com seus enunciados, a provocações de sentido despertadas nos observadores pelo contato com os textos de direito positivo. A mensagem de uma norma jurídica, por sua vez, está em constante diálogo com a mensagem de outras normas e, numa acepção ampla, com as próprias construções doutrinárias, jurisprudenciais e sociais. A esse respeito, Paulo de Barros Carvalho sugere que:

> [...] a intertextualidade no direito se apresenta em dois níveis bem característicos: (i) o estritamente jurídico, que se estabelece entre os vários ramos do ordenamento (intertextualidade, interna ou intrajurídica); e (ii) o chamado jurídico em acepção lata, abrangendo todos os setores que têm o direito como objeto, mas o consideram sob o ângulo externo, vale dizer, em relação com outras propostas cognoscentes, assim como a Sociologia do Direito, a História do Direito, a Antropologia Cultural do Direito, etc. (intertextualidade externa ou extrajurídica).[492]

Num exemplo em que uma norma N1 institui a regra-matriz de incidência tributária do ISS no Município de Belmonte, é possível perceber diálogos entre: N1 e a norma que lhe fundamenta a validade; N1 e a norma anterior que regulava o ISS; N1 e a norma posterior, inferior, que positiva os comandos gerais e abstratos ao caso concreto; N1 e as normas que positivam de forma irregular a cobrança do ISS; além de N1 e os textos doutrinários que com ela dialogam produzindo sentidos, meramente descritivos. A esses diálogos muitos outros poderiam ser relacionados, seja entre os elementos do

492. CARVALHO, Paulo de Barros. *Direito tributário, linguagem e método* cit., p. 19.

sistema, seja entre elementos do sistema jurídico com outros sistemas linguísticos sociais.

A forma como se dão esses diálogos pode variar. José Luiz Fiorin,[493] após reiterar que o dialogismo é a explicação do funcionamento real da linguagem e, desta forma, do próprio modo de constituição dos enunciados, afirma que há duas maneiras fundamentais de inserir o discurso do outro no enunciado: *i.* num caso o discurso alheio é abertamente citado, objetivado, sendo chamado de dialogismo composicional; e *ii.* no outro, há o dialogismo constitutivo, que não se mostra ostensivamente, sendo percebido apenas nas chamadas "entrelinhas". Num caso e noutro, algumas figuras de linguagem, como os discursos diretos e indiretos, as paródias ou estilizações, cuidam de evidenciar os vínculos dialógicos entre enunciados.

Como explica José Luiz Fiorin[494], aquilo que vimos, chamado de dialogismo, após ser estudado e difundido por autores como Roland Barthes e Julia Kristeva, passou a ser denominado intertextualidade. E é com esse nome que Paulo de Barros Carvalho traz a seguinte ideia:

> [...] a intertextualidade é formada pelo intenso diálogo que os textos mantêm entre si, sejam eles passados, presentes ou futuros, pouco importando as relações de dependência que houver entre eles. Na verdade, assim que inseridos no sistema, passam a conversar com outros conteúdos, intrassistêmicos e extrassistêmicos, num denso intercâmbio de comunicações.[495]

É desse confronto entre textos, ou enunciados, que os sentidos da mensagem normativa são produzidos. É, também, deste diálogo que se articulam cadeias de argumentação para legitimar essa ou aquela definição e, por força disso, produzem-se situações de harmonia ou conflitos de interesse. E mais, a própria ideia de regulação de conduta é fruto das

493. FIORIN, José Luiz. *Introdução ao pensamento de Bakhtin* cit., p. 52.

494. Ibidem, p. 53.

495. CARVALHO, Paulo de Barros. *Direito tributário, linguagem e método* cit., p. 17.

associações entre ser ou não uma conduta obrigada e estar ou não sujeita à imputação de consequência sancionatória.

Os textos de direito positivo e da Ciência do Direito estão sempre em constante relação. Os sentidos produzidos pela Ciência influenciam decisões no direito positivo, assim como as disposições do direito positivo constituem o próprio objeto das considerações da Ciência Jurídica. Dialogicamente, textos da Ciência e do direito positivo se condicionam mutuamente. E mais, cada um deles, individualmente, relaciona-se com várias outras espécies de texto que dão forma ao contexto. E todos esses vínculos ocorrem sem que os dois sistemas linguísticos percam sua respectiva autonomia, como sistemas de linguagem que cumprem papéis distintos.

Aceita a premissa do dialogismo ou da intertextualidade, portanto, não há como cogitar da produção de sentido de um texto abstraindo sua relação com os demais.

10.6 Outros esclarecimentos sobre a análise funcional da competência tributária

Apontamos quatro noções fundamentais da teoria da linguagem que servem de instrumento para a análise funcional da competência. Cada uma delas destaca um aspecto distinto, mas complementar, dessas normas. A distinção entre língua e fala ressalta que, em toda a linguagem, e a jurídica não é exceção, existe uma parte predominantemente estática e outra dinâmica. A estática corresponde à estrutura e sentido da competência tributária. A dinâmica consiste nos atos individuais de seleção e atualização, praticados por sujeitos competentes, para emitir normas relacionadas à tributação. Num constante processo de alimentação recíproca, a língua programa a fala e a fala atualiza a língua. Ou seja, a competência programa a criação de normas e estas atualizam o modo de interpretar os elementos que dão forma à competência.

A teoria dos atos de fala oferece novos elementos para a análise dos processos de positivação da competência. Aquilo que vimos de forma unitária, com nome de uso, fala ou desempenho, recebe o nome de ato locucionário. Este, por sua vez, projeta efeitos distintos que se desdobram em aspecto ilocucionário e perlocucionário. O aspecto ilocucionário do enunciado prescritivo é a ordem positivada na norma. O caráter perlocucionário desloca a análise para o plano da eficácia, ou seja, os destinatários realizando a conduta prescrita. A realização feliz destes atos está sujeita ao preenchimento de requisitos. Daí, também, a fácil analogia que se pode estabelecer entre felicidade/infelicidade e validade/invalidade dos atos jurídicos.

Porém, e se passarmos a indagar qual o sentido do ato de linguagem? Que conduta efetivamente está sendo prescrita? A norma produzida é válida, vigente ou eficaz? Não encontraremos respostas na teoria dos atos de fala.

Por isso acrescentamos o tema relativo à legitimação, ou fundamentação, das proposições normativas. É essa ordem de considerações que explica por que é prática comum, tanto direito positivo quanto na dogmática, o recurso a citações jurisprudenciais, doutrinárias e relativas até a fatos políticos, econômicos, religiosos, entre outros. Toda atividade dogmática está, em última análise, preordenada à legitimação de ideias, interpretações, utilizadas na aplicação das normas jurídicas.

E é esse ponto – o da legitimação de propostas interpretativas – que possibilita o contato entre participante e observador. O participante produz normas. O observador, interpretações. As normas provocam o surgimento da dogmática. Esta oferece elementos retóricos para a fundamentação dos atos de positivação. E, embora seguindo padrões de racionalidade distintos e desempenhando funções pragmáticas inconfundíveis, observadores e participantes mantêm íntima relação, consubstanciada na atribuição de elementos de legitimação recíprocos. Em síntese: a dogmática oferece instrumentos para a aplicação do direito positivo e o direito positivo, especialmente, fruto do exercício de competências jurisdicionais, é tanto mais legítimo quanto mais esteja fundamentado em sólida doutrina.

Por fim, essas formas recíprocas de diálogo entre observadores e participantes, voltadas a imprimir consistência a proposições da teoria jurídica e legitimidade à aplicação do direito positivo, ficam ainda mais evidentes com os conceitos de dialogismo e intertextualidade. Isso porque o próprio sentido de um texto só é elaborado em face do sentido de outros textos que com ele se vinculam, de forma ostensiva ou velada. E mais, é com a intertextualidade ostensiva, confeccionada a partir de citações e referências, que se legitimam interpretações, sendo essa, inegavelmente, a finalidade primeira de toda dogmática jurídica.

Capítulo 11

PARA UMA TEORIA DA (IN)VALIDADE DAS NORMAS JURÍDICAS

Estudamos a competência tributária para: identificar normas jurídicas relativas à tributação; perceber como essas normas surgem, transformam-se e se extinguem; distinguir uma norma produzida de forma regular de outras produzidas irregularmente; ter argumentos para demonstrar essa irregularidade; perceber que reações o sistema de direito positivo prescreve para as normas irregulares. Esses propósitos, todos eles, evidenciam o estrito vínculo entre competência e validade das normas jurídicas.

É justamente esse vínculo e seus desdobramentos mais próximos que ocuparão nossas atenções nos próximos itens.

11.1 Plurivocidade de acepções – pluralidade de concepções

Plurívoco,[496] o termo "validade das normas jurídicas" pode assumir, entre outras, as seguintes acepções: especial

496. Robson Maia Lins apresenta oito significados para a palavra "validade": "Mesmo nos quadrantes de cada nível linguístico enfocado, exsurgem as variáveis polissêmicas do termo. Validade é palavra plurívoca, que, dentre seus significados, os mais empregados são: (i) fonte formal do direito; (ii) fundamento de validade; (iii)

forma de existência de uma norma;[497] atributo da norma compatível com aquela que programou a sua criação;[498] aptidão para vir a ser aplicada por um tribunal;[499] circunstância de, efetivamente, disciplinar comportamentos;[500] compatibilidade da norma do direito positivo com padrões religiosos, racionais ou humanos, em acepção ampla.[501]

Cada um desses sentidos corresponde a um ponto de vista possível sobre o tema da validade das normas jurídicas e se refere a modos diferentes de compreender o que seja o próprio Direito. Temos, entre as concepções que acabamos de apontar,

---

processo de invalidação de normas; (iv) o ato que põe no sistema a norma invalidadora; (v) a justeza da norma; (vi) vigência; (vii) eficácia e (viii) relação de pertinência da norma com o sistema" (LINS, Robson Maia. *Controle de constitucionalidade da norma tributária: decadência e prescrição.* São Paulo: Quartier Latin, 2005. p. 73).

497. "[...] Quando se diz: 'uma norma vale', admite-se essa norma como existente. 'Validade' é a específica existência da norma, que precisa ser distinguida da existência de fatos naturais, e especialmente da existência dos fatos pelos quais ela é produzida" (KELSEN, Hans. *Teoria geral das normas cit.*, p. 3).

498. "Para que algo valha é preciso que exista. Não tem sentido falar-se de validade ou de invalidade a respeito do que não existe. A questão da existência é questão prévia. Somente depois de se afirmar que existe é possível pensar-se em validade ou em invalidade" (MIRANDA, Francisco Cavalcanti Pontes de. *Tratado de direito privado.* Parte geral. Rio de Janeiro: Borsoi, 1970. t. 4, p. 7).

499. "[...] somente os fenômenos jurídicos no sentido mais restrito – a aplicação do direito pelos tribunais – são decisivos para determinar a vigência das normas jurídicas. [...] A efetividade que condiciona a vigência das normas só pode, portanto, ser buscada na aplicação judicial do direito, não o podendo no direito de ação entre indivíduos particulares" (ROSS, Alf. *Direito e justiça* cit., p. 60).

500. "[...] Eficacia es condición de la validez de una norma jurídica, a saber, en el sentido de que una norma jurídica pierde su validez si deja de ser eficaz o si pierde su eficácia. Eficácia tiene que añadir-se a la 'puesta-en-validez' de una norma jurídica para que esta no pierda su validez. No para adquirir la validez, sino para seguir siendo válida, una norma jurídica tiene que ser eficaz. Pues una norma jurídica adquiere su validez ya antes de poder ser eficaz; un tribunal aplica en un caso concreto una ley recién promulgada y que, por lo tanto, no pudo todavía ser eficaz, aplica normas jurídicas válidas. Pero una norma jurídica no es considerada como válida si permanece durante un largo tiempo ineficaz" (KELSEN, Hans. Validez y eficacia del derecho. In: Kelsen, Hans; BULYGIN, Eugenio; WALTER, Robert. *Validez y eficacia del derecho.* Buenos Aires: Astrea, 2005. p. 72).

501. ALEXY, Robert. *El concepto y la validez del derecho.* Barcelona: Gedisa, 2004. passim.

ideias relativas à concepção de direito natural, realista escandinava e positivista, percebida tanto sob a óptica de quem descreve, quanto sob a perspectiva de quem prescreve normas.

Pois bem, como vimos na segunda parte do trabalho, definir o conceito de uma expressão pressupõe escolher um sentido e abandonar outros, igualmente possíveis. No caso, definir o conceito de validade pressupõe escolher uma concepção do que seja Direito, ou um ponto de vista sobre ele, abandonando outros.

Sendo assim, antes de reafirmarmos nossa "decisão" pelo positivismo jurídico, vejamos alguns outros pormenores das demais concepções.

11.2 Concepções relativas à existência, aplicabilidade, pertinência e validade das normas jurídicas – o ponto de vista dos observadores contraposto ao dos participantes

A ideia de que norma jurídica válida é aquela que se ajusta à natureza (i.e., padrões morais, racionais ou religiosos) é própria do jusnaturalismo e se mostra completamente incompatível com as premissas e a orientação de pesquisa deste trabalho.

Já fixamos a premissa de que norma jurídica é aquela que surge, modifica-se e se altera por força de decisão, tomada por um sujeito competente. Descaberia, pois, enveredar pelo estatuto teórico das propostas jusnaturais.

Estudaremos a validade das normas sob a perspectiva positivista. Investigaremos o sentido de ser norma válida no sistema de direito positivo, o fundamento desta norma e os efeitos da validade. Veremos, também, as consequências de não ser norma válida, além dos efeitos que a decisão de invalidade projeta na vigência e eficácia da norma inválida.

Esclarecer o ponto de vista, contudo, não livra o tema de controvérsias. Basta ver o sempre atual e instigante debate sobre a semelhança ou a diferença entre os conceitos de validade e existência. Se esses conceitos assumirem sentidos distintos, a existência da norma no sistema jurídico é anterior e independente da validade. Seriam, portanto, coisas distintas o estar no sistema e o ser norma válida.

Equiparando, contudo, os conceitos de existência e validade, seria inadequado falar de norma que existe e não é válida, pois valer é a sua especial forma de existir. Noutro dizer, a norma existe valendo, prescrevendo condutas coercitivamente. Daí se questionar: se a norma não vale, como segue prescrevendo condutas? Sendo aplicada com o uso da forma? Sendo referendada pelo Poder Judiciário? Se não vale, não vale para quem e segundo quem?

Aqui, o sentido de validade é sutilmente modificado, deixando de ser um juízo de regularidade e passando a ser a forma de existência da norma[502]. Essa mudança, porém, reflete uma alteração de ponto de vista entre a primeira e a segunda posição. Deixaremos essa distinção mais clara a seguir.

Ao contrário do que possa parecer, entendemos não existir qualquer controvérsia – contradição ou contraditoriedade – entre as concepções de validade como sinônimo de existência ou como conceitos distintos.

Explicamos: para que exista uma contradição ou uma contrariedade é necessário que uma proposição signifique o contrário da outra ou que as duas não possam ser simultaneamente verdadeiras. No caso, não temos nem uma contradição, nem uma contrariedade.

---

502. Segundo Paulo Roberto Lyrio Pimenta, a validade pode ser observada a partir de dois modelos teóricos: "No primeiro, a validade é tida como sinônimo de existência da norma. Dizer que a norma vale significa afirmar que esta pertence a determinado ordenamento jurídico. Norma válida é aquela produzida pela autoridade competente, segundo o procedimento previsto em lei. Destarte, nesta linha de posicionamento, a validade é a essência da norma, desprezando-se em sua análise o conteúdo da regra jurídica. Outro modo de enxergar o problema é entender a validade como predicado, como atributo da norma jurídica. Assim sendo, trata-se da conformidade da norma com o ordenamento jurídico, razão pela qual se separa, em tal modelo, dentro do mundo jurídico, os planos da validade e o da existência. A validade é vista, destarte, como qualidade, como algo que se agrega ao objeto – norma jurídica –, e não como sua própria essência" (Normas de competência e o controle de validade da norma impositiva tributária cit., p. 840).

Os dois modos de explicar a validade são, simultaneamente, possíveis, pois refletem pontos de vista distintos sobre o sistema jurídico. Um é o ponto de vista de quem vê para descrever, e o outro de quem prescreve normas, disciplinando condutas.

11.2.1 Validade como existência – o ponto de vista dos participantes

Quem equipara existência e validade decide descrever o direito sob a perceptiva de quem decide, como se fosse um órgão julgador. O estar no sistema, por si só, já é suficiente para que se possa afirmar que a norma é, pelo menos presumivelmente, válida. É o que sustenta Paulo de Barros Carvalho no seguinte excerto:

> [...] A validade não deve ser tida como predicado monádico, como propriedade ou como atributo que qualifica a norma jurídica. Tem *status* de relação: é o vínculo que se estabelece entre a proposição normativa, considerada na sua inteireza lógico-sintática e o sistema de direito posto, de tal sorte que ao dizermos que u'a norma 'n' é válida, estaremos expressando que ela pertence ao sistema 'S'. Ser norma é pertencer ao sistema, o 'existir jurídico específico' a que alude Kelsen. [...] Seja como for, ingressando no ordenamento pela satisfação dos requisitos que se fizerem necessários, identificamos a validade da norma jurídica, que assim se manterá até que deixe de pertencer ao sistema.[503]

E, sendo o direito positivo um sistema do tipo dinâmico, só um órgão do próprio sistema pode, validamente, decidir se uma norma foi ou não produzida segundo a respectiva norma de competência tributária.

> Segundo a natureza do fundamento de validade, podemos distinguir dois tipos diferentes de sistemas de normas: um tipo estático e um tipo dinâmico. As normas de um ordenamento do primeiro tipo, quer dizer, a conduta dos indivíduos por elas determinada, é considerada como devida (devendo ser) por força do seu conteúdo: porque a sua validade pode ser reconduzida a uma norma a cujo conteúdo pode ser subsumido o conteúdo das

---

503. CARVALHO, Paulo de Barros. *Direito tributário:* fundamentos jurídicos da incidência cit., p. 57.

> normas que formam o ordenamento, como o particular ao geral. O tipo dinâmico é caracterizado pelo fato de a norma fundamental pressuposta não ter por conteúdo senão a instituição de um fato produtor de normas, a atribuição de poder a uma autoridade legisladora ou – o que significa o mesmo – uma regra que determina como devem ser criadas as normas gerais e individuais do ordenamento fundado nesta norma fundamental.[504]

A fragilidade deste ponto de vista está em não descrever, adequadamente, os casos em que a norma jurídica foi produzida sem fundamento de validade. Esse ponto é, justamente, o que ressalta Pontes de Miranda nessa bela passagem:

> Os juristas que não distinguem o não existente e o nulo, excluem a classe nula, e tropeçam com ela a cada momento, porque o Direito, histórica e sistematicamente, alude a ela. Ao pretenderem tratá-la como sinônimo de não existente, cometem erro de lógica (confusão entre 'nulo' no sentido de não ter todos os elementos componentes, de modo que os que têm não operam, e 'não existente').[505]

Como explicar, sob essa perspectiva, que uma norma esteve no sistema jurídico prescrevendo condutas e que, após análise do Poder Judiciário, teve a sua invalidade reconhecida? E quando ocorre, por exemplo, controle de constitucionalidade difuso e a norma jurídica é inconstitucional para uns e constitucional para outros? E todas as normas do sistema de direito positivo que tipificam as nulidades, imputam consequências para a sua ocorrência, são normas que prescrevem disposições para fora do sistema? Regulam o não existir? Essas são apenas algumas das perguntas que nos ocorrem sob esse ponto de vista.

Para respondê-las, é útil pensar na distinção entre validade e existência.

---

504. KELSEN, Hans. *Teoria pura do direito* cit., p. 220.

505. MIRANDA, Francisco Cavalcanti Pontes de. *Tratado de direito privado*. Parte geral cit., t. 4, p. 8.

11.2.2 Validade como atributo da norma – o ponto de vista dos observadores

Os que separam os conceitos de validade e existência, assim como o atendimento a certos requisitos para que a norma seja válida, o fazem por entender que a norma pode estar no sistema de direito positivo sem ser válida.[506] Dessa forma, uma coisa é existir, outra é ter sido produzida de acordo com o que prescreve a norma de competência. A esse respeito, Pontes de Miranda afirma:

> 1. EXISTIR E VALER – Para que algo valha é preciso que exista. Não tem sentido falar-se de validade ou de invalidade a respeito do que não existe. A questão da existência é questão prévia. Somente depois de se afirmar que existe é possível pensar-se em validade ou em invalidade. Nem tudo que existe é suscetível de a seu respeito discutir-se se vale, ou se não vale. Não há de afirmar nem de negar que o nascimento, ou a morte, ou a avulsão, ou o pagamento valha. Não tem sentido. Tão pouco, a respeito do que não existe: se não houve ato jurídico, nada há que possa ser válido ou inválido. Os conceitos de validade ou de invalidade só se referem a atos jurídicos, isto é, a atos humanos que entraram (plano da existência) no mundo jurídico e se tornaram, assim, atos jurídicos."[507]

Dessa forma, o sistema das normas que existem se divide em dois conjuntos, o das normas válidas e o das normas inválidas. A invalidade, portanto, está no sistema de direito positivo, sendo qualificada e tendo os efeitos da sua ocorrência programados por outras normas.

506. "Contrariamente a la opinión extendida entre los teóricos del derecho, distingo cuidadosamente la validez de la 'existencia' (de una norma, de una disposición o de una fuente). Es condición necesaria para que una norma sea válida que sea conforme a todas las normas que regulan su creación. Para que una norma exista en el ordenamiento, en cambio, no es preciso tanto: es suficiente que sea creada por una autoridad normativa prima facie competente para crear ese tipo de normas. En otros términos, se dice que una norma, disposición o fuente es 'existente' cuando ha sido creada de conformidad (no a todas, sino incluso sólo) a algunas de las normas que regulan su creación" (GUASTINI, Riccardo. *Distinguiendo* cit., p. 320).

507. MIRANDA, Francisco Cavalcanti Pontes de. *Tratado de direito privado*. Parte geral cit., t. 4, p. 7.

Nesse sentido, também, afirma Lourival Vilanova:

> Os conceitos de existência e de inexistência, que o conhecimento jurídico usa, são com referência a normas. A norma é sempre o pressuposto da experiência especificamente jurídica, mostra-o Norberto Bobbio. Separar os planos da existência, da validade e da eficacidade é acertado epistemologicamente e metodologicamente. Mas, na textura do real, o ser e o não ser são relevantes porque se predicam como qualificados em juízos-de-validade. A correspondência entre os elementos do fato e as notas do tipo (prefiguradas na hipótese da norma) não é de neutra conformidade ou desconformidade, mas de simultânea e inevitável valoração, nas espécies de licitude ou ilicitude. O que é logicamente separável, onticamente é interconexo.[508]

A inconsistência desse ponto de vista decorre do fato de não processar a circunstância de que o direito positivo é um sistema dinâmico. O juízo de validade é, necessariamente, prescritivo. Noutro dizer: em termos concretos, a afirmação de invalidade feita na Ciência do Direito é irrelevante para o direito positivo.

O sinal de validade ou invalidade da norma jurídica não muda em face da posição da doutrina. Só o próprio sistema, mediante a publicação de uma norma, pode prescrever modificações no sistema jurídico.

Daí a completa irrelevância prescritiva da distinção entre existência e validade. Se é inválido, é inválido para quem? De que serve a afirmação de invalidade? Quem me qualificou para afirmar ou negar a validade de uma norma?

São perguntas que não encontram respostas satisfatórias entre aqueles que acatam a distinção entre validade e existência.

11.2.3 Validade como aplicabilidade – um critério realista

Normas que estão no sistema de direito positivo podem ser classificados como válidas e não válidas. Porém, que significa estar no sistema de direito positivo? Como posso saber se uma norma é ou não jurídica?

---

508. VILANOVA, Lourival. *Causalidade e relação no direito* cit., p. 322.

Responder a essas perguntas com critérios estruturais ou de sentido é insuficiente. A simples estrutura da norma ou o seu conteúdo, isoladamente, não bastam para que se possa afirmar que uma norma é efetivamente jurídica.

Num exemplo, um professor de Direito pode criar uma norma para instituir o imposto sobre grandes fortunas. Essa norma, muito embora tenha a estrutura lógica de uma norma jurídica e prescreva conteúdos autorizados pela Constituição da República, não pode ser qualificada como elemento do sistema de direito positivo.

Na incerteza dos critérios de forma e sentido, só o critério funcional pode oferecer resposta satisfatória: é a possibilidade de ser aplicada por ato do Poder Judiciário que qualifica uma norma como jurídica. Esse atributo, de ser objeto de um processo judicial, é o critério por excelência para saber se uma norma está ou não no ordenamento.

É justamente essa a ideia preconizada por Alf Ross,[509] um dos mais destacados representantes do realismo escandinavo. Segundo esse Autor, o critério que separa normas válidas de não válidas é pragmático e consiste na circunstância de uma norma ser suscetível de controle pelo Poder Judiciário.[510]

Entendemos que a efetividade – possibilidade de aplicação – é um critério relevante para a compreensão das normas jurídicas. Porém, esse critério não se refere à validade ou invalidade da norma, pois, como vimos, o juízo de validade ou invalidade nos sistemas dinâmicos só compete aos órgãos do próprio sistema. Eis a lição de Alf Ross a esse respeito:

> [...] somente os fenômenos jurídicos no sentido mais restrito – a aplicação do direito pelos tribunais – são decisivos para determinar a vigência das normas jurídicas. [...] A efetividade que condiciona a vigência das normas só pode, portanto, ser buscada na

509. ROSS, Alf. *Direito e justiça* cit., p. 66.

510. Já comentamos esse aspecto no Capítulo 2.

> aplicação judicial do direito, não o podendo no direito de ação entre indivíduos particulares.[511]

O critério de efetividade é útil, então, para o juízo de existência da norma num sistema qualquer. Existe a norma que possa ser submetida a aplicação do poder jurisdicional. Não existe a norma que não possa ser aplicada por algum órgão que desempenhe a função jurisdicional, de forma típica ou atípica. O critério é pragmático. Se existe a possibilidade concreta de a jurisdição aplicar o que prescreve uma dada proposição, ela existe juridicamente. Pode ser entendida como uma proposição prescritiva coercitiva. Se não pode ser aplicada pela jurisdição, não existe. É, simplesmente, proposição da ordem do ser, sem conteúdo jurídico prescritivo.

Ao optar pelo critério de efetividade da norma como critério de existência ou inexistência, abandonamos as soluções tradicionais que buscavam indicar requisitos de validade para que uma norma exista no sistema jurídico. Com efeito, não é o fato de ter sido produzida por órgão credenciado pelo sistema, nem seguir procedimento devido, nem qualquer outro dado objetivo.

Um prefeito que resolva editar, por meio de lei, adicional do imposto sobre a renda municipal está criando tributo sem ser sujeito competente, sem usar o processo legislativo adequado, e dispondo sobre matéria que lhe é vedada. Porém, sendo publicada no Diário Oficial do Município, essa norma poderá fundamentar pagamentos, lançamentos de ofício, inscrição em dívida ativa, execução fiscal, constrição de bens do contribuinte inadimplente como se tivesse sido produzida na forma prevista pela Lei Orgânica do Município e pela Constituição da República.

Com esse exemplo, ilustramos a ideia segundo a qual o juízo de existência é feito por quem observa o sistema, podendo ser verdadeiro ou falso. O critério para saber se a descrição feita pela norma é verdadeira ou falsa é o da efetividade. Se se afirma que uma norma não existe é porque ela não pode ser apreciada

511. ROSS, Alf. *Direito e justiça* cit., p. 60.

pela jurisdição; logo, não tem validade nem invalidade; é simplesmente irrelevante para o sistema jurídico. Caso contrário, se se afirma que a norma existe é porque ela é efetiva, podendo ser considerada pelo sistema norma jurídica válida ou inválida.

11.2.4 Proposta de superação dos paradoxos entre validade, existência e aplicabilidade

Numa síntese do que acabamos de dizer, entendemos ser perfeitamente possível analisar uma norma em relação a um sistema jurídico qualquer com base nos seguintes critérios: validade como existência da norma, validade como atributo da norma e existência da norma como efetividade.

O que enseja controvérsia e precisa ser esclarecido é a quem compete efetuar cada um desses juízos, bem como o efeito que projetam sobre a validade ou invalidade da norma.

Nesse ponto, como em vários outros, percebemos que a distinção entre observadores e participantes é decisiva para superar as controvérsias. De fato, cabe ao observador: *i.* perceber se a norma jurídica existe ou não existe num sistema qualquer; *ii.* fundamentar esse juízo na circunstância de a norma ser ou não passível de apreciação pelo judiciário; *iii.* sustentar a compatibilidade ou incompatibilidade entre normas do sistema. Nos itens *i.* e *ii.* a análise é feita no plano do ser e as afirmações do observador sujeitam-se aos juízos de verdade ou de falsidade. No item *iii.*, as afirmações são irrelevantes, pois são feitas por um observador do sistema; cujas proposições de caráter descritivo não têm o condão de alterar a validade ou invalidade da norma no sistema jurídico.

Já os sujeitos que participam do sistema de direito positivo como titulares da jurisdição podem decidir que: *i.* toda norma que está num sistema deriva de outra e é, por isso, presumivelmente válida; *ii.* se se demonstra não haver compatibilidade entre uma norma e aquela que fundamenta a sua criação, é porque a norma criada se ajusta à norma sancionatória da competência – cláusula alternativa tácita em Kelsen e norma processual em Lourival Vilanova; *iii.* a norma criada pode ter sido produzida de forma lícita ou ilícita, conforme se ajuste à norma de competência ou sancionatória da competência; *iv.* a aplicação desta pelo participante do sistema faz prevalecer a norma de competência em detrimento da vigência ou da eficácia da norma criada ilicitamente; *v.* o participante prescreve a licitude ou ilicitude de uma norma jurídica; *vi.* é pressuposto da manifestação do participante que a norma exista; por isso ele só se refere à validade ou invalidade da norma.

Pois bem, separando os juízos que competem aos observadores e aos participantes, é fácil perceber que os conflitos entre as duas formas de compreender o tema da validade são, em verdade, conflitos de pontos de vista.

A esse respeito, Robert Alexy é didático ao demonstrar que:

> Adota a perspectiva do participante quem, em um sistema jurídico, participa da discussão acerca daquilo que é obrigatório, proibido ou permitido naquele mesmo sistema. No centro da perspectiva do participante se encontra o juiz. Quando outros participantes como, por exemplo, juristas, advogados ou cidadãos interessados expõem argumentos favoráveis ou contrários a determinados conteúdos do sistema jurídico, em última análise, referem-se a como decidiria um juiz se quisesse decidir corretamente. Adota a perspectiva do observador quem não pergunta qual é a decisão correta em um determinado sistema jurídico, mas apenas como se decide de fato em um determinado sistema jurídico. Um exemplo de um observador desta natureza é o de Norbert Hoerster: um americano branco, casado com uma mulher de cor deseja viajar à África do Sul na época da vigência das leis do *apartheid* e reflete sobre os aspectos jurídicos de sua viagem.[512]

---

512. No original: "Adopta la perspectiva del participante quien en un sistema jurídico participa en una argumentación acerca de lo que en este sistema jurídico está ordenado, prohibido y permitido o autorizado. En el centro de la perspectiva del participante se encuentra el juez. Cuando otros participantes, por ejemplo, juristas, abogados o ciudadanos interesados, exponen argumentos en pro o en contra de determinados contenidos del sistema jurídico, entonces, en última instancia, se refieren a cómo hubiera decidido un juez si hubiera querido decidir correctamente. Adopta la perspectiva del observador quien no pregunta cuál es la decisión correcta en un determinado sistema jurídico sino cómo se decide de hecho en un determinado sistema jurídico. Un ejemplo de un observador tal es el de Norbert Hoerster: un americano blanco casado con una mujer de color desea viajar a Sudáfrica en la época de la vigencia de las leyes del *apartheid* y reflexiona acerca de los detalles jurídicos de su viaje" (ALEXY, Robert. *El concepto y la validez del derecho.* Barcelona: Gedisa, 2004. p. 31).

E mais: esses pontos de vista são compatíveis entre si. Mesmo o juízo de efetividade da norma, se visto como critério de existência, pode ser, também, aproveitado para aumentar as perspectivas de compreensão das normas jurídicas num sistema jurídico qualquer.

Desta forma, verificamos não existirem razões para optar por uma definição do conceito de validade em detrimento de outra, uma vez que, com os devidos ajustes e elucidações, não há qualquer contradição ou contrariedade entre elas.

11.3 Validade e outros conceitos relacionados

No capítulo dedicado à estrutura da competência tributária, vimos ser insubsistente a distinção entre normas de estrutura e normas de conduta. Firmamos a premissa de que toda e qualquer norma no sistema de direito positivo serve para regular condutas. O que se pode distinguir é que algumas dessas condutas ensejam a produção de novas normas.

As condutas que ensejam novas normas se chamam condutas nomogenéticas, pois resultam em novas normas. Essas normas, como vimos, podem ser classificadas pelo observador como existentes ou inexistentes. O critério dessa distinção é a efetividade, ou seja, a possibilidade de esta norma vir a ser aplicada por um tribunal jurisdicional.

Quando um tribunal se manifesta sobre uma norma qualquer, não se cogita mais de sua existência ou inexistência. A norma existe. Um órgão jurisdicional – participante – decide sobre a licitude ou ilicitude da ação nomogenética. Sob esse ponto de vista, se uma norma existe no sistema jurídico é porque está em relação com outra norma. Se o participante – órgão jurisdicional – decidir que a norma foi criada de forma lícita, a ela, portanto, está em relação com a que prescreveu a sua competência.

O resultado desta relação é a aplicação da norma ao caso concreto. Norma criada licitamente é válida, podendo ser vigente e eficaz até que outra norma prescreva de forma contrária.

Quando o órgão jurisdicional, porém, decide que a norma foi criada de forma ilícita, isso equivale a dizer que a norma irregular não está em relação com a norma de competência, mas sim com a que sanciona o exercício inadequado da atividade nomogenética.

No Capítulo 4, em que falamos da estrutura da norma sancionatória de competência, já vimos a fenomenologia das sanções imputadas ao exercício ilícito da competência. Com base naquelas noções, passaremos a comentar os possíveis efeitos que essa norma projeta na validade, vigência e eficácia das normas jurídicas. Com isso, estaremos descrevendo, também, suas finalidades no sistema de direito positivo.

11.3.1 Validade formal e validade material

Uma norma de competência, em sentido estrito, fundamenta a validade de duas outras normas jurídicas: o instrumento introdutor e a norma introduzida. Há licitude quando as normas criadas se ajustam ao que prescreve a norma de competência.

Sob tal perspectiva, a de existirem dois tipos de normas introduzidas, é possível se falar em dois tipos de incompatibilidade, sendo uma delas entre o instrumento introdutor e o antecedente da norma de competência, e outra a da norma introduzida com o consequente da norma de competência. Para um caso e outro, a doutrina convencionou empregar os termos vício de forma e vício de matéria ou, como preferem alguns, invalidade formal e invalidade material.

Certamente, não se há de falar da existência de vício de forma, pura e simplesmente, ou em exclusivo vício de matéria, porque toda matéria existe em função de uma forma e vice-versa. A forma só adquire sentido quando conectada com a matéria. Isso não significa negar a existência de vícios de uma ou de outra espécie. O critério para separar uma validade da outra está, pois, no tipo de incompatibilidade existente.

Quando a antinomia é entre instrumento introdutor e antecedente da competência, há vício de forma. A incompatibilidade com o sistema de direito positivo compromete o próprio veículo introdutor, atribuindo a mesma sorte a todos os elementos que foram por ele inseridos.

De outra parte, naquilo que é de cunho exclusivamente material, o vício ou invalidade poderá ser imputado apenas ao enunciado prescritivo conflitante – em algumas situações apenas a uma ou duas interpretações que se façam deles –, sem prejuízo dos demais elementos que integram o texto em harmonia com a competência.

11.3.2 Validade, invalidade e seus efeitos sobre a vigência das normas

A validade não é um atributo da norma, mas sim da relação que ela mantém com o sistema jurídico. Quando essa relação é harmônica, existindo compatibilidade com a respectiva norma de competência, temos validade. Porém, quando a relação ocorre entre norma e aquela que prescreve a sanção pelo exercício indevido da norma de competência, temos a invalidade. Validade e invalidade são, pois, juízos juridicamente relevantes, presentes no sistema de direito positivo.

O sistema jurídico prescreve tanto os efeitos da validade quanto os da invalidade. O que está fora do sistema é o juridicamente irrelevante, o inexistente, não o inválido.

Pois bem, vigência é o atributo da norma válida que está apta a regular condutas. Neste sentido, Paulo de Barros Carvalho não deixa dúvida ao ensinar que:

> Viger é ter força para disciplinar, para reger, para regular as condutas inter-humanas sobre as quais a norma incide, cumprindo, desse modo, seus objetivos finais. É, agora sim, uma propriedade de certas regras jurídicas que estão prontas para propagar efeitos, tão logo aconteçam, no mundo social, os fatos descritos em seus antecedentes. Na verdade, existem normas que pertencem ao ordenamento positivo e, portanto, mas não dispõem dessa aptidão.[513]

Já vimos que a aptidão de produzir efeitos pode ser percebida em quatro dimensões: a subjetiva, envolvendo os sujeitos que têm o seu comportamento disciplinado pela norma; a

---

513. CARVALHO, Paulo de Barros. *Direito tributário: fundamentos jurídicos da incidência* cit., p. 58.

espacial, que delimita o local onde a norma pode irradiar seus efeitos; a temporal, que delimita o início e o fim da vigência da norma no tempo; e a material, em sentido estrito, que é o comportamento disciplinado pela norma (i.e., pagar tributo, entregar declarações, pagar sanções).

Ao ingressar no sistema de direito positivo com presunção de validade, toda norma jurídica possui esses quatro âmbitos de vigência.

Ao estabelecer contato com outras normas no sistema de direito positivo, um ou alguns desses âmbitos podem ter sua abrangência ampliada ou reduzida: a *vacatio legis*, por exemplo, é o diferimento do início da vigência temporal feito por outro enunciado, integrante ou não do mesmo texto, em função de interesses de segurança jurídica. A revogação de uma norma, por exemplo, é feita por uma norma jurídica que prescreve um limite temporal à vigência da outra. Como já dissemos no Capítulo 5, a revogação consiste na delimitação do âmbito temporal de uma norma editada para viger por prazo indeterminado.

A norma sancionatória de competência, quando editada em caráter geral (i.e., ADI, ADECON, ADPF), também pode prescrever um termo para a vigência temporal de uma norma produzida de forma ilícita. Diferente da revogação, essas normas são produzidas de forma condicionada; exigem para sua edição os requisitos que já mencionamos no Capítulo 4 (i.e., processo judicial, demonstração de incompatibilidade entre norma inferior e a respectiva competência, prejuízo a direito e dever do proponente).

Nesses casos, porém, a decisão anulatória de norma inconstitucional – fruto da positivação da norma anulatória de competência – pode ter efeitos retroativos (*ex tunc*) e prospectivos ou apenas prospectivos (*ex nunc*). Tudo depende do que prescrever a norma sancionatória de competência.

Pois bem, como se pode perceber a partir dos exemplos que acabamos de apresentar, a vigência da norma pode ser para o passado e para o futuro, apenas para o passado ou apenas para o futuro. Quando ocorre de a norma estar apta a produzir efeitos plenos – passado e futuro –, afirmamos, com fundamento nas lições de Paulo de Barros Carvalho[514], existir vigência plena. Porém, há casos em que essa vigência se dá apenas para o passado ou apenas para parte do passado ou, ainda, do futuro. Nesses casos, haverá, apenas, vigência parcial.

A aplicação da norma secundária de competência pode prescrever, em face de norma ilícita, que a vigência dessa norma seja suspensa de forma plena (passado e futuro) ou de forma parcial (futuro, apenas). Porém, só podemos falar de suspensão de vigência quando sua prescrição é geral (*erga omnes*). Caso contrário, teremos norma que dispõe apenas sobre a eficácia da norma.

Só podemos dizer que a norma sancionatória suspendeu a vigência de uma norma ilícita quando seus efeitos são *erga omnes*. Nos demais casos, há apenas suspensão da eficácia, porque só a decisão com efeitos gerais suspende a aptidão da norma para disciplinar condutas.

Nos demais casos, onde a norma sancionatória incide para evitar que a norma ilicitamente produzida projete seus efeitos, temos apenas a suspensão da eficácia normativa. E o que se pode definir por eficácia? O juízo de eficácia analisa a produção de efeitos de uma norma. Paulo de Barros Carvalho[515] propõe seja a eficácia desdobrada em três análises, denominadas de eficácia social, técnica e jurídica.

A eficácia jurídica ocorre com a incidência da norma[516]. A eficácia técnica ocorre quando, existindo norma válida e vigente, ela prescreve todos os elementos necessários à sua incidência[517]. A social, por fim, é o juízo de modificação das

---

514. Idem.

515. Ibidem, p. 59.

516. "Já 'eficácia jurídica' é o mecanismo de incidência, o processo pelo qual, efetivando-se o fato relatado no antecedente, projetam-se os efeitos prescritos no consequente. É o fenômeno que acontece com as normas vigentes, sempre e quando os fatos jurídicos se instalam. Tudo por força da causalidade jurídica, decretada pela imputação normativa" (CARVALHO, Paulo de Barros. *Direito tributário: fundamentos jurídicos da incidência* cit., p. 59).

517. "As normas jurídicas são vigentes, os eventos do mundo social nelas descritos

condutas sociais aos padrões prescritos por lei[518]. Para simplificar nossa análise, ficaremos restritos à eficácia jurídica, ou seja, a investigar se há subsunção do fato à norma e se há, também, a respectiva imputação de relações jurídicas.

Seja qual forma a espécie de norma sancionatória de competência, sempre que suas prescrições não tenham efeito *erga omnes*, teremos uma norma que impede outra norma de produzir seus efeitos regulares. Noutras palavras, a eficácia da norma sancionatória é prescrever a ineficácia da norma ilícita. E só se pode falar de ineficácia, quando os efeitos são previstos, apenas, para as partes de um processo (*erga singulum*) e não para todos (*erga omnes*).

11.4 Síntese das posições sobre existência, validade, invalidade, vigência e eficácia

Com fundamento nas ideias expostas ao longo deste capítulo, e de outras que expusemos no Capítulo 4, podemos afirmar que: *i.* o observador do sistema jurídico pode afirmar se uma norma existe ou não; *ii.* existir significa poder ser apreciada pela jurisdição – este é um critério de efetividade ou de relevância jurídica; *iii.* o juízo de existência como algo distinto de validade só é possível para quem observa o sistema jurídico; *iv.* para quem é participante (i.e., órgãos jurisdicionais), só existem normas válidas ou inválidas; *v.* válida é a norma produzida de acordo com a norma de competência; o efeito da validade é a vigência e a eficácia, nos termos previstos pela própria norma; *vi.* invalidade é a relação da norma com a norma sancionatória da competência; *vii.* a aplicação dessa norma sancionatória pode ensejar reconhecimento da invalidade

---

se realizam, contudo as regras não podem juridicizá-los e os efeitos prescritos também não se irradiam. Falta a essas normas 'eficácia técnica'" (CARVALHO, Paulo de Barros. *Direito tributário: fundamentos jurídicos da incidência* cit., p. 59).

518. "A eficácia social ou efetividade diz com a produção das consequências desejadas pelo elaborador das normas, verificando-se toda vez que a conduta prefixada for cumprida pelo destinatário" (CARVALHO, Paulo de Barros. *Direito tributário: fundamentos jurídicos da incidência* cit., p. 60).

e com ela a suspensão da vigência e, ainda, da eficácia, quando a decisão for geral, de forma plena (*ex tunc*) ou parcial (*ex nunc*); *viii.* a sanção pelo descumprimento da competência pode projetar, tão somente, a suspensão da eficácia da norma se os efeitos da decisão se restringir às partes do processo. É o que apresentamos a seguir no quadro sinóptico.

A Norma Jurídica no Sistema de Direito Positivo

Competência para falar sobre licitude e ilicitude

Plano do ser **Observador**	**Existência** **Relevância**		**Inexistência** **Irrelevância**
Plano do dever ser **Participante**	**Validade** (licitude) Vigência ↓ Eficácia **Vigência da norma** **Material** **Territorial** **Temporal** **Pessoal**	**Invalidade** (ilicitude) Não vigência ↓ Não eficácia **Vigência da norma** **Procedimental:** - concentrado - difuso **Material:** - total - parcial **Territorial:** - total - parcial **Temporal:** - *ex nunc* - *ex tunc* **Pessoal:** - *erga omnes* - *erga singulum*	**Sem validade** ↓ **Sem vigência** ↓ **Sem eficácia**

Capítulo 12

PARA UMA TEORIA DA NULIDADE EM MATÉRIA TRIBUTÁRIA

No Capítulo anterior, vimos os fundamentos de uma teoria da validade em matéria tributária. Definimos, sob o ponto de vista dos observadores e dos participantes, as noções de existência, validade, vigências plena e parcial, bem como de eficácia. E relacionamos cada uma dessas ideias à norma de competência que programa as reações do sistema de direito positivo à criação lícita e ilícita de proposições prescritivas. Desta forma, ficou demonstrada a maior utilidade que se pode atribuir às outorgas de competência: prescrever como surgem, modificam-se e extinguem-se as normas jurídicas.

Esses conceitos, porém, foram desenvolvidas no plano da Teoria Geral do Direito, na forma de conceitos fundamentais, que se aplicam tanto ao direito tributário quanto a qualquer outro ramo do direito positivo ou da dogmática jurídica[519].

O propósito deste capítulo é saturar os esquemas teóricos apresentadas no capítulo anterior com os conteúdos próprios do

---

519. Muito embora não haja qualquer citação expressa, em virtude da diferença de estilo e de ramos do direito analisado, a elaboração deste capítulo, e num certo sentido de todo este livro, foi intensamente inspirada pelo livro *Esboço de uma teoria das nulidades aplicada às nulidades processuais* de José Joaquim Calmon de Passos.

direito tributário positivo, na forma descrita pela doutrina e positivada pelas decisões dos tribunais administrativos e judiciais.

12.1 Da validade à nulidade – Da Teoria Geral do Direito para a dogmática jurídica

Como fizemos nas partes anteriores deste livro, usaremos os conceitos das teorias da linguagem para fundamentar os de Teoria Geral do Direito, e partiremos destes para organizar nossa interpretação da dinâmica do direito tributário positivo, com ênfase especial nas reações que o sistema prevê para a criação ilícita de normas. Faremos isso, porém, com olhos voltados para o direito positivo, daí falarmos não mais de uma teoria da validade, mas sim de uma "teoria da nulidade em matéria tributária".

12.2 Ilícitos nomogenéticos e suas espécies

Ao longo da primeira parte deste trabalho fixamos algumas premissas essenciais para o desenvolvimento deste Capítulo. São elas: *i.* todas as normas jurídicas regulam condutas, logo é insubsistente a distinção entre normas de estrutura e normas de comportamento;[520] *ii.* "nomogênese" é a palavra que designa o surgimento de novas normas (nomo = norma + gênese = surgimento, criação);[521] *iii.* conduta nomogenética é a que produz novas normas;[522] *iv.* toda ação pode ser tipificada como lícita ou ilícita; *v.* a norma jurídica de competência prescreve conduta nomogenética lícita e, também, enunciação ilícita de novos textos jurídicos;[523] *vi.* a norma criada licitamente é válida, potencialmente vigente e eficaz;[524] *vii.* a nor-

---

520. Cf. Capítulo 2, item 2.1.

521. Cf. "Pequeno glossário de instrumentos teóricos" (Introdução).

522. Cf. Capítulo 4, itens 4.1, 4.2 e 4.3.

523. Cf. Capítulo 3, item 3.3.

524. Cf. Capítulo 11, itens 11.4 e 11.5.

ma, criada segundo a norma sancionatória de competência, foi produzida ilicitamente e é, portanto, norma inválida;[525] *viii.* a norma que reconhece a invalidade de outra prescreve restrições quanto à vigência e à eficácia da norma criada ilicitamente;[526] *ix.* denominamos de "ilícito nomogenético" a conduta de criar uma norma sem fundamento na norma de competência. Essas nove premissas são essenciais para que possamos analisar as características comuns a todos os ilícitos que se pode incorrer na criação de uma norma.

Pois bem, ter sido criada de forma ilícita – sem fundamento na norma de competência ou ajustada à norma sancionatória de competência – é o que há de comum entre os vícios[527] de inconstitucionalidade, ilegalidade, nulidade, anulabilidade, erro de fato, erro de direito e de simples improcedência da pretensão da Fazenda ou do contribuinte. Ocorre, em todos esses casos, um desajuste entre a norma jurídica criada e seu respectivo fundamento de validade.[528]

E é esse desajuste que impõe, em alguns casos, a não aplicação da norma ao caso concreto. Em verdade, ainda como decorrência das premissas fixadas acima, poderíamos afirmar que todo conflito de interesse em matéria tributária leva em consideração a ocorrência ou não de um ilícito nomogenético, numa das modalidades a que acabamos de aludir.

Outro ponto a ser destacado: a prescrição da conduta de criar uma norma é feita pela vinculação entre forma e matéria.[529] É a norma de competência que prescreve que tipo de

---

525. Cf. Capítulo 11, itens 11.4 e 11.5.

526. Cf. Capítulo 4, itens 4.5 e 4.6.

527. "Se llama 'viciada' toda norma, disposición o fuente que no sea enteramente conforme a las normas que regulan su creación. Por una parte, un 'vicio' es el efecto de la violación de una norma sobre la producción jurídica. Por otra, un 'vicio' es la causa (o la razón) de la invalidez de la norma viciada" (GUASTINI, Riccardo. *Distinguiendo* cit., p. 322).

528. Cf. Capítulo 4, item 4.3.

529. Cf. Capítulo 3, item 3.5.

enunciação é adequada para tratar de que tipo de matéria. Se cabe à emenda constitucional, lei complementar ou ordinária tratar de uma matéria tributária qualquer é tema que só a norma de competência pode prescrever.[530] Ora, se forma e matéria estão vinculadas pela competência, a forma viciada compromete a matéria e vice e versa. Noutras palavras, é impróprio pensar num vício exclusivamente formal ou material,[531] pois, no direito positivo, forma e matéria se coimplicam. O que existe é a preponderância formal ou material, nunca a exclusividade.

Definido o que se pode entender por criação ilícita de normas e definidas as suas espécies, cabe pensar quais dispositivos da norma de competência podem ser violados na atividade nomogenética. Para isso, retomaremos à estrutura formal da norma de competência: **Njcom {[(s.p(p1.p2.p3...).(e. t)] → [s(s.sp).m(c.s.e.t)]}**. Essa norma de competência, assim formalizada, qualifica o sujeito ativo da competência, além de aglutinar os critérios que devem ser levados em conta na criação da norma jurídica válida. Em linguagem desformalizada, este sintagma pode ser lido assim: se o sujeito competente **(s)** realizar a enunciação **[p(p1.p2.p3...)]** em certas condições de espaço **(e)** e de tempo **(t)** então será permitido ou obrigatório,

530. Cf. Capítulo 3, item 3.4.

531. "Es inválida por razones 'formales' una ley que no haya sido dictada por el órgano competente y según los procedimientos debidos. Es inválida por razones 'materiales' (o 'sustanciales') una ley que esté en conflicto con la constitución por su objeto (la materia regulada) o por su contenido (la forma cómo se regula esa materia). Ahora bien, mientras que la invalidez material es una forma 'débil' de invalidez, que no comporta además la inexistencia de la ley, la invalidez formal, de modo general, es una invalidez de tipo 'fuerte' que, habitualmente, comporta nada menos que la inexistencia de la ley. [...] Podría también decirse así: una ley materialmente inválida es anulable (por un tribunal constitucional), mientras que una ley formalmente inválida es decididamente nula (de forma que su nulidad puede ser reconocida por cualquier juez)" (GUASTINI, Riccardo. *Distinguiendo* cit., p. 313). No mesmo sentido, explicam Eduardo Botallo e Roque Carrazza que é *Material*, quando o conteúdo da norma jurídica é incompatível com regra ou princípio constitucional. E, *formal*, quando a norma jurídica é editada por autoridade, órgão ou pessoa incompetente *ou sem a observância dos procedimentos adequados* (nos termos da Constituição) (CARRAZZA, Roque Antonio; BOTTALLHO, Eduardo. As Inconstitucionalidades da "Nova" CPMF. In: ROCHA, Valdir de Oliveira. *Grandes questões atuais do direito tributário*. São Paulo: Dialética, 1999. *v.* 3, p. 298).

conforme o caso, editar norma jurídica que verse sobre uma certa matéria **[m(c.s.e.t)]** para uma determinada comunidade **(sp)**. Atendidas essas prescrições a norma criada será válida. Caso contrário, inválida.

Os critérios da norma de competência oferecem, ainda, a esquematização dos tipos de vício que podem ser cometidos, em conjunto ou isoladamente, na criação de normas jurídicas. No que diz respeito à enunciação, há vícios quanto ao sujeito competente,[532] enunciação/procedimento, espaço e tempo. No que se refere à matéria, especificamente, há vícios quanto à conduta prescrita e aos âmbitos de vigência espacial e temporal aos quais a norma inferior deve se ajustar. Existem, pois, oito formas de violar a norma de competência, sendo quatro formais e quatro materiais.

Os ilícitos nomogenéticos, porém, não se presumem, tampouco são automáticos e infalíveis.[533] Sendo o direito positivo um sistema dinâmico de normas, apenas com decisões exaradas por autoridades competentes[534] – via de regra, titulares de competência jurisdicional – é possível constituir a invalidade de uma norma. Noutro dizer, até que uma norma jurídica identifique o ilícito nomogenético (inconstitucionalidade, ilegalidade, nulidade...) e prescreva os efeitos desta ilicitude, a norma seguirá regulando condutas de modo coercitivo, por efeito da chamada presunção de validade.

---

532. "A criação de um tributo por pessoa política incompetente viola normas constitucionais. Essa anomalia jurídica não pode ser sanada, nem mesmo com o beneplácito da pessoa política que sofreu a usurpação. Portanto, a falta de competência da pessoa política que, fazendo rosto à Constituição, 'cria' tributos alheios e acarreta a nulidade do ato por ofensa a princípio básico da ordem jurídica" (CARRAZZA, Roque Antonio. *Curso de direito constitucional tributário* cit., p. 466-467).

533. "A norma inconstitucional é válida enquanto não desconstituída pelo órgão com competência para tal. Mesmo, normas N e não-N, contraditórias entre si, são ambas válidas, *alternativamente aplicáveis* aos atos administrativos, aos atos judiciais e aos próprios atos de legislação ordinária. Dizemos alternativamente, pois seria insolúvel o caso concreto com incidência de N e não-N. A inaplicabilidade simultânea não prejudica a simultânea validade" (VILANOVA, Lourival. *Causalidade e relação no direito* cit., p. 309).

534. Cf. Capítulo 4, item 4.4.

Pois bem, para se configurar a invalidade é necessário que outra norma a reconheça.[535] E essa norma, quando positivada, prescreve até quando a norma criada de forma ilegítima poderá ser aplicada, em relação a que sujeitos, entre outros efeitos possíveis.[536] Neste contexto, falar em controle concentrado ou em controle difuso da constitucionalidade das normas jurídicas; em eficácia *erga omnes* ou *erga singulum*; em efeitos *ex tunc*, *ex nunc* e modulado; em declaração de inconstitucionalidade com ou sem redução de texto; nada mais significa que tratar dos efeitos prescritos pela norma que reconhece um ilícito na criação de outras normas.

Todos esses efeitos seguem um princípio: assegurar que a norma hierarquicamente superior prevaleça sobre a norma inferior.[537] Coibir ilícitos nomogenéticos, noutro dizer, é a forma que o sistema jurídico encontra para preservar sua consistência,[538] evitando que os comandos de autoridades hierarquicamente inferiores regulem condutas em detrimento daqueles emanados por autoridades superiores. Dessa forma, pelo controle de constitucionalidade se assegura a prevalência das normas constitucionais sobre todas as demais; o controle de legalidade afirma a lei como superior aos atos infralegais e assim sucessivamente.

---

535. "Una norma inválida puede, a pesar de su invalidez, pertenecer al ordenamiento (y seguir perteneciendo hasta que no sea expulsada por el órgano competente). Una norma 'inexistente', en cambio, es una norma que no pertenece en absoluto al ordenamiento. [...] Una norma, disposición o fuente es 'inexistente' si no responde ni siquiera a los requisitos mínimos para ser reconocida como norma, disposición o fuente perteneciente al ordenamiento. De todas maneras, el concepto de inexistencia no resulta fácil de precisar. Se considera inexistente, sin duda, cualquier norma que haya sido creada en violación de todas las normas que rigen su creación. Pero, para que una norma sea inexistente (no alcance ni el umbral de la existencia jurídica), no es necesario que sean violadas todas las normas sobre la producción jurídica: es suficiente que sean violadas algunas normas cruciales" (GUASTINI, Riccardo. *Distinguiendo* cit., p. 322-323).

536. Cf. Capítulo 4, itens 4.5 e 4.6.

537. Cf. Capítulo 5, item 5.2.3.

538. Cf. Capítulo 5, item 5.3.

Entre as teses defendidas neste trabalho está a de que a norma que reconhece um ilícito na criação de outra norma – seja ele de natureza formal ou material – tem nítido caráter sancionatório.[539] Esta sanção cumpre o papel de desestimular a criação de atos ilícitos e, na eventualidade deles serem criados, corrigir os respectivos efeitos restringindo a eficácia e até a vigência destas normas desviantes. Aceita esta natureza, não se pode ignorar que os contornos de toda e qualquer sanção devem ser estabelecidos pela lei, segundo critérios que variam de acordo com a gravidade do ilícito. Analisando o sistema de direito positivo, perceberemos que alguns ilícitos, como aqueles que violam a Constituição da República, são gravíssimos. Por isso a norma que o reconhece pode ter efeitos para toda a sociedade (*erga omnes*) ou, mesmo, poder ser alegada a qualquer tempo, sem prejuízo de caducidade.

Noutras circunstâncias, porém, os vícios são menos graves, a ponto de poderem ser convalidados sem prejuízo para a validade, vigência ou eficácia da norma. Em qualquer caso, cabe sempre ao direito positivo regular em que circunstâncias a norma se sujeita a sanções graves ou leves. Não cabe ao intérprete autêntico julgar a gravidade do ilícito sem fundamento no que prescreve a lei, tampouco se admite juízos discricionários neste particular.

Ressaltamos que, por força do art. 27 da Lei 9.868/98, foi aberta a possibilidade de o Supremo Tribunal Federal, mediante deliberação qualificada de seus membros, decidir pela modulação de efeitos das normas que reconhecem a inconstitucionalidade de outra, no controle concentrado. Em mais de uma oportunidade, o plenário do STF fez uso desta prerrogativa, atribuindo efeitos *ex nunc* a normas que, ordinariamente, teriam efeitos *ex tunc*. Este preceito normativo se justifica pela circunstância de que, em alguns casos, preservar a consistência do sistema jurídico, em especial a sua hierarquia, pode trazer mais prejuízos à sociedade do que manter os

539. Cf. Capítulo 4.

efeitos de norma criada ilicitamente. Esta hipótese, contudo, não pode ser feita a favor do Estado, como bem demonstra Misabel Derzi[540], em vigoroso estudo sobre a matéria. Isso porque a modulação de efeitos pró Estado, entre muitas outras razões, equivale a autorizar que o agente que realiza o ilícito nomogenético se beneficie da própria torpeza, em detrimento do Sistema Constitucional Tributário.

Em síntese, para que se possa configurar um ilícito nomogenético é imprescindível o concurso dos seguintes elementos:[541] *i.* autoridade competente, titular de jurisdição administrativa ou judicial; *ii.* processo em que se discuta a validade da norma no curso da ação ou de forma incidental; *iii.* alegação de conflito real entre norma inferior e superior – de competência -; *iv.* prejuízo para a parte, pois não há de se cogitar de nulidade sem dano real ou iminente; *v.* a parte que alega o ilícito nomogenético (inconstitucionalidade, ilegalidade, nulidade...) não pode ter dado causa a ele, pois é vedado a qualquer pessoa se beneficiar da nulidade que tenha provocado ou, noutro dizer, tirar proveito da própria ilicitude.

Após resgatar essas ideias, que servem para explicar e qualificar todas as modalidades de ilícitos que podem ser praticados na enunciação de textos normativos, estamos de posse dos instrumentos conceituais aptos a investigar cada uma das espécies de ilícitos nomogenéticos.

É o que faremos a seguir.

12.2.1 Inconstitucionalidade

É inconstitucional a norma criada em confronto direto com o texto da Constituição. [542] Com a ressalva dos atos que

540. DERZI, Misabel Abreu Machado. *Modificações da jurisprudência no direito tributário*. São Paulo, Editora Noeses, 2009. passim.

541. Cf. Capítulo 4.

542. "La inconstitucionalidade es un caso particular de invalidez: es la invalidez que deriva de la no-conformidad de una norma con la constitución" (GUASTINI, Riccardo. *Distinguiendo* cit., p. 323).

promovem descumprimento de preceito fundamental, apenas as normas inseridas no sistema de direito positivo por lei, em sentido amplo, podem estabelecer esta espécie de antinomia.[543] Nos demais, o confronto é apenas oblíquo, subordinado ao diploma legislativo imediatamente superior. Assim, um decreto, uma instrução normativa ou uma portaria podem prescrever disposições contrárias à Lei Maior, mas serão consideradas ilegais, pois teriam na lei seu fundamento de validade imediato. Antes de serem inconstitucionais, seriam ilegais.

Na hierarquia dos vícios que se pode cometer ao editar uma norma, a inconstitucionalidade está no cimo. Nada é mais grave do que a ofensa direta à Constituição. E não é por acaso que a própria Lei das leis prescreve os instrumentos necessários à preservação de sua integridade. O legislador constituinte[544] cuidou pormenorizadamente do controle de constitucionalidade: estabeleceu as formas de controle, indicando se seria concentrada ou difusa; ao prescrever os efeitos que cada uma dessas formas de controle pode ensejar, se *erga omnes* ou *erga singulum* ou se *ex tunc* ou *ex nunc*; indicou que sujeitos poderiam

543. "Segue-se, ineludivelmente, que inconstitucional é a lei (ou o ato normativo de igual ou inferior tope) que contravém, direta ou indiretamente, prescrições, mandamentos, categorias ou princípios encartados na Constituição. Portanto, inconstitucional é, não só o ato que viola a letra expressa do Texto Supremo, senão, igualmente, o que atrita com seu espírito, vale dizer, com seu sentido e real significado" (CARRAZZA, Roque Antonio. *Conflitos de competência: um caso concreto*. São Paulo: RT, 1983. p. 28).

544. A Constituição da República, em seu art. 102, estabelece que: "Compete ao Supremo Tribunal Federal, precipuamente, a guarda da Constituição, cabendo-lhe: I – processar e julgar, originariamente: a) a ação direta de inconstitucionalidade de lei ou ato normativo federal ou estadual e a ação declaratória de constitucionalidade de lei ou ato normativo federal; [...] III – julgar, mediante recurso extraordinário, as causas decididas em única ou última instância, quando a decisão recorrida: a) contrariar dispositivo desta Constituição; b) declarar a inconstitucionalidade de tratado ou lei federal; c) julgar válida lei ou ato de governo local contestado em face desta Constituição. d) julgar válida lei local contestada em face de lei federal. § 1º A arguição de descumprimento de preceito fundamental, decorrente desta Constituição, será apreciada pelo Supremo Tribunal Federal, na forma da lei. § 2º As decisões definitivas de mérito, proferidas pelo Supremo Tribunal Federal, nas ações diretas de inconstitucionalidade e nas ações declaratórias de constitucionalidade produzirão eficácia contra todos e efeito vinculante, relativamente aos demais órgãos do Poder Judiciário e à administração pública direta e indireta, nas esferas federal, estadual e municipal. [...]"

agir em nome da coletividade, pleiteando o controle concentrado de constitucionalidade; e, além disso, prescreveu que cabe ao Supremo Tribunal Federal ser o órgão máximo competente para julgar a inconstitucionalidade das leis e atos normativos.

A natureza da norma inconstitucional é tema recorrente entre aqueles que litigam acerca do tema. A relevância prática da disputa estaria no efeito no tempo que se poderia imputar à decisão de inconstitucionalidade. A pergunta central seria: a norma inconstitucional é nula, inexistente ou anulável.[545] Se nula, seus efeitos retroagiriam à data de edição do ato viciado. Se inexistente, não seria possível considerar qualquer dos seus efeitos jurídicos. Se anulável, é a decisão do STF que a anula, logo seus efeitos se projetariam apenas para o futuro, num caso clássico de eficácia *ex nunc*.[546]

Em voto que busca equacionar essa discussão, o Min. Celso de Melo[547] demonstra a existência das três posições indicadas acima, todas elas defendidas por juristas de escol.[548] A

---

545. Ressalvamos que esta acepção de nulidade, anulabilidade e inexistência é diversa daquela de definimos nos itens 12.1 e 12.2 deste Capítulo. Nesses itens, definimos nulidade como gênero da qual a inconstitucionalidade seria uma espécie, ao lado da ilegalidade, nulidade em sentido estrito e outros. Já a discussão mantida no STF e relata no voto do Min. Celso de Melo diz respeito à natureza da inconstitucionalidade apenas, com vista à imputação dos seus efeitos no tempo. Inconfundíveis, portanto, os sentidos de nulidade atribuídos a um e a outro caso.

546. "Se as determinações da Constituição não são respeitadas, então não se produzem quaisquer normas jurídicas válidas, as normas em tais condições produzidas são nulas ou anuláveis, isto é: o sentido subjetivo dos atos postos inconstitucionalmente e que, portanto, não são postos de acordo com a norma fundamental, não será interpretado como seu sentido objetivo ou, então, essa interpretação – provisória – vem a ser repudiada" (KELSEN, Hans. *Teoria pura do direito* cit., p. 57).

547. "Essa posição de eminência da Lei Fundamental – que tem o condão de desqualificar, no plano jurídico, o ato em situação de conflito hierárquico com o texto da Constituição – estimula reflexões teóricas em torno da natureza do ato constitucional, daí decorrendo a possibilidade de reconhecimento, ou da inexistência, ou da nulidade, ou da anulabilidade (com eficácia 'ex nunc' ou com eficácia 'ex tunc'), ou, ainda, da ineficácia do comportamento estatal incompatível com a Constituição" (Trecho do voto do Min. Celso de Mello (relator) nos autos do RE-Agr 353.508/RJ, 2ª Turma/STF, *DJ* 29.06.2007).

548. Para uma exposição dos juristas filiados a cada uma das teses, bem como acerca da jurisprudência do Supremo Tribunal Federal, recomendamos a leitura do já

despeito disso, defende que a sólida jurisprudência do Supremo Tribunal Federal aponta para a natureza nula da norma inconstitucional, sendo-lhe, via de regra, cassados os efeitos desde a sua edição. Também ele, ao expor a posição prevalecente, acaba por se filiar a esta tese, ressalvando a posição do Min. Gilmar Mendes,[549] que sustenta a possibilidade de modular amplamente os efeitos da decisão.

Depois das ideias que expusemos acima, não é difícil inferir a nossa posição. A norma inconstitucional é fruto de um ilícito que precisa ser corrigido. A decisão do STF que reconhece esse ilícito aplica uma sanção, limitando a eficácia[550] e até a vigência da norma inválida. Ora, se a norma que reconhece a criação de uma lei inconstitucional tem natureza sancionatória, os limites desta sanção devem ser aqueles es-

---

citado voto do Min. Celso de Melo, proferido no AGRE 395.902-6.

549. "Não se nega, pois, o caráter de princípio constitucional ao princípio da nulidade da lei inconstitucional. Entende-se, porém, que tal princípio não poderá ser aplicado nos casos em que se revelar absolutamente inidôneo para a finalidade perseguida (casos de omissão; exclusão de benefício incompatível com o princípio da igualdade), bem como nas hipóteses em que a sua aplicação pudesse trazer danos para o próprio sistema jurídico constitucional (grave ameaça à segurança jurídica). Assim, configurado eventual conflito entre o princípio da nulidade e o princípio da segurança jurídica, que, entre nós, tem *status* constitucional, a solução da questão há de ser, igualmente, levada a efeito em um processo de complexa ponderação. [...] a adoção de uma decisão alternativa é inerente ao modelo de controle de constitucionalidade amplo, que exige, ao lado da tradicional decisão de perfil cassatório com eficácia retroativa, também decisões de conteúdo outro, que não importem, necessariamente, a eliminação direta e imediata da lei do ordenamento jurídico" (Trecho do voto do Min. Gilmar Mendes nos autos do RE 197.917/SP, Tribunal Pleno, Rel. Min. Maurício Corrêa, *DJ* 07.05.2004).

550. Para Paulo de Barros Carvalho, da declaração de inconstitucionalidade no controle difuso resulta a suspensão de eficácia da regra por resolução do Senado, enquanto não seja revogada adequadamente pelo órgão competente: "No caso de declaração de inconstitucionalidade de norma pela Suprema Corte, tratando-se de controle difuso, suspende-se a eficácia da regra mediante resolução do Senado, até que seja ela revogada pelo órgão competente. Dito de outro modo, significará que certa norma até então vigente na ordem jurídica nacional teve sua inconstitucionalidade declarada pelo Supremo, que comunica tal decisão ao Senado da República. Este, pela figura legislativa da 'resolução', manda suspender a eficácia técnica daquela regra, que permanece vigente sem poder atuar, continuando também válida até que o órgão que a promulgou venha a expulsá-la do sistema" (CARVALHO, Paulo de Barros. *Curso de direito tributário* cit., p. 82).

tabelecidos pela Constituição ou, quando for o caso, pela lei. O nome atribuído à ilicitude tem menor relevância do que os efeitos previstos pelo próprio sistema.

Para finalizar, cabe sempre insistir na ideia de que o controle de constitucionalidade das leis e atos jurídicos é a técnica que o sistema dispõe para manter a consistência e hierarquia de suas normas.[551] Esta é a forma que existe para evitar que autoridades inferiores – sujeito competente para a criação de leis e atos complementares – disponham sobre o que prescreveu o legislador constitucional.[552]

12.2.2 Ilegalidade

Quando a competência é outorgada por lei, o ilícito cometido ao se criar norma incompatível com ela é o da "ilegalidade". São ilegais, por exemplo, o decreto, o regulamento, a instrução normativa, a portaria e o ato normativo interpretativo que tenham sido criados em conflito com o que dispõe a lei. A exemplo do que se passa com os demais ilícitos nomogenéticos, a ilegalidade não se presume, pois requer: *i.* linguagem competente; *ii.* produzida no curso de um processo administrativo ou judicial; *iii.* onde se alegue a incompatibilidade entre norma inferior e a lei; *iv.* exista claro prejuízo de quem faça a alegação; e *v.* aquele que alega não tenha sido o mesmo sujeito que criou a norma. Pela existência destes requisitos, podemos dizer que a ilegalidade não é automática e infalível.

---

551. "A decisão de inconstitucionalidade é um ato jurisdicional, fruto da afirmação do direito e da supremacia da Constituição, por isso consiste na aplicação do princípio da hierarquia. A inconstitucionalidade supõe um vício da norma em questão e busca a conservação do sistema jurídico" (IVO, Gabriel. Considerações acerca da revogação (é possível falar de revogação tácita?). In: BARRETO, Aires Fernandino et al. *Segurança jurídica na tributação e estado de direito*. São Paulo: Noeses, 2005. p. 219-220).

552. "[...] a rigidez constitucional e a existência do controle de constitucionalidade são requisitos de manutenção do Estado Federal. De fato. Se as competências das entidades políticas que compõem o Estado Federal não estiverem numa Constituição rígida e, de outro lado, se não existir um órgão constitucional incumbido do controle de constitucionalidade, não haverá federação" (VELLOSO, Carlos Mário. Estado federal e Estados federados na Constituição brasileira de 1988: do equilíbrio federativo cit., p. 32-33).

Vários critérios são igualmente hábeis para classificar as ilegalidades, pois vários são os tipos de lei, bem como são vários os tipos de ato que contradizem as suas prescrições. Há ilegalidade da lei ordinária que viola a lei complementar; do decreto que viola a lei; do lançamento de ofício constituído em ofensa à disposição legal. O que há de comum entre todas essas espécies é a circunstância de a norma de competência ser formada a partir de enunciados inseridos por lei, em sentido amplo. Também as sanções que se imputam ao ato ilegal são prescritas por ato legislativo.

Nada mais natural que assim seja pois, muito embora a ilegalidade seja uma grave ofensa ao ordenamento, é ato mais brando que o praticado contra a Constituição. Daí porque sua forma de controle é sempre difusa, com efeitos que beneficiam apenas as partes envolvidas no processo (*erga singulum*), nem de longe se comparando à messe de preceitos relativos ao controle de constitucionalidade.

A despeito disso, o controle da legalidade é imprescindível para a ordem jurídica. É por seu intermédio que o sistema evita delegações indevidas de competência, como a que pretende o Chefe do Executivo ao editar um decreto que vai além do que permite a lei. Sempre que há o reconhecimento da ilegalidade de um ato, há, simultaneamente, a afirmação da competência de alguém que foi usurpada pela ilegalidade. Sem este controle, não existiriam meios de imposição desta competência e da própria hierarquia entre normas legais e infralegais.

12.2.3 Nulidade e anulabilidade

Há de se distinguir o gênero nulidade das suas espécies. O gênero é equivalente à invalidade e suas variações. A espécie, ou nulidade em sentido estrito, é um tipo específico de vício que incorre o sujeito competente ao criar normas incompatíveis com a norma de competência.

Ao gênero, não teríamos nada a acrescentar além do que já falamos acerca dos ilícitos nomogenéticos e sobre a validade das normas jurídicas. Sobre a espécie, cabe esclarecer que existem nulidades formais e materiais, assim como se pode falar em nulidade e anulabilidade ou, o que nos parece o mesmo, nos referir à nulidade absoluta e relativa.

As nulidades formais e materiais se referem, respectivamente, a vícios na enunciação da norma e no seu conteúdo prescritivo. Desta maneira, sempre que existir incompatibilidade entre o instrumento introdutor (decreto, regulamento, instrução normativa...) e a norma de competência, o vício será de forma. Ainda que exista compatibilidade entre a enunciação-enunciada e seu fundamento de validade, se se constatar vícios em qualquer dos atos se seu iter procedimental, teremos um caso de nulidade formal. A nulidade material, como o próprio nome sugere, é fruto da incompatibilidade entre o conteúdo da norma de competência, previsto no seu consequente, e a norma introduzida. Não se trata mais do modo de produção do ato normativo, mas sim da sua mensagem prescritiva.

Seja quanto à forma ou quanto à matéria, as nulidades, como regra, são tipificadas nas leis ordinárias que tratam dos processos administrativos federal, estadual, distrital ou municipal. Esses diplomas normativos tipificam algumas espécies de ilícitos que podem ser praticados no curso de lides administrativas, imputando a cada um deles o caráter absoluto ou relativo, segundo a sua gravidade. É, também, um juízo acerca da maior ou menor gravidade do ilícito que nos autoriza falar em nulidade como sinônimo de nulidade absoluta, e anulabilidade, como nulidade relativa. Essa classificação refletiria, segundo o direito positivo, a maior ou menor gravidade da ofensa à norma de competência.

Nesse ponto, as palavras de Alfredo Augusto Becker não deixam espaço para dúvidas:

> No mundo jurídico há maior (nulidade) ou menor (anulabilidade) intolerância ou repugnância por atos jurídicos defeituosos (inválidos: nulos e anuláveis), de tal sorte que o legislador que criou a regra jurídica específica da nulidade ou da anulabilidade, também criou o instrumental técnico-jurídico para fazer desaparecer do mundo jurídico a existência jurídica e os efeitos

> jurídicos daqueles atos defeituosos (inválidos). Este fazer desaparecer é o desconstituir.[553]

Como se vê, os atos anuláveis são criados com vícios menos graves do que os nulos. Daí por que podem ser sanados e têm prazo certo para ser alegados em juízo, sob pena de preclusão[554]. Já os atos nulos, por conflitarem com aspectos essenciais da competência (i.e. sujeito e procedimento devidos), podem ser desconstituídos ao longo de todo o processo e, em alguns casos, até depois dele[555]. Algumas destas nulidades, ou vícios absolutos, chegam a ser vistas como matéria de ordem pública que compromete a própria validade do processo em que esse ato é praticado.

12.2.4 Erro de fato e erro de direito

Erro, seja ele quanto à norma ou quanto ao fato, é expressão equívoca. Acerto e erro, em suas acepções de base, são expressões próprias da linguagem descritiva e se relacionam com a ideia de verdade.

O pensamento verdadeiro acerta ao passo que o equivocado erra. O uso dessas expressões, porém, está bem menos

553. BECKER, Alfredo Augusto. *Teoria geral do direito tributário* cit., p. 459. Esse "desconstruir" a que se refere Becker é o efeito próprio, não só das normas que reconhecem a existência de uma nulidade, em sentido estrito, mas também de todas as demais nulidades, tomadas como gênero.

554. Vejamos, por exemplo, as nulidades relativas tipificadas pelo Decreto 70.235/72 em seu "art. 60. As irregularidades, incorreções e omissões diferentes das referidas no artigo anterior [que se refere às nulidades e estão transcritos na próxima nota] não importarão em nulidade e serão sanadas quando resultarem em prejuízo para o sujeito passivo, salvo se este lhes houver dado causa, ou quando não influírem na solução do litígio."

555. Vejamos, por exemplo, as nulidades tipificadas pelo Decreto 70.235/72: "art. 59. São nulos: I – os atos e termos lavrados por pessoa incompetente; II – os despachos e decisões proferidos por autoridade incompetente ou com preterição do direito de defesa. § 1º A nulidade de qualquer ato só prejudica os posteriores que dele diretamente dependam ou sejam consequência. § 2º Na declaração de nulidade, a autoridade dirá os atos alcançados, e determinará as providências necessárias ao prosseguimento ou solução do processo. § 3º Quando puder decidir do mérito a favor do sujeito passivo a quem aproveitaria a declaração de nulidade, a autoridade julgadora não a pronunciará nem mandará repetir o ato ou suprir-lhe a falta".

ligado à precisão de sentidos que ao uso que delas fazem a comunidade jurídica, incluídos aí aqueles que elaboram a jurisprudência e a própria ciência do direito. Por força disto, são tão difundidas as expressões erro de fato e erro de direito, para expressar, também elas, a criação ilícita de normas.

Visto se tratar de modalidades de ilícitos praticados na criação de normas, caberia a dúvida: que tipo de norma pode ser criada com estes vícios? E mais, em que consistem tais erros?

A resposta é dada por Paulo de Barros Carvalho, nos seguintes termos:

> [...] o erro de fato é um problema intranormativo, um desajuste interno na estrutura do enunciado, por insuficiência de dados linguísticos informativos ou pelo uso indevido de construções de linguagem que fazem as vezes de prova. Esse vício na composição semântica do enunciado pode macular tanto a oração do fato jurídico tributário como aquela do consequente, em que se estabelece o vínculo relacional. Ambas residem no interior da norma e denunciam a presença do erro de fato. Já o erro de direito é também um problema de ordem semântica, mas envolvendo enunciados de normas jurídicas diferentes, caracterizando-se como um descompasso de feição externa, internormativa.[556]

Apenas as normas individuais e concretas costumam ser vistas como normas produzidas com erro, seja ele de fato ou de direito. Nada impede, porém, sejam estas expressões utilizadas noutros contextos, para expressar incompatibilidade entre normas. Desde que, em qualquer dos casos, atendam aos seguintes requisitos propostos por Paulo de Barros Carvalho:

> 1) A linha divisória entre erro de fato e erro de direito fica bem nítida: se o desajuste de linguagem verificar-se no interior de uma única norma, seja no antecedente ou no consequente, teremos erro de fato. 2) Para que se trate de erro de fato, essa norma tem de ser individual e concreta. 3) Quando os desacertos de linguagem envolverem duas ou mais normas, sendo uma delas, obrigatoriamente, regra individual e concreta, e outra, também

556. CARVALHO, Paulo de Barros. *Direito tributário: fundamentos jurídicos da incidência* cit., p. 254.

> necessariamente, geral e abstrata, teremos erro de direito. 4) Como particularidade das normas jurídicas tributárias, qualquer desalinho com relação à "alíquota" ou ao "sujeito ativo" será sempre erro de direito, porquanto esses os únicos fatores compositivos da estrutura normativa que não podem ser encontrados na contextura do fato jurídico tributário. Sua consideração supõe, necessariamente, o trajeto que vai da norma geral e abstrata à norma individual e concreta.[557]

Apenas com a ressalva de que, nestes casos, o emprego das expressões será diverso do que costuma ser feito tanto pela Ciência quanto pela jurisprudência. Vejamos algumas manifestações acerca do erro de fato:

> PROCESSUAL CIVIL. AÇÃO RESCISÓRIA. EMPRÉSTIMO COMPULSÓRIO. AQUISIÇÃO DE VEÍCULO. DL 2.288/86. ERRO DE FATO COMPROVADO (CPC, ART. 485, IX E § 1º).
>
> 1. Inequívoco que a decisão rescindenda incorreu em erros de fato quanto à natureza do empréstimo compulsório, considerando-o como relativo ao consumo de combustíveis quando, em verdade, concerne à aquisição de veículo, bem como referentemente à prescrição.
>
> 2. O acórdão do Excelso Pretório que declarou a inconstitucionalidade do empréstimo compulsório sobre a aquisição de veículos (RE 121.336/CE) foi publicado no *DJ* de 26.06.92. Ajuizada a ação de repetição de indébito em 17.10.96, evidencia-se que não se exaurira o quinquênio prescricional.
>
> 3. Ação rescisória julgada procedente para desconstituir a decisão atacada, afastando a prescrição e determinando o julgamento do recurso especial. Custas e honorários advocatícios, arbitrados em 10% sobre o valor da causa, a cargo da requerida.[558]

E mais:

> PROCESSUAL CIVIL E TRIBUTÁRIO. COMPENSAÇÃO FINSOCIAL COM COFINS. ACÓRDÃO FUNDADO EM ERRO DE FATO. AÇÃO RESCISÓRIA PROCEDENTE.
>
> – O acórdão proferido fundou-se em erro de fato, porquanto teria centrado as razões de decidir na inexistência de documento

557. CARVALHO, Paulo de Barros. *Curso de direito tributário* cit., p. 420.

558. STJ, AR 1.381/DF, 1ª Seção, Rel. Min. Francisco Peçanha Martins, *DJ* 09.12.2003.

> comprobatório da declaração de inconstitucionalidade do FINSOCIAL, quando, efetivamente, existia o documento em tela, concretizado pela cópia do Mandado de Segurança, com trânsito em julgado, declarando a inconstitucionalidade da contribuição social em comento.- Ação rescisória procedente.[559]

Assim, o erro de direito e erro de fato[560] designam, respectivamente, incompatibilidade da norma individual e concreta com a norma que lhe serve de fundamento; e incompatibilidade da norma individual e concreta com a linguagem das provas.

No primeiro caso, a norma viola a competência. No segundo, a violação é indireta, pois a norma constitui fato diverso daquele que era para ser constituído. Num caso, o problema é internormativo e se comprova mediante o confronto entre normas. Já no outro, o problema é interno à norma individual e concreta e se comprova confrontando as provas, relativas ao fato, com a descrição feita no antecedente da norma.

Esta distinção, mesmo tendo como pano de fundo a violação da competência, é relevante, pois o direito positivo imputa efeitos distintos conforme se reconheça erro de fato ou erro de direito. Como regra, a posterior constatação de erro de direito, em normas criadas pela Administração Pública e que sejam favoráveis ao contribuinte, não ensejam revisão. Porém, caso o erro seja de fato, a norma poderá ser revista com fundamento expresso no que dispõe o art. 149 do CTN.

---

559. STJ, AR 836/RS, 1ª Seção, Rel. Min. Francisco Falcão, *DJ* 24.02.2003.

560. "A linha de demarcação entre questões de direito e questões de fato, contudo, é flutuante. À primeira vista, para formular a premissa menor do silogismo é preciso verificar os fatos. [...] Observa-se, contudo, que os 'fatos' que o juiz verifica diretamente são somente as provas (por exemplo, os testemunhos), não os fatos provados. Uma prova é precisamente um fato que induz a considerar ocorrido um outro fato. Este último não é verificado diretamente pelo juiz, mas inferido pelas provas. Uma prova autoriza o juiz a considerar verdadeira uma certa proposição acerca do passado. Esta inferência não tem caráter dedutivo: entre duas proposições não há um nexo de implicação lógica, mas antes de nexo mais débil de 'congruência narrativa' (como é chamada)" (GUASTINI, Riccardo. *Das fontes às normas* cit., p. 71-72).

12.2.5 Improcedência da pretensão da Fazenda ou do contribuinte

Não é raro identificar sentenças ou decisões administrativas que simplesmente afastam a pretensão impositiva da Fazenda ou que negam, por exemplo, o direito a restituições ou compensações proposto pelo contribuinte. Muitas dessas decisões não chegam a fundamentar a improcedência em qualquer dos vícios descritos acima. Quando isso acontece, trata-se de caso em que há conflito em matéria tributária e não há argumento pela violação da norma de competência? É evidente que não.

Decorre da própria definição do conceito de tributo, prescrita pelo art. 3º do CTN, que se trata de uma obrigação compulsória, a qual decorre diretamente da lei, e não de acordo de vontades. Trata-se, portanto, de uma obrigação *ex lege*. Neste tipo obrigação, não há concurso de vontade das partes, tampouco existe discricionariedade para se definir onde, quando e quanto de tributo deve ser pago. Todos os contornos da obrigação, a teor do que prescreve o art. 150, I, da CF/88 e o art. 97 do CTN, devem ser instituídos por lei. A consequência imediata destas disposições é o seguinte: a pretensão impositiva do Estado será legítima se estiver conforme as disposições legais. Da mesma forma a pretensão do contribuinte. Se assim é, qualquer juízo de ilegitimidade, mesmo que não haja expressa menção às nulidades citadas, envolve um ajuste entre a norma positivada e aquela que lhe serve de fundamento.

Por isso, mesmo quando não há menção a qualquer das nulidades referidas, está presente a ideia de violação da competência.

12.3 Atributo comum do gênero nulidade – sanção pelo descumprimento da norma de competência

Com as considerações desenvolvidas acima fica patente a existência de um núcleo comum entre todos os argumentos levantados pelas partes num litígio relativo a questões tributárias, qual seja: criação ilícita de normas.

Se criar norma pode ser entendido como uma ação juridicamente regulada, é possível, também, que essa ação seja considerada lícita ou ilícita, conforme tenha sido praticada segundo a norma que prescreve a licitude – norma de competência – ou segundo aquela que estabelece os efeitos da ilicitude – norma sancionatória da competência.

A sanção pelo exercício ilícito da competência é a nulidade da norma. A consequência da nulidade é, conforme o caso, a suspensão da vigência (nas decisões que prescrevem efeitos gerais) ou da eficácia (nas decisões individuais) da norma criada ilicitamente.

Tanto a norma produzida de forma regular como aquela produzida irregularmente estão no sistema de direito positivo. A diferença é que uma irradia os efeitos para os quais foi criada e a outra – criada ilicitamente – não.

A reação do sistema à prática desses ilícitos tem natureza sancionatória, voltada a coibir a criação de normas feita em descompasso com a respectiva norma de competência e suspender os efeitos da norma ilicitamente criada.

Sempre que se postule a um órgão judicante – administrativo ou judicial – o não cumprimento de uma norma, o argumento a ser utilizado é o de que essa norma foi criada em descompasso com a respectiva norma de competência. Esse é o atributo comum entre a: inconstitucionalidade, ilegalidade, nulidade, anulabilidade, erro de fato, erro de direito ou simples improcedência de pleito administrativo ou judicial.

CONCLUSÕES

As ideias expostas ao longo do trabalho fundamentam as seguintes conclusões sobre o tema da Competência Tributária.

1) Que é competência tributária?

1.1. Competência tributária é a aptidão jurídica, modalizada em obrigatório ou em permitido, para criar normas jurídicas que, direta ou indiretamente, disponham sobre a instituição, arrecadação e fiscalização de tributos.

1.2. Norma de competência em sentido amplo é toda proposição prescritiva que estabelece disposições voltadas a informar como deve ser a criação de outras normas relacionadas à tributação.

1.3. Norma de competência em sentido estrito é o juízo condicional que vincula, em sua estrutura, os elementos fundamentais para regular como deve ser a produção de norma inferior. Para que se tenha uma norma em sentido estrito é necessário que a proposição jurídica: i) qualifique o sujeito que pode criar normas; ii) indique o processo de criação das normas, sugerindo todos os atos que devem ser preordenados ao alcance deste fim; iii) indique as coordenadas de espaço em que a ação de criar normas deve ser desempenhada; iv) indique as condições de tempo em que a ação de criar normas deve ser desempenhada; v) estabeleça o vínculo que existe entre quem cria a norma e quem deve se sujeitar à norma criada, segundo as condições estabelecidas pelo próprio direito; vi) prescreva a modalização da conduta de criar outra norma, se obrigatória, permitida ou proibida; e vii) estabeleça a programação material da norma inferior que é feita segundo quatro variáveis – sujeito, espaço, tempo e comportamento.

1.3.1. Organizando esses elementos numa estrutura normativa, temos: hipótese da norma de competência em sentido estrito (Hj), que é composta pela descrição hipotética do fato-enunciação de novos textos de direito positivo. A ação prevista na hipótese da norma de competência descreve um sujeito (s), que realiza um ato ou procedimento [p(p1.p2.p3...)], em condições de espaço (e) e de tempo (t), dando forma à seguinte estrutura lógica: Hj{[s.p(p.p2,p3...) (e.t)].

1.3.2. O consequente da norma de competência tributária em sentido estrito estabelece uma relação R entre um sujeito competente S, que se vincula perante outro Sp tendo como objeto m(s.e.t.c). O aspecto material desta norma de competência é estabelecer as condições materiais para a criação de norma nova e faz isso mediante a indicação de um verbo, com seus elementos subjetivo, espacial e temporal.

1.3.3. A fórmula lógica da norma de competência em sentido estrito pode ser apresentada assim:

Njcom = H{[s.p(p1,p2,p3...)] . (e.t)} → R [S(s.sp) . m(s.e.t.c)].

Nesta estrutura estão previstas todas as variáveis, assim formais, como materiais, necessárias à criação de um tributo.

1.4. A norma completa de competência, além da norma primária, que mencionamos acima, possui sanção coercitiva, preordenada a assegurar o seu cumprimento nas situações de exercício indevido da competência.

1.5. Exercer uma competência é uma ação que pode ser qualificada como lícita ou ilícita. Chama-se de ilícita a ação quando a norma é incompatível com a respectiva norma de competência. Nesse caso, a norma que incide é a sancionatória, cuja aplicação ensejará suspensão da eficácia ou vigência da norma ilicitamente criada, nos pontos em que for conflitante com a competência. A aplicação da norma sancionatória da competência projeta a não aplicação das normas inferiores ilegítimas.

1.6. As normas de competência desempenham papel fundamental para a unidade, a coerência e a completude do sistema jurídico. Esses papéis, contudo, variam conforme estejamos observando pela óptica de quem simplesmente observa o sistema ou de quem participa dele como sujeito competente.

2) Como é a competência tributária?

2.1. Antes de definir o sentido do termo "competência tributária" é possível estabelecer uma série de associações, com vista a enriquecê-lo e evidenciar facetas que não se mostram ao primeiro olhar.

2.2. Entre os conceitos de Teoria Geral do Estado, competência pode ser vista como sinônimo de Poder. Competência tributária seria, então, sinônimo de Poder Tributário. A escolha do termo "competência" foi feita por razões culturais e não ontológicas.

2.3. O Estado, por sua vez, nada mais representa que um plexo de competências. A ideia de um Estado unitário é uma grande metáfora de uma série de competências que se mostram nas mais diversas situações da vida pública.

2.4. A Federação é uma técnica específica de repartição de competências estatais, que consiste na formação de entes autônomos que participam da formação da vontade central. Para que exista uma Federação é necessário que esses entes federativos tenham autonomia política, administrativa, legislativa e financeira. O conceito de Federação, e com ele o de autonomia, sofre sensível modificação. De modo que, hoje, pensamos ser possível aos entes federativos preservar sua autonomia sem dispor, por exemplo, de competência para legislar em matéria tributária. A simples existência de regras de divisão de receitas orçamentárias já seria suficiente para assegurar a condição de ente autônomo do ponto de vista financeiro.

2.5. Além das conexões com os conceitos de Teoria Geral do Estado, haveria que acrescentar os conceitos de Teoria Geral do Direito. Capacidade privada, capacidade delitiva, imputabilidade, capacidade processual são apenas algumas das noções que podem ser vinculadas ao tema.

2.6. A estrutura lógica da norma de competência tributária possibilita ir ao direito positivo e saturar de sentido cada uma das suas variáveis. Com fundamento na clássica distinção das funções do Estado em Executivo, Legislativo e Judiciário e, porque não, aquele setor responsável pela maior parte das normas jurídicas produzidas pelo sistema: os particulares.

2.7. Por fim, é possível, seguindo a doutrina preconizada por Paulo de Barros Carvalho e por Roque Antonio Carrazza, para analisar não apenas as competências legislativas, mas sim todas as modalidades de competência, como a administrativa, a jurisdicional e a privada.

3) Para que serve a competência tributária?

3.1. A norma de competência tributária prescreve os requisitos que devem ser atendidos para a produção lícita de normas jurídicas. Ao fazê-lo, demarca, também, os limites da ilicitude.

3.2. Percebe-se que uma norma foi produzida ilicitamente quando ela está em antinomia (conflito) com a norma que lhe serve de fundamento de validade.

3.3. O sistema jurídico é um sistema dinâmico, por isso as suas proposições não são alteradas por inferências intelectuais. Só decisões, emanadas de autoridades competentes, podem fazer surgir ou desaparecer novas normas jurídicas.

3.4. O observador do sistema jurídico pode afirmar se uma norma existe ou não.

3.5. Existir significa poder ser apreciada pela jurisdição – esse é um critério de efetividade ou de relevância jurídica.

3.6. O juízo de existência como algo distinto de validade só é possível para quem observa o sistema jurídico.

3.7. Para quem é participante (i.e., órgãos jurisdicionais), só existem normas válidas ou inválidas.

3.8. Válida é a norma produzida de acordo com a norma de competência. O efeito da validade é a vigência e a eficácia, nos termos previstos pela própria norma.

3.9. Invalidade é a relação da norma com a norma sancionatória da competência.

3.10. A aplicação desta norma sancionatória pode ensejar suspensão da vigência, e com ela da eficácia, quando a decisão for geral, de forma plena (*ex tunc*) ou parcial (*ex nunc*).

3.11. A sanção pelo descumprimento da competência pode projetar, tão-somente, a suspensão da eficácia da norma se os efeitos forem projetados apenas entre as partes do processo.

3.12. Inconstitucionalidade, ilegalidade, nulidade, anulabilidade, erro de fato, erro de direito, improcedência da pretensão fazendária ou do contribuinte são espécies do gênero nulidade em sentido amplo. Todos esses vícios mantêm entre si a característica comum de serem constituídos por participantes do sistema em virtude da criação de uma norma em confronto com o que dispõe a respectiva norma de competência.

3.13. Todo conflito de interesses em matéria tributária, deduzido no curso de um processo judicial ou administrativo com o objetivo de não aplicar uma norma, tem como pressuposto o argumento de que essa norma foi criada contra a respectiva norma de competência.

REFERÊNCIAS

ADEODATO, João Maurício. *Ética e retórica*: para uma teoria da dogmática jurídica. São Paulo: Saraiva, 2002.

______. *Filosofia do direito*: uma crítica à verdade na ética e na ciência (através de um exame da ontologia de Nicolai Hartmann). São Paulo: Saraiva, 1996.

______. *Uma teoria retórica da norma jurídica e do direito subjetivo*. São Paulo: Noeses, 2011.

AFTALIÓN, Enrique R.; VILANOVA, José; RAFFO, Julio. *Introducción al derecho*: conocimiento y conocimiento científico, historia de las ideas jurídicas, teoría general del derecho, teoría general aplicada). 3. ed. Buenos Aires: Abeledo-Perrot, 1988.

ALCHOURRÓN, Carlos E.; BULYGIN, Eugenio. *Análisis lógico y derecho*. Madrid: Centro de Estudios Constitucionales, 1991.

______; ______. Definiciones y normas. *El lenguage del derecho*. Argentina: Abeledo-Perrot, 1983.

______; ______. *Introducción a la metodología de las ciencias jurídicas y sociales*. Buenos Aires: Astrea, 2002.

ALEXY, Robert. *El concepto y la validez del derecho*. Barcelona: Gedisa, 2004.

ALVES, Alaôr Caffé. *Lógica*: pensamento formal e argumentação. 2. ed. São Paulo: Quartier Latin, 2002.

ARAUJO, Clarice von Oertzen de. *Incidência jurídica* (teoria e crítica). São Paulo: Noeses, 2011.

______. *Semiótica do direito*. São Paulo: Quartier Latin, 2005.

ATALIBA, Geraldo. Hermenêutica e sistema constitucional tributário. *Interpretação no direito tributário*. São Paulo: Saraiva/EDUC, 1975.

______. *Hipótese de incidência tributária*. 6. ed. São Paulo: Malheiros, 2000.

______. Imposto sobre serviços. *Revista de Direito Tributário*, São Paulo: Malheiros, n. 35, p. 68-93, 1986.

______. Limitações constitucionais ao poder de tributar. *Revista de Direito Tributário*, São Paulo: Malheiros, n. 62, p. 111-132, 1993.

______. Normas gerais de direito financeiro. *Revista de Direito Administrativo*, Rio de Janeiro: Fundação Getúlio Vargas, n. 82, p. 39-60, 1965.

______. *República e Constituição*. 2. ed. São Paulo: Malheiros, 1998.

______. *Sistema constitucional tributário brasileiro*. São Paulo: RT, 1968.

ATIENZA, Manuel. *El sentido del derecho*. 3. ed. Barcelona: Ariel, 2004.

______. *Tres lecciones de teoría del derecho*. Alicante: ECU, 2000.

______; RUIZ, Juan. *Las piezas del derecho*: teoría de los enunciados jurídicos. 2. ed. Barcelona: Ariel, 2004.

ATRIA, Fernando et al. *Lagunas en el derecho*: una controversia sobre el derecho y la función judicial. Madrid: Marcial Pons, 2005.

AUSTIN, John L. *Cómo hacer cosas con palabras*: palabras y acciones. 2. ed. Buenos Aires: Paidós, 2006.

______. Performative utterances. *Philosophical Papers*. 2. ed. Oxford: Clarendon Press, 1970.

______. *Sentido e percepção*. 2. ed. São Paulo: Martins Fontes, 2004.

ÁVILA, Humberto. Imposto sobre a Prestação de Serviços de Qualquer Natureza – ISS. Normas constitucionais aplicáveis. Precedentes do Supremo Tribunal Federal, hipótese de incidência, base de cálculo e local da prestação. *leasing* financeiro: análise da incidência. *Revista Dialética de Direito Tributário,* São Paulo: Dialética, n. 122, 2005.

______. *Sistema constitucional tributário*. São Paulo: Saraiva, 2004.

______. *Teoria dos princípios*: da definição à aplicação dos princípios jurídicos. 4. ed. São Paulo: Malheiros, 2004.

BAKHTIN, Mikhail. *Estética da criação verbal*. 4. ed. São Paulo: Martins Fontes, 2003.

BALEEIRO, Aliomar. *Cinco aulas de finanças e política fiscal*. Salvador: Progresso, 1959.

______. *Direito tributário brasileiro*. 8. ed. Rio de Janeiro: Forense, 1995.

______. Estados, discriminação de rendas e reforma constitucional. *Revista de Direito Administrativo,* Rio de Janeiro: Fundação Getúlio Vargas, v. 30, p. 11-27, 1952.

_____. *Limitações constitucionais ao poder de tributar*. 7. ed. Atualizada por Misabel Abreu Machado Derzi. Rio de Janeiro: Forense, 1999.

BARRETO, Aires. Aplicação do princípio da progressividade. *Justiça Tributária*. São Paulo: Max Limonad, 1998.

_____. *Base de cálculo, alíquota e princípios constitucionais*. 2. ed. São Paulo: Max Limonad, 1998.

_____. Imposto predial e territorial urbano. In: MARTINS, Ives Gandra da Silva (coord.). *Curso de direito tributário*. 7. ed. São Paulo: Saraiva, 2000.

_____. IPTU: progressividade e diferenciação. *Revista Dialética de Direito Tributário*, n. 76, p. 7-11, 2000.

BARRETO, Paulo Ayres. *Contribuições*: regime jurídico, destinação e controle. São Paulo: Noeses, 2006.

_____. *Contribuições*: regime jurídico, destinação e controle. 2. ed. São Paulo: Noeses, 2011.

_____. *Imposto sobre a renda e preços de transferência*. São Paulo: Dialética, 2001.

_____. Lançamento "ex officio" – notificação. *Revista de Direito Tributário*, São Paulo: RT, (9) 45, p. 188-195, 1988.

BARROS, Diana Luz Pessoa de. *Teoria semiótica do texto*. 4. ed. São Paulo: Ática, 2003.

_____; FIORIN, José Luiz (org.). *Dialogismo, polifonia, intertextualidade*. 2. ed. São Paulo: Editora da Universidade de São Paulo, 2003.

BARTHES, Roland. *Elementos de semiologia*. 16. ed. São Paulo: Cultrix, 2006.

BAYÓN, J. C. Participantes, observadores e identificação do direito. In: CAMANDUCCI, P.; GUASTINI, Riccardo. *Struttura e dinamica dei sistema giuridici, a cura di*. Torino: G. Giappichelli Editore, 1996.

BECKER, Alfredo Augusto. *Teoria geral do direito tributário*. São Paulo: Noeses. Madrid: Marcial Pons, 2007.

______. *Teoria geral do direito tributário*. 5. ed. São Paulo: Noeses, 2010.

BELTRÁN, Jordi Ferrer. *Las normas de competencia*: un aspecto de la dinámica jurídica. Madrid: CEPC, 2000.

______. *Prueba y verdad en el derecho*. Madrid: Marcial Pons, 2005.

BENTHAM, Jeremy. *Of laws in general*. Oxford: The Athlone Press, 1970.

BOBBIO, Norberto. *Da estrutura à função*: novos estudos de teoria do direito. Barueri: Manole, 2007.

______. *Teoria da norma jurídica*. 2. ed. São Paulo: Edipro, 2001.

______. *Teoria do ordenamento jurídico*. 10. ed. Brasília: Editora Universidade de Brasília, 1999.

BONILHA, Paulo Celso B. *Da prova no processo administrativo fiscal*. São Paulo: Dialética, 1997.

BORGES, José Souto Maior. Aspectos fundamentais da competência municipal para instituir o ISS. In: TORRES, Heleno Taveira (org.). *ISS na Lei Complementar 116/2003 e na Constituição*. São Paulo: Manole, 2004.

______. *Curso de direito comunitário*. São Paulo: Saraiva, 2005.

______. *Introdução ao direito financeiro*. São Paulo: Max Limonad, 1998.

______. *Isenções tributárias*. 2. ed. São Paulo: Sugestões Literárias, 1980.

_____. *Lançamento tributário*. 2. ed. São Paulo: Malheiros, 1999.

_____. *Limitações constitucionais à tributação*.

_____. *Obrigação tributária*: uma introdução metodológica. 2. ed. São Paulo: Malheiros, 1999.

_____. *O princípio da segurança jurídica na criação e aplicação do tributo*.

_____. Sistema tributário na Constituição de 1988 – I. *Revista de Direito Tributário,* São Paulo: Revista dos Tribunais, (13) 47, p. 132-142, 1989.

_____. *Teoria geral da isenção tributária*. 3. ed., 2. tir. São Paulo: Malheiros, 2007.

BRAGHETTA, Daniela de Andrade. *Tributação no comércio eletrônico à luz da teoria comunicacional do direito*. São Paulo: Quartier Latin, 2003.

BRAIT, Beth (org.). *Bakhtin, dialogismo e construção do sentido*. 2. ed. Campinas: Editora Unicamp, 2005.

BUJANDA, Fernando Sáinz de. Estructura jurídica del sistema tributario. *Revista de Derecho Financiero y de hacienda pública,* Madrid: Editorial de derecho financiero, 1964.

BULOS, Uadi Lammêgo. *Mutação constitucional*. São Paulo: Saraiva, 1997.

BULYGIN, Eugenio. *Norme, validità, sistemi normativi*. Torino: G. Giappichelli, 1995.

_____. Sobre observadores y participantes. *Doxa (Publicaciones periódicas),* Alicante: Biblioteca Virtual Miguel de Cervantes, n. 21, p. 41-48, 1998.

_____; MENDONÇA, Daniel. *Normas y sistemas normativos*. Madrid: Marcial Pons, 2005.

CAETANO, Marcelo. *Manual de ciência política e direito constitucional*. Coimbra: Almedina, 1996.

CALSAMIGLIA, Albert. Geografia de las normas de competência. *Doxa (Publicaciones periódicas)*, Alicante: Biblioteca Virtual Miguel de Cervantes, n. 15-16, p. 747-766, 1994.

CAMPILONGO, Celso Fernandes. *Decisão política e decisão jurídica*. São Paulo: Max Limonad, 2001.

______. *O direito na sociedade complexa*. São Paulo: Max Limonad, 2000.

______. *Política, sistema jurídico e decisão judicial*. São Paulo: Max Limonad, 2002

CANARIS, Claus-Wilhelm. *Pensamento sistemático e conceito de sistema na ciência do direito*. 2. ed. Lisboa: Fundação Calouste Gulbenkian, 1996.

CANOTILHO, José Joaquim Gomes. *Constituição dirigente e vinculação do legislador*. 2. ed. Coimbra: Coimbra, 2001.

______. *Direito constitucional e teoria da constituição*. 4. ed. Coimbra: Almedina, 2000.

CANTO, Gilberto de Ulhôa. Alguns problemas da competência tributária concorrente. *Revista de Direito Administrativo*. Rio de Janeiro: Fundação Getúlio Vargas, 57: 9-18, 1959.

______. Reforma tributária – Emenda Constitucional n. 18. *Revista de Direito Administrativo*, Rio de Janeiro: Fundação Getúlio Vargas, n. 89, p. 436-442, 1967.

CARNEIRO, Athos Gusmão. *Jurisdição e competência*. 13. ed. São Paulo: Saraiva, 2004.

CARRAZZA, Elizabeth Nazar. *Progressividade e IPTU*. Curitiba: Juruá, 1998.

______. Sistema constitucional tributário brasileiro. *Revista de Direito Público*, São Paulo: RT, n. 25, ano 6, jul.-set. 1973.

CARRAZZA, Roque Antonio. A competência tributária dos Estados-membros diante da nova Constituição Federal. *Revista de Direito Tributário*, São Paulo: Revista dos Tribunais, n. 45, p. 45-80, 1988.

______. *Conflitos de competência: um caso concreto*. São Paulo: RT, 1983.

______. *Curso de direito constitucional tributário*. 11. ed. São Paulo: Malheiros, 2003.

______. *ICMS*. 9. ed. São Paulo: Malheiros, 2002.

______. *Reflexões sobre a obrigação tributária*. São Paulo: Noeses, 2010.

______; BOTTALLHO, Eduardo. As Inconstitucionalidades da "Nova" CPMF. In: ROCHA, Valdir de Oliveira. *Grandes questões atuais do direito tributário*. São Paulo: Dialética, 1999. v. 3.

CARRIÓ, Genaro R. *Notas sobre derecho y lenguaje*. 4. ed. Buenos Aires: Abeledo-Perrot, 1994.

______. *Sobre el concepto de deber jurídico*. Buenos Aires: Abeledo-Perrot, 1966.

______. *Sobre los límites del lenguaje normativo*. Buenos Aires: Astrea, 2001.

CARVALHO, Aurora Tomazini de. *Curso de teoria geral do direito* (o constructivismo lógico-semântico). 2. ed. São Paulo: Noeses, 2010.

CARVALHO, Cristiano. *Ficções jurídicas no direito tributário*. São Paulo: Noeses, 2008.

______. *Teoria do sistema jurídico*: direito, economia, tributação. São Paulo: Quartier Latin, 2005.

CARVALHO, Paulo de Barros. *Curso de direito tributário*. 19. ed. São Paulo: Saraiva, 2007.

_____. *Derivação e positivação no direito tributário*. São Paulo: Noeses, 2011. v. I.

_____. O direito positivo como sistema homogêneo de enunciados deônticos. *Revista de Direito Tributário*, São Paulo: RT, ano 12, n. 45, p. 35-36, jul.-set. 1988.

_____. *Direito tributário*: fundamentos jurídicos da incidência. 5. ed. São Paulo: Saraiva, 2006.

_____. *Direito tributário, linguagem e método*. Noeses: São Paulo, 2008.

_____. *Direito tributário, linguagem e método*. 4. ed. Noeses: São Paulo, 2011.

_____. Enunciados, normas e valores jurídico-tributários. *Revista de Direito Tributário*, São Paulo: Malheiros, n. 69.

_____. Formalização da linguagem. Proposições e fórmulas. *Revista do Programa de Pós-Graduação em Direito da PUC/SP*, São Paulo: Max Limonad, v. 1, 1995.

_____. *Fundamentos jurídicos da incidência*. 5. ed. São Paulo: Saraiva, 2007.

_____. Hipótese de incidência tributária e normas gerais de direito tributário. In: MORAIS, Bernardo Ribeiro et al. *Interpretação no direito tributário*. São Paulo: Saraiva, EDUC, 1975.

_____. Interpretação e linguagem – concessão e delegação de serviço público. *Revista Trimestral de Direito Público*, São Paulo: RT, n. 10, 1995.

_____. Isenções tributárias do IPI em face do princípio da não cumulatividade. *Revista Dialética de Direito Tributário*, n. 33, 1998.

______. Limitações constitucionais ao poder de tributar. *Revista de Direito Tributário*. São Paulo: RT, n. 46.

______. Sobre os princípios constitucionais tributários. *Revista de Direito Tributário*, São Paulo: RT, n. 55.

______. O sobreprincípio da segurança jurídica e a revogação de normas tributárias. In: CARVALHO, Paulo de Barros et al. *Crédito-prêmio de IPI*: estudos e pareceres. Barueri: Manole, 2005.

______. *Teoria da norma tributária*. 4. ed. São Paulo: Max Limonad, 2002.

______. *Tratado de derecho tributário*. Lima: Palestra, 2003.

______; ROBLES MORCHÓN, Gregorio (coord.). *Teoria Comunicacional*: Diálogo entre Brasil e Espanha. São Paulo: Noeses, 2011.

CASTELLANI, Fernando F. *Contribuições especiais e sua destinação*. São Paulo: Noeses, 2009.

CASTRO, Torquato. *Teoria da situação jurídica em direito privado nacional*. São Paulo: Saraiva, 1985.

CASTRO JR., Torquato de. *Pragmática das nulidades e a teoria do ato jurídico inexistente* (reflexões sobre metáforas e paradoxos da dogmática privatista romanista). Tese de Doutorado apresentada à PUC-SP, São Paulo, 2003.

______. *A pragmática das nulidades e a teoria do ato jurídico inexistente* (reflexões sobre metáforas e paradoxos da dogmática privatista). São Paulo: Noeses, 2009.

CERQUEIRA, Marcelo Fortes. *Repetição do indébito tributário* – delineamentos de uma teoria. São Paulo: Max Limonad, 2000.

CHOMSKY, Noam. *Aspects of the theory of syntax*. Cambridge, Mass: The Mit Press, 1965.

______. *Language and Mind*. 3. ed. New York: Cambridge University Press, 2006.

______. *Linguagem e mente*: pensamentos atuais sobre antigos problemas. Brasília: Editora Universidade de Brasília, 1998.

______. *Novos horizontes no estudo da linguagem e da mente*. São Paulo: Editora UNESP, 2005.

______. *On nature and language*. New York: Cambridge University Press, 2003.

______. *Syntactic structures*. 2. ed. Berlim-New York: Mouton de Gruyter, 2002.

______. *The architecture of language*. 7. ed. New York: Oxford, 2005.

CLÈVE, Clèmerson Merlin. *Atividade legislativa do poder executivo*. 2. ed. São Paulo: Revista dos Tribunais, 2000.

______. *Comentários à Constituição de 1988*: sistema tributário. 8. ed. Rio de Janeiro: Forense, 1999.

______. *O controle da constitucionalidade das leis e do poder de tributar na Constituição de 1988*. 3. ed. Belo Horizonte: Del Rey, 1999.

______. *Curso de direito tributário brasileiro*. 6. ed. Rio de Janeiro: Forense, 2002.

______. *Teoria geral do tributo e da exoneração tributária*. 3. ed. Belo Horizonte: Del Rey, 1999.

COÊLHO, Sacha Calmon Navarro. *Comentários à Constituição de 1988:* sistema tributário. 8. ed. Rio de Janeiro: Forense, 1999.

CONRADO, Paulo Cesar. *Introdução à teoria geral do processo civil*. 2. ed. São Paulo: Max Limonad, 2003.

______ (coord.). *Processo tributário analítico*. São Paulo: Noeses, 2011.

COPI, Irving Marmer. *Introdução à lógica*. 2. ed. São Paulo: Mestre Jou, 1978.

CORACINI, Maria José Rodrigues Faria. *Um fazer persuasivo*: o discurso subjetivo da ciência. São Paulo: EDUC; Campinas: Pontes, 1991.

COSTA, Alcides Jorge. *Contribuição ao estudo da obrigação tributária*. São Paulo: IBDT, 2003.

COSTA, Ramón Valdés. *Instituciones de derecho tributário*. Buenos Aires: Depalma, 2004.

COSTA, Regina Helena. *Praticabilidade e justiça tributária*: exequibilidade da lei tributária e direitos do contribuinte. São Paulo: Malheiros, 2007.

______. *Princípio da capacidade contributiva*. 2. ed. São Paulo: Malheiros, 1996.

DÁCOMO, Natália de Nardi. *Hipótese de incidência do ISS*. São Paulo: Noeses, 2007.

DARZÉ, Andréa M. *Responsabilidade tributária* (solidariedade e subsidiariedade). São Paulo: Noeses, 2010.

DEMO, Pedro. *Metodologia do conhecimento científico*. São Paulo: Atlas, 2000.

DERZI, Misabel Abreu Machado. *Modificações da jurisprudência no direito tributário*. São Paulo: Noeses, 2009.

______; COÊLHO, Sacha Calmon Navarro. *Do imposto sobre a propriedade predial e territorial urbana*. São Paulo: Saraiva, 1982.

DIMOULIS, Dimitri. *O caso dos denunciantes invejosos*: introdução prática às relações entre direito, moral e justiça. 2. ed. São Paulo: Revista dos Tribunais, 2005.

______. *Positivismo jurídico*: introdução a uma teoria do direto e defesa do pragmatismo jurídico-político. São Paulo: Método, 2006.

DINAMARCO, Cândido Rangel. *Instituições de direito processual civil*. 3 ed. São Paulo: Malheiros, 2003. v. 1.

DINIZ, Maria Helena. *Compêndio de introdução à ciência do direito*. 5. ed. São Paulo: Saraiva, 1994.

______. *Conflito de normas*. 5. ed. São Paulo: Saraiva, 2003.

______. *Norma constitucional e seus efeitos*. 6. ed. São Paulo: Saraiva, 2003.

DÓRIA, Antônio Roberto Sampaio. *Discriminação de competência impositiva* (sua evolução na federação brasileira). São Paulo, Tese (Doutorado), Universidade de São Paulo, 1972.

______. *Discriminação de rendas tributárias*. São Paulo: José Bushstsky, 1972.

______. *Elisão e evasão fiscal*. São Paulo: Bushatsky, 1977.

______. *Princípios constitucionais tributários e a cláusula* due processo of law. São Paulo, Tese (Livre-Docência), Universidade de São Paulo, 1964.

DRIVER, Stephanie Schwartz. *A declaração de independência dos Estados Unidos*. Rio de Janeiro: Zahar, 2006.

DUCROT, Oswald; TODOROV, Tzvetan. *Dicionário enciclopédico das ciências da linguagem*. Lisboa: Dom Quixote, 1991.

ECHAVE, Delia Teresa; URQUIJO, Maria Eugenia; GUIBOURG, Ricardo. A. *Lógica, proposición y norma*. 6. reimp. Buenos Aires: Depalma, 2002.

ECO, Umberto. *As formas do conteúdo*. 3. ed. São Paulo: Perspectiva, 2001.

_____. *Interpretação e superinterpretação*. São Paulo: Martins Fontes, 2001.

_____. *Obra aberta*: forma e indeterminações nas poéticas contemporâneas. 9. ed. São Paulo: Perspectiva, 2005.

_____. *A theory of semiotics*. Bloomington: Indiana University Press, 1979.

_____. *Tratado geral de semiótica*. 4. ed. São Paulo: Perspectiva, 1995.

ENGISCH, Karl. *Introdução ao pensamento jurídico*. 9. ed. Lisboa: Fundação Calouste Gulbenkian, 2004.

FALCÃO, Amílcar de Araújo. Autonomia dos governos locais em matéria tributária. *Revista de Direito Administrativo*, Rio de Janeiro: Fundação Getúlio Vargas, n. 47, p. 1-12, 1957.

_____. *Fato gerador da obrigação tributária*. 6. ed. Rio de Janeiro: Forense, 1999.

_____. *Introdução ao direito tributário*. Rio de Janeiro: Edições Financeiras, 1959.

_____. *Sistema tributário brasileiro:* discriminação de rendas. Rio de Janeiro: Edições Financeiras, 1965.

FALEIRO, Kelly Magalhães. *Procedimento de consulta fiscal*. São Paulo: Noeses, 2005.

FARRELL, Martin Diego. *Hacia un criterio empírico de validez*. Buenos Aires: Astrea, 1972.

FERRAGUT, Maria Rita. *Presunções no direito tributário*. 2. ed. São Paulo: Quartier Latin, 2005.

_____. *Responsabilidade tributária e o Código Civil de 2002*. São Paulo: Noeses, 2005.

FERRAGUT, Maria Rita; NEDER, Marcos Vinicius (coord.). *Responsabilidade tributária*. São Paulo: Dialética, 2007.

FERRAJOLI, Luigi. *Epistemología jurídica y galantismo*. México: Fontamara, 2004.

FERRAZ JUNIOR, Tércio Sampaio. Competência tributária municipal. *Revista de Direito Tributário*, São Paulo: Malheiros, ano 14, n. 54, p. 158-159, out.-dez. 1990.

______. Constituinte – regras para a eficácia constitucional. *Revista de Direito Público*, São Paulo: Revista dos Tribunais, (XVII) 76, p. 67-69, 1985.

______. *Direito, retórica e comunicação*: subsídios para uma pragmática do discurso jurídico. 2. ed. São Paulo: Saraiva, 1997.

______. *Direito constitucional*: liberdade de fumar, privacidade, estado, direitos humanos e outros temas. Barueri: Manole, 2007.

______. *Estudos de filosofia do direito*: reflexões sobre o poder, a liberdade, a justiça e o direito. São Paulo: Atlas, 2002.

______. *Função social da dogmática jurídica*. São Paulo: Atlas, 1998.

______. *Introdução ao estudo do direito*: técnica, decisão, dominação. 2. ed. São Paulo: Atlas, 1994.

______. *Teoria da norma jurídica*: ensaio de pragmática da comunicação normativa. 3. ed. Rio de Janeiro: Forense, 1997.

FERREIRA FILHO, Manoel Gonçalves. *Do processo legislativo*. 5. ed. São Paulo: Saraiva, 2002.

FERREIRO LAPATZA, José Juan. *Curso de derecho financiero español*. 19. ed. Madrid: Marcial Pons, 1997.

_____. *Direito tributário*: teoria geral do tributo. Barueri: Manole; Madrid: Marcial Pons, 2007.

FIEDLER, Herbert. *Derecho, lógica, matemática*. 3. ed. México: Fontamara, 1997.

FIOCCA, Demian; GRAU, Eros Roberto (org.). *Debate sobre a Constituição de 1988*. São Paulo: Paz e Terra, 2001.

FIORIN, José Luiz. *As astúcias da enunciação*: as categorias de pessoa, espaço e tempo. 2. ed. São Paulo: Ática, 1999.

_____. *Elementos de análise do discurso*. 14. ed. São Paulo: Contexto, 2006.

_____. *Introdução ao pensamento de Bakhtin*. São Paulo: Ática, 2006.

_____. *Linguagem e ideologia*. 8. ed. São Paulo: Ática, 2005.

FLUSSER, Vilém. *A dúvida*. Rio de Janeiro: Relume Dumará, 1999.

_____. *Língua e realidade*. 2. ed. São Paulo: Annablume, 2004.

_____. Para uma teoria da tradução. *Revista Brasileira de Filosofia*, São Paulo: Instituto Brasileiro de Filosofia, v. 19, n. 73, p. 16-22, 1969.

_____. Teoria da tradução como teoria do conhecimento. *Revista Brasileira de Filosofia*, São Paulo: Instituto Brasileiro de Filosofia, v. 13, n. 49, p. 410, 1963.

FONROUGE, C. M. Giuliani. *Conceitos de direito tributário*. São Paulo: Lael, 1973.

FREGE, Gottlob. *Investigações lógicas*. Porto Alegre: EDIPUCRS, 2002.

_____. *Lógica e filosofia da linguagem*. Seleção, introdução, tradução e notas de Paulo Alcoforado. São Paulo: Cultrix e Ed. Da Universidade de São Paulo, 1978.

FURLAN, Valéria C. P. *Imposto predial e territorial urbano*. São Paulo: Malheiros, 2000.

GADAMER, Hans-George. *Verdade e método*: traços fundamentais de uma hermenêutica filosófica. 3. ed. Petrópolis: Vozes, 1999.

GAMA, Tácio Lacerda. *Contribuição de intervenção no domínio econômico*. São Paulo: Quartier Latin, 2003.

______. Contribuições especiais: natureza e regime jurídico. In: DE SANTI, Eurico Marcos Diniz (coord.). *Curso de especialização em direito tributário*: estudos analíticos em homenagem a Paulo de Barros Carvalho. Rio de Janeiro: Forense, 2005.

______. Obrigação e crédito tributário – anotações à margem da teoria de Paulo de Barros Carvalho. *Revista Tributária e de Finanças Públicas*, v. 11, n. 50, maio/jun. 2003.

GASSET, José Ortega y. *Meditación de la técnica*. Madrid: Espasa-Calpe, 1965.

GONÇALVES, Cláudio Cairo. Isenção heterônoma por via de tratados internacionais – uma interpretação sistemática. *Revista dos Mestrandos em Direito Econômico da UFBA*. Salvador: Centro Editorial e Didático da UFBA, n. 7, p. 157-174, 1999.

GORDILLO, Agustín. *Tratado de derecho administrativo*. La defensa del usuario y del administrado. 6. ed. Buenos Aires: Fundación de Derecho Administrativo, 2003.

GRAU, Eros Roberto. *Conceito de tributo e fontes do direito tributário*. São Paulo: Resenha Tributária, 1975.

______. *O direito posto e o direito pressuposto*. 5. ed. São Paulo: Malheiros, 2003.

______. *Direito urbano*: regiões metropolitanas, solo criado, zoneamento e controle ambiental. São Paulo: Revista dos Tribunais, 1983.

_____. *Ensaio e discurso sobre a interpretação/aplicação do direito*. São Paulo: Malheiros, 2002.

_____. *A ordem econômica na Constituição de 1988*. 6. ed. São Paulo: Malheiros, 2001.

GREGO, Marco Aurélio. *Contribuições*: uma figura "sui generis". São Paulo: Dialética, 2000.

GUASTINI, Riccardo. *Distinguiendo*: estudios de teoría y metateoría del derecho. Barcelona: Gedisa, 1999.

_____. *Das fontes às normas*. Trad. Edson Bini. São Paulo: Quartier Latin, 2005.

GUIBOURG, Ricardo A. *Derecho, sistema y realidad*. Buenos Aires: Astrea, 1986.

_____. *Pensar en las normas*. Buenos Aires: EUDEBA, 1999.

_____. *Teoría general del derecho*. Buenos Aires: La Ley, 2003.

_____; GHIGLIANI, Alejandro M.; GUARINONI, Ricardo V. *Introducción al conocimiento científico*. 3. ed. Buenos Aires: EUDEBA, 1984.

GÜNTHER, Klaus. *Teoria da argumentação no direito e na moral*: justificação e aplicação. São Paulo: Landy, 2004.

GUTIERREZ, Miguel Delgado. Repartição das receitas tributárias: a repartição das fontes de receita. Receitas originárias e derivadas. A distribuição da competência tributária. In: CONTI, José Maurício (org.). *Federalismo fiscal*. Barueri: Manole, 2003.

HARET, Florence C. *Teoria e prática das presunções no direito tributário*. São Paulo: Noeses, 2010.

_____; CARNEIRO, Jerson. *Villém Flusser e juristas*. São Paulo: Noeses, 2009.

HART. Herbert. *O conceito de direito*. 3. ed. Lisboa: Fundação Calouste Gulbenkian, 2001.

HEGENBERG, Leonidas. *Saber de e saber que*: alicerces da racionalidade. Petrópolis: Vozes, 2001.

HEIDEGGER, Martin. *A caminho da linguagem*. Trad. Márcia Sá Cavalcante Shuback. Petrópolis: Vozes; Bragança Paulista: Editora Universitária São Francisco, 2003.

______. *Que é isto – a filosofia?* Identidade e diferença. Trad. Ernildo Stein. Petrópolis: Vozes; São Paulo: Duas Cidades, 2006.

HESSEN, Johannes. *Filosofia dos valores*. Coimbra: Almedina, 2001.

HJELMSLEV, Louis. *Prolegomena to a theory of language*. Madison: The University of Wisconsin Press, 1961.

HOFSTADTER, Douglas R. *Gödel, Escher, Bach*. Um entrelaçamento de gênios brilhantes. Brasília: Editora Universidade de Brasília; São Paulo: Imprensa Oficial do Estado, 2001.

HOHFELD, Wesley Newcomb. *Fundamental legal conceptions as applied in judicial reasoning*. 7. ed. New Jersey: The Lawbook Exchange, 2005.

HUSSERL, Edmund. *Ideias para uma fenomenologia pura e para uma filosofia fenomenológica*: introdução geral à fenomenologia pura. Aparecida: Ideias e Letras, 2006.

IVO, Gabriel. Considerações acerca da revogação (é possível falar de revogação tácita?). In: BARRETO, Aires Fernandino et al. *Segurança jurídica na tributação e estado de direito*. São Paulo: Noeses, 2005.

______. *Norma jurídica, produção e controle*. São Paulo: Noeses, 2006.

JAKOBSON, Roman. *Linguística e comunicação*. São Paulo: Cultrix, 2003.

JARDIM, Eduardo M. Ferreira. *Dicionário de direito tributário*. São Paulo: Noeses, 2011.

KANT, Immanuel. *Lógica*. 3. ed. Rio de Janeiro: Tempo Brasileiro, 2003.

KELSEN, Hans. *Jurisdição constitucional*. São Paulo: Martins Fontes, 2003.

_____. *O problema da justiça*. 3. ed. São Paulo: Martins Fontes, 1998.

_____. Reflexiones en torno de la teoria de las ficciones jurídicas, con especial *enfasis* en la filosofía del "como si" de Vaihinger. *Revista Crítica Jurídica*. Curitiba: Faculdades do Brasil, n. 18, p. 15-106, 2001.

_____. *Teoria geral das normas*. Porto Alegre: Fabris, 1986.

_____. *Teoria geral do direito e do estado*. 3. ed. São Paulo: Martins Fontes, 2000.

_____. *Teoria pura do direito*. 6. ed. São Paulo: Martins Fontes, 1999.

_____; BULYGIN, Eugenio; WALTER, Robert. *Validez y eficacia del derecho*. Buenos Aires: Astrea, 2005.

KRAUSE, Gustavo Bernardo. *A dúvida de Flusser*: filosofia e literatura. São Paulo: Globo, 2002.

KRISTEVA, Julia. *Introdução à semanálise*. 2. ed. Trad. Lúcia Helena França Ferraz. São Paulo: Perspectiva, 2005.

KUHN, Thomas S. *A estrutura das revoluções científicas*. São Paulo: Perspectiva, 2000.

KUSCH, Martin. *Linguagem como cálculo* versus *linguagem como meio universal*. São Leopoldo: UNISINOS, 2001.

LACAMBRA, Luis Legaz y. Sobre el estructura del Derecho. In: CAVALCANTI FILHO, Teófilo (org.). *Estudos em homenagem a Miguel Reale*. São Paulo: Revista dos Tribunais, 1977.

LAGIER, Daniel Gonzáles. *Acción y norma en G. H. von Wright*. Madrid: Centro de Estudios Constitucionales, 1995.

LIMA, Hermes. *Introdução à ciência do direito*. 18. ed. Rio de Janeiro: Freitas Bastos, 1968.

LIMA, Maria Eduarda de. A contribuição de intervenção no domínio econômico sobre serviços técnicos e de assistência administrativa (Lei 10.332/2001). *Revista Dialética de Direito Tributário*, São Paulo: Dialética, n. 82, p. 89-96, 2002.

LIMA, Ruy Cirne. *Princípios de direito administrativo*. 7. ed. São Paulo: Malheiros, 2007.

LINS, Robson Maia. *Controle de constitucionalidade da norma tributária:* decadência e prescrição. São Paulo: Quartier Latin, 2005.

LUHMANN, Niklas. *Observaciones de la modernidad*: racionalidad y contingencia en la sociedad moderna. Barcelona: Paidós, 1997.

______. *A realidade dos meios de comunicação*. São Paulo: Paulus, 2005.

______. *Sociologia do direito I*. Rio de Janeiro: Tempo Brasileiro, 1983.

______. *Sociologia do direito II*. Rio de Janeiro: Tempo Brasileiro, 1985.

______. *Teoria política en el estado de bienestar*. Madrid: Alianza, 1997.

MACCORMICK, Neil. *Argumentação jurídica e teoria do direito*. São Paulo: Martins Fontes, 2006.

MACHADO, João Baptista. *Introdução ao direito e ao discurso legitimador*. Portugal: Almedina, 2000.

MACHADO, Rodrigo Brunelli (coord.). *O ISS na Lei Complementar 116/2003*. São Paulo: Quartier Latin, 2004.

MAIER, Julio B. J. Reflexiones acerca de la vigencia del derecho. In: BULYGIN, Eugenio (coord.). *El lenguaje del derecho:* homenaje a Genaro R. Carrió. Buenos Aires: Abeledo-Perrot, 1983.

MARBERG, R. Carré de. *Teoria general del Estado*. 3. ed. México: Fundo de Cultura Económica, 1998.

MARÍN, Rafael Hernández. *Teoría general del derecho y de la ciencia jurídica*. Barcelona: PPU, 1989.

MASCARO, Alysson Leandro. *Crítica da legalidade e do direito brasileiro*. São Paulo: Quartier Latin, 2003.

MAXIMILIANO, Carlos. *Hermenêutica e aplicação do direito*. 15. ed. Rio de Janeiro: Forense, 1995.

MÁYNEZ, Eduardo García. *Lógica del raciocinio jurídico*. Barcelona: Fontamara, 2004.

MAZZOTTI, Alda Judith Alves; GEWANDSZNAJDER, Fernando. *O método nas ciências naturais e sociais*: pesquisa quantitativa e qualitativa. 2. ed. São Paulo: Pioneira, 2001.

MEIRELLES, Hely Lopes. *Curso de direito administrativo*. São Paulo: Malheiros, 1996.

______. *Curso de direito administrativo*. 14. ed. São Paulo: Malheiros, 2001.

______. *Direito municipal brasileiro*. São Paulo: Malheiros, 2003.

MELLO, Celso Antônio Bandeira de. *Conteúdo jurídico do princípio da igualdade*. 3. ed. São Paulo: Malheiros, 1995.

______. *Curso de direito administrativo*. 17. ed. São Paulo: Malheiros, 2004.

______. *Discricionariedade e controle jurisdicional*. 2. ed. São Paulo: Malheiros, 1996.

______ (org.). *Estudos em homenagem a Geraldo Ataliba*: direito tributário. São Paulo: Malheiros, 1997.

MELLO, Oswaldo Aranha Bandeira de. *Princípios gerais de direito administrativo*. 3. ed. São Paulo: Malheiros, 2007.

MELO, José Eduardo Soares de. *ICMS*: teoria e prática. 3. ed. São Paulo: Dialética, 1998.

______; LIPPO, Luiz Francisco. *A não cumulatividade tributária*. São Paulo: Dialética, 1998.

MENDES, Sônia Maria Broglia. *A validade jurídica*: pré e pós-giro linguístico. São Paulo: Noeses, 2007.

MENDONÇA, Cristhiane. *Competência tributária*. São Paulo: Quartier Latin, 2004.

MENDONCA, Daniel. *Las claves del derecho*. Barcelona: Gedisa, 2000.

______. *Los derechos en juego*: conflicto y balance de derechos. Madrid: Tecnos, 2003.

______; GUIBOURG, Ricardo A. *La odisea constitucional*: constitución, teoría y método. Madrid: Marcial Pons, 2004.

MICHELI, Gian Antonio. *Curso de direito tributário*. São Paulo: Revista dos Tribunais, 1978.

MIRANDA, Francisco Cavalcanti Pontes de. *O problema fundamental do conhecimento*. Campinas: Bookseller, 1999.

______. *Tratado de direito privado*. Parte geral. Rio de Janeiro: Borsoi, 1954. t. 1.

______. *Tratado de direito privado*. Parte geral. Rio de Janeiro: Borsoi, 1954. t. 2.

______. *Tratado de direito privado*. Parte geral. Rio de Janeiro: Borsoi, 1970. t. 4.

MOREIRA, André Mendes. *A não-cumulatividade dos tributos*. São Paulo: Noeses, 2010.

______. *A tributação dos serviços de comunicação*. São Paulo: Dialética, 2006.

MORESO, José Juan. *Normas jurídicas y estructura del derecho*. México: Fontamara, 2002.

______; VILAJOSANA, Josep Maria. *Introducción a la teoría del derecho*. Madrid: Marcial Pons, 2004.

MORO, Ana Cebeira. Dogmática jurídica, sistema y norma jurídica. *Júris Poiesis – Revista do Curso de Direito da Universidade Estácio de Sá*, n. 4, 2000.

MORRIS, Charles. *Foundations of the theory of signs*. Chicago: University of Chicago Press, 1959.

______. *Signos, lenguaje y conducta*. Buenos Aires: Losada, 2003.

MORRIS, Clarence (org.). *Os grandes filósofos do direito*. São Paulo: Martins Fontes, 2002.

MORTARI, Cezar A. *Introdução à lógica*. São Paulo: Editora Unesp/Imprensa Oficial, 2001.

MOSQUERA, Roberto Quiroga. *Direito monetário e tributação da moeda*. São Paulo: Dialética, 2006.

______. *Tributação no mercado financeiro e de capitais*. São Paulo: Dialética, 1998.

MOUSSALLEM, Tárek Moysés. Eficácia e sentido na jurisprudência e a suposta revogação do crédito prêmio do IPI.

In: BARRETO, Aires Fernandino et al. *Segurança Jurídica na Tributação e Estado de Direito*. São Paulo: Noeses, 2005.

_____. *Fontes do direito tributário*. 2. ed. São Paulo: Noeses, 2006.

_____. *Revogação em matéria tributária*. 2. ed. São Paulo: Noeses, 2011.

MÜLLER, Friedrich. *Métodos de trabalho do direito constitucional*. 2. ed. São Paulo: Max Limonad, 2000.

MUSSALIM, Fernanda; BENTES, Anna Christina (org.). *Introdução à linguística*: domínios e fronteiras. 6. ed. São Paulo: Cortez, 2006.

_____; _____ (org.). *Introdução à linguística*: fundamentos epistemológicos. 3. ed. São Paulo: Cortez, 2007.

NAVARRO, Pablo E. *Los limites del derecho*. Bogotá: Temis, 2005.

NAVES, Maria del Carmen Bobes. *La semiología*. Madrid: Síntesis, 1989.

NAZAR, Elizabeth. Sistema constitucional tributário brasileiro. *Revista de Direito Público*. São Paulo: Revista dos Tribunais, (VI) *25*: 197-216, 1973.

NEVES, Marcelo. *A constitucionalização simbólica*. São Paulo: Acadêmica, 1994.

_____. *Entre Têmis e Leviatã*: uma relação difícil. São Paulo: Martins Fontes, 2006.

NINO, Carlos Santiago. *Alguns modelos metodológicos de "ciência" jurídica*. México: Fontamara, 2003.

_____. *Introducción al análisis del derecho*. 9. ed. Barcelona: Ariel, 1999.

_____. *La validez del derecho*. Buenos Aires: Astrea, 2000.

NOBRE, Marcos et al. *O que é pesquisa em direito?* São Paulo: Quartier Latin, 2005.

NOGUEIRA, Ruy Barbosa. *Curso de direito tributário*. São Paulo, Saraiva, 1994.

______. *Imunidade tributária*. São Paulo, Saraiva, 1993.

______. Poder tributário: conceito e autonomia. *Revista de Direito Administrativo*. Rio de Janeiro: Fundação Getúlio Vargas, *84*: 341-351, 1966.

NOVELLI, Flávio Bauer. A eficácia do ato administrativo. *Revista de Direito Administrativo*, São Paulo: FGV, 1960, 60: 16-26.

OLIVECRONA, Karl. *Lenguaje jurídico y realidad*. México: Fontamara, 2004.

OLIVEIRA, Júlio Maria de. *Internet e competência tributária*. São Paulo: Dialética, 2001.

OLIVEIRA, Manfredo Araújo de. *Reviravolta linguístico-pragmática na filosofia contemporânea*. São Paulo: Loyola, 1996.

OLIVEIRA, Roberta Pires. Semântica. In: MUSSALIM, Fernanda, BENTES, Anna Cristina (org.). *Introdução à linguística: domínios e fronteiras*. 5. ed. São Paulo: Cortez, 2006. v. 2.

PACHECO, Angela Maria da Motta. *Ficções tributárias, identificação e controle*. São Paulo: Noeses, 2008.

PASSOS, José Joaquim Calmon de. *Direito, poder, justiça e processo*: julgando os que nos julgam. Rio de Janeiro: Forense, 1999.

______. *Esboço de uma teoria das nulidades aplicada às nulidades processuais*. Rio de Janeiro: Forense, 2002.

PEIRCE, Charles S. *Semiótica*. 3. ed. São Paulo: Perspectiva, 2000.

PEIXOTO, Daniel Monteiro. *Competência administrativa na aplicação do direito tributário*. São Paulo: Quartier Latin, 2006.

PEIXOTO, Marcelo Magalhães; CARVALHO, Cristiano (Coord.). *Imunidade tributária*. São Paulo: MP, 2005.

PENCO, Carlo. *Introdução à filosofia da linguagem*. Petrópolis: Vozes, 2006.

PIGNATARI, Décio. *Informação, linguagem, comunicação*. Cotia: Ateliê, 2002.

PIMENTA, Paulo Roberto Lyrio. *Contribuições de intervenção no domínio econômico*. São Paulo: Dialética, 2002.

______. *Efeitos da decisão de inconstitucionalidade em direito tributário*. São Paulo: Dialética, 2002.

______. Normas de competência e o controle de validade da norma impositiva tributária. In: SANTI, Eurico Marcos Diniz de (org.). *Segurança jurídica na tributação e estado de direito*. São Paulo: Noeses, 2005.

PISCITELLI, Tathiane dos Santos. *Os limites à interpretação das normas tributárias*. São Paulo: Quartier Latin, 2007.

______. *Argumentando pelas consequências no direito tributário*. São Paulo: Noeses, 2011.

PONTES, Helenilson Cunha. *Coisa julgada tributária e inconstitucionalidade*. São Paulo: Dialética, 2005.

______. *O princípio da proporcionalidade e o direito tributário*. São Paulo: Dialética, 2000.

PONDÉ, Lafayette. O ato administrativo, sua perfeição e eficácia. *Revista de Direito Administrativo*, São Paulo: FGV, 1952, n. 29, p. 16-21.

RABELO FILHO, Antônio Reinaldo (coord.). *Tributação dos serviços de comunicação*. São Paulo: Noeses, 2009.

RAMALLO, Juan. El reparto de competências tributarias entre los distintos âmbitos de gobierno. *Revista de Direito Tributário,* São Paulo: Revista dos Tribunais, n. 43, ano 12, p. 7-52, jan.-mar. 1988.

RAZ, Joseph. *Engaging reason*: on the theory of value and action. New York: Oxford, 2001.

______. *Practical reason and norms*. New York: Oxford, 2002.

______. *The concept of legal system* – an introduction to the theory of legal system. 2. ed. Oxford: Clarendon Press, 1997.

______ et al. *Una discusión sobre la teoría del derecho*. Madrid: Marcial Pons, 2007.

REALE, Miguel. *Paradigmas da cultura contemporânea*. São Paulo: Saraiva, 1999.

REBOUL, Olivier. *Introdução à retórica*. São Paulo: Martins Fontes, 2004.

ROBLES MORCHÓN, Gregorio. *El derecho como texto*: cuatro estudios de teoría comunicacional del derecho. Madrid: Civitas, 1998.

______. *Las reglas del derecho y las reglas de los juegos*. México: Universidad Nacional Autónoma de México, 1988.

______. *As regras do direito e as regras dos jogos*. Ensaio sobre a teoria analítica do direito. Trad. Pollyana Mayer. São Paulo: Noeses, 2011.

______. *Teoría del derecho*: fundamentos de teoría comunicacional del derecho. Madrid: Civitas, 1998.

ROCHA, Leonel Severo; SCHWARTZ, Germano; CLAM, Jean. *Introdução à teoria do sistema autopoiético do direito*. Porto Alegre: Livraria do Advogado, 2005.

RODRÍGUEZ, Jorge L. *Lógica de los sistemas jurídicos*. Madrid: Centro de Estudios Políticos y Constitucionales, 2002.

ROSS, Alf. *Direito e justiça*. Trad. Edson Bini. São Paulo: EDIPRO, 2000.

______. *El concepto de validez y otros ensayos*. México: Fontamara, 2001.

______. Grandeza e decadencia de la doctrina de las expresiones realizativas. *El concepto de validez y otros ensayos*. México: Fontamara, 2001.

______. *Lógica de las normas*. Madrid: Tecnos, 1971.

______. *Tu-Tû*. São Paulo: Quartier Latin, 2004.

SALDANHA, Nelson. *Ordem e hermenêutica*. 2. ed. Rio de Janeiro: Renovar, 2003.

SALOMÃO, Marcelo Viana. *ICMS na importação*. São Paulo: Editora Atlas, 2000.

SAMPAIO, Nelson de Sousa. *O poder de reforma constitucional*. Salvador: Progresso, 1954.

______. *O processo legislativo*. São Paulo: Saraiva, 1968.

SANTAELLA, Lúcia. *A teoria geral dos signos*. São Paulo: Pioneira, 2000.

SANTI, Eurico Marcos Diniz de. *Análise crítica das definições e classificações jurídicas como instrumentos para compreensão do direito*. Direito global. São Paulo: Max Limonad, 1999.

______ (coord.) *Curso de especialização em direito tributário*. Rio de Janeiro: Forense, 2005.

______ (coord.). *Decadência no imposto sobre a renda*. São Paulo: Quartier Latin, 2006.

______. *Imunidade como limite objetivo e as diferenças entre "livro" e "livro eletrônico".*

______. *Lançamento tributário*. São Paulo: Max Limonad, 1999.

______. *Prescrição e decadência no direito tributário.*

______; ZILVETI, Fernando Aurelio; MOSQUERA, Roberto Quiroga (coord.). *Tributação internacional e dos mercados financeiro e de capitais*. São Paulo: Quartier Latin, 2005.

SANTOS, Boaventura de Sousa. *Um discurso sobre as ciências*. 3. ed. São Paulo: Cortez, 2005.

______. *Pelas mãos de Alice*. 3. ed. São Paulo: Cortez, 1999.

SAUSSURE, Ferdinand de. *Curso de linguística geral*. Lisboa: Publicações D. Quixote, 1986.

______. *Escritos de linguística geral*. São Paulo: Pensamento-Cultrix, 2002.

SCAVINO, Dardo. *La filosofía actual*: pensar sin certezas. Santiago del Estero: Paidós Postales, 1999.

SCHAUER, Frederick. *Las reglas en juego*: un examen filosófico de la toma de decisiones basada en reglas en el derecho y en la vida cotidiana. Madrid: Marcial Pons, 2004.

SCHMILL, Ulises. Derecho y lógica. *Isonomia (Publicaciones periódicas). Revista de Teoria y Filosofía del Derecho*. México: Instituto Tecnológico Autónomo de México, n. 1, p. 11-25, 1994.

______. La derogación y la anulación como modalidades del ámbito temporal de validez de las normas jurídicas. *Doxa (Publicaciones periódicas)*, Alicante: Biblioteca Virtual Miguel de Cervantes, n. 19, p. 229-258, 1996.

______. *Lógica y derecho*. 3. ed. México: Fontamara, 2001.

______. El modelo del mandato, el orden jurídico y las normas de competencia. *Doxa (Publicaciones periódicas),* Alicante: Biblioteca Virtual Miguel de Cervantes, n. 25, p. 371-411, 2002.

______. Observaciones a "Inconstitucionalidad y derogación". *Discusiones (Publicaciones periódicas),* Alicante: Biblioteca Virtual Miguel de Cervantes, n. 2, p. 79-119, 2001.

______. The dynamic order of norms, empowerment and related concepts. *Law and Philosophy,* Netherlands: Kluwer Academic Publichers, n. 19, p. 283-310, 2000.

SCHOUERI, Luís Eduardo. *Direito tributário.* São Paulo: Quartier Latin, 2003. v. 1 e 2.

______ (coord.). *Direito tributário:* estudos em homenagem a Alcides Jorge Costa. São Paulo: Quartier Latin, 2003.

______. Discriminação de competências e competência residual. In: SCHOUERI, Luís Eduardo; ZILVETI, Fernando Aurelio (coord.). *Direito tributário:* estudos em homenagem a Brandão Machado. São Paulo: Dialética, 1998.

______ (org.). *Internet:* o direito na era virtual. Rio de Janeiro: Forense, 2001.

______. *Normas tributárias indutoras e intervenção econômica.* São Paulo: Quartier Latin, 2005.

______. *Planejamento fiscal através de acordos de bitributação:* treaty shopping. São Paulo: USP, 1992.

SCHREIBER, Rupert. *Lógica del derecho.* México: Fontamara, 2005.

SCHUARTZ, Luis Fernando. *Norma, contingência e racionalidade*: estudos preparatórios para uma teoria da decisão jurídica. Rio de Janeiro: Renovar, 2005.

SEABRA FAGUNDES, Miguel. *O controle dos atos administrativos pelo poder judiciário.* Rio de Janeiro: Forense, 1957.

SEARLE, John R. *Speech acts*: an essay in the philosophy of language. Cambridge: Cambridge University Press, 1999.

_____. *The construction of social reality*. New York: Free Press, 1995.

SERRANO, Luis Sánchez. *Tratado de derecho financeiro y tributario constitucional*. Madrid: Marcial Pons, 1997.

SILVA, Carlos Medeiros. A nova discriminação de rendas. *Revista de Direito Administrativo,* Rio de Janeiro: Fundação Getúlio Vargas, n. 68, p. 1-16, 1962.

SOARES DE MELO, José Eduardo. Lançamento. In: MARTINS, Ives Gandra da Silva (coord.). *Caderno de pesquisas tributárias n. 12*. São Paulo: Resenha Tributária, 1987.

_____. *Contribuições sociais no sistema tributário*. 3. ed. São Paulo: Malheiros, 2000.

_____. *Curso de direito tributário*. São Paulo: Dialética, 1997.

SOLER, Sebastian. *Las palabras de la ley*. México: Praxis Jurídica Veracruz, 1974.

SOUSA, Rubens Gomes de. *Compêndio de legislação tributária*. Edição póstuma. São Paulo: Resenha Tributária, 1975.

_____. Normas gerais do direito financeiro. *Revista de Direito Administrativo,* Rio de Janeiro: Fundação Getúlio Vargas, n. 37, p. 12-34, 1954.

_____. O sistema tributário federal. *Revista de Direito Administrativo,* Rio de Janeiro: Fundação Getúlio Vargas, n. 72, p. 1-22, 1963.

_____; ATALIBA, Geraldo; CARVALHO, Paulo de Barros. *Comentários ao Código Tributário Nacional*. Parte geral. São Paulo: RT, 1975.

SPAAK, Torben. *The concept of legal competence*: an essay in conceptual analysis. Trad. Robert Carroll. Vermont: Dartmouth, 1994.

______. Norms that confer competence. *Ratio Juris*. Oxford: Blackwell Publishing, 1 (16), p. 89-104, 2003.

STEGMÜLLER, Wolfgang. *A filosofia contemporânea*: introdução crítica. São Paulo: EPU/EDUSP, 1977.

STRECK, Lenio Luiz. *Hermenêutica jurídica e(m) crise*. 2. ed. Porto Alegre: Livraria do Advogado, 2000.

SUPPES, Patrick. *Introduction to logic*. New York: Supes, 1999.

TÁCITO, Caio. A teoria da inexistência do ato administrativo. *Revista de Direito Administrativo*, São Paulo: FGV, n. 36, p. 78-81, 1947.

______. A teoria da inexistência do ato administrativo. *Revista de Direito Administrativo*, São Paulo: FGV, n. 48, p. 350-355, 1954.

THARNÓ, Ladislao Tarnói de. Lógica jurídica formal y lógica jurídica material. *Revista Brasileira de Filosofia*, São Paulo: Instituto Brasileiro de Filosofia, (XIII) 49, p. 411-424, 1963.

TARSKI, Alfred. *A concepção semântica da verdade*. São Paulo: Editora Unesp, 2007.

TAVARES, André Ramos. *Fronteiras da hermenêutica constitucional*. São Paulo: Método, 2006.

TELLA, María José Falcón y. *Conceito e fundamento da validade do direito*. Terra de Areia: Triângulo, 1998.

______. *El argumento analógico en el derecho*. Madrid: Civitas, 1991.

TELLES JÚNIOR, Goffredo. *Iniciação na ciência do direito.* 2. ed. São Paulo: Saraiva, 2002.

TEMER, Michel. *Elementos de direito constitucional.* São Paulo: RT, 1990.

TODOROV, Tzvetan. *Teorias do símbolo.* Campinas: Papirus, 1996.

TOMÉ, Fabiana Del Padré. *A prova no direito tributário.* 2. ed. São Paulo: Noeses, 2009.

_____. *A prova no direito tributário.* 3. ed. São Paulo: Noeses, 2011.

_____. Defesa e provas no processo administrativo tributário federal: momento para a sua produção, espécies probatórias possíveis e exame de sua admissibilidade. In: SALOMÃO, Marcelo Viana; JÚNIOR, Aldo de Paula. *Processo administrativo tributário:* federal e estadual. São Paulo: MP Editora, 2005.

TÔRRES, Heleno. *Direito tributário e direito privado.* São Paulo: RT, 2003.

_____. Funções das leis complementares no sistema tributário nacional – hierarquia de normas – papel do CTN no ordenamento. *Revista de Direito Tributário*, São Paulo: Malheiros, n. 84, p. 50-69, 2002.

TORRES, Ricardo Lobo. *Normas de interpretação e integração do direito tributário.* 3. ed. Rio de Janeiro: Renovar, 2000.

_____. *Sistemas constitucionais tributários.* Rio de Janeiro: Forense, 1986.

_____ (org.). *Temas de interpretação do direito tributário.* Rio de Janeiro: Renovar, 2003.

TRASK, R. L. *Dicionário de linguagem e linguística.* 2. ed. Trad. Rodolfo Ilari. São Paulo: Contexto, 2006.

UCKMAR, Victor. *Princípios comuns de direito constitucional tributário*. 2. ed. São Paulo: Malheiros, 1999.

ULHÔA CANTO, Gilberto de. Imposto sobre a renda e proventos de qualquer natureza. *Caderno de Pesquisas Tributárias n. 11*. São Paulo: Resenha Tributária, 1986.

VATTIMO, Gianni. *O fim da modernidade*: niilismo e hermenêutica na cultura pós-moderna. Lisboa: Presença, 1987.

VELLOSO, Carlos Mário. Estado federal e Estados federados na Constituição brasileira de 1988: do equilíbrio federativo. *Revista de Direito Administrativo*, Rio de Janeiro: Fundação Getúlio Vargas, v. 187, p. 1-36, 1992.

VERNENGO, Roberto José. *Curso de teoría general del derecho*. 2. ed. Buenos Aires: Depalma, 1995.

VIEIRA, Maria Leonor Leite. *A suspensão da exigibilidade do crédito tributário*. São Paulo, Dialética, 1998.

VILANOVA, Lourival. *Causalidade e relação no direito*. 4. ed. São Paulo: Revista dos Tribunais, 2000.

______. *Escritos jurídicos e filosóficos*. São Paulo: Axis Mundi/IBET, 2003. v. 1 e 2.

______. *Estruturas lógicas e o sistema de direito positivo*. São Paulo: Noeses, 2005.

______. *As estruturas lógicas e o sistema de direito positivo*. 4. ed. São Paulo: Noeses, 2010.

______. *Lógica jurídica*. São Paulo: Bushatsky, 1976.

______. Norma jurídica – proposição jurídica (significação semiótica). *Revista de Direito Público*, São Paulo: RT, n. 61, 1982.

VILLAS BÔAS FILHO, Orlando. *O direito na teoria dos sistemas de Niklas Luhmann*. São Paulo: Max Limonad, 2006.

VILLEGAS, Héctor B. *Curso de direito tributário*. São Paulo: RT, 1980.

WARAT, Luis Alberto. *O direito e sua linguagem*. 2. ed. Porto Alegre: Fabris, 1995.

WHITE, Stephen K. *Razão, justiça e modernidade*: a obra recente de Jürgen Habermas. São Paulo: Ícone, 1995.

WITTGENSTEIN, Ludwig. *Observações filosóficas*. São Paulo: Loyola, 2006.

_____. *Tratado lógico-filosófico*: investigações filosóficas. 2. ed. Lisboa: Fundação Calouste Gulbenkian, 1995.

WRIGHT, Georg Henrik von. *Norma y acción*: una investigación lógica. Madrid: Tecnos, 1970.

_____. *Normas, verdad y lógica*. 2. ed. México: Fontamara, 2001.

WROBLEWSKI, Jerzy. Creacion del derecho e interpretacion. In: BULYGIN, Eugenio (coord.). *El language del derecho*. Homenaje a Genaro R. Carrió. Buenos Aires: Abeledo-Perrot, 1983.

XAVIER, Alberto. *Do lançamento*: teoria geral do ato, do procedimento e do processo tributário. 2. ed. Rio de Janeiro: Forense, 2001.

_____. *Tipicidade da tributação, simulação e norma antielisiva*. São Paulo: Dialética, 2001.

ZANCANER, Weida. *Da convalidação e da invalidação dos atos administrativos*. São Paulo: Malheiros, 1993.

ZOCKUN, Maurício. *Regime jurídico da obrigação tributária acessória*. São Paulo: Malheiros, 2005.